[개정판]

COMMUNITY WELFARE & PRACTICE

지역사회복지론

김현호 소재진 오미희 유주희 이영희
이용환 이장희 정명희 조영선 주민경 공저

양 성 원

머리말

지역사회는 일정한 지역에서 지역주민이 함께 거주하면서 상호관계를 맺고 생활하는 지리적 지역사회뿐만 아니라 이해와 관심 및 기능적으로 생활하는 기능적 지역사회를 포함한다. 이러한 관점에서 지역사회복지는 지역사회에서 조직적이고 체계적인 서비스를 통하여, 지역주민의 삶의 질 향상을 위해 지역사회복지 지식과 기술을 활용하여 실천하는 전문적 방법이라 할 수 있다. 이러한 지역사회복지는 지방자치시대 이후 변화되는 지역사회복지환경 및 지역사회복지서비스 전달체계의 개편 등으로 지역사회복지서비스가 수요자 중심으로 변화하였다. 이렇듯이 변화하는 현대 지역사회를 기초로 해서 지역사회복지실천을 위한 영역 및 실천기술, 실천과정에 따른 지역사회보장계획 등에 대해서 자세히 언급하였다. 또한 2018년 11월에 한국사회복지교육협의회에서 제시하는 '지역사회복지론' 교과목지침서를 준용하여 구성하도록 노력하였다.

이 책은 대학의 15주 강의를 기준으로 제1장부터 13장까지 구성되어 있다.

제1장부터 3장까지 제1부에서는 지역사회 및 지역사회복지의 이해로 각각의 자세한 사항을 알아보고, 지역사회복지의 발달과정, 지역사회복지의 기초이론 등에 대해서 자세히 언급하였다.

제4장부터 7장까지 제2부에서는 지역사회복지실천 및 모델, 지역사회복지실천과정에서 지역사회보장계획의 수립, 지역사회복지실천기술 등을 다루었다. 제8장부터 제13장까지 제3부에서는 지역사회복지의 실천영역으로 지역사회복지관 및 지역아동센터, 사회복지협의회 및 지역사회보장협의체, 사회복지공동모금회, 자원봉사센터 및 지역자활센터를 기초로 해서 구성하였다.

또한 제12장에는 지방자치와 사회복지전달체계 및 주민참여를, 제13장에서는 지역사회복지운동 및 지역사회복지의 발전방안 등에 대해서 언급하였다.

본 교재가 지역사회복지에 있어서 내용상의 편협함과 미비점이나 오류도 많을 것으로 생각되어 앞으로도 계속해서 수정・보완할 예정이다. 이에 대해서 솔직하고도 진지한 지도와 편달을 부탁드린다.

마지막으로 이 책을 출판해 주신 양성원 사장님과 출판사 직원 여러분께 감사를 드린다.

2023년 2월

저자 일동

차 례

Part 02 지역사회복지실천의 이해

chapter 04 지역사회복지실천 및 모델 / 97

chapter 05 지역사회복지의 실천과정 / 127

chapter 06 지역사회복지의 실천기술 I / 175

chapter 07 지역사회복지의 실천기술 II / 213

Part 03 지역사회복지의 실천영역 및 발전방안

Community Welfare & Practice | part

01

지역사회 및 지역사회복지의 이해

contents

지역사회 및 지역사회복지

지역사회는 공통적인 특성을 가지고 있는 사람들이 상호관계로 연결되는 집합체를 의미한다. 이러한 지역사회에서 상호관계를 맺는 개인, 가족, 집단, 조직을 통해 수행되는 지역사회복지사업은 지역사회를 수립하기 위한 기초가 된다. 지역사회복지는 지역 주민들의 복지향상을 위한 포괄적인 제도적 개념으로, 전문 또는 비전문가들이 지역사회수준에 개입하여 지역사회에 존재하는 각종제도에 영향을 주고 지역사회의 문제를 예방하고 해결하고자 하는 일체의 조직적 · 비조직적 사회적 노력을 의미한다. 이 장에서는 지역사회의 정의, 기능, 기능의 비교척도, 유형 등에 대해서 알아보고, 지역사회복지의 정의, 목적, 이념, 가치, 등장배경, 특성, 접근방법 등에 대해서 알아본다.

1.1 지역사회

1) 지역사회의 정의

일반적으로 지역사회(community)는 공통의 또는 공공의(common)와 같은 어원을 가지고 있으며, 공동체 또는 공동사회라는 의미로 쓰인다. 전통적인 견해에서의 지역사회는 일정한 지역에서 정신적인 공통사항을 바탕으로 혈연, 학연, 종교 등을 토대로 주민들의 공동체 의식을 형성하고 또한 정치, 문화, 역사를 함께하는 지리적 지역사회였다. 지리적 지역사회에 대해 맥키버(MacIver, 1928)는 지역사회를 공동생활권이라고 언급하면서 지역성과 지역사회의식이 수반된다고 하였다. 즉, 지역사회의 공통적 전통, 관습, 소속감 등과 지역사회의 주민의식, 역할의식, 의존의식 등을 언급하였다. 그러나 현대사회에서는 급속한 산업화와 도시화가 진행되면서 거주공간의 이동이 증가하고, 다원화 사회로 변화하면서 지역사회 주민의 생활양식 및 생활의식의 변화를 가져왔다. 따라서 일정한 지리적 의미를 갖는 지역사회뿐만 아니라 공동의 소속감을 갖는 사람들이 지리적으로 초월해서 결성한 이익집단도 지역사회로 인식하게 되었다.

맥밀런(McMillen)과 로스(Ross)는 지역사회를 지리적 지역사회와 기능적 지역사회로 구분하였다(McMillen, 1965; Ross, 1967).

지리적 지역사회(geographic community)는 한 지역의 지리적인 토대를 중심으로 물리적, 지리적, 지방적 경계선으로 구성된 지역집단이다. 예를 들면, 지리적 조건으로 형성된 리, 읍, 면, 동, 시, 군, 구, 도와 같은 행정구역의 집단과 마을, 부락, 교회권, 학교권, 시장권 등과 같이 형성된 사회적 집단을 의미한다. 기능적 지역사회(functional community)는 사회적, 문화적 동질성, 공통된 이해와 목적 및 기능 등으로 구성된 지역집단이다. 예를 들면, 종교집단, 회사, 조합, 정당 등과 같은 이익집단을 의미한다.

2) 지역사회의 기능

지역사회는 일정한 지역에서 지역 주민들이 함께 거주하면서 상호관계를 맺고 생활하는 지리적 지역사회뿐만 아니라 이해와 관심 및 기능적으로 생활하는 기능적 지역사회를 포함한다. 이러한 맥락 속에 퇴니스(Tönnies)는 지역사회 집단을 공동사회(gemeinschaft)와 이익사회(gesellschaft)로 분류하였으며, 공동사회는 본질의지에 의하여 형성되는 사회이고 이익사회는 선택의지에 의해서 형성된다고 하였다(Tönnies, 1887). 여기서 본질의지는 생활하면서 자연적으로 형성되는 감정을 의미하고, 선택의지는 이념적으로 형성되는 인위적인 감정을 의미한다.

지역사회는 지리적 및 기능적으로 개인과 가족, 그리고 사회제도가 만나 구성되는 집단이다. 기능적인 관점에서는 공통된 지역사회의 목적 및 기능, 그리고 지역사회가 그 목적을 달성하기 위해 기능적으로 필요한 노력을 어떻게 지속적으로 할 것인가를 강조한다. 워렌(Warren, 1978)은 지리적으로 인접한 생활을 하면서 지역주민들이 만족한 생활을 하는 데 필요한 사회구조와 사회적 기능을 발전시켜 나간다고 강조하였다. 여기서 사회적 기능은 지역사회가 수행하는 다양한 사람들의 활동을 의미한다. 모든 지역사회가 공통적으로 수행하는 주요기능에 대해서 길버트와 스펙트(Gilbert & Specht)는 다음과 같이 다섯 가지 기능을 제시하였다(Gilbert & Specht, 1974).

(1) 생산, 분배, 소비의 기능

지역사회를 구성하는 주민들은 일상생활을 하는 데 있어서 필요한 물자(goods)와 서비스를 생산(production)하고, 분배(distribution)하고, 소비(consumption)하는 일련의 과정을 수행한다. 이러한 과정은 사람이 삶을 살아가는 데 있어서 가장 필요한 과정이다. 현대사회에서 지역주민들에게 필요한 물자와 서비스를 생산하고 분배하는 기능은 주로 기업을 통해서 이루어지고 있으며 정부기관, 전문기관, 교육기관, 종교단체 등도 경제적 기능을 담당하고 있다. 이러한 경제적 기능은 개인적인 차원에서 볼 때 생산방법과 개개인의 욕구충족 방법에 영향을 주며, 지역사회 차원에서는 지역사회 주민들이 어느 정도 자립할 수 있는가를 결정하게 된다. 또한 지역사회 주민들이 바람직한 삶을 영위하는 데 필요한 물자와 서비스를 어느 정도 제공할 수 있느냐를 결정하게 된다. 이렇게 생산, 분배, 소비의 기능을 담당하는 제도는 경제제도라 할 수 있다.

(2) 사회화의 기능

사회화(socialization)의 기능은 지역사회가 공유하는 일반적인 지식, 사회적 가치, 행동양식 등을 지역주민들에게 전달하는 기능을 의미한다. 사회화 기능을 수행하는 사회화 과정은 지역주민들이 다른 사회구성원들과 구별되는 생활양식을 이해하고 배우며, 또한 관습과 도덕 그리고 문화적 전통을 학습하게 된다. 이러한 사회화 과정은 한 인간이 태어나면서부터 가정을 중심으로 이루어지고, 학생이 되면 학교라는 공간 속에서 친구들과의 우정을 터득하고 지식을 배우게 된다. 또한 직장생활을 하면서 직장의 동료와, 퇴직하고 난 후 나이가 많으면 지역복지관 등에서 새로운 동료와 삶을 지속하게 된다. 사회화 기능을 담당하는 대표적인 제도는 가족제도라 할 수 있다.

(3) 사회통제의 기능

사회통제(social control)의 기능은 지역주민들이 지역사회 내에서 사회규범(법, 도덕, 규칙 등)을 준수하도록 하는 것을 의미한다. 사회규범을 준수하도록 하는 통제력이 결여되면 지역사회는 사회질서가 파괴되어 비행과 범죄가 빈번한 사회해체 현상이 대두될 수 있다. 사회통제를 담당하는 일차적인 기관은 정부로서 사법권과 경찰력을 통해 보편적으로 적용할 수 있는 법을 통해 통제력을 발휘할 수 있다. 또한 가정, 학교, 종교기관, 사회기관 등도 부분적으로 통제기능을 담당하게 된다. 사회통제 기능을 담당하는 대표적인 제도는 정치제도라 할 수 있다.

(4) 사회통합의 기능

사회통합(social integration)의 기능은 사회체계(social system)를 구성하는 사회조직 간의 상호관계와 상호관계에 관련된 기능을 의미한다. 여기서 사회통합은 지역사회가 제공하는 제반활동에 지역주민들이 자발적으로 참여하는 것을 의미한다. 따라서 구성원들은 상호 간에 믿음과 신뢰를 바탕으로 협력해야 하고 사회체계가 정상적인 기능을 수행하기 위해 어느 정도의 결속력(solidarity)과 사명감은 필요하다. 사회통합 기능을 담당하는 대표적인 제도는 종교제도라 할 수 있다. 또한 현대사회에서는 정치적, 사회적, 그리고 경제적으로 급격한 변화를 경험하고 있으므로 사회통합의 기능이 강조되고 있는 경향이 있다.

(5) 상부상조의 기능

상부상조(mutual support)의 기능은 지역주민들이 기존의 사회제도에 의해 기본적 욕구를 충족할 수 없는 경우에 강조되는 사회적 기능을 의미한다. 지역주민들은 언제든지 개인적인 사정으로 질병, 실업, 사고, 사망 등에 이를 수 있다. 또한 경제제도의 실패로 자립할 수 없을 경우 외부의 도움을 받게 된다.

전통사회에서 상부상조의 기능은 가족, 친척, 이웃, 자선단체 등과 같은 일차적 집단에 의해서 주로 수행되었으나, 현대사회에서는 이러한 기능을 정부, 민간사회복지단체, 종교단체 등에서 수행하고 있다. 지역사회의 기능 중에서 상부상조 기능을 담당하는 대표적인 제도는 사회복지제도라 할 수 있다. 또한 현대사회는 다양해지고 복잡해짐에 따라 개인과 집단이 각각의 기능을 전문적으로 수행하면서 전문화된 사회제도가 나타난다.

3) 지역사회기능의 비교척도

지역사회는 사회적 기능에 의해 수행되는 것이지만 제도의 효과적인 운영측면에서 차이를 갖는다. 지역사회가 갖는 고유특성과 성격 때문에 정치적 이념을 달리하거나 사회경제적 효과를 차별화하여 제도를 운영하기도 한다. 지역사회기능 특성을 비교할 수 있는 척도로는 워렌(Warren, 1978)의 네 가지 차원을 들 수 있다(김현호 외, 2018).

(1) 지역적 자치성

지역적 자치성(autonomy)은 지역사회가 중요한 기능을 하는 데 있어서 타 지역에 어느 정도 의존하는가에 관심을 두는 것을 의미한다. 하나의 지역사회는 개방체계로서 종·횡적으로 다른 지역사회의 환경으로부터 기능유지에 필요한 자원을 공급받게 된다. 즉, 어떠한 지역사회라도 자급자족에 필요한 물자나 서비스를 모두 생산할 수는 없다. 이러한 경우 타 지역사회와의 거래행위는 지역사회의 경제적 기능의 자립성과 의존성을 결정하는 변화의 요인이 된다.

(2) 서비스 영역의 일치성

서비스 영역의 일치성(coincidence of service areas)은 지역사회의 매점, 학교, 교회, 공공시설 등의 서비스 영역이 어느 정도 동일지역 내에서 이루어지고 있는가에 관심을 두는 것을 의미한다. 모든 서비스가 한 곳에 일치하여 모든 지역주민들이 동일지역에서 서비스를 공급받게 될 수도 있으나, 반대로 활동지역과 서비스가 동일지역에서 행해지지 않을 수도 있다.

(3) 지역에 대한 주민들의 심리적 동일시

지역에 대한 주민들의 심리적 동일시(psychological identification)는 지역주민들이 자기 지역을 얼마나 중요한 준거집단(reference group)으로 생각하고, 얼마나 소속감을 갖는가에 관심을 두는 것을 의미한다. 현대사회에 있어서 애착이나 소속감은 좋은 지역사회를 구성하는 데 있어서 중요한 요인이 될 수 있다.

(4) 수평적 유형

수평적 유형(horizontal pattern)은 지역사회 내에 있는 서로 다른 단위 조직들(개인, 단체)이 구조적 또는 기능적으로 얼마나 관련을 갖고 있는가에 관심을 두는 것을 의미한다. 지역사회에 따라 지역주민들은 그들의 감정, 행동양식, 사회조직 간의 상호관련성에 의해서 강화되기도 하고 약화되기도 하며 지역특성이 서로 다르게 나타날 수도 있다.

4) 지역사회의 유형

지역사회의 유형화 방법은 지리적 또는 공간적으로 다양하지만 일반적인 기준은 던햄(Dunham)이 제시한 인구 크기, 경제적 기반, 정부의 행정구역, 인구 구성의 사회적 특성 등 네 가지 기준으로 분류된다(Dunham, 1970; 김현호 외, 2018).

(1) 인구의 크기에 따른 기준

인구의 크기에 따른 기준은 대도시(서울, 부산, 인천, 대구, 광주, 대전 등), 중소도시(수원, 강릉, 청주, 전주, 춘천, 천안 등), 읍 지역(옥천, 영동, 온양, 논산, 하동, 강경 등)과 같은 작은 부락 등의 구분에서 볼 수 있는 지역사회의 형태이다. 이러한 기준은 사회조사를 할 때 응답자의 성장지를 파악하는 데 가장 많이 사용된다.

(2) 경제적 기반에 따른 기준

경제적 기반에 따른 기준은 광산촌(태백, 문경), 산촌, 어촌 등의 구분에서 볼 수 있다. 이러한 기준은 사회조사에서 지역주민들의 경제적 생활뿐만 아니라 사회・문화적 특성을 파악하고자 하는 인류학적 조사・연구에 많이 사용된다.

(3) 정부의 행정구역에 따른 기준

정부의 행정구역에 따른 기준은 광역시 · 도, 시 · 군 · 구, 읍 · 면 · 동, 통 · 리 등으로 지역사회를 구분하는 것이다. 이러한 경우 인구크기가 중요시되지만 반드시 인구의 크기에 따라 비율적으로 구분하지는 않는다.

(4) 인구구성의 사회적 특수성에 따른 기준

인구구성의 사회적 특수성에 따른 기준은 도시 저소득층 지역, 외국인촌(서울의 이태원동), 장애인 밀집지역 등과 같이 구분된다. 이러한 기준에서는 지역사회 구성원들의 대다수가 경제적 · 인종적 특성을 중심으로 지역사회를 구성한다.

던햄(Dunham) 외에 린데만(Lindeman)은 사회복지의 목적을 위한 지역사회 분류에서 경제, 사회, 문화에 초점을 두어 열한 개의 지역사회 종류를 제시하였다(Lindeman, 1921; 김현호 외, 2018).

① 50만 명 이상의 인구로 구성된 대도시 지역: 이렇게 구성된 지역사회는 산업, 상업, 문화의 중심이 되는 곳이다.

② 산업지역: 산업종류별로 형성된 지역을 의미한다. 예를 들면, 광업, 제철, 자동차 등과 같은 산업이 형성된 지역이다.

③ 상업지역: 교역중심의 지역을 의미한다.

④ 정부행정 중심지역: 정부의 행정관서가 집중해 있는 지역이다. 예를 들면, 과천을 들 수 있다.

⑤ 교육 중심지역: 대학 및 학교시설이 집중되어 있는 지역이다. 예를 들면, 청주를 들 수 있다.

⑥ 기관 및 시설 중심지역: 지역주민의 생활중심이 병원, 메디컬센터, 보건소 등과 같은 기관이 형성된 지역이다.

⑦ 교외지역: 도시근교에 있는 지역으로 지역주민들이 도시로 출퇴근을 한다.

⑧ 유락지역: 해변이나 산간의 휴양지, 국립공원이나 자연 명소 등으로 형성된 지역이다.

⑨ 농업 중심지역: 농산품이 거래되고 농촌주민들이 거주하는 지역이다.

⑩ 일반고객을 유치할 목적으로 형성된 지역: 학교, 교회, 백화점, 주유소 등 여러 시설들이 복합적으로 형성된 지역이다.

⑪ 이념중심의 지역: 종교, 이데올로기, 예술 등에 뜻을 같이하는 사람들에 의해서 형성된 지역이다.

1.2 지역사회복지

1) 지역사회복지의 정의

지역사회복지(community welfare)는 일정한 공간에서 문화적 동질성과 공통된 가치체계를 갖는 사람들로 구성된 사회로써 지역사회와 사회복지의 합성어이다. 이러한 지역사회복지는 지역사회 주민들의 복지향상을 목적으로, 전문 또는 비전문가들이 지역사회수준에 개입하여 지역사회에 존재하는 각종제도에 영향을 주고 지역사회의 문제를 예방하고 해결하고자 하는 일체의 조직적・비조직적 사회적 노력을 의미한다(김현호 외, 2018).

또한 지역사회복지는 포괄적인 개념으로 개인복지나 가정복지보다 더 넓은 차원의 개념이며, 아동복지, 청소년복지, 장애인복지, 노인복지라는 대상층 중심의 복지활동보다는 지역성(locality relevance)이 더 뚜렷하다. 즉, 지역사회복지는 개인, 가정, 집단 등의 하위 사회체계의 복지와 대립적 관계가 아니고, 사회복지의 연속선상에서 지역사회와 상호보완적인 관계를 유지하는 것이다(이태희 외, 2014).

이러한 의미에서 볼 때, 지역사회복지는 어느 특정 분야에 국한되는 것이 아니라 사회사업, 공중보건, 성인교육, 공공행정, 도시계획, 정신건강 등에서 전문가들과 민간단체 및 자원봉사자들에 의해서 광범위하게 수행된다. 따라서 지역사회복지활동은 반드시 전문적 활동이라고 할 수 없으며, 자발적인 민간활동(두레, 품앗이 등)에서부터 지역사회개발운동(새마을운동, 4H클럽 등), 전문적인 지역사회조직사업까지를 포함한다고 할 수 있다.

종합해 보면, 지역사회복지는 지역사회 내에서 사회복지를 필요로 하는 개인이나 가족 등의 삶의 질 향상을 위해 지역사회자원을 활용할 수 있도록 조직을 통합하고, 환경개선서비스 및 개별적 사회서비스 시스템 등을 확보하여 운영하고 개선하려는 전반적인 지역사회활동을 총칭한다고 할 수 있다(이양훈 외, 2013; 김현호 외, 2018).

2) 지역사회복지의 목적

지역사회복지의 목적은 궁극적으로 지역주민들의 의식변화와 자발적인 조직화를 통해 지역사회를 통합하여 그들의 복지를 향상하는 것에 있다. 이러한 지역사회복지의 목적을 지속적으로 추구하는 것은 지역주민들이 바라는 이상적인 지역사회(ideal community)를 추구하는 것이다. 이상적인 지역사회는 모든 사람이 공감할 수 있는 공통된 모습의 지역사회가 되어야 하고, 이러한 지역사회를 이루기 위하여 명확한 접근방법을 제시해야 할 것이다. 이러한 목적에서 발독(Baldock)은 지역사회복지의 목적을 다음과 같이 다섯 가지로 언급하고 있다(Baldock, 1974; 김현호 외, 2018).

① 경제발전을 추진하는 것: 이것은 후진국가에 권장하는 목적으로 자조적, 협동적 노력으로 협동조합이나 신용조합을 만들어서 지역주민들을 위해 중간착취를 배제하고 경제적 이익을 보장하는 목적이다.

② 합의를 촉진시키는 것: 이것은 사회복지협의회와 같은 중간집단을 조직해서 이익을 대변하기 위한 투쟁보다는 화해 분위기를 조성해서 지역사회주민들의 갈등을 조정하는 목적이다.

③ 대인적 사회봉사를 지원하는 것: 이것은 대인적 사회봉사에 대한 지원서비스 대책으로 공중보건처럼 전문가(의사)를 봉사에 참여하도록 하고, 사회사업가로 하여금 경제적인 재원을 조달하도록 하는 목적이다.

④ 현대 시민권을 행사할 수 있도록 교육시키는 것: 이것은 지역사회 조직가들은 전문적 교육배경을 지니고 있으므로, 이러한 전문적 교육을 지역주민들에게 교육할 때 토론교육을 통하여 행동을 공감하고 그들의 역량을 강화하여 시민의 권리를 찾도록 하는 목적이다.

⑤ 기존의 사회정치제도에서 급진적 변화를 조성하는 것: 이것은 산업화 및 공업화로 인해 급변하는 사회변화에서 기존의 지역사회복지체계를 부정하기 때문에 새로운 사회변화에 맞는 사회정치제도 변화의 목적이다.

3) 지역사회복지의 이념

지역사회복지의 이념은 정상화, 주민참가, 사회통합 등을 들 수 있다. 지역주민들의 의식변화와 관련된 이념에는 정상화를 들 수 있다. 정상화(normalization)는 특별한 장애나 욕구를 가진 사람이라고 해도 지역사회와 격리된 곳(시설이나 병원 등)에서 인권이나 존엄성이 박탈되지 않고 지역주민들과 더불어 살아가는 정상적인 사회를 의미한다. 보호대상자가 가능한 한 원가정화로 생활했던 집에서 가족들과 함께 정상적으로 욕구를 충족시키면서 이웃과 함께 사회적 교류를 나눌 수 있는 지역사회복지서비스를 구현하는 것도 지역사회복지의 목적이라 할 수 있다.

지역주민들의 자발적인 조직화의 이념에는 주민참가를 들 수 있다. 주민참가는 지역사회복지의 정책, 계획, 운영 및 실천과정에서 주민들이 주권자로서 참가하여 사회복지 민주화를 발전시키고자 하는 것을 의미한다(이양훈 외, 2013). 또한 지역주민들은 지역사회복지의 실천가이기도 하지만 대상자이기도 하다. 따라서 주민참가는 주민들의 욕구파악을 위한 것뿐만 아니라 주민들이 지역사회의 주인공으로서의 주체성을 가질 수 있게 하는 것이고, 자방자치단체와의 동등한 파트너십을 형성하는 방법이기도 하다(이태희 외, 2014; 김현호 외, 2018).

지역사회 통합에 관련된 이념에는 사회통합화를 들 수 있다. 사회통합화(social integration)는 장애인이나 노인 등의 보호대상자가 자신들이 성장한 지역사회에서 일반주민들과 함께 생활하는 것을 의미한다. 지역주민들의 기본적 인권중시의 입장에서 복지적 처우는 격리적 보호에서 통합적 처우를 중시하는 방향으로, 시설보호에서 재가복지와 지역사회복지를 중시하는 방향으로 전환되고 있다. 즉, 보호대상자가 생애를 통하여 지역사회와 가정생활을 기반으로 인생주기에 대응하는 정상적인 발달과제를 추구하고, 인간관계의 사회적 교류를 정상적으로 확보될 수 있는 지역사회체계를 만들어 내는 것이 사회통합화를 통한 지역사회복지의 목적이다.

이러한 지역사회복지의 이념 및 목적을 달성하기 위해서 이상적인 지역사회를 형성하는 것이 중요하다. 이상적인 지역사회를 구성하기 위해서 사회복지 사상가인 린데만은 아홉 가지를 제시하였다(Lindeman, 1921; 김현호 외, 2018).

① 지역사회는 생명과 재산의 안전을 위한 질서를 확립해야 한다.
② 지역사회는 효율적인 생산체계를 통하여 소득을 향상시켜야 한다.
③ 지역사회는 공공의 보건을 통하여 보건과 위생을 보장해야 한다.
④ 지역사회는 조직적이고 체계적인 시설을 활용한 문화생활 및 여가선용의 기회를 제공해야 한다.
⑤ 지역사회는 지식의 확산을 위한 교육기회를 제공해야 한다.
⑥ 지역사회는 의사표현과 토론과정에서 자유로운 참여를 보장해야 한다.
⑦ 지역사회는 자율적이고 민주적인 형태의 조직을 구성하도록 해야 한다.
⑧ 지역사회는 지역사회의 윤리적 기준 및 도덕체계를 제공해야 한다.
⑨ 지역사회는 신앙적 동기를 제공해야 한다.

4) 지역사회복지의 가치

가치는 어떤 사회현상이나 사물이 어떻다고 생각하는 것이다. 예를 들면, '모든 인간은 국적, 지위, 인종 등에 상관없이 인간 그 자체로서 존엄하다.'는 것이 가치에 대한 표현이 될 수 있다. 이러한 점에서 가치는 좋고(good) 나쁜(bad)가와 관련되며, 윤리는 무엇이 옳고(right) 그른(wrong)가와 관련된다. 지역사회복지실천에서 가치는 '추구해야 하는 이상적인 것'과 관련된 것이고, 윤리는 '가치를 실현하는 실천적인 것'과 관련된다. 그러므로 가치는 신념이고 과학적 근거도 없으며 객관적으로 증명할 수 없고 주관적으로 선호하는 것이며, 윤리는 실질적 결정을 내릴 때 필수적인 것으로 옳고 그른 행동에 대한 사회적 태도를 지칭하는 도덕철학이라 할 수 있다.

따라서 가치는 하나의 가정적 개념으로 인간의 내면 속에서 그치지만, 윤리는 행동으로 나타나는 것으로 윤리적 판단에 따른 행동수행에 있어 규범적 어떤 기준이 필요하게 된다. 이러한 관점에서, 지역사회복지실천에서의 윤리는 가치에서 비롯되고 실천적 원칙을 준수하게 되는데, 원칙은 옳고 그른 것을 추구하게 하는 윤리기준을 제공하게 된다(최경화 외, 2010). 지식, 가치, 윤리와의 관계는 〈표 1-1〉에 나타냈고(이영실 외, 2016), 가치의 종류와 내용은 〈표 1-2〉에 나타냈다(이종복 외, 2015).

〈표 1-1〉 지식, 가치, 윤리와의 관계

구분	내용
지식	증명할 수 있는 세계와 인간을 관찰한 결과를 객관화시킨 사실
가치	객관적으로 증명할 수 없고 주관적으로 선호하는 것으로 인간의 적절한 행동을 선택하는 데 있어서 지침이나 기준
윤리	가치에서 비롯되나 무엇이 옳고 그른가를 판단하여 주는 도덕적 지침

〈표 1-2〉 가치의 종류와 내용

종류	내용
궁극적 가치	개인의 자유, 정의, 평화, 발전, 자기결정 등과 같이 추상적이고 다수에 의해 쉽게 동의를 얻을 수 있는 개념의 가치이다.
수단적(도구적) 가치	타인의 수용, 비난하지 않는 태도, 자기결정, 비밀보장, 고지된 동의 등과 같이 목적 달성을 위해 요구되는 수단들을 명확히 하는 가치로 궁극적 가치를 달성하기 위한 수단이다.
차등적 가치	치료를 거부할 수 있는 환자의 권리, 낙태나 동성애에 대한 가치, 보건의료서비스 등과 같이 사회문화적 영향이나 개인의 경험에 따라 찬반이 가능한 가치이다.
개인적 가치	개성, 자존심, 자기의존, 비밀, 자기실현 등과 같이 개인 자신을 위해 유익하다고 생각하는 가치로 개인의 환경에 따라 다르게 형성될 수 있다.
사회적 가치	상호부조, 사회복지, 우애, 민주주의, 호의, 책임과 의무 등과 같이 사회적으로 인간을 위한 선과 권리를 생각하게 하는 가치로 시대의 변화에 따라 변한다.
종교적 가치	종교적 신념에 의해서 착함이나 선행을 통해 구원과 같은 생각을 하는 가치로 정신적 가치라고도 할 수 있다.
과학적 가치	과학자들의 과학적 행동, 즉 합리성, 객관성, 진보성, 비판 등과 같이 과학적으로 추구하는 가치이다.
도덕적 가치	대인관계에서 정직, 공명정대, 정의와 의무 등의 기준에서 선행되는 개념의 가치이다.
윤리적 가치	성실, 타인에 대한 존중, 정직 등과 같은 인간의 행동을 지배하는 것으로 임의로 받아들이게 되는 정의나 책임 있는 행동에 관한 개념의 가치이다.
심미적 가치	현실적으로 활용되면서도 비도덕적 가치가 함께하며 어떤 것이라도 할 수 있는 개념의 가치이다.
전문적 가치	어떠한 직업이 전문적으로 인정되는 과정에서 그 전문직의 독특한 실천 활동과 관련하여 요구되는 개념의 가치이다. 레비(Levy)는 사회복지 전문직의 가치를 사람우선 가치, 결과우선 가치, 수단우선 가치로 구분하였다.

이러한 가치에 따라 하디나(Hardina)는 지역사회복지실천을 위한 사회복지사의 기본가치를 다음과 같이 다섯 가지로 언급하고 있다(Hardina, 2002; 전해황 외, 2018).

① 다양성 및 문화적 이해: 사회복지사는 클라이언트의 문화를 이해하고 그것이 인간의 행동과 사회에 대처하는 기능을 파악하고 있어야 한다는 것이다.

② 자기결정과 역량강화: 사회복지사는 클라이언트의 자기결정을 존중하고 그가 스스로 역량강화(임파워먼트)할 수 있도록 개인의 능력을 증진시켜야 한다는 것이다.

③ 비판의식의 제고: 사회복지사는 억압을 조장하는 사회구조를 인식하고, 의사결정 과정을 주시하고 이해하여 클라이언트들과 공유하며 그들의 비판의식을 제고해야 한다는 것이다.

④ 상호학습: 사회복지사는 조직화과정에서 파트너인 클라이언트(대상자) 집단의 문화적 배경을 배우고자 하는 상호적(적극적) 학습자가 되어야 한다는 것이다.

⑤ 사회정의와 균등한 자원배분: 사회복지사는 사회정의와 균등한 자원배분을 위해 공정성 및 책임의식을 갖고 헌신해야 한다는 것이다.

5) 지역사회복지의 등장배경

지역사회복지의 등장배경은 지역사회의 구조적 변화, 사회 인구학적 변화, 노인인구 증가와 가족구조의 변화, 사회복지체계의 변화, 지방자치제가 실시되면서 등장하게 되었다. 다섯 가지로 요약하여 살펴보면 다음과 같다.

(1) 지역사회의 구조적 변화

지역사회의 구조가 공동체사회가 붕괴되고 이익사회로 변화하면서 가족과 지역사회의 기능이 약화됨에 따라 이를 보완하는 서비스가 사회적으로 필요하게 되었다. 즉, 현대사회는 과학・기술이 발달하고 교통・통신수단의 발달로 인하여 지역적 범위가 확대됨에 따라 인연을 중심으로 형성된 공동체의식, 지역구성원 간의 연대감이 약화되었다. 또한 급속한 산업화・도시화로 각종 사회문제가 다양하고 복잡해지면서 복지서비스도 양적인 측면뿐만 아니라 질적인 서비스도 강조하고 있는 현실이다. 이러한 지역사회의 구조적인 변화로 인하여 지역사회복지가 등장하게 되었다.

(2) 사회 인구학적 변화

사회적 기능상 중요한 장애니 문제를 가진 사람들의 구성비가 상대적으로 증가하고 있다는 것이다. 즉, 정신지체, 정신질환, 신체장애, 심각한 의료문제 등을 가진 요보호 인구가 증가하면서 이들의 문제를 해결할 기관이 부족한 현실이다. 한 기관에 의해서 단일한 서비스체계로는 접근하지 못하고 지역사회 차원에서 통합적으로 접근해야 된다는 것이다(전해황 외, 2018). 기능상 장애를 가진 사람들이 증가하고 한 개인의 욕구가 복합적으로 나타나 어느 한 기관에서 해결할 수 없는 문제점들로 인해 지역사회에서 통합하는 차원에서 지역사회복지가 등장하게 되었다.

(3) 노인인구 증가와 가족구조의 변화

인간의 수명연장으로 노인인구 증가에 따른 노인부양 문제는, 개인이나 가족의 문제에서 지역사회 중심으로 요보호대상 노인뿐만 아니라, 전체 노인의 삶의 질을 향상시키는 정책적 전환이 필요하다. 특히 평균수명 연장으로 인구의 급속한 노령화에 따라 보호를 요하는 노인들이 증가하면서 사회적 비용이 크게 증대되고 있다. 또한 입소시설에서 나타나는 문제점을 탈피하여 가정과 이웃과의 정상적인 생활 속에서 클라이언트에게 서비스를 제공하는 재가복지 서비스가 등장하게 되었다. 그리고 여러 가지 비용을 포함한 자원과 사회보장제도가 미비하여 사회문제가 대두되고 있는 현실이다. 노인, 장애인, 한부모가정 아동 등 사회복지대상자가 증가하면서 지역사회를 중심으로 한 재가복지서비스가 실시되면서 지역사회복지가 등장하게 되었다.

가족구조에서도 가족제도가 대가족제도에서 산업화・도시화를 거치면서 소규모화・핵가족제도로 변화하였다. 1세대 단독가구가 급속하게 증가하였고, 가족의 유형도 한부모가구, 고령자가구, 노인단독가구, 비혈연가구 등 다양한 유형으로 나타나고 있어 급속한 변화에 대응할 수 있는 사회적 지원체계가 필요하다. 따라서 이러한 지원체계를 지역사회 내에서 해결할 수 있는 지역사회복지가 등장하게 되었다.

(4) 사회복지체계의 변화

사회복지체계가 시설중심에서 재가 및 지역사회중심으로, 공급자 중심에서 수요자 중심으로 변화되고 있다. 시대 변화에 따라 시설의 개방화와 탈시설화가 나타났다. 시설의 개방화(시설 사회화)는 사회복지시설이 이용자의 인권보호 및 생활구조의 옹호라는 공공성 관점에서 시설 내의 서비스내용을 증진시키는 것을 의미한다. 또한 지역사회에서 발생하는 복지욕구를 충족시키기 위하여 그 시설이 소유하고 있는 공간, 설비, 기능, 인적자원 등을 지역사회에 개방하고 제공하여 지역사회와 상호작용하는 과정이다(조추용 외, 2019).

탈시설화(Deinstitutionalization)는 1970년대 미국에서 사회복지시설이 지역사회와의 격리 수용에 의한 시설병 등의 부작용에 반발하여 등장하였다. 여기서 시설병은 입소시설이나 병원 등에서 장기적으로 여러 사람들과 집단생활을 하면서 사회적응이 약화되는 부정적인 요소를 의미한다(이양훈 외, 2013). 또한 기존의 사회복지서비스는 주로 시설보호와 사후 치료적인 형태를 취함으로서 그 효과성과 효율성에 한계를 드러냈고, 요보호대상자의 증가와 욕구의 다양화로 인하여 새로운 형태의 재가복지 중심의 지역사회복지서비스가 이루어지면서 나타났다.

(5) 지방자치제의 실시와 지방화시대

지방자치는 법률에 정한 바에 의하여 지방에 사는 지역주민들이 지역단체를 구성하고, 그 단체의 활동으로 지방에서 정치와 행정을 그들의 의사와 책임하에 처리하는 것을 의미한다. 한국에서는 1995년 7월부터 지방자치제가 실시되면서 지방정부와 지역주민들은 그들이 거주하는 지역복지에 대한 복지욕구와 책임 의식을 갖는 것이 중요시된다. 지방자치제를 통하여 지역사회 주민들은 지역발전과 복지욕구 충족을 기대하면서, 지역사회문제에 주체적으로 참여할 수 있는 기회를 가질 수 있기 때문에 지역사회복지가 등장하였다.

지방자치제가 본격화되면서 지역사회복지가 활성화되기 위해서는 중앙정부와 지방자체 간의 업무분담 문제, 재정부담 문제, 전달체계정비 문제 등이 선행되어야 하지만, 무엇보다도 지역주민들의 사회복지운동에 참여문제가 우선적으로 고려되어야 할 것이다. 또한 지역사회발전을 위해 지방자치기관과 민간이 서로 상호작용을 할 수 있는 사회복지기관의 역할이 중요할 것이다.

6) 지역사회복지의 특성

지역사회복지는 지역사회 내에서 사회복지를 필요로 하는 개인이나 가족 등의 삶의 질 향상을 위해 지역사회자원을 활용할 수 있도록 조직을 통합하고, 환경개선서비스 및 개별적 사회서비스 시스템 등을 확보하여 운영하고 개선하려는 전반적인 지역사회활동을 총칭한다고 할 수 있다. 이러한 지역사회복지의 특성은 다음과 같이 다섯 가지로 언급된다(오정수 외, 2016).

① 지역사회복지는 지역성과 기능성을 포함하는 일정한 지역사회 내에서 이루어진다.
② 지역사회복지는 지역주민의 삶의 질 향상이라는 목표를 가진다.
③ 지역사회복지는 지역사회의 문제를 해결하고 주민의 복지욕구를 충족시키는 기능이 있다.
④ 지역사회복지는 지방정부와 민간기관이 공동주체가 되어 공공과 민간의 협력이 강화되는 추세로 발전하고 있다.
⑤ 지역사회복지는 조직적인 활동을 강조하는 전문적인 서비스와 방법을 사용한다.

이 외에 지역사회복지의 특성을 지역사회라는 독특한 체계를 기반으로 예방성, 종합성·포괄성, 연대성·공통성, 지역성 등 네 가지로 분류하여 알아보면 다음과 같다(이태희 외, 2014; 김현호 외, 2018; 조추용 외, 2019).

(1) 예방성

지역사회복지의 예방성은 지역사회 내에서 일어나는 사회복지 욕구나 해결되지 못한 사회문제를 주민참여 구조를 통하여 이를 조기에 발견하고 대응함으로써 예방적 효과를 추구할 수 있다는 것을 의미한다. 사회복지 욕구가 필요한 지역주민들이 적절한 시기와 적절한 수준으로 충족되지 못하면 욕구가 가중될 것이고 욕구의 심각화로 인해 사회문제를 나타낼 수도 있다. 이러한 차원에서 지역사회복지의 예방성이 강조된다.

예방적 특성에는 클라이언트 개개인의 인격 파탄 및 생활 파탄을 예방하는 소극적인 예방에서부터 삶의 질 향상이나 생활구조의 안정 및 강화 등의 적극적인 복지증진 예방까지도 포함된다. 복지욕구나 생활문제의 조기발견과 대응에는 주민참가와 상호작용하는 네트워크 구축이 중요하다. 주민들은 자신의 생활상의 복지욕구를 개인적인 욕구로만 생각하지 말아야 한다. 지역사회 내의 유사한 복지욕구를 지닌 주민들과 집단적 또는 조직적인 활동을 통하여, 지역사회복지 욕구를 형성하고 이를 해결 및 예방하기 위한 노력에 동참하는 주민참여가 필요하다.

(2) 종합성 · 포괄성

기존의 사회복지서비스는 공급자 중심의 공급 용이성과 효율성을 토대로 서비스를 분리하여 제공하고 있지만, 수용자 측면에서 보면 개개인의 욕구 불만족으로 인한 부작용이 초래된다. 지역사회복지는 기존의 분리된 서비스를 통합하여 종합적으로 제공하고, 수용자 측면에서는 포괄적인 서비스가 될 수 있도록 하는 포괄성의 특성이 있다.

공급자 측면의 종합성은, 서비스 제공기관 간의 조정 · 협의를 통한 네트워크 구축과 실질적인 운용을 통한 종합적인 서비스를 통해 확보할 수 있다. 이러한 서비스는 원스톱서비스 및 서비스 패키지화를 통하여 실천할 수 있다.

이용자 측면의 포괄성은 지역주민의 생활에 밀접하게 관련된 보건 · 의료, 교육, 고용, 문화, 교통, 안전, 환경 등의 지역주민 생활의 전반적인 영역을 포괄하여 접근함을 의미한다.

(3) 연대성 · 공통성

지역주민들은 개개인의 성격으로 활동하면서도 공통된 관심사에 따라 연대를 형성하고, 또한 이익을 추구하면서 어떠한 문제 발생 시 그 문제해결을 위해 공동행동을 하는 공통성을 가지고 있다. 이러한 연대성과 공통성은 대내적으로 상호부조활동으로 나타나고, 대외적으로 주민운동으로 나타난다. 여기서 상호부조활동은 지역주민 상호 간의 친목활동뿐만 아니라 클라이언트의 고립화 방지와 대인관계의 왜곡화를 방지하는 등의 인간적인 공동체를 만들기도 한다. 또한 주민운동은 지역사회의 생활상의 문제해결이나 예방을 위해 필요한 제도의 마련이나 공공시설의 설치 등의 활동이 나타나게 된다.

(4) 지역성

지역사회복지는 지역주민들의 지역사회 내에서 생활권역을 중심으로 전개되고 있다. 생활권역은 주민생활의 터전임과 동시에 사회참가의 장이기 때문에 지역적 특성을 고려해야 된다. 지역사회는 개개의 지역마다 이전에 공동체 생활을 하면서 지역적 특성이 있으므로 지역성을 고려하여 지역사회복지를 추구해야 한다. 지역사회복지는 지역적 특성에 맞게 서비스 제공체제의 효율성을 고려하여 공급과 이용의 적절한 지역적 권역의 설정이 필요하다.

7) 지역사회복지의 접근방법

지역사회는 일정한 지리적 구역을 전제 조건으로 일정한 지역에 사는 사람들의 집합체를 의미한다. 이러한 지역사회에서 지역사회복지실천을 위한 접근방법은 그 지역사회의 복지와 관련된 자료를 수집하고 분석하여 계획하고 실천하는 것이 필요하다. 여기서는 자료수집의 필요성, 자료수집의 방법, 문제해결의 주체설정 등에 대해서 알아본다(NCS학습모듈, 2020).

(1) 자료수집의 필요성

지역사회의 자료수집에 대한 필요성은 다음과 같이 네 가지로 요약할 수 있다.

① 복지수요의 다양화

최근의 사회복지환경 변화를 살펴보면 복지수요는 다양화되고 있으며, 점점 증폭되어 가고 있다. 사회병리현상이 증가되고 있으며 가치관의 변화에 따라 개인 중심의 가치관이 확산되어 여성의 사회참여 증가, 핵가족화, 이혼률 증가 등 가족 자체의 부양기능이 약화돼 가족해체, 보육문제, 청소년 문제, 노인부양 등 생애주기 전반에 걸친 복지욕구가 증가하고 있다. 따라서 이에 대한 원인을 파악하고 대안을 제시하기 위해 자료수집이 필요하다.

② 시민참여 증대로 인하여 수용자 중심의 서비스욕구 급증

최근에 대두되는 생산적 복지는 더불어 사는 사회, 중산층이 중심이 되는 사회, 나만 잘사는 것이 아닌 남과 함께 잘사는 사회 등 지향사회적 연대와 삶의 질을 향상시키는 데 중점을 둔다. 따라서 중앙정부나 지방정부의 행정력만으로는 다양한 사람들의 인간적 유대를 강화시키거나 통합, 협조가 잘되는 지역사회를 만들 수 없으므로, 기업체, 학교, 종교, 기관, 각종 단체 등 지역사회 구성원의 자원 활용이 매우 필요하게 되었다.

③ 공동체 건설의 필요성

지역사회복지의 확충을 위해서는 지역주민의 자발적 정책참여 및 봉사활동이 절실히 필요하며, 이를 확인하고 이끌어 갈 수 있는 지역사회의 자료수집이 필요하다. 그리고 행정은 지역주민 참여를 촉진하는 조건을 제공해야 하는데, 지역사회 공동체를 만드는 주체는 주민이다. 특히 지역사회주민들이 핵심적 역할을 담당하고 있다는 점을 염두해 두고 지역사회 자원개발과 관련하여 지역사회를 관리하고 조직화하는 일에 관심을 기울여야 한다.

④ 공공부조의 한계

현재 공공부조로 의료급여, 생계급여, 주거급여, 해산급여, 장제급여, 긴급급여 등이 복지서비스 대상자들에게 제공되고 있으나, 사실상 이 급여들이 단지 물질적인 것만으로 대상자들의 다양한 욕구를 충족시킬 수 없다는 한계성을 지니고 있다. 사회복지 전담공무원은 지역사회주민들의 적극적인 참여를 유도하여 더불어 사는 분위기를 형성함으로써 민간과 정부가 역할을 분담하고 유기적으로 협조하는 가운데 보다 효과적인 복지서비스가 제공될 수 있도록 해야 하며, 도움을 필요로 하는 저소득 지역사회주민들에게 다가가 그들에게 용기를 주고 힘을 북돋워 주는 일에 앞장서야 한다. 최근 들어 많은 수의 사회복지직 공무원을 채용하고 있으나 한정된 행정력만으로는 다양한 주민들의 유대를 강화시키거나 통합적 · 협조적인 지역사회를 창조하기에는 부족하다. 따라서 지역사회 자료 수집을 통한 명확하면서도 정확한 지역진단이 필요하다.

(2) 자료수집의 방법

지역사회의 자료수집은 지역사회문제를 파악하고 복지욕구를 측정하고자 할 때 필요하다. 이를 위해 사회복지사가 일반적으로 사용하는 방법은 지역사회조사이며 이를 바탕으로 문제를 분석한다. 지역사회복지욕구를 파악할 때 자주 사용되는 자료수집 방법은 여러 가지 방법이 있을 수 있는데, '제5장 지역사회복지욕구 조사 및 분석'에서 자세히 알아보고 여기서는 일부 방법에 대해서만 알아본다. 지역사회의 자료수집 과정은 [그림 1-1]에 나타냈다.

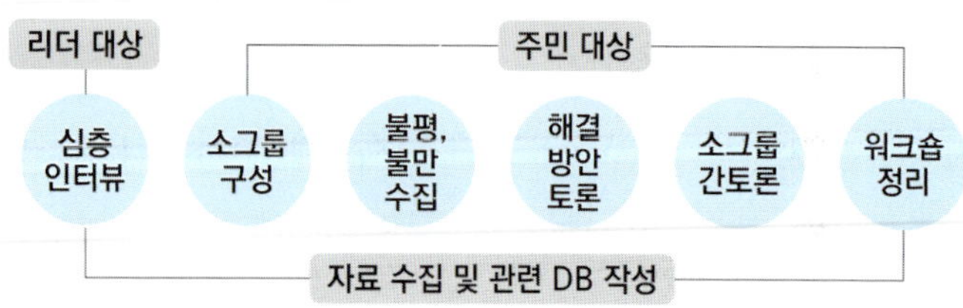

[그림 1-1] 지역사회의 자료수집 과정

① 지역사회지도 그리기

지역사회지도는 지역사회실천가뿐만 아니라 참여자 전체가, 개입하려는 지역사회를 파악할 수 있도록 도식(圖式)한 그림으로 중요한 자료이다. 지역사회지도를 그려보면 지역사회문제와 개입의 방법을 결정짓는 데 도움을 줄 뿐만 아니라 지역사회를 정확히 파악하는 데 도움이 된다. 지역사회지도를 그리는 과정은 먼저 지역사회를 탐색하고, 지역사회범주를 확정하고, 지역사회환경을 파악하고, 지역사회의 역동성을 파악한 다음에 지역사회지도를 그린다. 특히, 같은 지역사회를 대상으로 지도를 그린다고 해도 그리는 사람에 따라 보는 관점이 다르기 때문에 '무엇을 볼 것인가?' 라는 의문을 가지고 지역사회를 탐색해야 한다. 지역사회의 현황이나 문제를 한눈에 볼 수 있는 지역사회지도를 그리기 위해서는 다음과 같은 원칙을 적용한다.

- 지역사회지도 그리기는 개입하려는 지역사회에 대해 명확한 이해뿐만 아니라 개입방법의 실마리를 찾아낼 수 있어야 한다.
- 지역사회지도는 지역사회실천을 진행하는 동안 변화하므로 필요시 해당 부분을 수정할 수 있어야 한다.
- 관공서와 상호협력관계를 형성하여 지역사회지도 그리기를 해야 한다. 예를 들면, 해당 지역사회의 동사무소와 파출소는 주요 기관이라고 할 수 있다.
- 말로 설명하는 것보다 보는 지역사회지도로 정확히 표현하는 것이 좋다.
- 프로그램 참여자, 기관 방문객, 후원자들이 지역사회를 이해할 수 있게 지역사회지도를 그려 기관에 두는 것이 좋다.

② 지역사회쟁점 분석

지역사회쟁점 분석은 지역사회실천 및 조직화 모형 중 특정 지역사회의 현안이나 문제점, 사회적으로 대두하는 주요 쟁점 등에 근거한다. 따라서 지역사회실천가는 먼저 대두되는 쟁점을 분석해 본 후 개입여부를 결정하게 된다. 이러한 지역사회쟁점 분석과정은 다음과 같은 과정으로 진행한다.

- 쟁점 재구성: 나타난 쟁점을 재구성하고 대립자 간 대치관계를 만들고, 쟁점에 관심을 갖는 사람들의 의사를 반영하여 개입 전 상황을 요약·묘사하여 재구성한다. 예를 들어, '호주제 존폐'라는 쟁점에 대해 지역사회실천가는 호주제를 유지하려는 측과 폐지하려는 측의 입장을 대립시켜 '호주제는 유지되어야 한다.' 또는 '호주제는 폐지되어야 한다.'고 재구성할 수 있다.
- 대립자의 욕구 파악: 대립하는 양자의 욕구를 쟁점과 관련하여 철저히 파악하고 이 욕구의 근원이나 원인을 파악한다.
- 대립자의 상황 파악: 대립자의 상황과 쟁점과 관련하여 양쪽이 강조하는 가치, 행사하고 있는 권력, 현재 처해 있는 상황적 특성 등을 규명한다.
- 대립자의 이해득실 파악: 대립하는 양측이 각기 원하는 대로 되었거나 또는 원치 않는 대로 되었을 때 얻는 것과 잃은 것을 각각 파악한다. 또한 각기 결과가 사회에 미치는 영향도 파악한다.
- 결과 정리: 분석한 결과를 정리하고 이 결과에 근거하여 개입여부를 결정한다.

이러한 지역사회쟁점 분석과정을 진행하면서 지역사회실천가는 쟁점 분석에 있어 필요한 정보를 최대한 확보해야 하고, 일정 기간 충분한 시간을 할애하여 이루어져야 하고, 객관적이고 냉철하게 진행해야 하고, 의도적으로 어느 한쪽에 치우치면 안 되고, 사회정의를 실현할 수 있는 정신이 있어야 한다.

③ 공청회 및 지역사회포럼

공청회(public hearings)는 지역사회주민들의 다양한 의견을 자연스럽게 들어 정책에 반영하거나 지역사회주민들에게 정부의 정책이나 계획에 대한 의견을 제시할 기회를 주는 과정이다. 즉, 특정사항에 대하여 발표자와 이해관계자들이 서로 질문과 답변을 통하여 이슈를 형성하거나 지역사회문제를 해결하기 위한 절차를 의미한다. 법적인 용어로 '공청회'란 행정청이 공개적인 토론을 통하여 어떠한 행정작용(行政作用)에 대하여 당사자 등, 전문지식과 경험을 가진 사람, 그 밖의 일반인으로부터 의견을 널리 수렴하는 절차를 말한다. 여기서 행정청이란 행정에 관한 의사를 결정하여 표시하는 국가 또는 지방자치단체의 기과, 그 밖에 법령 또는 자치법규에 따라 행정권한을 가지고 있거나 위임 또는 위탁받은 공공단체 또는 그 기관이나 사인(私人)을 의미한다(「행정절차법」, 2020).

따라서 공청회는 다수의 의견을 수렴하여 이해관계를 조정하고 해결할 수 있으며, 지역주민은 공청회에 참여함으로써 주민 스스로가 특정 이슈나 문제에 대하여 책임감과 참여 의식을 가질 수 있다. 이러한 공청회는 구체적인 안을 결정하는 과정에서 지역주민, 이해관계자, 복지서비스 제공자 등과 의견을 교환함으로써 잘못된 정보에 대한 수정・보완이 가능하다. 또한 쟁점의 대상이 되는 이해 당사자가 만나 공청회를 하였지만 합의하지 못한 부분에 대하여 제3자 입장에서 판단을 내리는 역할도 할 수 있다.

공청회는 지역주민들이 직접 참여하여 지역사회문제를 조사하거나 답변하는 방법으로 주민이 자발적으로 개최하는 경우와 자방자치단체가 주관하여 개최하는 경우가 있다. 공청회가 열리기 위해서는 공청회 개최 통지가 우선되어야 하는데, 개최 14일 전에 제목, 일시 및 장소, 주요 내용, 발표자에 관한 사항, 발표신청 방법 및 신청기한, 정보통신망을 통한 의견제출, 그 밖에 공청회 개최에 필요한 사항 등을 당사자에게 통지하고 관보, 공보, 인터넷 홈페이지 또는 일간신문 등에 공고하는 등의 방법으로 널리 알려야 한다(「행정절차법」, 제38조).

지역사회포럼(community forum)은 지역사회주민 모두 또는 지역사회를 대표한다고 생각되는 사람들을 초대해서 특정문제에 대한 설명을 하거나 의견을 청취하고 피드백을 받는 것이다. 이러한 포럼은 지역사회문제를 확인하고 문제해결방안을 제시할 수 있는 방법이다. 공청회나 지역사회포럼은 비교적 많은 준비가 필요하지 않으며, 비용이 적게 들고, 조사연구에 관한 고도의 지식이나 기술이 필요하지 않다는 이점이 있다. 그러나 너무 많은 사람들이 정리되지 않은 의견을 내면 회의 진행이 곤란하고 시간이 많이 소비되며, 효과적인 의사표현을 기대하기가 어렵고 비밀보장이 어렵다는 단점도 있다.

(3) 문제해결의 주체설정

지역사회주민은 지역사회에 관심을 가지고 지역사회문제를 인지하고 있어야 한다. 지역사회문제는 지역의 신문이나 방송을 통해서 알 수도 있고, 지역의 어른들에게 문의하거나 관련기관을 방문하여 알아볼 수도 있다. 지역사회문제해결을 위해 주민과의 협조와 여러 기관과 단체의 노력 및 실천이 필요하다. 문제해결의 주체가 될 수 있는 주민참여 방식과 형태에 대해서 알아본다.

① 문제해결의 주체가 될 수 있는 주민참여 방식

주민참여 방식에는 자문위원회, 공청회, 반상회, 지방자치 단체장과의 간담회, 주민운동 등이 있을 수 있는데, 각각에 대해서 알아본다.

- 자문위원회: 지역사회현안을 지역발전으로 승화하기 위하여 지방자치 단체장에게 건의하는 등 지역의 발전을 위한 계몽과 권장을 하는 역할을 한다.
- 공청회: 주민들이 직접 지역사회문제를 조사하거나 해결하는 것으로 지방자치 단체가 주관하여 개최하는 경우와 주역주민들이 자발적으로 개최하는 경우가 있다.
- 반상회: 이웃 간의 협동, 행정에 대한 보조를 돕기 위하여 주민들이 일정한 장소에 모이는 주민 총회이다.
- 지방자치 단체장과의 간담회: 주역사회주민과 지방자치 단체장이 자주 만나 대화를 통해 지역사회의 현안과 문제점, 발전방안을 협의한다.
- 주민운동: 지역사회의 주인은 주민이므로 지역사회주민은 주인 의식을 가지고 여러 가지 주민운동에 참여하는 마음 자세를 가져야 한다.

② **문제해결의 주체가 될 수 있는 주민참여 형태**

주민참여 형태에는 서비스 이용자 및 제공자로서의 참여, 후원자로서의 참여 등이 있을 수 있는데, 각각에 대해서 알아본다.

- 서비스 이용자로서의 참여: 지역사회복지 기관의 주도로 이루어진다는 점에서 능동적이라기보다는 수동적인 참여의 형태이다.
- 서비스 제공자로서의 참여: 일반적으로 지역주민들은 지역사회에 상주하는 실천가로서 전문적 실천가들의 활동을 보조하거나 단순 자원봉사자로서 활동을 할 수도 있다.
- 후원자로서의 참여: 서비스제공에는 직접 참여하지 않으나 재정적 지원을 통해 참여하게 된다.

Community Welfare & Practice | chapter 02

지역사회복지의 발달과정

지역사회복지는 지역사회를 기반으로 사회복지 욕구에 대한 사회자원의 적응에 의한 활동이다. 이러한 의미에서 역사적으로 볼 때 지역사회복지는 국가 주도의 사회복지가 확고한 유럽보다는 자원부문(voluntary sector)을 강조한 미국을 중심으로 발달해 왔다. 이러한 이유는 지역사회복지가 다른 사회복지 분야와 달리 민간의 참여가 두드러지게 나타나는 분야이기 때문이다. 따라서 역사적으로 자선조직협회, 인보관운동이 지역사회복지에 기여한 바가 크며 가장 많은 영향을 미쳤다고 할 수 있다(조추용 외, 2019). 이 장에서는 영국, 미국, 한국 지역사회복지의 발달과정에 대해서 알아본다.

2.1 영국 지역사회복지의 발달과정

영국의 지역사회복지 역사는 1601년 「엘리자베스 구빈법(The Elizabethan Poor Low)」 이래 지역사회복지에 대한 법제화를 이끌어 왔다. 현대적 의미의 전문화된 지역사회복지의 출발은 자선조직협회(COS: Charity Organization Society)운동과 인보관운동(Settlement Movement)이다. 1869년에 자선조직협회가 설립되어 중복구호를 방지하기 위하여 여러 가지 자선활동이 조정되고, 환경조사와 적절한 원조 제공을 목적으로 활동하였다. 1884년에 세계 최초로 인보관인 토인비 홀이 설립되어 인보관운동이 전개되었다.

또한 2차 세계대전 이후 지역사회복지를 국가의 책임하에 수행하기 위한 지방정부 중심의 집행체계 및 전문사회사업의 확립, 시설보호의 문제점을 개선하기 위한 지역사회보호서비스의 확충 등 다양한 지역사회복지의 발전과정을 경험하였다. 따라서 1957년에 '정신병과 정신장애에 관한 왕립위원회 보고서'가 발표되면서 시설보호중심의 서비스에서 지역사회보호중심의 서비스로 전환되었으며, 1968년 시봄 보고서의 영향으로 지역사회보호 정책이 중앙정부에서 지방정부로 전환되었다. 또한 1988년 그리피스 보고서가 발표되면서 영국의 지역사회복지는 발전기를 맞이하였다. 이러한 과정의 영국 지역사회복지 발달에 대해서 알아본다.

1) 자선조직협회의 설립기

런던의 빈민굴에서 거주하면서 빈민문제를 연구한 에드워드 데니슨(Edward Denison) 목사는 가난한 사람들이 진실로 요구하는 것은 금품이 아니라 정신적 원조에 있다고 언급하였다. 따라서 빈민구조의 이상을 자조 및 자립에 두고 구빈행정의 개혁을 부르짖으면서 생활개선을 강조하기 시작하였다.

이러한 원칙을 기초로 하여 1869년에 최초로 런던에서 낭만주의 예술가였던 러스킨(John Ruskin)의 주도로 자선조직협회가 조직되었다. 러스킨은 부회장을 맡으면서 재정적 지원도 아끼지 않았는데, 이러한 자선조직협회의 기본적 목적은 다양한 자선조직을 조직화해서 빈민에 대한 체계적이고 효율적인 구호사업을 펼치는 데 있었다.

그러나 런던 자선단체의 수입이 늘어남으로 인해, 난립되어 오용과 남용의 문제가 발생하게 되었다. 따라서 자선조직협회의 지도자들은 자선의 오용과 남용을 막고 빈민들의 의존문화를 근절하기 위해서 구호신청자의 상황을 면밀히 분석할 필요성을 느끼게 되었다. 이러한 필요성에 따라 개발된 대책이 호별방문(우애방문)이다. 호별방문자들은 구호를 신청한 본인과 가족은 물론 이들의 집주인, 이웃, 그리고 고용주까지도 방문하여 이들의 상황을 보다 총체적으로 파악하려고 노력했다. 이러한 자료는 구호신청자가 구호 받을 자격이 있는 빈민인가의 여부를 판단하는 근거가 되었다.

이러한 자선조직협회의 기능으로는 구호신청자에 대한 면밀한 조사, 중복구호를 피하기 위한 구호등록 실시, 여러 구호기관 간의 연락・조정, 그리고 호별방문자(우애방문자)라 불리는 자원봉사자들의 활동이 있다. 특히 호별방문자로부터 시작된 가정방문, 면담, 그리고 기록 등은 오늘날 개별사회사업 및 가족사회사업으로 발전하였다. 또한 빈민들에게 탈빈곤 동기를 부여하는 데 도움이 된 사회중산층의 호별방문과 인격적인 감화활동은 오늘날 자원봉사활동을 발전시키는 밑거름이 되었다(이태희 외, 2014; 김현호 외, 2018).

2) 인보관운동의 전개기

인보관운동(Settlement Movement)은 1854년 에드워드 데니슨 목사가 주축이 되어 캠브리지 대학 및 옥스퍼드 대학의 학생들과 슬럼가의 노동자들을 결합시켜 빈민문제를 해결하려는 사회이상주의운동으로 시작되었다(이태희 외, 2014). 이러한 인보관운동의 배경에는 빈민을 돕기 위해서는 빈민지역에 직접 들어가서 그들과 동고동락하면서 그들의 문제가 무엇이며, 무엇을 요구하는지를 체험함으로써 빈민과의 관계를 형성하고 그들과의 우정과 동료애를 강조하여 사회적 갈등을 해결하려는 사회 개량적 의식이 바탕이 된다(전해황 외, 2018).

이러한 배경으로 최초의 지역사회복지관(Settlement House)인 토인비 홀(Toynbee Hall)은 1884년 사무엘 바네트(Samuel Barnett) 목사에 의해 런던 동부의 빈민지역인 화이트 채플(White Chapel)에 설립되었다. 바네트 목사는 토인비 홀을 설립하면서 데니슨 목사의 이념을 계승하면서, 빈민을 돕기 위해서 빈민 지역에 들어가서 그들과 함께 살면서 그들의 삶과 어려움을 직접 체험하는 것이 중요하다고 하였다. 또한 빈곤은 부자와 빈민 간의 계급대립의 표현이므로 인텔리 대학생들이 빈민과 결합함으로써 계급 간의 화해를 기할 수 있다고 생각하였다.

그리하여 대학생들은 토인비 홀에 거주하면서 가난한 노동자들과 그 가족들에게 문화와 교양을 깨우쳐 주고, 빈민의 인간적 성장을 돕도록 권장하였으며, 그리고 빈민들과 어울리면서 다양한 프로그램을 진행시켰다. 프로그램은 빈민 자조 조직의 결성을 지원, 지역 노동자들과 함께 노사문제를 상담·협의, 그리고 주민들에게 글과 예술을 가르치는 일 등이 포함되었다. 인보관운동에 참여하는 활동가들은 빈곤문제를 지역사회의 맥락에서 접근하였으며, 빈민을 이웃과 동료로 생각하면서 접근하였다.

토인비 홀은 아놀드 토인비(Arnold Toynbee, 1852~1883)가 옥스퍼드대학 학생시절부터 인보관운동에 참여하여 옥스퍼드대학 경제학부 조교수로 재직할 때, 31세 나이에 결핵으로 사망하자 그의 열정적인 활동을 기리기 위해 바네트 목사와 그의 동료 및 학생들을 주축으로 설립되었다. 토인비 홀을 중심으로 이루어진 인보관운동은 단지 아동과 성인들을 위한 강좌 개설만을 하는 것이 아니라 지역사람들에게 폭넓은 교육기회를 제공하고, 강좌와 집단토론에 참여함으로써 가르치는 사람과 배우는 사람 간의 협조와 배움을 나누는 환경을 제공하였다. 또한 빈곤의 책임을 개인에게만 돌리려는 자선조직협회 활동가들과는 달리 빈곤문제를 지역사회의 맥락에서 접근하였다(이태희 외, 2014; 김현호 외, 2018).

이와 같이 빈곤자들을 위해 사회개량운동을 하던 인보관은 몇 년 동안 영국 전역에

100여 개로 확산 설립되었고, 1889년에는 미국 시카고에 헐 하우스가, 1897년에는 일본 동경의 간다 지역에 킹스레이(Kingsley) 관이 설립되어 세계 각 지역으로 확산 설립되었다(김범수 외, 2019).

3) 지역사회보호로의 전환기

지역사회보호(community care)는 시설보호에서 나타난 문제점을 개선하기 위하여 지역사회를 중심으로 보호해 주는 것을 의미하는데, 일명 재가복지의 개념으로 사용된다. 1920년대 이후 영국은 일반 시민들의 거주환경과 삶으로부터 격리되고 비인도적이고 열악한 환경이 제공된 빈민수용시설인 구빈원에 대한 개선책으로, 지역사회 내의 자립을 중심으로 한 지역사회복지가 전개되었다. 또한 정신 장애인들의 집단생활에서 발생하는 부정적인 문제점(시설병)이 대두되어 이를 개선하기 위해 약물요법의 발전과 함께 지역사회를 중심으로 한 치료와 서비스를 동시에 실시하였다.

1946년에 제정된 「국민보건서비스법」에 의한 의료서비스 확대로 노인복지 영역에서도 지역사회보호가 구체화되었다. 즉, 의료서비스를 받을 수 있는 권리를 국가 정책으로 정해 놓고 지역사회 내에서 보건의료서비스를 조직적인 대응으로 공적인 책임 하에 전개하였다. 또한 1946년 카티스위원회는 아동은 시설에서 보호하는 것보다 가정이나 소그룹에서 보호하는 것이 바람직하다는 아동복지의 원칙을 제안해, 1948년에 「아동복지법」이 제정되어 지역사회보호가 아동복지 영역까지 확대되었다(남진열 외, 2010).

이러한 지역사회보호 개념을 공식적으로 처음 사용한 문서는 1957년 '정신병과 정신장애에 관한 왕립위원회 보고서(Royal Commission on Low Relating to Mental Illness and Mental Deficiency)'로서 이 보고서는 정신장애인의 사회복귀를 슬로건으로 '병원에서 지역사회로'라는 문구를 사용하면서 지역사회보호로의 전환을 권고하였다. 이후 이 보고서의 영향으로 시설보호에 대한 대안으로 지역사회보호가 전개되면서,

1959년에 「정신보건법(Mental Health Act)」이 제정되어 지역사회보호 서비스가 법률적으로 규정되었다. 이러한 법률적 근거로 시설에 수용되어 있던 사람들이 시설보호에서 지역사회보호로 전환되었다(남진열 외, 2010; 김현호 외, 2018).

1960년대에 들어오면서 국민보건서비스의 재정적인 과제로 지역사회보호 정책이 보수당 정권하에서 강력하게 제안되었다. 1963년에는 지방정부가 관할하는 주민의 보건 및 복지서비스 향상에 대해 '보건과 복지, 지역사회보호의 개발'이라는 보고서가 발표되어 지역사회보호가 본격화되었다. 이러한 정책으로 인해 정신병과 정신장애를 지닌 사람들을 위한 병동이 현저히 감소되었고, 많은 노인들은 소규모 주거보호(residential care)에 배치되었다. 또한 이 보고서의 영향으로 노인복지 분야는 지역지향이 더욱 강화되었으며, 1950년대부터 제기된 탈시설화의 영향으로 노인주택 건설이 이 시기에 본격화되었다(김범수 외, 2019). 이렇게 지역사회는 수용된 정신장애자나 노인을 분산 및 재배치하는 장소라는 의미뿐만 아니라, 사회문제와 관련하여 개개인이 속한 지역사회라는 의미로 받아들이는 등 지역사회에 대한 새로운 인식의 계기가 되었다(이양훈 외, 2013).

4) 지역사회보호정책의 변화기

1960년대까지는 지역사회보호는 중앙정부의 정책으로 전개되었지만, 지방자치 차원의 정책으로 구체화된 것은 1968년 '시봄 보고서(Seebohm Report)'의 발표 이후가 된다. 제2차 세계대전 후 「구빈법」 체계가 종결되면서 종전의 구빈행정을 대신하고 지역사회의 사회적 의존인구의 다양한 욕구를 충족시키기 위해 지방정부 내에서 서비스가 개발되었다. 즉, 지방정부 내의 관련부서는 보건, 주택, 복지 등 주요 복지서비스를 제공하면서 각각 고유의 접근 방법과 전문 인력을 갖고 업무를 수행했다. 업무를 수행하면서 한정된 자원의 분배를 둘러싸고 경쟁관계에 놓이게 되는 문제점이 발견되었다(남진열 외, 2010; 김현호 외, 2018). 이러한 문제점을 해결하기 위해 시봄위원회(Seebohm Committee)는 시봄 보고서를 제출하였다. 시봄위원회는 지방행정의 대인서비스 조직과 책임을 재검토하고 지역사회에 기초하여 가족지향적인 서비스를 제공하는 새로운 사회서비스 부서의 창설을 제안하였다.

시봄 보고서의 내용은 영국의 복지서비스는 지방자치제가 실시하는 지역적인 업무이며, 고도로 전문화된 보건서비스와 소득보장 이외에 대인적 서비스를 실시해야 한다는 것이다. 즉, 사회복지 영역 내에서 개별적으로 발달, 전개되어 분산된 각종 제도를 정리 통합하고 하나의 독립된 분야로 확립하여, 합리화와 효율화를 도모하는 종합적 서비스를 제공해야 한다는 것이다.

이러한 시봄 보고서의 종합적인 서비스를 제공해야 한다는 내용을 기초로 1971년 지방정부에 사회서비스국(SSD: Social Service Department)이 창설되어 대인사회서비스의 효율적인 조정을 도모하였고, 이를 계기로 사회서비스의 수혜자이자 서비스 제공자로의 지역사회복지의 역할이 강조되었다(김광희, 2015; 김현호 외, 2018). 따라서 지역사회복지는 지방정부의 사회서비스국 중심으로 고용, 교육, 주택, 가정원조, 경찰, 교회, 자원봉사조직, 그리고 이웃에 의한 서비스를 포괄적으로 시행하였다. 즉, 지역사회보호의 주체는 공공과 민간의 다양한 조직을 포함하여 시행하였다(이태희 외, 2014). 또한 시봄 보고서의 영향으로 1974년에는 국민보건서비스를 개편함으로써 장애인과 노인을 위한 지역복지서비스의 지침이 시달되었다. 특히, 1975년 노인주택의 다양화 정책에 의하여 보건·복지, 주택을 통합한 복지서비스가 구체적으로 전개되었다.

한편, 이 시기에 시봄 보고서 외에 지역사회보호에 영향을 미친 보고서는 하버트 보고서(Harbert Report)와 바클레이 보고서(Barclay Report)를 들 수 있다. 하버트 보고서는 1971년 창설된 Avon 지방정부 사회서비스국의 행정책임자인 하버트가 '지역사회에 기초한 사회적 보호(Community-based Social Care)'라고 발표한 보고서이다. 보고서의 내용은 공공서비스와 민간서비스 외에 가족체계와 지역사회의 근린에 초점을 둔 비공식서비스의 중요성을 강조하였다. 또한 공공과 민간서비스의 주요한 과업은 친구와 친척에 의하여 제공되는 비공식 보호를 지원함으로서 클라이언트의 욕구를 충족시켜 주는 것이라고 강조하였다.

바클레이 보고서는 1982년에 발표한 보고서로, 사회사업가는 직무와 역할에 대해서 카운슬링이 아니라 지역사회보호 계획으로 전환하여야 한다고 주장하였다. 대부분의 지역사회보호는 공공 또는 민간의 공식서비스에 의하여 제공되는 것이 아니라 지역사회 주민들의 인간 관계망인 비공식 보호에 의해 제공되는 것으로 보았다. 또한 비공식 보호서비스와 공식적 보호서비스 간의 긴밀한 관계를 유지하면서 활동해야 할 필요성을 강조하였다(김광희, 2015).

5) 지역사회복지의 발전기

지역사회보호는 개념 자체가 매우 포괄적이고 모호한 개념이었기 때문에 정권교체에 따른 정책이념의 변화는 지역사회보호에 관한 정책의 변화를 수반하였다. 1980년대에는 보수당 대처정권의 신보수주의 이념에 의한 사회복지개혁이 추진되면서, 정책의 목표가 공공재정 지출의 축소라는 슬로건을 내세우면서 기존 지역사회보호 정책의 결과에 대한 강한 비판이 제기되었다. 이에 따라 보수당 정부는 1986년 그리피스 경을 위원장으로 하는 위원회를 구성하고 보다 효과적인 지역사회보호를 위한 공공재정 활용방안에 대해서 논의하게 되었다. 그 결과 1988년에 '지역사회보호: 행동지침(Community Care: Agenda for Action)'이라는 '그리피스 보고서(Griffiths Report)'가 발표되었다.

보고서의 내용은 ① 지역사회보호의 일차적 책임은 지방당국에게 있다는 것이고, ② 지방당국은 대인사회서비스의 직접적인 제공자가 아닌 계획, 조정, 구매자로서의 역할을 수행한다는 것이고, ③ 주거보호에 대한 욕구는 지방당국에 의하여 사정(Assessment)된다는 것이다. 즉, 그리피스 보고서는 지역사회보호의 이행을 강조하였고 지역사회보호를 위한 권한과 재정을 지방자치단체에 이양할 것을 제안하는 것이었다(이양훈 외, 2013; 김현호 외, 2018).

그리피스 보고서의 내용이 입법화되어 「국민보건서비스 및 지역사회보호법(The National Health Service and Community Care Act)」이 1990년에 공포되었다. 이 법이 1990년에 공포되고 국민보건서비스 부분은 1991년 4월부터 시행되었으며, 각 지방자치단체가 실시하게 될 지역사회보호 부분은 지방정부의 재정적인 부담으로 2년이나 연기되어 1993년 4월부터 시행되었다(남진열 외, 2010).

이 법에의 지역사회보호의 개념은 보다 다양한 실천 현장에서 광범위한 서비스의 발전을 추구하면서 지방당국의 역할보다는 가족 등의 비공식부분, 민간조직부분, 그리고 자원부분의 역할을 강조하고 있다. 또한 지역사회보호에서도 시장경쟁의 원리를 통하여 대상자와 제공자 간의 경쟁을 유도하여 지역사회보호 서비스의 수준을 향상시켰다. 그리고 케어매니지먼트(care management)의 도입을 통하여 효율적이고 적절한 서비스 제공을 도모하였다(이양훈 외, 2013; 김현호 외, 2018).

1993년 4월에 시행된 지역사회보호에 대한 구체적인 내용은 다음과 같다. ① 지역사회의 욕구와 자원분석과 관련된 보호계획의 수립, ② 보호욕구의 정확한 판단과 이에 기초한 보호서비스를 제공하기 위해 케어매니지먼트 도입, ③ 공공서비스에 대한 민간서비스와 경쟁유도, 욕구중심의 서비스 제공 등 지방자치단체의 역할 변화, ④ 호호계획과 관련된 외부기관과의 동반자적 관계 추진, ⑤ 복지서비스에 대한 감독제도의 강화, ⑥ 중앙정부에서 지방자치단체로 권한과 재정의 이양 등등 지방자치단체의 재량권을 발휘할 수 있도록 하였다. 이러한 지역사회보호 실천 주체의 다양화와 민간 및 자원부문의 역할 강조는 신보수주의 이념과 흐름에 맞춰 '케어의 혼합경제' 또는 '복지다원주의(welfare pluralism)' 논리를 뒷받침하고 있다(이태희 외, 2014).

1997년에 출범한 노동당 정부는 실업문제를 극복하기 위하여 뉴딜(New Deal)이라는 근로연계복지 정책을 시작하였다. 정책의 주된 핵심대상은 청소년 실업자로, 복지급여를 받는 한 의무적으로 뉴딜 프로그램(4가지 옵션: 취업, 환경근로, 자원봉사, 전일제 교육과 훈련)에 참여해야 한다. 뉴딜 정책은 관점에 따라 비판과 지지가 교차하고 있으나, 빈곤과 사회적 배제를 겪고 있는 지역사회에 자원이 유입되고 동기유발이 이루어지고 있는 점은 긍정적 평가를 받고 있다. 또한 장기 실업자들을 지역사회에 투입하여 지역사회의 시설과 환경을 개선하고 이들에게 근로경험과 노동윤리를 심어 줄 수 있게 된 점도 긍정적인 의미를 갖고 있다(이양훈 외, 2013; 김현호 외, 2018).

2.2 미국 지역사회복지의 발달과정

미국의 지역사회복지는 짧은 역사 속에서도 많은 사회문제가 발생하면서 이에 대처하기 위해 많은 노력을 기울여 왔다. 19세기 말 산업화 이후 농촌 및 유럽에서 이주한 이주민들의 도시집중화로 인한 지역사회 문제에서 출발한다. 남북전쟁 이후 미국은 급속한 경제적 성장, 정치적 통일, 그리고 외국과의 평화적 관계를 누리게 되었다. 또한 빈곤문제가 첨예화되었고, 지역주의의 팽배는 물론 경제적 계층의 양극화 현상이 심화되는 시기였다. 이 과정에서 빈민과 대중을 보호하기 위한 공공 사회복지시설과 민간 자선기관이 증가하였다. 남북전쟁(1861~1865, 4년)이 종식된 이후 자선조직협회 운동과 인보관운동이 지역사회조직사업의 전문화에 원동력이 되었다.

그리고 제1차 세계대전의 종식과 대공항(depression)으로 이어질 때 공동모금회와 협의회가 설립되었으며, 대공항이 시작되면서 대법원이 공립학교에서 인종차별금지 판결을 내린 1954년까지 공공복지사업이 발전하였으며, 1960년대 케네디와 존슨 행정부가 '빈곤과의 전쟁(war on poverty)'을 선언하면서 지역사회조직의 정착기를 맞이한다. 이러한 과정의 미국 지역사회복지 발달에 대해서 알아본다.

1) 자선조직협회운동기

1865년부터 남북전쟁이 종식되고 제1차 세계대전이 시작되어 전쟁모금회가 시작되었는데, 이때부터가 미국의 사회복지 기원이 된다고 할 수 있다. 이 당시 미국의 사회적 상황은 산업화, 도시화, 이민문제, 그리고 흑인문제 등이 출현하여 지역사회복지가 요구되는 시기였다.

산업화는 기술의 발전과 산업의 집중화 현상으로 노동시간, 작업조건, 안전, 그리고 아동의 노동 등 광범위한 사회문제를 낳았다. 급속한 산업화에 따라 많은 농촌인구가 도시로 이주하였으며, 특히 남부지방과 유럽으로부터 미숙련 노동자들이 가장 오래된 도시와 인구가 밀집된 지역(철도 주변, 공사장 주변 등)에 정착하면서 도시화가 이루어졌다. 그런데 정착한 지역의 보건위생 상태나 건물상태 등 주거환경이 부적하였고, 교육과 문화적인 생활은 기대할 수 없었다.

19세기 초반부터 세계 각 지역에서 이민 온 사람들은 전국에 흩어져 정착하면서 이민문제가 대두하였다. 이들은 자신의 나라로부터 사회적・종교적 제도뿐 아니라 여러 형태의 사회문제까지 가지고 들어왔기 때문에 과거의 생활방식에 집착하였으며, 자녀들과 갈등을 빚기도 하였다. 그리고 빈곤과 질병에 시달리면서 생계를 유지하기 위해 할 수 있는 일이라면 무슨 일이든 했고, 이질적인 언어소통은 빈민들 사이에 이해하기 어려운 문제들을 발생시켰다.

흑인문제로는, 남북전쟁 이후의 복구기간에 흑인들이 자기들의 권익을 옹호하기 위해 많은 노력을 했다. 그러나 대법원이 1875년 「공민권법(Civil Rights Art)」이 위헌이라는 판결을 내리자 흑인의 권리를 보호하는 책임이 연방정부로부터 주정부로 옮겨 가게 되어 난처한 입장에 놓이게 되었다. 이 당시 흑인사회의 가장 큰 관심사는 교육문제였는데, 특히 직업교육과 고등교육의 결함을 해결하는 것이었다. 이에 1881년에 흑인을 위한 교육기관인 터스키기 학원(Tuskegee Institute)이 설립되었으나, 흑인에 대한 구타가 성행하여 수천 명의 흑인이 죽었다(이양훈 외, 2013; 김현호 외, 2018).

이러한 사회적 문제로 인해 미국 최초의 자선조직협회는 1869년 영국에서 처음 설립된 자선조직협회를 본받아 1877년에 뉴욕주 버팔로시(Buffalo City)에서 영국 성공회 소속인 거틴(Stephen H. Gurteen) 목사에 의해 창설되었다(이태희 외, 2014). 자선조직협회의 원래의 목적은 자선의 중복을 예방하고 빈민을 구호하기 위해 존재했던 기관들 간의 업무를 조정하기 위해 설립되었으나, 기관들 간의 업무조정뿐만 아니라 특정 개인이나 가족들에게 제공하는 원조활동을 논의하기 위해 사례회의를 조직화하였고 직접적인 구호와 서비스도 제공했다. 또한 다양한 사회문제의 해결과정에도 개입하여 결핵퇴치사업, 청소년 전담법원 설치, 아동보육 프로그램 제공, 그리고 임대주택에 관한 법과 제도개혁 등과 같은 실질적인 성과를 얻었다(전해황 외, 2018). 이러한 자선조직협회 운동의 활동가들은 호별 방문을 통해 사실을 확인하였는데, 활동가들은 주로 상류층 여성들로 구성되었다(이양훈 외, 2013).

머피(Murphy)는 자선조직협회의 프로그램을 다음과 같이 세 가지로 요약하고 있다(Murphy, 1954; 김현호 외, 2018). ① 참여기관들로부터 구호를 받는 개인이나 케이스들의 명단을 데이터베이스화 한 사회봉사교환소(social service indexes or exchanges)를 만들었다. 사회봉사교환소는 대상자에 대해서 믿을 만한 기록과 등록, 서비스를 행하는 사회복지 및 보건기관의 연합으로 구성되어 있으며, 대상자의 중복된 조사를 피하고 서비스의 중복을 방지하여 효율성을 높일 수 있다(김현호 외, 2018). ② 사례분석회의(case conference)를 통해 동일한 케이스나 같은 가정에 관심을 가진 기관(인보관, 구빈기관, 아동수용기관, 아동학대예방 서비스기관, 방문간호사협회 등)들이 모여 케이스에 대한 원조방안을 모색하였다. ③ 일반적으로 사회적 · 경제적 문제에 관해 연구 · 분석을 하여 정책에 건의하기도 하였다.

이러한 자선조직협회 운동은 가족과 개인에게 적절한 서비스를 제공하고 지역사회의 복지문제를 협동적으로 접근하여 도와주었다. 결국 자선조직협회의 기본적인 목표는 기존의 자선 및 구제단체를 조정하여 서비스 중복과 여러 사회단체 간의 경쟁을 방지하고 대상자가 이용할 수 있는 최대한의 사회자원을 확보하는 데 있었다(Dunham, 1970; 김현호 외, 2018). 이러한 자선조직협회는 활성화되어 19세기 말에 미국 전역에 55개소로 증가하였으며, 그 명칭도 미국자선조직협회연맹으로, 그 다음에는 미국가족사회사업조직협회로 변경되면서 다양한 기능을 수행하였다(전해황 외, 2018).

2) 인보관운동기

인보관운동은 자선조직협회 운동과 더불어 사회사업의 대표적인 운동이라고 할 수 있다. 인보관운동은 자선조직협회의 활동가들이 호별 방문에서 얻은 자료를 통해, 빈곤의 원인이 결코 개인의 잘못만은 아니라는 사실을 발견하게 되었다. 따라서 자선조직협회의 새로운 변화의 길을 모색하는 과정에서 빈곤문제에 대한 새로운 접근방법의 하나로 인보관운동이 전개되었다(이양훈 외, 2013; 김현호 외, 2018).

이러한 방법의 하나로 코이트(Stanton Coit)와 스토버(Charles B. Stover)는 1884년에 영국의 바네트 목사가 런던의 동부 슬럼지역에 세운 토인비 홀을 방문하여 벤치마킹하고 돌아와 1887년에 뉴욕시 그린조합(Neighborhood Guild of New York)이라는 명칭의 인보관을 창설하였다. 그들은 토인비 홀에서 3개월 동안 생활하면서 런던 빈민과 함께 일하고 생활하는 젊은 대학생들을 목격하면서 크게 감명 받고 돌아와 그린조합을 설립하였다.

이후 1889년에는 아담스(Jane Addams) 여사가 영국의 토인비 홀을 방문하고 돌아와 시카고 빈민가 지역인 할스테드(Halsted)에 헐 하우스(Hull House)을 설립하였고, 스쿠더(Vida Scudder)는 뉴욕대학 인보관(The College Settlement)을 건립하였다(양정하 외, 2017). 1890년에 우즈(Rovert Woods)는 보스턴시에 앤도버 하우스(Andover House)라는 인보관을 설립하였다. 이러한 인보관은 미국 전 도시에 급속도로 확산되어 1891년 6개소에 불과했던 곳이 1897년에 74개소, 1900년에 413개소, 1915년에 550개소로 증가하였다(김현호 외, 2018; 김범수 외, 2019).

미국에 설립된 인보관 중 가장 잘 알려진 헐 하우스는 시민의식 고취, 사회교육 실시, 그리고 자선계획 수립 및 추진 등을 통한 사회문제 조사와 개선, 사업추진 등을 목적으로 운영하였다. 특히 대학 공개강좌, 문맹퇴치 활동, 민속축제, 공중목욕탕, 여름캠프, 유치원 등 다양한 사업을 수행함으로서 현재의 지역사회복지관 서비스와 유사하다(이양훈 외, 2013). 또한 헐 하우스는 노동조합의 활동공간으로 사용되었고, 각종 사회문제에 대한 토론의 장으로 사용되었다. 인보관운동의 궁극적인 목적은 계급의 갈등과 노사 갈등을 지역사회 수준에서 조정 또는 화합하여 사회적 조화를 이루는 것이었다.

일부 진보적인 활동가들은 사회개혁운동(빈민지역 임대주택문제 개선, 아동의 노동금지, 노동자 권리증진 등)을 펼쳐 나갔는데, 주로 중산층 출신의 대졸 여성이 주류를 이루고 있었으며 사회진화론보다는 자유주의 사상에 뿌리를 두고 있었다(이태희 외, 2014). 여기서 사회진화론은 환경에 대한 적응력이 높은 사람만이 생존할 수 있고 그렇지 못한 사람은 자연히 도태된다는 자연과학의 적자생존을 의미하는 것이다. 즉, 개인이 사회적으로 실패하는 것은 그의 타고난 열등성에 기인하므로 그러한 사람에게 도움을 주는 것은 자연법을 범한다는 것을 의미한다. 자유주의는 인간의 본성이 합리적이고 유연한 것이라고 생각하고 물질적인 것보다 인권을 강조하였다. 또한 개인적 자유 및 사회적 분배방식으로서 시장의 중요성을 강조하고, 시장은 생활자원 분배의 중요한 결정기준이 되고 선택자유의 중요성에 초점을 맞춘 사상이다(김현호 외, 2018; 조추용 외, 2019).

미국 지역사회복지의 실천활동에 있어서 자선조직협회와 인보관 활동을 언급할 수 있는데, 성격과 활동내용에서 여러 가지로 비교될 수 있다. 자선조직협회 활동가들은 사회진화론적 입장에서 빈곤의 책임을 개인적 속성에서 찾았으며, 개별적 방문을 통한 자립과 가치를 찾는 방법으로 접근하였다. 반면 인보관운동가들은 빈민들의 구제를 직접 실행하는 것보다 그들의 이웃과 동료로 접근하여 빈곤의 원인제거를 하려고 하는 자유주의 사상에 입각하여 접근하였다(이양훈 외, 2013). 자선조직협회와 인보관운동의 성격 및 활동내용을 비교한 것은 〈표 2-1〉에 나타냈다.

〈표 2-1〉 자선조직협회와 인보관운동의 특징 비교

구분	자선조직협회	인보관운동
최초기관	영국: 1869년 러스킨 주도로 런던에 설립 미국: 1877년 거틴 목사 주도로 뉴욕주 버팔로에 설립	영국: 1884년 바네트에 의해 런던 빈민가에 토인비 홀 설립 미국: 1887년 코이트가 뉴욕시 그린조합 설립
목적	자선 및 빈민구호 단체의 업무 조정	계급갈등과 노사갈등을 지역사회수준에서 조정 및 화합하여 사회적 조화를 이룸
의의	지역사회조직 실천방법의 출발	지역사회복지관 활동의 출발
사회문제의 원인	개인적 속성	환경적 요인
이념 및 사상	사회진화론	자유주의, 급진주의*
활동가	상류층	교육을 받은 중류층 및 대학생
사회문제 해결방법	자선기관들의 서비스 조정	서비스의 직접 제공
참여형태	우애방문원의 가정방문	빈민들과 거주하는 자원봉사자
끼친 영향	케이스워크, 전문적 접근 지역사회조직(협회)의 모태 지역사회전문가 탄생 사회조사기술발전	그룹워크 지역사회운동(지역복지관 형성)에 영향

* 급진주의: 사회적으로 불이익을 받는 사람들의 권익을 보호하고자 하는 사상.
출처: 이양훈 외(2013); 이태희 외(2014).

3) 지역공동모금회와 협의회 생성기

지역공동모금회와 협의회 생성기는 기간적으로 제1차 세계대전(1914.07.28.~1918.11.11., 4년간)이 시작되는 1914년부터 대공항(1929.10.24.~1933.12., 4년간)이 시작되는 1929년까지로 구분할 수 있다. 이 시기는 제1차 세계대전의 종식과 대공항으로 이어지는 시기로 급속한 산업화와 도시화 현상이 나타나게 되었고, 그리고 인종 간의 대립과 갈등은 더욱 가속화되고 증폭되는 문제를 낳았다(표갑수, 2005). 도시화가 가속화됨에 따라 도시빈민들을 원조하는 사회복지기관들이 증가하게 되었고, 기관들의 증가에 따른 재정난에 허덕이게 되면서 자선가들과 전문가들은 구호방법을 개선하고 모금활동에 대한 여러 가지 논란을 제기하였다.

이러한 과정 속에 제1차 세계대전이 진행되는 동안 재정적인 문제를 해결하고 전시구호사업을 위한 전시모금회(War Chest)가 설립되었는데, 이것이 지역공동모금회의 시초가 되었다(조추용 외, 2019). 이 모금회는 사회복지기관의 재정충당, 빈곤자구호, 전쟁으로 인한 사회복지대상자의 구호를 목적으로 설립 · 운영되었다(이양훈 외, 2013). 공동모금이 시작되면서 자선가들은 그들의 지원금이 중복을 피하고 효율적으로 사용되기를 원해서 지역공동모금회가 만들어졌고, 사회복지 전문가들은 사회복지기관들 사이의 효과적인 업무조정의 필요성이 대두되어 지역복지협의회가 만들어졌다.

1919년에 뉴욕주 로체스터시에서 처음으로 지역공동모금이라는 명칭으로 모금활동이 시작되었다(전해황 외, 2018). 이렇게 구성된 지역공동모금회의 회원들은 기부자(거액을 기부하는 사람), 모금활동을 돕는 사람(소기업자, 기업의 중견간부, 서비스 클럽회원 등), 그리고 기금을 지원받는 보건 · 복지 · 문화단체를 대표하는 자원봉사자들로 구성되었다(조추용 외, 2019). 또한 협의회는 1921년에 지역사회의 전문가를 포함한 사회사업가들을 위한 전문기관인 미국사회사업가협회가 구성되었다(Dunham, 1970; 김현호 외, 2018).

협의회 구성으로 인해 빈민원조의 전문성이 증가하게 되었고 또한 빈민들을 돕는 사람들 사이에 점차적으로 전문성이 나타나게 되었다. 즉, 우호방문원이 유급워커로 대체되었고, 자선조직협회는 자선학교를 세웠고, 그리고 사회계획에 필요한 자료를 얻기 위해 이루어진 각종 사회조사도 사회사업의 전문화가 되었다. 이때 대다수의 복지전문가들은 지역사회의 복지욕구에 합리적이고 체계적으로 접근하려고 했으며, 지역사회에 제공하는 서비스의 부족을 보완하려 했으며, 그리고 지역사회가 당면한 문제와 복지욕구를 예측하여 해결하려고 하였다. 이러한 과정 속에 복지전문가들을 주축으로 사회복지기관협의회가 설립되었다(김현호 외, 2018).

4) 공공복지의 발전기

공공복지의 발전기는 대공항(depression, 1929.10.24.~1933.12., 4년간)이 시작되는 1929년부터 대법원이 공립학교에서 인종차별금지 판결(1954.05.17.)을 내린 1954년까지로 구분할 수 있다. 이 시기는 본격적인 대공항과 제2차 세계대전(1939.09.01.~1945.08.15., 6년간)으로 인해 사회사업분야뿐만 아니라 모든 사회제도에 큰 변화를 경험했다. 대공항으로 인해 실업이 급증하고, 은행과 증권시장이 도산하고, 그리고 영세사업체의 도산이 급증하면서 빈곤 등 대량의 사회복지수요를 기존의 민간단체에서 감당하기에는 불충분하였다. 따라서 구호활동이 정부기관으로 이양되면서 공공복지사업이 출현하였다(김현호 외, 2018).

루즈벨트 대통령은 1933년에 취임하면서 위기극복을 위한 제1차 뉴딜정책을 폈다. 내용은 통화의 흐름과 외환거래를 통제할 수 있는 권한을 대통령에게 부여함으로서 국민들이 은행에 대한 공포를 줄이기 위해 예금의 인출사태를 수습한 「긴급은행법」, 농산물 가격을 인상시키기 위해 경작면적과 생산량을 줄임으로서 몰락한 농업부문을 회생시키기 위한 「농업조정법」, 그리고 최저임금과 최대노동시간 및 가격조정에 관한 기준을 정하여 상품가격 인하 및 임금삭감이라는 악순환을 종식시키기 위한 「산업부흥법」 등이다(양정하 외, 2017; 김현호 외, 2018).

그러나 제1차 뉴딜정책은 1935년 5월 27일에 대법원이 「산업부흥법」은 위헌이라는 판결을 함으로서 위기에 당면했다. 이로 인해 제1차 뉴딜정책에 의한 국가 통제계획은 포기하게 되었고, 대신 정부가 대기업의 독점을 막고 노동자의 권익을 보호하는 방향으로 정책이 선회하였다(이태희 외, 2014).

이때부터 진보성향이 있는 제2차 뉴딜정책이 시작되면서 노동자들의 단체교섭권을 인정한 「노동법」과 「사회보장법(social security)」이 제정되었다. 1935년에 연방정부가 제정한 「사회보장법」으로 인해 공적부조사업을 포함한 여러 사회복지 프로그램을 계획하고 시행하게 되었는데, 이 법은 사회보장제도의 근간이 되었으며 미국 최초의 연방정부 차원의 복지정책이라 할 수 있다(이태희 외, 2014).

「사회보장법」의 주 내용은 연방정부가 관장하는 노령보험, 주정부가 관장하고 연방정부가 재정을 보조하는 실업보험, 주정부가 관장하고 연방정부가 재정을 보조하는 공적부조와 사회복지서비스로 구성되었다(양정하 외, 2017; 김현호 외, 2018). 이렇게 「사회보장법」이 제정되면서 과거 민간부문에서 이루어졌던 빈민구제와 이와 관련된 활동이 국가와 공공기관으로 이양되었고 지역중심의 사회활동이 국가 차원으로 확대되었다.

이러한 과정에서 1930년에는 사회사업연감(Social Work Year Book)을 발간하였고, 1939년에는 지역사회복지 발전에 모티브가 될 수 있는 지역사회조직의 실천분야(The Field of Community Organization)라는 레인보고서(Lane Report)가 발표되었다. 이 보고서는 1939년 6월 18일 보스턴, 버펄로, 시카고, 미시간, 뉴욕시, 피츠버그 등 6개 연구위원회에서 제출한 지역사회조직 토론의 내용을 레인이 종합 정리한 보고서이다(김현호 외, 2018).

또한 공공복지사업이 정부의 주도하에 진행되는 현상은 제2차 세계대전을 계기로 군 관계 노동자와 군인의 수가 급증하게 되자, 이들을 위한 복지수요가 늘어나면서 더욱 심화되었다. 따라서 전시복지기금(National War Fund)기구가 1942년부터 1947년까지 한시적으로 운영되었고, 연방정부 기관인 연방보장기관이 1939년부터 1953년까지 운영되다 1953년에 보건・교육・후생성(HEW: U.S. Department of Health, Education and Welfare)으로 명칭을 변경하여 운영되었다(양정하 외, 2017). 1946년에는 지역사회조직사업연구회(Association for the Study of Community Organization)가 설립되어 운영되다 1955년에 전국사회복지사협회로 통합되는 등 지역사회복지에 대한 실천방법이 보다 전문화되었다. 이렇게 국가주도적인 공공복지사업이 진행되면서 지역사회사업의 전문적 지식과 기술이 발전하였으며, 사회문제의 실태파악, 서비스의 조정, 기타 법률제정 등의 활동이 활성화되었다(김현호 외, 2018).

5) 지역사회조직의 정착기

지역사회조직의 정착기는 대법원이 공립학교에서 인종차별금지 판결을 내린 1954년부터 현재까지로 구분할 수 있다. 이 시기는 민권운동과 학생운동, 연방정부의 사회개혁 프로그램 등이 활발히 이루어진 시기이다. 민권운동은 1954년 학교에서 흑백분리를 금지하는 대법원 결정을 계기로 흑인운동이 활기를 띠게 되었고, 인디언 등 소수집단들도 민권운동에 동참하여 활동하게 되었다. 또한 60년대 말과 70년대 초에 접어들면서 동성연애자들은 그들의 행위를 인정해 줄 것, 대마초 사용자들은 대마초 판매와 사용 허용, 여성들은 인공임신중절 합법화 등 많은 단체들이 그들의 권익을 신장시키기 위해 조직적인 민권운동을 하였다(김현호 외, 2018).

학생운동은 민권운동에 참여했던 학생들의 활동에 자극을 받아 상당수의 흑・백 대학생들이 정치활동에 가담하면서 활발히 이루어졌다. 학생운동에 동참한 학생들 중에는 사회복지분야와 지역사회조직사업 분야에서 자신의 목표에 맞는 일을 하려는 학생들이 많았다. 또한 지역사회조직인 평화봉사단이나 비스타(VISTA: Volunteers in Service to America, 미국 빈민지역 파견 자원봉사 활동)에 가담하여 활동하면서 전문성을 높인 학생들도 있었다(이태희 외, 2014; 김현호 외, 2018).

사회문제해결과 사회개혁을 위한 연방정부의 사업은 주로 보조금 지급형태로 실시되었는데, 이는 지역사회복지에 많은 영향을 주었다. 예를 들면, 연방정부는 1950년대 말에 정신건강 분야의 조사연구 및 병원설립에 예산을 크게 증액했으며, 1970년대는 지역사회 정신건강 분야의 정신병 예방과 치료를 위해 많은 예산을 투자했고, 슬럼지역 철거, 도시재개발, 주택보조, 그리고 각종 복지사업의 지원 등의 프로그램이 연방정부의 보조로 신설되고 확장되었다(이양훈 외, 2013; 김현호 외, 2018). 이러한 프로그램은 지역사회복지 및 지역사회조직에 대한 지식과 기술에 대한 수요를 더 추구하게 되었다.

1960년대 케네디(35대, 1961~1963)와 존슨(36대, 1963~1969) 행정부는 '빈곤과의

전쟁(war of poverty)'이라는 구호를 내세워 사회복지를 위한 연방정부의 역할을 증대시키면서 개혁정책을 가시화시켰다. 이 정책은 미국의 빈곤문제를 근본적으로 해결하기 위해 많은 인력과 물자가 투입된 대규모 사회개발 프로그램이다. 특히, 지역사회개혁 프로그램(CAP: Community Action Program)은 지역사회 주민들을 조직화하여 자신들의 당면한 문제를 직접 해결하도록 유도하는 방향으로 진행시켰으며, 스스로 지역사회를 대변하고 조직화하는 활동을 전개해 나가면서 빈곤퇴치와 경제활동기회를 갖도록 하였다(이양훈 외, 2013; 김현호 외, 2018).

그러나 1970년대 들어서면서 심한 인플레이션과 제1차 석유파동(oil shock, 1973~1974)으로 사회복지 프로그램이 축소되어 가는 양상을 보였다. 닉슨(36대, 1969~1974) 행정부는 위대한 사회(great society)와 신연방주의(new federalism)를 주장하면서 기존 연방정부의 사회복지 예산을 삭감하고 생산적 복지에 역점을 두었다. 또한 1970년대 후반부터는 반복지주의적 경향이 나타나기 시작하여 '레이거노믹스(reaganomics)'라고 불리는 신보수주의 세력화 과정에서 사회복지에 대한 정부지원이 축소되었다. 따라서 1980년대 레이건(40대, 1981~1989) 행정부는 사회복지에 대한 반대경향이 짙은 보수주의적 시각이 지배적이었고, '작은정부'를 지향하면서 사회복지가 연방정부의 책임하에 지방, 민간기업, 그리고 가족에 중심을 두는 방향으로 전개되었다(이양훈 외, 2013; 김현호 외, 2018). 1970년대와 1980년대에 사회복지 예산이 삭감되는 가운데 지역사회복지를 위한 전략은 오히려 다양하게 개발되었으며 축소된 예산으로 질적 수준이 떨어지지 않는 사회복지서비스를 제공하기 위해 사회복지기관들은 자조집단을 형성하고 자원봉사를 조직화하는 노력을 하게 되었다(김현호 외, 2018).

1990년대에도 복지삭감에 대한 압력, 사회복지서비스의 민영화 등 보수주의적 영향은 계속되었지만, 지역사회에 대한 개입방식은 사회복지관의 행정과 계획, 조직발전, 그리고 평가개발 등에 주안점을 두었다. 또한 지역사회복지실천 모델은 목표 및 접근방식의 세분화 및 다양화가 이루어졌다. 1996년 클린턴(42대, 1993~2001) 행정부 때 시행되었던 복지개혁(welfare reform)은 지역수준에서 사회복지실천에 대한 새로운 활동모색, 사회복지서비스의 효율성, 그리고 평가 등을 증진시키는 계기가 되었으며, 지역사회중심의 민간비영리조직의 양적 확산과 함께 프로그램의 목표, 조직 간의 협력관계에 많은 영향을 주었다(오정수 외, 2016; 김현호 외, 2018).

2.3 한국 지역사회복지의 발달과정

한국의 지역사회복지역사는 전근대사회부터 전통적인 상부상조와 정부에 의한 공공부조가 이루어지면서 발달하였다. 전근대사회에서는 부락 단위나 국가적 차원에서 지역주민들이 당면한 사회・경제적 문제를 해결하고자 하는 공동의 노력이 있었다(이태희 외, 2014).

현대적 의미의 지역사회복지가 사용된 것은 1960년대 들어와서부터라 할 수 있다(이양훈 외, 2013). 1960년대 이전의 활동들은 전근대사회의 상부상조 활동이었고, 일제강점기(1910.08.~1945.08., 35년간) 때 국가 및 지역사회 주도의 지역사회복지 활동은 복지이념이 그대로 구현되었는지 의문이 있을 수 있고, 한국전쟁(1950.06.~1953.07., 3년간) 이전이나 이후의 지역사회복지 활동은 외국의 원조에 의존하여 주로 개별적이고 시설수용적인 측면(전쟁고아)의 구호활동이 주를 이루었기 때문이다(이양훈 외, 2013; 김현호 외, 2018). 그러나 현대적 지역사회복지 개념이 사용되기 이전에도 지역사회복지의 모티브가 될 수 있는 민간차원의 계, 두레, 품앗이 등이 있었고, 국가차원의 의창, 상평창, 진휼청 등을 설치하여 지역주민의 복리증진과 빈민구제를 담당하게 하였다.

지역사회복지 발달에 대해 정확하게 구분할 수 없으나, 전근대사회의 독특한 전통성을 지니고 있는 근대사회 이전의 지역사회복지, 일제강점기의 지역사회복지, 해방이후의 지역사회복지, 1970~80년대 새마을운동을 통한 지역사회복지 및 지역사회복지 정책, 그리고 1990년대부터 현재까지 이르는 지역사회복지 등으로 구분하여 한국 지역사회복지 발달에 대해서 알아본다(박용순 외, 2012; 양정하 외, 2017; 김현호 외, 2018).

1) 근대사회 이전의 지역사회복지

한국의 근대사회 이전의 지역사회복지사업은 국가나 군·현 단위의 행정적 복지사업과 부락 단위의 민속적 협동관행으로 나눌 수 있다. 국가 단위의 지역사회복지사업은 의창, 상평창, 진휼청 등 상설복지기구를 통해 시행되었고, 촌락 단위의 복지사업은 계, 두레, 품앗이, 공굴, 고지, 부조, 향약 등 민속적 관행을 통해 전개되었다(김현호 외, 2018). 이렇게 국가와 촌락 단위로 복지사업이 전개되었으나, 국민들이 복지혜택을 받고 효과를 얻은 복지사업은 공동체 속에서 자연적으로 발생한 민속적 관행과 유교문화의 교화로 이루어진 촌락 단위의 자주적 복지관행이라 할 수 있다(이태희 외, 2014). 상설복지기구 및 민속적 관행에 대해서 살펴보면 다음과 같다(박용순 외, 2012; 김현호 외, 2018).

의창은 흉년이 든 해에 기민(굶주린 백성)을 구제하기 위해 양곡을 창고에 보관해 두었다가 흉년이 들 때 무상으로 구제해 주는 제도이다. 의창제도는 신라 남해왕부터 고려 성종까지 이어졌으며, 정부가 빈민을 구제하였다는 점은 오늘날 기초생활보장제도의 성격과 동일하다.

상평창은 빈민에게 곡물을 대여하고 일정한 기간의 상환의무를 주었다. 최초로 문헌에 나타난 것은 고구려 고국천왕 16년(916)으로 매년 3~7월까지 창고 곡식을 빈곤자의 생활 정도에 따라 진대해 주고 10월에 이르러 이를 다시 환납하게 한 제도이다. 고려 성종이 다시 제도화하여 실시하였는데, 이는 풍년 때 곡식을 창고에 저장하여 흉년에 대여함으로서 빈민의 안위에 역점을 둔 제도이다.

진휼청은 조선시대 중종 때 시행한 제도로 의창이나 상평창과 같이 흉년에 빈곤자를 구제하기 위한 국가제도이다. 인조 26년(1648)에 상평청으로 명칭을 변경하였다.

계는 역사상 유래와 연대는 정확하지 않으나 신라초기 유리왕 때 시작된 가배계(嘉徘契)로 알려졌다. 계는 상호 간에 공통된 이해관계를 가진 사람들이 상부상조의 정신에 입각하여 사회, 경제, 교육 및 일반생활의 이익을 도모하기 위해 구성한 민간협동체를 의미한다. 이러한 계의 유형에는 공익(公益), 공제(共濟), 생산(生産), 영리(營利), 사교(社交) 등의 목적으로 이루어지고 있다.

두레는 옛날부터 농촌에서 전래되어 온 소규모의 부락단위공동체로 주로 농경작업을 공동으로 추진하기 위해 민속적이며 자율적인 지역사회의 공동체이다. 촌락공동체의 내부질서는 공동노동, 공동예배, 공동유흥, 상호부조, 공동소유 등의 기반 위에 협동조직체로 우리 민족의 촌락자치질서를 확립하였다.

품앗이는 부락 내 농민들이 노동력을 서로 차용 또는 교환하는 것을 의미하는 형태로, 농촌의 대표적인 노동협력의 조직이다.

공굴은 촌락 안의 중병자나 불구자, 과부, 또는 초상을 당한 사람들이 농사를 공동으로 지어 주는 민속을 의미한다.

고지는 궁핍한 마을 사람들끼리 연대책임으로 농업경영자와 노동의 계약을 맺고 양식이 떨어진 춘궁기에 노임으로 양식을 선불 받아 그것으로 춘궁기를 지내면서 농번기에 계약된 노동을 제공하는 것을 의미한다.

부조는 애・경사를 치르는 집에 금품을 지급하는 것을 의미하나, 전통적 개념은 촌락의 누군가가 집을 지을 때 일할 도구와 식사를 준비해 가서 도와주는 것, 또한 불난 집의 재산 및 물자와 노동력을 무상으로 제공하는 것도 부조라고 하였다(김현호 외, 2018).

향약은 지역사회의 발전과 지역주민들의 순화, 덕화, 그리고 교화를 목적으로 한 지식인들 간의 자치적인 협동조직을 의미한다(이양훈 외, 2013). 향약은 유교의 영향을 받아 일어난 민간 자치적인 상부상조의 활동으로 향촌사회의 이탈을 막고 공동체를 결속함으로서 체제의 안정을 도모하려는 목적이 있었다. 4대 강목으로 덕업상권(德業相勸), 과실상규(過失相規), 예속상교(禮俗相交), 환난상휼(患難相恤)이 있다. 덕업상권은 좋은 일은 서로 권하여 장려하고, 과실상규는 나쁜 행실은 서로 규제하고, 예속상교는 서로 사귐에 예의를 지키고, 환난상휼은 어려울 일이 생겼을 때 서로 도와주는 것을 의미한다.

이렇게 근대사회 이전의 지역사회복지는 빈민과 백성을 위해 국가가 주관하는 상설 복지기구를 통해서, 그리고 촌락 단위의 복지사업을 통해서 이루어졌다고 할 수 있다.

2) 일제강점기의 지역사회복지

일제강점기(1910.08.~1945.08., 35년간) 때 구호사업은 근대적 복지이념에 의해 시행된 것이 아니라, 일제 식민정책의 일부로 은혜를 베풀거나 자선으로 우리 민족이 그들에게 충성하게끔 하려는 정치적 의미가 컸다고 할 수 있다(이태희 외, 2014; 김현호 외, 2018). 즉, 식민지인 조선의 빈민을 효과적으로 통제하여 질서를 유지하고 지배강화를 도모하려는 정치적 목적이 있었다. 이 시기는 근대적 의미의 지역사회복지가 시작한 시기로 볼 수 있는데, 근대적 의미의 지역사회복지는 근대자본주의 산물로서 사회문제와 국민의 사회적 의식에 따라 발전이 있었다(박용순 외, 2012; 김현호 외, 2018).

이 시기의 지역사회복지사업은 총독부 내무부 지방국 지방과에서 구휼과 자선사업에 관한 사항을 담당하였으나 1932년에는 사회과를 신설하여 운영하였다. 1921년에는 사회복지사업의 연락 · 조사연구기관으로 조선사회사업연구회가 우리나라에 최초로 조직되었는데, 이 협회는 오늘날 사회복지협의회와 유사한 업무를 가진 협의체이나 그 조직이 관에 의해 통제되었다(박용순 외, 2012; 이태희 외, 2014).

이 시기의 지역사회구호는 제1차 세계대전(1914.07.28.~1918.11.11., 4년간) 이후 개인적인 빈곤은 개인의 책임이 아니라 사회적 · 구조적 모순과 경제적 변동에 의해 발생한다는 사실을 인식하게 되었다. 이에 따라 일본은 1944년 「구호법」을 제정하여 공포하였는데, 이 「구호법」은 1961년 「생활보호법」이 제정되기 전까지 공적부조의 기본법으로 사용되었다.

이 시기의 지역사회복지시설로는 1921년에 한국 최초의 인보관인 태화기독교사회복지관이 메리 마이어스(Marry D. Myers)에 의해 설립되었다. 이 복지관은 저소득층

주민과 여성들의 권익옹호에 큰 영향을 주었을 뿐만 아니라 질서유지와 지배강화를 도모하기 위한 통치의 목적도 있었다(이양훈 외, 2013). 이후 전국적으로 육아시설, 임산부상담소, 탁아시설, 영아건강상담소, 빈궁아교육기관, 불량아감화시설, 맹아보호시설, 유아협회 등 각종 아동보호시설이 설립되어 운영되었다(박용순 외, 2012; 김현호 외, 2018).

3) 광복 이후의 지역사회복지

제2차 세계대전(1939.09.~1945.08., 6년간)의 혼란을 극복하지 못하고 정치 · 사회 · 경제적 불안정한 상태가 미군정기(1945~1948, 3년간)를 거쳐 1948년 이승만 대통령의 제1공화국을 출범하였으나, 6 · 25(1950.06.25.~1953.07.27., 3년간)동란으로 격화되어 사회적 불안이 1960년대까지 지속되었다.

광복(1945.08.) 이후의 지역사회복지는 한국전쟁으로 인해 불우한 아동, 노인, 장애인 등을 위한 수용시설사업이 주류를 이루고 있었다. 이러한 과정에서 1952년에는 7개 기관이 모여 외국민간원조한국연합회(KAVA: Korean Association of Voluntary Agencies)가 조직되었다. 이러한 연합회는 주로 기독교 복음전파의 사명과 목적을 갖고 종교사업과 함께 교육, 보건, 재해구호, 생활보호, 그리고 지역사회개발 등의 사회복지분야의 비영리적 사업을 전개하였다. 1964년에는 KAVA의 회원단체는 70개 기관으로 늘어났으며, 정부기관과 유대를 갖고 효과적으로 협조 · 통합된 단체로서의 사회복지활동에 대한 교량적 역할을 했다.

특히 외국의 원조로 이루어지는 외원기관은 교육과 보건 및 지역사회개발 등의 영역에서도 많은 기여를 했으며, 미국식 전문사회사업의 실천방법과 관련된 이론들을 국내에 전파하여 지역사회복지사업을 전문화하는 데 커다란 기여를 했다. 외원기관의 복지활동과 더불어 1947년에는 이화여자대학교에 사회사업학과가 최초로 설립되었고, 1956년에는 대학이 인보관 활동에 처음으로 참여하여 이화여대 복지관이 설립되었다. 그 후 1956년에는 아현인보관이, 1962년에는 목포사회복지관이 개인 및 민간 단체들에 의해 설립되었다(오정수 외, 2016; 김현호 외, 2018).

1957년 6월에 한미합동경제위원회를 구성하여 지역사회개발사업을 실시할 수 있는가에 대한 가능성과 그 실시방안 및 시기 등을 결정하기 위하여 사회조사를 실시하였다. 즉, 한국의 농촌지역사회는 개발하기 위하여 외부에서 다소의 물질적・기술적 지원과 지도가 필요하다는 결론을 내리고, 1958년 9월에 지역사회개발위원회를 발족시키고 규정을 발표하였다. 1962년 3월에는 「농촌진흥법」이 제정되어 지역사회개발사업은 농촌지도사업과 통합되어 1962년 4월에 농촌진흥청 지도국 사회지도과로 이관되었다. 이렇게 지역개발사업은 민간의 자주적인 노력이 아니라 관 주도의 사업이었다고 할 수 있다(남진열 외, 2010; 김현호 외, 2018).

또한 1962년부터 제1차 경제개발 5개년 계획(1962~1966)이 시작되면서 경제도약의 기틀을 다지는 것이 최대 목표이고 복지문제는 등한시되었다. 1960년대 초 한국사회는 절대빈곤 속에 있었고, 빈곤을 타개하기 위해 정부는 모든 사회복지적 노력을 빈곤 탈출에 두고 소득증대 등의 산업화에 집중시켰다. 이러한 결과로 한국사회는 경제, 사회, 문화 등 모든 사회부분의 구조적 변화와 더불어 사회복지 분야에서도 가치관이 변화되는 동기가 되었다.

4) 1970~1980년대 새마을운동 및 지역사회복지정책

한국에서 지역사회복지에 관한 발전과정을 살펴볼 때 가장 대표적인 유형은 지역사회개발사업이라 할 수 있다. 지역사회개발은 농촌사회가 점차 변화되면서 지역주민들의 경제적 안정과 생활의 안정을 추진하기 위한 주요활동을 의미한다. 이러한 지역사회개발은 후진국을 중심으로 추진되는 정책적 수단으로, 우리나라는 1955년 UN에 의해서 후진국의 경제・사회발전을 위해 채택되어 시범농촌건설사업(1962~1968), 주거지역개발(1969~1972) 등이 진행되면서 1970년대 새마을운동이 전개되었다(이태희 외, 2014; 김현호 외, 2018).

새마을운동은 1970년 4월 박정희 대통령이 지방장관회의에서 '우리 스스로가 우리 마을은 우리 손으로 가꾸어 나간다는 자조 · 자립 정신을 불러일으켜 땀흘려 일한다면 모든 마을이 멀지 않아 잘살고 아담한 마을로 그 모습이 바뀌리라고 확신한다.'라는 요지에서 동년 9월에 근면 · 자조 · 협동을 새마을정신으로 규정하였다.

이렇게 시작한 새마을운동은 1970년 10월부터 농한기를 이용하여 전국 33,000여 자연부락을 사업단위로 하여 마을 내 환경개선작업을 시작하였다. 1971년에는 전국 33,267개의 행정 리 · 동에 시멘트 335포대씩을 균일하게 지원하고 각 마을이 하고 싶은 일을 자유롭게 하도록 하였으며, 동년 3월에 새마을운동중앙협의회가 설치되고 동년 7월에는 새마을지도자연수원이 개설되었다. 새마을운동의 주요사업 내용은 마을진입로 정비, 소하천 및 실개천정비, 공동우물사용 및 개발, 공동빨래터사용 및 설치, 퇴비장설치, 마을식수공급 등이다.

이러한 새마을운동은 농촌생활환경 개선사업으로부터 소득증대사업까지 확대되었고 도시에서 의식개선운동으로 전개되기도 하였다(이양훈 외, 2013). 이에 따라 1974년에는 전국 모든 지역사회의 학교, 단체, 직장 등이 새마을운동에 참여하였다. 또한 같은 해에 새마을공장의 유치, 농한기에 부업을 장려하는 등의 농외소득기회를 조성하고 구판장, 공동창고, 연세장점 등을 설치하여 농촌 유통구조 개선에도 초점을 맞췄다. 이렇게 새마을운동이 다방면적으로 활발히 전개되면서 1979년에는 도시 새마을운동으로 확대되어 전국의 모든 직장으로 새마을운동이 전개되었다(김현호 외, 2018).

1980년대 들어와서 제5공화국 12대 전두환 대통령(1981.03.~1988.02.)이 취임하면서 새마을운동은 전환기를 맞이하였다. 1980년 10월 새마을지도자연수원을 순시하여 "새마을운동은 정권적 차원을 떠나 국민운동의 차원에서 지속적으로 발전시켜 나가고, 사회정화운동과 연계하여 끊임없이 추진할 것이다."라고 언급함으로서 과거 정부주도의 새마을운동을 민간주도의 새마을운동으로 전환하게 되어 그해 새마을운동 중앙본부가 창립되었다. 이러한 과정 속에 1981년에는 새마을운동의 제2도약으로 민주주의 실천운동, 범국민적 생활운동, 그리고 국민정신 개혁운동 등을 토대로 국민화합 운동으로 확산되었다(박용순, 2012).

1970년대와 1980년대의 지역사회복지 정책은 많은 변화가 있었다. 1970년대 우리나라는 산업구조의 급변 및 수출 신장으로 경제적으로 발전하게 되었다. 1972년 정부에서는 사회생활 합리화 시정방침으로 ① 요보호자의 자립기반의 조성, ② 여성 지위 향상과 여성단체의 지도육성, ③ 아동보호시설의 정비 확충에 의한 아동복지증진, ④ 인력의 해외진출 강화, ⑤ 직업안정사업과 직업훈련사업의 강화, ⑥ 근로동원태세의 확립, ⑦ 노사 간의 협조증진 도모, ⑧ 사회보장제도의 단계적 확대실시 등의 방침을 세우게 되었다. 특히, 요보호자의 자립기반 조성에 해당하는 생활보호사업으로 거택보호, 시설수용보호, 자활지도사업, 영세민 보호, 재해구호 사업 등을 실시하였다. 이러한 과정 속에 1968년에 「의료보험법」, 1970년에 「사회복지사업법」, 1973년에 「국민복지연금법」, 1977년에 「의료보호법」 등이 공포되었다.

1980년대는 1979.10.26. 사건 이후 학생들의 데모운동이 전국적으로 확산되어 어수선한 사회분위가 형성되었으나 제5공화국(1981.03.~1988.02.)이 출범하면서 국정지표로 '복지사회건설'이라는 슬로건을 내세웠다. 정부는 영세대책을 중요시하면서 생활 무능력자에 대한 단순한 생계구호보다는 근로능력이 있는 저소득층에 대한 소득능력 배양과 빈곤의 세습화 차단 등의 정책에 집중하였다. 제5공화국 때는 많은 복지 관련법이 개정 또는 제정되었는데, 1980년에 「사회복지사업기금법」, 1981년에 「심신장애자복지법」과 「노인복지법」이 제정되고, 1983년에 「사회복지사업법」이 개정되고, 1982년에 「생활보호법」이 개정됨으로서 법적 근거에 의해 사회복지서비스가 발달하였다.

제5공화국 후반부터는 시설수용 위주의 복지사업에서 벗어나 지역사회와 재가복지로 전환되어 지역사회복지관을 증설·확대하였는데, 지역사회복지관은 주로 영구임대주택단지 내에 건립되었으며 민간에 의한 건립도 활성화되었다. 또한 정부는 제6차 경제사회발전 5개년계획(1987~1991)의 기본방향으로 경제사회발전수준에 맞는 복지시책, 가족과 지역사회 복지자원의 최대한 동원 등을 제시하였다. 특히 이 시기에는 기존 시설보호중심의 정책을 탈피하여 지역사회중심의 사회복지서비스를 제공하는 재가복지사업이 도입되었는데, 재가복지는 노인복지와 장애인복지의 민간분야에서 처음으로 시도되었다. 그리고 가정봉사원 파견사업은 구호에 비중을 두는 기존의 방식에서 탈피하여 대인사회서비스의 제공이라는 원조내용의 변화, 자원봉사자의 활용, 정기적인 서비스 제공 등과 같은 특징이 있다(이태희 외, 2014).

1987년에는 지역의 생활보호대상자(국민기초생활보장수급자)를 중심으로 하는 공공부조업무를 수행하기 위하여 전국 읍・면・동사무소에 사회복지전담요원을 배치하였는데, 이는 공공부조사업뿐만 아니라 지역사회중심으로 공공사회복지 전달체계가 발달하는 계기가 되었다(이양훈 외, 2013; 오정수 외, 2016). 이와 같이 한국적 복지모형은 국가개입을 가능한 최소화하고, 가족기능을 강화하여 자조와 재활을 실시하고, 자원봉사를 적극 활용하는 지역사회복지 정책으로 전환되었다고 할 수 있다.

1988년 출범한 제6공화국(1988.02.~1993.02.) 13대 노태우 대통령 정부는 경제와 사회의 균형적인 발전을 통하여 빈부 격차와 상대적 빈곤의 문제를 해소하겠다는 목표를 선언하였다. 1989년에는 「지방자치법」이 제정되고 지방자치시대가 시작되면서 중앙정부가 관장하던 업무를 지방정부에 이양하기 시작하였다.

5) 1990년대부터 현재까지의 지역사회복지

1990년대 이후 한국의 지역사회복지는 지방자치제도(1995.07.01.~현재) 실시로 인한 지역사회중심의 제도변화, 사회복지정책의 확대, 전문성의 강화, 그리고 IMF 경제위기로 인한 외부환경의 변화 등을 경험하게 된다. 과거에 비해 지역사회복지는 생활중심에서 지역사회보호 등으로 사회복지의 패러다임이 변화하는 시기이다. 전국적으로 영구임대아파트 단지 내에 지역사회복지관의 설립이 현실화되었고, 지역사회복지관에 재가복지봉사센터가 1992년부터 부설로 설치되어 운영되었다. 또한 노인, 장애인, 아동을 대상으로 공동생활가정의 도입이 이루어졌고 자원봉사센터 등이 설립되었다. 그리고 1995년에는 「정신보건법」이 제정되어 정신보건센터 및 정신장애인 사회복귀시설이 설립되는 계기가 되었다.

이렇게 지역사회복지는 1995년 지방정부의 출범으로 지역사회 생활환경의 개선과 삶의 질 향상을 목표로 지역주민들의 참여와 연대를 강조하면서 주민들에 의한 지역사회복지활동으로 전개되는 경향을 보였다. 지방자치와 지역주민참여의 활성화는 지역사회복지정책의 결정과 집행에 참여하여 사회복지서비스의 적절성을 높여 주고, 지역주민들의 자원봉사활동에 활력소가 되었다(이양훈 외, 2013; 이태희 외, 2014).

1997년에는 「사회복지사업법」의 개정으로 사회복지기관의 평가실시는 사회복지사업의 운영 및 프로그램의 효과성과 효율성 제고, 지역사회중심의 자원동원 및 서비스 전달 체계의 확립, 그리고 지역사회주민조직화 사업을 강화하는 등의 지역사회복지 실천 영역의 확대와 전문성을 높이는 계기가 되었다(이양훈 외, 2013). 1997년 12월에는 경제위기로 인한 국제통화기금(IMF)의 통제하에 있으면서 사회적 안전망을 공고히 하기 위해 기존의 「생활보호법」을 폐지하고 「국민기초생활보장법」을 2000년에 시행하였다. 또한 1998년에는 관 주도로 이루어지던 공동모금사업을 민간 주도로 전환하여 지역주민들의 자발적인 참여를 촉진하였다.

2000년대 들어서는 「국민기초생활보장법」의 시행으로 지역사회중심의 자활급여를 실시할 자활후견기관(지역자활센터)을 전국 시・군・구에 설치하여 본격적으로 자활사업이 전개되었다. 또한 광역단체 및 기초단체의 사회복지협의회가 독립법인화로 전환되었으며, 지역사회조직 및 관련 자원들 간의 네트워크를 통한 지역사회복지협의체가 구성되었으며, 지역사회복지계획의 수립 및 실행을 하였으며, 그리고 사회복지재정이 지방분권화되는 등 지역사회 중심의 지역사회복지가 더욱 강화되었다.

2003년에는 「사회복지사업법」 개정을 통해 시・도 및 시・군・구 단위의 지역사회보장계획수립을 의무화하였다. 지역사회보장계획수립의 목적은 시도가 처해 있는 복지환경과 활용 가능한 복지자원을 고려해서 시・군・구 지역사회보장계획의 적절한 시행을 지원함으로서 시 · 도의 전체적 복지수준을 높이는 데 있다. 시 · 군 · 구의 지역사회보장계획은 각 기초단체별로 복지 대상자 및 지역주민들의 욕구를 파악하여 예산을 편성하고 각 분야의 전문가들이 참여하여 모든 영역에 복지서비스를 제공하기 위한 것이다(조추용 외, 2019).

또한 정부는 노인인구 증가로 인한 초고령사회(노인인구가 20%이상)에 대비하여 노인장기요양보험제도를 2008년 7월 1일부터 시행하고 있다. 이 제도의 목적은 고령이나 노인성 질병 등의 사유로 일상생활을 혼자 수행하기 어려운 노인 등에게 제공하는 신체활동 또는 가사활동 지원 등의 장기요양급여에 관한 사항을 규정하여 노후의 건강증진 및 생활안정을 도모하고 그 가족의 부담을 덜어 줌으로서 국민의 삶의 질을 향상하도록 하는 것이다(노인장기요양보험법). 장기요양보험제도의 서비스 전달체계도는 [그림 2-1]에 나타냈다.

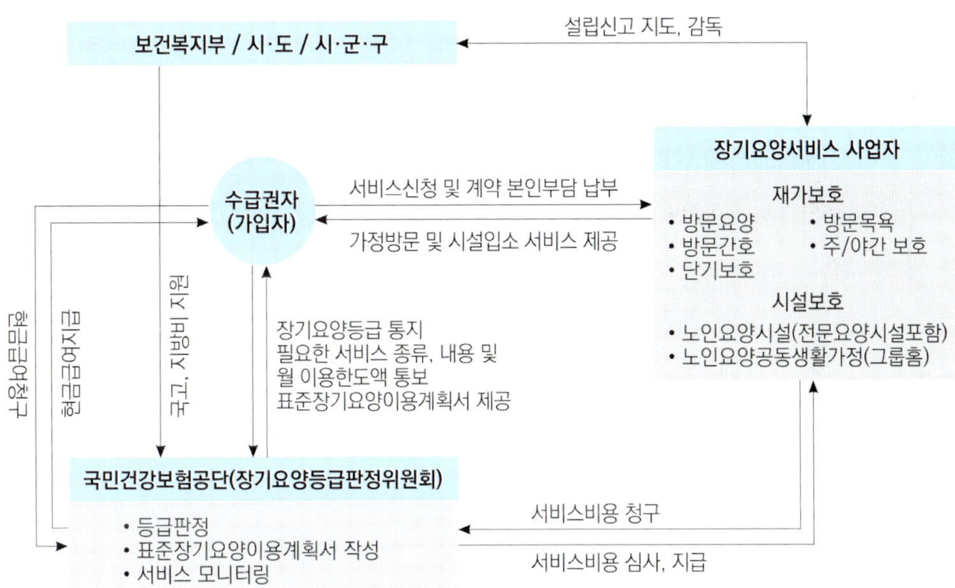

[그림 2-1] 장기요양보험제도의 서비스 전달체계도

출처: 보건복지부 요양보호사 표준교재(2020).

이러한 지역사회의 고령 친화적 서비스를 통해 노인이 사회적 약자나 소외계층으로 전락하는 것이 아니라 스스로 자아를 발견하고 창조하는 시민의 한 사람으로서 사회에 기여하고 인간다운 삶의 질 향상에 기여할 수 있을 것이다.

최근에는 시대적 흐름에 따라 문재인 정부(제19대, 2017.05.~현재)가 들어서면서 복지정책을 '커뮤니티케어(community care)'로 추진하고 있다. 2019년 업무계획 중 사회보장 기본계획의 국정과제로 살던 곳에서 건강한 노후보장을 위한 지역사회 통합돌봄 도입 5개의 핵심과제를 추진하고 있다. 즉, ① 주거지원 인프라 확충, ② 찾아가는 방문의료 확대 신설, ③ 병원·시설 지역 연계, ④ 재가 장기요양 및 돌봄서비스 확충, ⑤ 지역사회 통합 돌봄 모델 마련 등이다. 이러한 복지와 관련된 사회복지사업은 그 대상자에 대한 케어(보호) 또는 서비스 과정에 따라 크게 대상자를 사회복지시설에 입주시켜 시행하는 것과 자택에서 거주하게 하면서 시행하는 것으로 구별된다. 전자는 인스티튜셔널케어(institutional care)라고 하고, 후자는 커뮤니티케어(community care)라고 한다. 현대적 사회복지사업의 특징은 대상자를 빈곤층(요보호대상자)부터 일반주민과 국민으로 확대해 가고 있는 실정이다. 이러한 특징에 따라 재가(在家) 대상자에 대한 커뮤니티케어의 의의가 확대되어 이미 선진국에서는 시행하고 있다.

커뮤티니케어는 돌봄(care)을 필요로 하는 사람들이 자신이 살던 자택이나 그룹홈 등 지역사회(community)에 거주하면서 개개인의 욕구에 맞는 복지급여와 서비스를 누리고, 지역사회와 함께 어울려 살아가며 자아실현과 활동을 할 수 있도록 하려는 사회서비스 체계를 의미한다(보건복지부 보도자료, 2018). 즉, '모두가 어울려 살기 위한 지역사회 포용확대' 정책으로 사람중심·지역사회중심의 보건·의료·복지서비스 제공으로 요양, 돌봄, 주거, 고용 등 지역사회생활을 위해 다양한 분야를 포괄하는 서비스라고 할 수 있다. 이러한 커뮤니티케어의 구성도는 [그림 2-2]에 나타냈다.

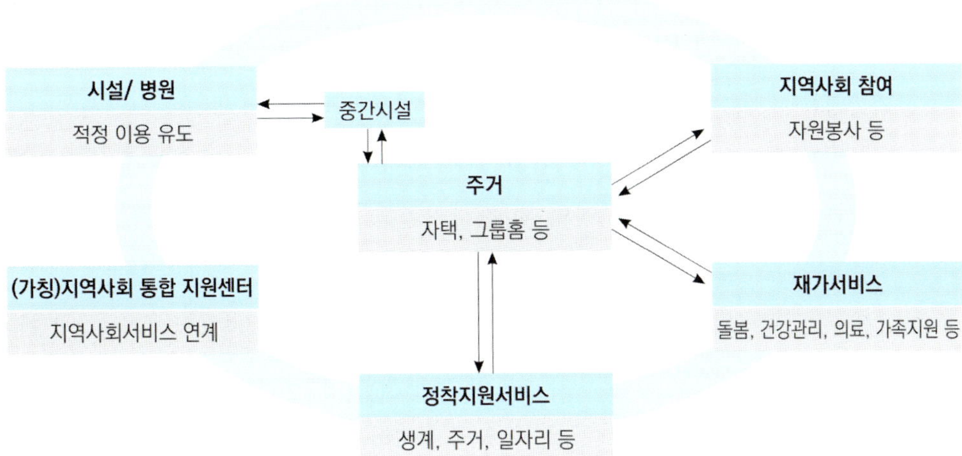

[그림 2-2] 커뮤니티케어의 구성도

출처: 보건복지부 정책간담회(2018).

일반적으로 이러한 커뮤니티케어 정책의 추진 필요성은 다음과 같이 세 가지로 설명할 수 있다. ① 대상자에게 가능한 시민생활의 넓은 범위에서 향수(享受)를 느끼기 위해 자택에 있게 하는 것이다. ② 인스티튜셔널케어가 대상자에게 미치는 부정적인 영향을 줄여 주는 것이다. 예를 들어, 호스피텔리즘(오랜 요양소 생활에서의 또 다른 정신적 · 신체적 증세)을 방지하기 위해서는 커뮤니티케어가 바람직하다. ③ 대상자의 활동 능력과 가족의 지원능력을 활용하고 이를 저하시키기 않기 위해서는 커뮤니티케어가 더 효과적이라는 것이다. 일반적으로 이러한 필요성으로 인해 영국이나 미국에서는 이미 사용되고 있는데, 전문가가 행하는 커뮤니티케어와 주민들이 행하는 커뮤니티케어로 구별된다.

우리나라의 경우 커뮤니티케어 정책의 추진 필요성은 두 가지로 요약할 수 있다.

① 병원 · 시설 중심 서비스의 한계: 의료급여 장기입원자(360일 이상)의 약 48%는 의료적 필요가 아닌 간병 부재나 주거 등 다른 이유로 사회적 입원을 하고 있다

(보건사회연구원, 2016). 노인의 절반이상(57.6%)은 거동이 불편해도 살던 곳에서 여생을 마치고 싶다고 응답하였다(노인실태조사, 2017). 노인・장애인 등의 보건의료 및 요양, 재활 및 자립의 서비스 선택권을 기존 의료 및 요양시설에서 재가까지 확대되고 있다. 의학적 입원필요성이 낮은 사회적 입원을 줄이고 지역사회중심의 보호 및 재활, 자립 및 정착지원을 통해 인권과 삶의 질 향상이 필요하다.

② 고령・초고령사회의 의료・돌봄 수요 급증: 우리나라의 공공사회복지지출이 GDP 대비 9.3%로 OECD 평균(21.1%)의 44% 수준에 달한다. 급성기-회복기-장기케어에 필용한 의료・요양・돌봄 수요에 대응하는 지역사회서비스 확충과 다양한 케어욕구에 대응하는 통합 서비스제공체계를 강화할 필요가 있다(보건복지부 정책간담회, 2018). 사회서비스 제공과정에서 양질의 일자리 창출의 효과가 있을 것이다.

Community Welfare & Practice | chapter 03

지역사회복지의 기초이론

지역사회복지는 사회복지실천을 기초로 지역사회 내에서 클라이언트의 의뢰, 지역사회문제의 사정, 지역사회자원의 사정, 클라이언트 지원체계의 개발, 클라이언트의 욕구 충족을 위한 정책결정자에 대한 옹호활동 등 거시적인 지역사회복지실천 활동 및 직접적인 서비스제공과 관련된 모든 실천 활동을 의미한다고 할 수 있다(이태희 외, 2014). 지역사회복지실천을 위한 이론은 사회문제를 어떤 이론적 관점에서 접근하는가에 따라 사회 현상과 문제에 대한 인식이 달라지며 그 해결 방법과 접근이 다를 수 있다. 이 장에서는 지역사회복지실천의 기초가 될 수 있는 체계이론 및 생태학이론, 사회교환이론과 사회구성론, 권력(힘)관련 이론과 사회자본이론, 엘리트주의와 다원주의 및 거버넌스 등에 대해서 알아본다.

3.1 체계이론 및 생태학이론

기능주의 관점의 대표적인 이론인 체계이론은 일반체계이론, 사회체계이론, 그리고 생태학적체계이론으로 구분할 수 있다. 이러한 체계이론은 체계를 기본으로 해서 정립된다. 여기서 기능주의(functionalism)는 사회학에서 사회적 현상을 거시적 관점으로 접근하려는 학문으로 다윈(Darwin)의 진화론에 영향을 받아 발전하였다. 생물학적 문제에 초점을 둔 기능주의와 생물학적 문제보다 사회구조적 문제에 초점을 둔 구조기능주의로 구분된다. 이러한 기능주의는 한 사회 속의 문화요소 간에 상호 밀접한 관계를 가지며 유기적으로 결합되어 있다고 보는 관점이다. 즉, 관습, 제도, 가치 등의 사회적 현상을 인간이 전체 사회 속에서 수행하는 기능에 의해서 구조적인 체계로 설명하려는 학문이다(이경은 외, 2016). 여기서는 체계와 관련된 일반체계이론, 사회체계이론, 생태학적체계이론, 생태학이론 등에 대해서 알아본다.

1) 일반체계이론

일반체계이론(general systems theory)은 '전체는 단순한 부분의 총합 이상이다.' 라는 말로 지칭되는 상호작용의 복합적 상황을 분석하려는 학문을 의미한다. 즉, 유기체와 환경 간의 체계적인 상호작용, 상호 관련성에 대해서 전체성, 상호성, 개방성의 개념으로 설명하고 분석하려는 이론이다(김향선 외, 2015). 이러한 이론은 1937년 오스트리아 출신의 생물학자 버틀란피(Ludwig von Bertalanffy)에 의해서 처음으로 제기되었으며, 1950년 논문을 발표한 것이 계기가 되어 체계론적 사고가 과학적 학문으로 정립되었다. 여기서 체계(system)는 상호연관성이 있고 상호의존적으로 서로 영향을 주고받는 부분들로 구성된 전체를 의미하거나 부분들 간에 관계를 맺고 있는 일련의 단위로 정의된다(Bertalanffy, 1968). 이러한 체계는 끊임없이 변화하는데 변화과정은 체계가 추구하는 목적에 따라 다르게 나타날 수 있으며, 체계의 부분들은 변화를 위해 어느 일정 시점에서 볼 때 비교적 안정된 구조 내에서 정형화된 행동방법으로 서로 영향을 주고받으며 항상성(homeostasis)을 유지하려 한다(엄명용 외, 2013).

따라서 일반체계이론은 생물과 무생물이 모든 형태에 있어서 체계로 간주될 수 있고, 체계는 체계로 규정될 수 있는 어떤 개별의 성질을 가지고 있다는 가정에 기초한 이론이다. 따라서 인간은 통합된 하나의 체계라고 보고 행동과 기능수행에 영향을 미치는 생물학과 사회체계(인간은 외부세계와 끊임없이 상호작용하며 상호의존적인데 개인, 가족, 조직, 지역사회, 문화 등을 구분하여 포함시킨 체계)들 간의 상호작용에 초점을 두고 변화를 유도하려는 이론이라 할 수 있다.

이러한 일반체계이론 관점이 제시하는 개념적 틀에 의하면, 개인과 사회의 문제는 원인과 결과의 관계로 해석되는 것이 아니라 상호 연관된 전체로 파악해야 된다는 것이다. 즉, 개인과 사회 환경은 어느 한쪽이 다른 한쪽에 일방적으로 영향을 미치는 것이 아니라 양자 모두의 원인인 동시에 결과인 상호적 원인관계로 형성된 전체로 보아야 된다는 것이다. 따라서 지역사회복지실천의 목적에 부합되도록 지역사회에 대한 문제 파악 및 실천의 초점을 개인, 가족, 집단 또는 사회 환경의 어느 한 곳에 두는 것이 아니라 상호작용하며 서로에게 영향을 주고받는 전체에 맞추는 것이 중요하다.

일반체계이론 관점의 주요 개념은 체계의 구조적 특성을 나타내는 경계(boundary), 개방체계와 폐쇄체계(open and closed systems), 위계(hierarchy) 등이 있고, 안정적이면서 점진적인 변화를 추구하는 진화적 특성의 항상성(homeostasis), 안정 상태(steady state)등이 있고, 그리고 체계의 행동적 특성인 투입(input) → 전환(through-put) → 산출(output) → 환류(feedback) 등이 있다. 일반체계이론 관점에서 가족체계란 가족 구성원뿐만 아니라 이들 간의 의사소통, 관계형성, 상호작용을 포함하는 전체적인 개념으로 이해해야 한다는 것이다. 이와 같이 서로 연관되어 있는 전체로서 가족체계의 한 부분에서의 변화는 체계의 다른 부분의 변화를 야기 시키고, 이는 전체 가족체계의 기능에도 변화를 가져온다는 것이다. 각각의 주요 개념에 대해서 알아본다(김향선 외, 2015).

① 경계: 체계 내부와 외부, 한 체계와 다른 체계를 구분할 수 있는 기준을 의미하는 것으로 모든 체계는 경계를 가지고 있다. 예를 들어, 가족과 관련해서 대가족, 핵가족, 부부, 부모, 형제자매 체계 등은 관념적 경계가 된다. 이러한 경계를 형성하는 요인은 에너지나 정보 교류의 양, 상호작용, 규칙 등이 있을 수 있으며 명확성(clarity), 투과성(permeability), 융통성(flexibility) 등의 속성이 있다. 경계는 적어도 부분적으로 침투할 수 있으며 그들 간의 에너지와 정보의 전달을 허용하고 있는데, 가족 체계도 가족 구성원들 간의 경계가 분명하고 명확해야 개방적이고 기능적인 가정이 될 수 있다.

② 개방체계와 폐쇄체계: 개방체계는 체계에 투과성이 있어 경계 내 · 외부 간에 에너지나 정보 교류가 상호보완적으로 이루어지는 체계이다. 이러한 체계는 외부 환경으로부터 성장이나 발달에 필요한 에너지나 정보를 자유롭게 받아들여 전환시키고 산출을 생산하여 환경으로 다시 보내거나 체계 자체의 기능을 유지 · 발전시킬 수 있다. 가족 체계도 가족 구성원들 간에 개방체계를 유지하면서 안정 상태를 유지해야 한다.

반면 폐쇄체계는 체계에 투과성이 없어 다른 체계와 상호교류가 없으며 에너지나 정보를 주고받지도 않고 상호작용도 하지 않아 투입 또는 산출이 없는 체계이다. 이러한 체계는 다른 체계로부터 투입을 받아들이지 않고 산출도 생산하지 않아 시간이 지남에 따라 조직과 기능이 상실되거나 소멸된다. 가족 체계도 가족 구성원들 간에 폐쇄체계를 형성하면 가족의 기능이 약화되고 해체될 수 있다.

③ 위계: 상위체계와 하위체계 사이의 서열관계를 의미한다. 모든 체계의 기본단위들이 활동하면서 에너지원을 위해 상위체계에 의존하며 또한 하위체계에 방향을 제시해 준다. 이러한 상위체계와 하위체계 사이의 서열관계를 위계라 한다. 가족 체계도 가족 구성원들 간에 부모, 부모-자녀, 형제자매 체계의 위계가 있어야 기능적인 가정이 될 수 있다.

④ 항상성: 체계가 균형을 유지하거나 안정된 상태로 돌아가려는 것을 의미한다. 이

러한 항상성은 고정된 것이 아니라 지속적으로 변화하는 것으로 환경 속에서 변화 상황을 고려하여 상호 교환을 통해 항상성을 유지해야 한다. 가족 체계도 가족 구성원들 간에 체계의 항상성을 유지하면서 자기 본연의 역할에 충실해야 기능적 가정이 될 수 있다.

⑤ 안정 상태: 부분들 간의 관계를 유지시키고 쇠퇴해서 붕괴되지 않도록 에너지가 지속적으로 사용되는 상태를 의미한다. 이러한 안정 상태는 살아 있는 모든 체계의 기본적인 속성이며 생존하기 위하여 안정성, 질서, 일관성을 필요로 한다. 가족 체계도 가족 구성원들 간에 자기 본연의 역할을 충실히 하여 안정 상태를 유지하는 것이 중요하다.

⑥ 투입 → 전환 → 산출 → 환류: 투입은 체계 외부로부터 체계 내부로 유입되는 에너지나 정보 등을 의미한다. 전환은 투입물(에너지나 정보)을 처리하여 체계의 기능을 유지하기 위한 과정을 의미한다. 산출은 전환활동을 통해 나타나는 결과물이 환류를 통해 체계에 머물거나 다른 체계에 영향을 미치는 것을 의미한다. 환류는 행동을 취한 체계에서 행동의 결과를 검증하여 새로운 행동을 산출하거나 기존의 행동을 수정하는 것을 의미한다. 이러한 환류는 체계의 안정 상태를 유지하거나 변화를 촉진하는 역할을 하게 되는데, 긍정적 환류는 산출이 바람직하다고 확인시켜 주며 안정 상태 또는 현재보다 빈도나 강도를 상향 조절하도록 독려하는 것이다. 반면 부정적 환류는 산출물의 양적 · 질적인 면에서 기대하는 바를 충족시키지 못하는 정보를 전환해 새로운 변화를 촉구하는 것이다. 체계 내의 활동(투입 → 전환 → 산출 → 환류)에 대한 과정은 [그림 3-1]에 나타냈다(엄명용 외, 2013).

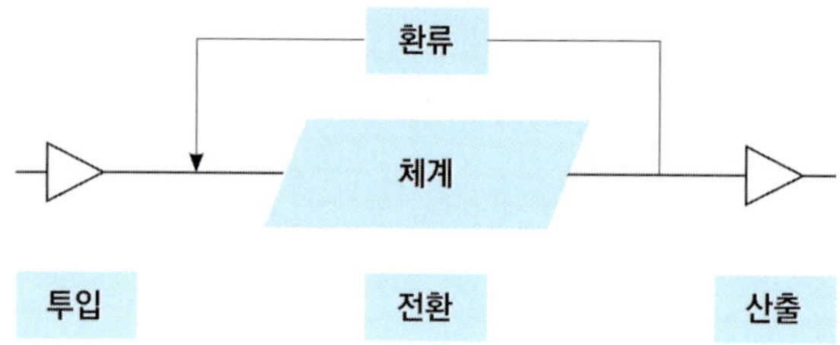

[그림 3-1] 체계 내의 활동(투입 → 전환 → 산출 → 환류)에 대한 과정

출처: 엄명용 외(2013).

2) 사회체계이론

사회체계이론(Social systems theory)은 일반체계이론에 바탕을 두고 있으며 사회 전체를 하나의 거대한 체계 또는 조직으로 접근한 학문으로 독일의 사회학자인 루만(Niklas Luhmann)이 정립한 이론이다. 여기서 체계는 일반체계이론의 체계와 같은 맥락으로 상호연관성이 있고 상호의존적으로 서로 영향을 주고받는 부분들로 구성된 전체를 의미하거나 부분들 간에 관계를 맺고 있는 일련의 단위이다.

사회체계는 우리가 살고 있는 사회적 환경 안에 존재하는 다양한 인간 공동체에 적용할 수 있는 사회조직의 모형으로 인간행동에 영향을 미치는 다양한 체계수준, 즉 개인체계, 가족체계, 집단체계, 조직체계 등을 포함하는 소집단체계 그리고 지역사회와 같은 보다 넓은 사회체계에서 체계 간의 상호작용에 초점을 둔다. 또한 문화, 종교, 신분제도와 같은 추상적 요소들도 포함한다(이경은 외, 2016). 예를 들어, 지역사회를 하나의 체계로 보면 지역사회 내에 있는 하나하나의 구성 부분들이 각기 존재하는 것이 아니라 집합체로서 개인, 가족, 집단, 조직, 사회, 문화 등이 서로 연결되어 상호작용하며 의존하고 있는 형태로 존재하는 것이다. 즉, 상호작용하는 부분들이 하나의 전체를 만들어 가며 그렇게 만들어진 전체는 다시 부분들에 영향을 미침으로 부분과 전체는 하나의 공동체로 공존하게 되는 것이다. 지역사회의 기능과 하위체계는 〈표 3-1〉에 나타냈다.

〈표 3-1〉 지역사회의 기능과 하위체계

기능	하위체계
생산, 분배, 소비	경제적 하위체계(기업과 노동자를 포함)
사회화	가족, 학교, 동료집단, 종교단체
사회통제	정부, 사법체계, 정치제도
사회통합	공식적 조직, 비공식적 조직, 종교제도
상부상조	정부 및 지방정부 사회복지 프로그램 및 제도, 비영리조직, 비공식적 원조 네트워크

출처: Warren(1978).

이러한 사회체계이론을 지역사회복지실천을 위해 적용하면, 지역사회가 어떻게 구성되어 있는지, 지역사회를 구성하는 구성체들은 어떤 관계를 형성하고 있는지, 그리고 외부환경과는 어떤 관계를 갖는지 등에 대해서 알 수 있을 것이다. 또한 지역사회복지실천을 통해 개입하려는 지역사회문제와 지역사회 내·외 구성체계들이 어떤 관련성을 갖고 영향을 주고받는지를 이해할 수 있을 것이다(이경은 외, 2016).

3) 생태학적체계이론

생태학적체계이론은 생태체계론, 생태적체계론 등과 호환되어 사용되는 용어로, 일반체계이론과 생태학이론에서 제시되는 주요 관점들을 통합한 것이라고 할 수 있다. 즉, 인간의 발달은 환경과의 관계를 연구하는 생물학적 개념에 초점을 두는 생태학이론과 가족·이웃·지역사회·국가라는 여러 체계 속에서 발달한다는 일반체계이론이 결합한 것이다. 생태학이론을 인간행동에 적용할 경우 인간과 인간의 주변 환경 간의 상호작용, 상호 의존성, 상호 역동적 교류와 적응에 초점을 둔다. 또한 일반체계이론은 다양한 체계(부부체계, 부모-자녀체계, 형제자매체계)에서 상위, 하위에 따른 순서가 있으며 서로 관련되어 기능적 전체를 형성하는 것으로 체계 간의 복잡한 상호작용을 이해해야만 한다는 것이다.

이러한 관점에서 브론펜브렌너(Bronfenbrenner)는 1979년에 『인간발달 생태학(The ecology of human development)』이라는 저서를 통해 인간은 태어나면서 다양한 수준의 주위 환경에 영향을 받기 때문에 복잡한 체계 속에서 발달하는 존재라고 보고 생태학적 체계(ecological system)라는 용어를 사용하였다. 또한 그는 인간발달을 사회문화적 관점에서 이해하는 이론으로 가족・이웃・학교・지역사회・국가・문화 등 여러 가지 환경 속에서 인간과 환경 간의 상호작용을 통해 발달한다고 보았으며 생태환경을 좀 더 구조화하였다. 이후 저메인과 지터맨(Germain & Gitterman)은 생활 모델(life model)이라는 사회복지실천 모델을 제시하는 가운데 생태학적체계 모델(eco-system mldel)을 도입하면서 사회복지실천의 준거 틀로 도입되었다(Germain & Gitterman, 1980).

생태학적체계이론 관점에서 체계와 생태학은 개인을 하나의 체계로, 개인과 환경을 하나의 체계로 생각하면서 생태학적으로 인간과 환경 간의 적응과 상호작용에 초점을 둔다. 주요 개념은 생활환경, 적응, 개인과 환경의 적합성, 공생, 수용능력, 경쟁 등이 있는데, 각각에 대해서 알아본다(김향선 외, 2015).

① 생활환경: 생물체가 살고 있는 장소나 환경을 의미하는데, 생물체는 적소(Niche)를 찾게 된다. 여기서 적소는 특정한 종이 가장 효과적으로 기능할 수 있는 특정한 장소나 환경을 의미한다.

② 적응(adaptation): 개인과 환경 간의 상호작용을 포함한 주변 환경조건에 맞추어 적합하게 결합하는 것을 의미한다. 여기서 적합은 개인의 욕구와 사회적 요구 사이의 조화와 균형 정도를 의미한다.

③ 개인과 환경의 적합성(goodness of fit): 개인의 적응 욕구와 환경의 속성이 서로 조화되는 정도를 의미한다. 적응하지 못하면 개인의 발달과 건강에 악영향을 미치며, 잘 적응하면 성장이나 발달에 긍정적이며 적합성은 높아진다.

④ 공생(symbiosis): 하나 또는 둘 모두가 유익을 얻을 수 있는 두 종 간의 상호작용을 의미한다. 이러한 공생에는 세 가지 유형이 있는데, 상리공생(mutualism)은

벌(먹이)과 꽃(수정)의 관계처럼 두 종 모두에게 이득이 되는 상호작용이며, 편리공생(Ccmmensalism)은 한 종에는 유익하나 다른 종에게는 유익이나 해를 끼치지 않는 것이고, 기생(parasitism)은 한쪽에는 해가 되나 기생하는 쪽에는 이익이 되는 것을 의미한다.

⑤ 수용능력(capacity): 특정 생태체계 안에서 살아갈 수 있는 종의 최대숫자를 의미한다. 수용능력이 초과되면 질병, 약탈 등 악역향이 미칠 수 있다.

⑥ 경쟁(competition): 생태학적 공동체를 형성하는 주요 과정으로 생태체계에서 자원이 제한된 경우 생존을 위해 경쟁하는 것을 의미한다.

브론펜브렌너는 인간이 성장발달에 영향을 주는 생활환경을 태어나서 근접한 순서로 미시체계, 중간체계, 외체계, 거시체계, 시간체계 등 다섯 가지 체계로 구성하여 설명하고 있다. 생태학적체계 모델은 [그림 3-2]에 나타냈으며 생태학적체계 구성은 〈표 3-2〉에 나타냈다(김현호 외, 2019).

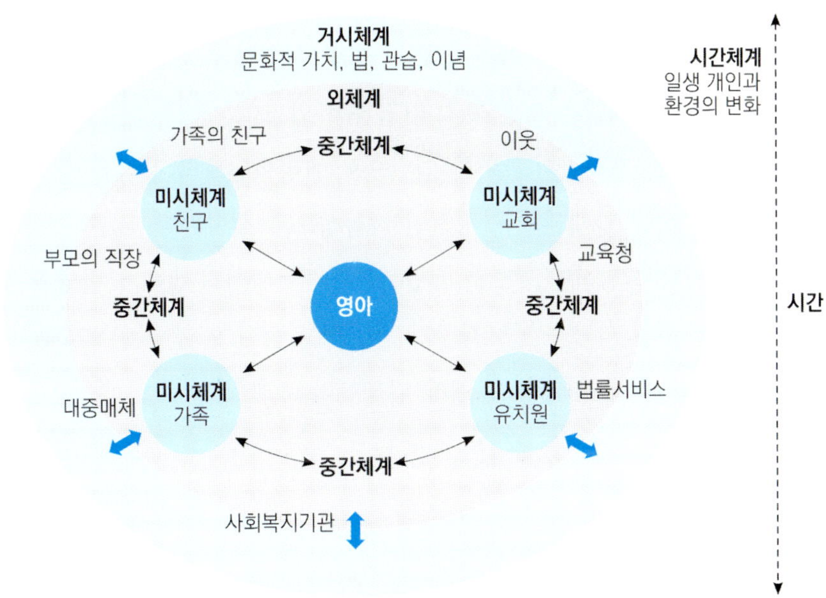

[그림 3-2] 생태학적체계 모델

〈표 3-2〉 생태학적체계 구성

① 미시체계: 나를 둘러싸고 있는 환경 중에서 가장 내부에 있는 사회적·물리적 환경을 의미한다. 예를 들어, 가족, 친구, 학교, 이웃, 교회 등이 포함된다.
② 중간체계: 미시체계 환경 간의 상호관계를 의미한다. 예를 들어, 부모나 교사와의 관계, 형제 및 자매관계, 이웃 및 친구와의 관계 등이 포함된다.
③ 외부체계: 나와 직접 상호작용은 하지 않지만 미시체계에 영향을 미치는 사회적 환경을 의미한다. 예를 들어, 부모의 직장, 부모의 친구조직망, 형제나 자매가 다니는 학교, 종교기관, 정부기관, 사회복지관, 대중매체, 교통 및 통신시설, 문화시설 등이 포함된다.
④ 거시체계: 미시체계, 중간체계, 외부체계에 포함된 모든 요소뿐만 아니라 개개인이 생활하고 있는 문화적 환경까지 포함한 환경을 의미한다. 예를 들어, 문화는 한 세대에서 다음 세대로 전수되는 행동유형, 신념, 관습 등을 의미하는데, 개인이 속해 있는 사회·문화적 배경에 따라 개인에 미치는 영향력은 다양한 형태로 나타날 수 있다는 환경이다.
⑤ 시간체계: 최근 생태학적 관점에 포함된 체계로 전 생애에 걸쳐 일어나는 변화와 사회역사적인 환경을 의미한다. 예를 들어, 가족제도의 변화, 결혼관의 변화, 조선시대의 생활관이나 현대사회의 생활관 등의 변화이다.

이러한 생태학적체계이론 관점의 특징은 환경이 사람(지역사회)에게 영향을 미치고 반대로 사람(지역사회)이 환경에 영향을 미쳐 상호 순환적 영향을 미친다는 것이다. 즉, 개개인의 행동 및 변화, 개인과 환경 간의 상호작용 등 인간의 기능에 대한 생태학적 체계 관점의 특성은 다음과 같다(김향선 외, 2015). ① 상황 속에서 인간의 다양한 변화 가능성을 제시한다. ② 한 인간으로 클라이언트의 강점을 강조한다. ③ 현재 행동을 상황 속에서 개인의 안정적인 적합성으로 설명한다. ④ 역기능을 상황 속에서 적응적이거나 합리적인 것으로 개념화한다. ⑤ 병리적 상태가 반영된 것이 문제라고 보지 않고 주위 사람, 사물, 장소, 조직, 정보 등을 포함하는 생태학적체계의 여러 요인 간의 상호작용 부재로 문제가 발생한다고 보았다.

4) 생태학이론

생태학이론(ecological theory)은 유기체와 환경 간의 관계를 연구하는 생물과학으로 유기체와 환경이 역동적인 평형상태를 유지하면서 성장하는 과정에 관심을 두고 있는 이론이다. 이러한 생태학에서 유기체와 환경은 서로 분리할 수 없으며 상호작용하는 것으로 양자 간의 상호작용에 초점을 둔다. 생태학이론을 지역사회에 적용할 경우 지역사회와 지역사회의 주변 환경 간의 상호작용, 상호 의존성, 상호 역동적 교류와 적응에 초점을 둔다. 주요 개념은 상호교류(transaction), 적합성(fitness), 적응(adaptation), 유능성(ability), 긴장(stress), 대처(coping) 등 여섯 가지로 설명할 수 있는데, 사회문제도 같은 맥락으로 분석할 수 있다. 예를 들어, 인간이라는 유기체에 적용하면 인간과 주변의 사회 환경 간의 상호작용이나 상호의존성에 관심을 두고 분석한다. 즉, 인간은 사회 환경에 적응하면 긴장을 하지 않을 것이며 적응하지 못하면 긴장하게 되고 긴장을 해소하기 위한 대처능력이 필요하다는 관점으로 설명된다(이경은 외, 2016).

이러한 생태학이론을 지역사회에 적용하면, 지역사회구성원들은 해당 지역사회환경과의 상호교류와, 생태체계로서 지역사회구성원들이 환경요소들과 끊임없이 상호교류하면서 적응・대처해 나가는 하나의 체계로 간주하면서 지역사회에 관련된 현상들을 설명할 수 있다. 즉, 인구의 이동변화, 이민과 이주, 사회조직 및 사회계층의 구조적 변동, 성장의 역동성 등은 지역사회의 특정 현상을 설명하는 요소가 될 수 있다. 지역사회현상을 생태학이론을 적용하여 분석하고 설명하려는 개념은 다음과 같은 것이 있다(전해황 외, 2018).

① 중심화(centralization): 지역의 기능, 인구, 사회시설, 서비스 등이 교통 중심으로 지역에 몰리는 것을 의미한다. 대부분의 지역사회는 행정기관을 중심으로 지역기능 및 인구가 집중되는 현상을 보인다.

② 분리(segregation): 여러 집단 및 기관들이 그 도시 안에 분리되어 있고 특정 지역에 위치하는 경우를 의미한다. 도시의 어떤 지역은 상류층 주택이 밀집하고 특정 지역은 산업단지로 지역사회가 분리된다.

③ 분산(decentralization): 인구 및 산업 등이 중심으로부터 밀도가 더 낮은 외곽으로 빠져나가는 것을 의미한다.

④ 침입(invasion): 지역사회의 한 집단이 완전히 분리되어 다른 집단이 거주하는 지역으로 들어가는 것을 의미한다.

⑤ 계승(상속, succession): 침입이 완결된 상태로 어떤 지역의 용도가 완전히 전환된 것을 의미한다. 이전에 주거지역이던 곳이 완전한 상업지역으로 전환되거나 부유층만 살았던 지역에 빈민층만 살게 될 때이다. 이러한 계층은 지역적 현상일 뿐만 아니라 오래 지속되는 시간적 현상까지도 포함한다.

3.2 사회교환이론 및 사회구성론

1) 사회교환이론

사회교환이론(social exchange theory)은 사회를 거시적으로 분석하려는 기능주의에 대한 대안이론으로 사회를 미시적인 차원에서 개인, 가족, 집단, 지역사회 등의 현상을 비용과 보상의 교환적 관점에서 분석하려는 이론이다(전남련 외, 2013). 즉, 사회체계에서 개인이나 집단 사이에 이루어지는 사회적(학력, 지위 등)·정서적(칭찬, 존경, 인정 등)·물질적(금전, 물품 등) 교환과정(이익, 손해, 보상 등)에서 교환자원을 주고받는 행위가 반복되는 현상에 초점을 둔다. 사회교환이론에 따르면 개인이나 집단은 자신들의 이익을 극대화하기 위해 손해를 보는 행동은 피하고 보상이 주어지는 상호작용이나 대인관계를 추구한다는 것이다.

교환이론은 호만스(Homans)의 교환행동주의, 블라우(Blau)의 교환구조주의, 에머슨(Emerson)의 교환행태주의 등으로 분류하는데, 호만스의 교환행동주의는 미시적 차원에서 소집단 간의 교환관계에 중점을 두고 있으며, 블라우의 교환구조주의는 거시적 차원에서 사회조직 간의 교환관계에 중점을 두고 있다. 또한 에머슨의 교환행태주의는 미시적 및 거시적 입장의 통합적 접근으로 교환의 형태 및 과정에 중점을 둔다. 이러한 사회교환이론의 주요 개념은 보상 또는 이익, 교환자원, 대가 등으로 설명할 수 있다(전남련 외, 2013). ① 보상 또는 이익은 교환관계에서 도출되는 긍정적인 결과를 가리키며 심리적 안정, 사회적 지위, 만족감, 기쁨 등 사람에게 받는 인정이나 동정과 같은 심리적 결과물뿐만 아니라 경제적·물질적 이익까지 포함한다. ② 교환자원은 교환관계에서 상대방의 욕구나 목표달성을 위해서 제공하는 것으로 상대방의 필요에 부응하며 상대방이 이용 가능한 물질 및 비물질적 보상을 의미한다. 이러한 맥락으로 지역사회복지실천에서 교환자원은 상담, 지역사회서비스, 기부금, 재정지원, 정보, 아이디어, 정치적 영향력, 의미, 힘, 행동 등을 모두 포함한다고 할 수 있다. ③ 대가는 특정 상황을 선택함으로써 잃게 되는 시간, 노력, 돈, 지위, 심리적 보상 등을 의미한다.

이러한 사회교환이론을 지역사회복지실천에 적용하면 다음과 같은 의미가 있다(전남련 외, 2013). ① 개인과 개인, 집단과 집단, 조직과 조직 간의 교차적인 교환은 교환의 장인 지역사회발전에 기여를 할 수 있다. ② 지역사회 내의 교환이나 다른 지역사회와의 교환이 서로 정보와 자원을 공유하고 균형 있게 이루어진다면 지역사회복지실천을 할 수 있고 지역의 균형발전에도 기여할 수 있다. ③ 정보와 자원의 교환을 통해 지역발전을 추구하는 교환의 주체들은 공동의 목적을 위해 새로운 조직체나 연합체를 형성함으로써 지역사회복지실천을 위한 세력의 확대를 가져올 수 있다.

2) 사회구성론

사회구성론(social constructionism)은 사회의 현실(개인적·종교적·정치적·문화적)이나 실재가 어떤 방식으로 사회구성원들에 의해 이해되고 만들어지며 발전하는지를 연구하는 학문이다. 즉, 사회의 어떤 요소나 특정 사태가 가지는 의미, 개념, 함축 등에 대해서 연구하며 나아가 사회구성원들이 요소나 사태를 어떤 방식으로 받아들이고 바라보는지를 탐구하는 것이다. 따라서 사회구성론은 개개인들이나 집단이 바라보는 사회의 현실을 어떻게 구성해 내는지에 대해서 집중한다. 즉, 사회적 현상이 어떻게 만들어지고 체계화되며 사람들에게 알려지고 전통적으로 받아들여지는지를 연구하는 것이다.

사회구성론의 용어는 사회학자 피터 버거(Peter Berger)와 토마스 루크만(Thomas Luckman)의 『현실의 사회적 구성(The Social Construction of Reality)』이라는 저서가 1966년에 출판된 후 사용하기 시작하였다. 이러한 사회구성론 학자들은 사회구성원들이 사회와 문화적 세계를 만드는 동시에 세계가 사회구성원들을 만들기도 한다는 생각을 공유하였다. 즉, 사회는 현실을 만들기도 하고 파괴하기도 하면서 진실을 드러내 보이기도 하고 가리기도 한다는 것이다. 또한 우리가 현실이나 실체로 믿고 있었던 것들은 사실 사회적 구성원들 간의 상호작용을 통해 만들어지며, 이 실체는 어떤 과학적 방법을 통해 밝혀지는 객관적인 진리를 담고 있는 것이 아니라 다양한 현실을 반영하는 것이라고 보았다.

이러한 사회구성론 관점은 발달심리학자 피아제(J. Piaget)나 인지심리학자 케리(G. Kelly) 등이 지식이나 인격의 획득은 자신과 접하는 현실에 대해서 인지·해석·이해하고, 통제하며, 해법을 찾게 된다는 입장을 취하게 되면서 언급되었다. 이후 피셔(V. Fisher), 하트맨(A. Hartman), 라이드(J. Laird) 등에 의해서 인지이론에 입각한 사회복지 실천이론으로 도입되었다(김현훈, 2011). 사회구성론 관점은 사람이 자신을 둘러싼 현실을 있는 그대로 보고 이해한다는 관점을 부정하고 자신이 갖고 있는 지식이나 인식의 틀을 사용하여 현실을 이해하며 자기만의 의미를 찾는다는 관점이다. 여기서 지식이나 인식의 틀은 역사적·문화적으로 상대적인 것이기 때문에 같은 현상이나 사실이라도 시대나 지역의 차이에 따라 의미가 달라진다고 보는 것이다.

과학적 관점은 객관성을 중시하며 사실은 객관적인 관찰이나 측정에 의해 존재하며 객관성을 담보로 해야 된다는 것이었다. 그러나 사회구성론 관점은 지식, 인격, 사회, 세계는 인간의 사회적 상호작용에 의해서 생성된다는 입장이다. 즉, 사람은 서로 관계하는 사회적 상호작용, 사회화과정에 의해 지식이나 인격 등이 함양되는 것으로 보고 다양한 주관이나 각각의 인지 방법에 의해 사회가 생성된다는 관점이다. 따라서 다양한 주관이나 각각의 인지 방법은 항상 상대적이며 동시에 다원성을 가진다고 할 수 있다. 이러한 사고가 긍정적인 입장을 모더니즘(modernism, 최신 유행이나 현대적인 감각을 쫓으려는 경향)이라 부르고 부정적인 입장을 포스트모더니즘(post-modernism, 20세기의 모더니즘을 부정하고 고전적 · 역사적인 양식이나 수법을 받아들이려는 경향)이라 부른다(김현훈, 2011).

이러한 사회구성론 관점의 주관적인 의미의 현실은 사회적 상호작용이지만 대개의 경우 '지금-여기'의 현실을 중시하며 언어를 통해 이루어진다. 즉, 사회복지사는 클라이언트가 표출하는 언어를 통해 접근(approach, 어프로치)하여 클라이언트의 주관적인 점과 사회복지사의 객관적인 점을 고려해서 욕구 및 문제를 발견하고 동등한 위치에서 개입하여 클라이언트의 새로운 주관적 관점이나 인지를 재구조화하면서 개입하게 되는 관점이다. 사회구성론 관점에서 하디나(Hardina)는 지역사회복지실천에 참여하는 사회복지사는 다음과 같은 사항을 고려해야 한다고 하였다(Hardina, 2002; 이경은 외, 2016; 전해황 외, 2018).

① 사회복지사는 지역사회(클라이언트)의 행동에 영향을 미치는 사회적 · 경제적 · 정치적 구조에 대해 이해하며 지역사회(클라이언트)의 문화적 가치와 규범에 관련된 의미를 어떻게 형성하는지를 이해해야 한다.

② 사회복지사는 다양한 문화를 가진 지역사회(클라이언트)와 지속적인 대화를 나누고 실천에 영향을 미치는 전문가와 의견교류를 해야 한다.

③ 사회복지사는 사회적 힘과 권력이 주변화된 집단의 구성원에게 어떻게 영향을 미치는지에 대한 연구를 해야 한다.

④ 사회복지사는 소수자에 대한 억압구조를 해석해 나가는 연구를 지속적으로 수행하여 지식의 축적과 이론적 발달에 힘써야 한다.

3.3 권력(힘)관련 이론과 사회자본이론

1) 권력(힘)관련 이론

권력(힘)과 관련된 이론은 '사회의 구성적인 면에서 권력이 어떻게 구성되어 있는가?'에 초점을 두어 정립되는 이론이다. 이러한 이론에는 권력의존이론, 자원동원이론, 갈등이론 등이 있을 수 있는데, 각각에 대해서 알아본다(이경은 외, 2016; 전해황 외, 2018).

(1) 권력의존이론

권력의존이론(power dependence theory)은 어떤 집단이나 조직, 지역사회는 자원이나 재원의 필요성에 따라 권력에 의존하게 된다는 개념이다. 또한 어떤 집단이나 조직은 능력이나 재원(재화나 자금이 나오는 원천)이 있으면 없는 집단이나 조직보다 권력이 강해진다는 것이다. 이러한 권력의존이론은 지역사회복지와 관련된 실천 활동에서 지역사회복지조직들이 생존을 위한 자원을 외부의 재정적 자원에 의존할 수밖에 없다는 전제에서 출발한 이론이다. 즉, 생존을 위해 조직들은 외부 기부자나 기부금, 지방정부나 중앙정부의 보조금에 의존하고 있다.

우리나라의 경우 많은 사회복지시설이나 조직(사회복지사협회, 사회복지협의회, 지역사회보장협의체 등)들이 지방정부나 중앙정부의 보조금에 의존하는 경우가 많다. 이러한 경우 재정 지원자인 정부의 요구에 순응할 수밖에 없는 구조를 가지게 되며 시설이나 조직이 갖는 고유 목적과 지원자의 요구가 불일치하는 경우가 있을 수 있다. 권력의존이론을 민간과 정부조직에 적용할 경우, 지역사회복지실천 현장에서 정부조직은 정치·경제적 권력을 갖고 있으며 민간조직은 권력을 갖고 있는 정부조직에 의존하고 있어 상호 간에 권력의 불균형이 존재한다고 볼 수 있다. 이러한 경우 정부로부터 자원을 제공받는 민간조직은 정부조직에 의존하게 되고 정부조직의 문제점이나 서비스, 프로그램 등에 대한 비판을 자제하게 되어 결국 클라이언트와의 상호작용에 있어서 정부의 정책에 따르게 된다. 따라서 정부재원에 과도한 의존은 지역사회복지조직의 본래 목적을 수행하고 조직기능을 원활하게 하는 데 부정적인 영향을 미칠 수 있으므로 지역사회복지조직은 권력의 균형적인 배분을 위한 지역사회 자원개발을 위해 노력이 필요하다(이경은 외, 2016).

(2) 자원동원이론

자원동원이론(resource mobilization theory)은 권력의존이론과 연관된 맥락에서 사회운동조직이 사회운동을 전개할 때 동원할 수 있는 자원의 정도와 범위에 따라 역할과 한계가 규정된다는 개념이다(이경은 외, 2016). 여기서 사회운동은 사회적 약자계층의 권리를 옹호하고 이를 대변하거나 이타주의 관점에서 스스로 대변하기 힘든 대상자에 대한 보호를 위한 것으로 동물보호운동이나 환경운동 등이 해당된다고 할 수 있다. 이러한 사회운동은 조직원의 충원, 자금조달, 역동적인 조직구조를 구성할 수 있는 능력 등에 따라 성패가 달려 있으므로 지역사회에 있는 인적・물적자원을 동원할 수 있는 환경이 중요하다. 따라서 사회운동조직들은 사회운동에 필요한 모금활동을 하고 조직원들의 집단 정체성을 강화할 수 있도록 지원하여 조직발전에 기여할 수 있는 환경제공이 중요하다.

지역사회에서 사회운동조직이 권력을 갖기 위해서는 보다 적극적인 참여와 활동을 위한 조직원 간의 동질적 정체성을 갖는 것이 필요하며, 사회운동조직이 그들의 대의를 전달하기 위해서는 외부의 여러 채널을 활용할 수 있어야 한다. 또한 사회운동조직은 재정의 안정성 측면에서 충성심이 강한 조직원와 거액의 기부자를 확보해야 한다(전해황 외, 2018). 반면 지역사회에서 지역사회복지사가 자원동원을 하고자 할 경우는 새로운 자원을 창출하기보다는 기존의 자원을 확인 및 검토해서 이용할 수 있는 잠재적 자원을 재구성해서 활용하면 효과적이다. 이때 지역사회복지사는 지역사회의 활용 가능한 자원을 확인하고 활용할 수 있도록 노력해야 하며 다른 자원들과도 연대해서 활용할 수 있도록 해야 한다.

(3) 갈등주의이론

갈등주의이론(conflict theory)은 사회 내 집단이나 조직들 간의 상호작용에 초점을 두고 사회계층화 과정에서 갈등이 초래된다는 개념이다. 즉, 사회에서 희소자원(드물고 적은 자원)인 권력과 부를 놓고 대립과 투쟁을 벌이고 있는 현상을 의미한다. 이러한 이론은 기본적으로 다음과 같은 가정에서 발생한다는 것이다. ① 사회체계는 갈등을 일으키며 갈등은 사회체계의 일반적 특성이다. ② 갈등은 사회구조의 부분 간에 상반되는 이익에 의해 발생된다. ③ 상반된 이익은 지배집단과 피지배집단 간에 제한된 자원과 권력의 불평등한 분배로부터 발생하여 양극화가 일어나고 모든 사회는 다른 집단으로부터 억압을 받는다. ④ 갈등은 변증법(모순 또는 대립을 근본 원리로 해서 사물의 운동을 설명하려는 논리)적이다. 즉, 하나의 갈등해결은 새로운 상반된 이익을 만들고 이는 어떤 조건하에서 또 다른 갈등을 일으킨다는 것이다. ⑤ 계속되는 갈등의 결과로서 사회가 변화하는데 이는 사회의 일반적 특징이다(이경은 외, 2016).

이러한 갈등주의이론을 지역사회복지실천에 적용할 경우는 지역사회에서 발생하는 갈등문제가 구조적으로 연계된 것임을 알고 문제해결방안을 모색하는 과정에서 다양한 수준으로 접근할 수 있다는 것을 이해할 수 있다. 또한 지역사회의 갈등, 긴장, 논쟁이 존재할 수 있다는 인식을 갖고 이러한 갈등과 긴장은 지역사회에서 지속되던 균형을 변화시키고자 할 때 불평등한 구조로부터 파생되는 이해관계나 이해관계의 대립 등이 지역사회에 미치는 영향 등을 고려하여 이해하고 예측하는 데 도움이 된다.

2) 사회자본이론

사회자본이론(social capital theory)은 한 개인의 사적 자원이 아니라 사회구성원들 상호 간의 이익을 위해 조정 및 협동을 촉진하는 신뢰, 결속, 규범, 문화, 네트워크 등을 자본화한다는 이론이다. 사회 자본은 생산 활동을 하는 물적 자본과 인적 자본과 달리 인간관계 내에 존재하는 것을 의미하면서도 생산 활동을 증가시키는 역할도 한다. 생산 활동을 하기 위해 경제학자들은 물적자원과 인적자원의 개념을 언급했지만 사회학자들은 사회 자본이라는 새로운 자본 개념을 언급하였다. 즉, 돈이라는 물적 자본은 생산설비 투자를 가능하게 하는 생산요소이고, 인적 자본은 지식이나 숙련의 형태로 인간의 두뇌에 내재되어 있는 생산요소라면 사회 자본은 사람들 간의 관계에서 내재된 제3의 생산요소라고 할 수 있다(남재일 외, 2019).

이러한 사회 자본은 사회구성원들에게 공유된 행동 규범 및 공통적인 문화적 정체성을 부여함으로써 사회 질서를 유지하게 하는 역할을 한다고 할 수 있다. 즉, 사회 자본은 정보 공유의 역할을 하며 공식적·비공식적 제도에 대한 정보를 제공하도록 하고, 개인의 상호작용으로 인해 구성원들 간의 신뢰를 회복하게 하는 조정 역할을 하며, 집단적 의사결정을 통해 외부효과를 창출하는 역할 등을 한다. 따라서 지역사회의 사회 자본은 지역사회복지문제해결을 위해, 지역사회구성원들 간의 상호작용을 통해 지역사회에 대한 책임성과 주체성을 갖고 자발적이면서 능동적으로 신뢰와 결속을 통한 네트워크를 구축하는 것이 중요하다.

사회 자본의 특성은 세 가지로 요약할 수 있다(남일재 외, 2019). ① 사회 자본은 사회(지역사회)의 구성원들의 신뢰와 협력을 통한 네트워크를 통해 형성되고 또한 다른 자본의 형태로 변환될 수 있는 가능성이 있다. ② 사회 자본은 사회구조를 형성할 수 있는 사회적·정치적·경제적 환경을 필요로 한다. ③ 사회 자본은 자본의 특성을 가지고 있어 잃을 수도 있고 더 큰 자본으로 형성할 수도 있다. 따라서 사회 자본의 형성 및 유지를 위해서 항상 노력해야 하고 잃지 않기 위해서는 사회적 관계의 형성과 유지를 지속적으로 해야 한다.

3.4 엘리트주의와 다원주의 및 거버넌스

사회 및 지역사회에서 공공정책은 누가 결정하는가가 중요한 요인이 된다. 이러한 공공정책을 결정하는 과정에서 그 사회의 구성원인 엘리트 집단과 일반대중이 있을 수 있는데, 정책결정과정에 어느 집단의 권력이 강한지 결정되는 권력구조에 따라 엘리트주의와 다원주의로 구분할 수 있다. 또한 관리체계에 대한 거버넌스가 있을 수 있다. 각각에 대해서 알아본다(이경은 외, 2016; 전해황 외, 2018).

1) 엘리트주의

사회의 구성은 기본적으로 엘리트(elite)와 대중(mass) 집단으로 구성되는데, 엘리트주의(elitism)는 공공정책이 그 사회의 소수 엘리트 집단의 가치를 반영하여 결정되는 권력구조에 관련된 개념이다. 즉, 소수의 지배 엘리트 집단(정치・경제 등 중요한 정책을 결정할 때 우월한 지위에서 영향을 미치는 사람이나 집단)이 국가 또는 지역사회의 정책을 좌우하고 권력을 장악하고 있다고 보는 견해이다. 이러한 소수 엘리트 계층은 그들의 후계자를 그 사회에서 특권을 향유하고 있는 계층에서만 선발하려는 폐쇄성이 강한 집단으로 보수적인 경우가 많다.

따라서 지역사회복지실천을 위해서는 지역사회마다 엘리트지배의 영향력 정도가 다를 수 있으므로 지역사회 수준에서 소수의 기업인, 관료, 정치인 등의 권력구성 및 권력관계에 대한 영향력을 파악하여 지역사회문제해결을 위한 의제선정과 정책결정과정을 준비하는 것이 필요하다고 할 수 있다.

2) 다원주의

다원주의(pluralism)는 민주화된 현대사회에서 개개인의 특정 목표를 중심으로 여러 집단과 조직을 구성하면서 이익을 표출하는 것을 통해 공공정책과정에 영향을 끼칠 수 있다는 개념이다. 즉, 사회에서 권력이 엘리트 집단에 집중되지 않고 민주주의 체제 내에서 이익집단들(정책의 필요성을 공감한 사람들, 특수 이익을 공유하고 있는 개인들, 불리한 상황에 있던 사람들이 타 집단에 대한 그들의 위상을 개선하고자 하는 사람들 등)의 협상에 의한 결과라고 보는 견해이다.

따라서 다원주의 이론에서는 지역사회권력이 집중되는 형태를 갖기보다는 전문성 및 보편성에 기반을 둔 다양한 사람들이 지역사회 주체로 참여하여 함께 다원화된 경향을 강조한다. 지역사회복지실천을 위해서 지역사회 내 다양한 집단이 지역사회 의사결정의 참여자가 될 수 있고, 공공정책결정과정에 영향력을 행사할 수 있다고 본다.

3) 거버넌스

거버넌스(governance)는 국가경영, 공공경영이라고 번역되며, 국가 해당분야의 여러 업무를 관리하기 위해 정치·경제 및 행정적 권한을 행사하는 국정관리 체계를 의미하는 이론이다. 거버넌스는 지역사회부터 국제사회에 이르기까지 여러 공공조직에 의한 행정서비스 공급체계의 복합적 기능에 중점을 두는 포괄적인 개념으로 파악될 수 있으며, 통치·지배라는 의미보다 경영의 의미를 두고 있다. 즉, 중앙정부·지방정부를 비롯하여 반관반민(半官半民, 정부와 민간이 공동으로 출자하여 경영하는 사업형태)·비영리·자원봉사 등의 조직들이 공공서비스의 공급체계를 구성하는 다원적 조직체계 또는 조직 네트워크의 상호작용으로 공공활동을 수행하는 인간의 집단적 활동이라고 할 수 있다.

거버넌스는 지역사회 내 다양한 기관이 자율성을 지니면서 함께 국정운영에 참여하는 방식을 의미하며 다양한 행위자가 운영에 참여·협력하고 있다. 오늘날의 행정은 시장화, 분권화, 네트워크화, 기업화, 국제화를 지향하고 있기 때문에 기존의 행정 이외에 민간부분과 시민사회를 포함하는 다양한 구성원 사이의 네트워크를 강조한다는 점에서 거버넌스라는 개념이 등장하였다. 이러한 거버넌스 개념이 등장하면서 복지패러다임도 변화하였다. 과거 국가 중심의 서비스 공급체계가 사라지고 지역사회의 다양한 분야에서 공급주체로 등장하는 복지다원주의(welfare pluralism) 또는 복지혼합(welfare mix)의 패러다임(paradigm, 한 시대 사람들의 사고나 인식을 근본적으로 규정하는 이론적인 틀이나 체계)이 등장하게 되었다. 이러한 관점에 따라 복지서비스의 공급주체는 중앙정부 중심에서 탈피하여 지방정부와 민간의 역할이 강조되는 새로운 체계로 전환되고 있다. 즉, 시장경제의 가치인 효율성과 효과성을 강조하면서 사회복지서비스분야에도 등장한 것이다(남재일 외, 2019).

지역사회의 거버넌스 추진체계는 지방정부, 사회복지공동모금회, 지역사회복지관, 지역사회복지협의회, 지역사회복지사협회, 지역사회보장협의체, 지역자원봉사센터, 지역자활센터, 지역건강가정지원센터 · 다문화가족지원센터, 지역정신건강센터 등이 있을 수 있다. 여기서 자원개발의 중심체계는 사회복지공동모금회와 자원봉사센터가 있고, 네트워크의 중심체계는 지역사회보장협의체와 지역사회복지협회 및 지역사회복지사협회가 있으며, 서비스제공의 중심체계는 지역사회복지관, 지역자활센터, 지역건강가정지원센터 · 다문화가족지원센터, 지역정신건강센터, 사회복지시설 · 기관 등이 있다. 이러한 중심체계 외에 다양한 이해관계자들의 자발적 참여, 참여조직들의 역량 강화, 수평적 협력관계 구축, 지역사회 삶의 질 향상 모색 등이 있을 수 있다(남재일 외, 2019).

02

지역사회복지실천의 이해

contents

Community Welfare & Practice | chapter 04

지역사회복지실천 및 모델

사회복지실천은 사회복지사가 사회적 안녕상태를 이루기 위해 필요한 구체적 서비스들을 그 서비스가 요구되는 현장에서 실천에 옮기는 작업이라 할 수 있으며, 사회복지사가 개인, 집단, 가족, 지역사회, 제도 및 사회적 수준에서 클라이언트들이 스스로 문제와 욕구를 해결하도록 도와주어, 사회적 기능을 향상시키고 나아가서는 삶의 질을 높이는 데 목적을 둔 종합적인 실천 활동이라고 할 수 있다. 이러한 의미에서 지역사회복지실천은 사회복지실천을 기초로 지역사회 내에서 클라이언트의 의뢰, 지역사회자원의 사정, 클라이언트 지원체계의 개발, 클라이언트의 욕구 충족을 위한 정책결정자에 대한 옹호활동 등 거시적인 사회복지실천 활동 및 직접적인 서비스제공과 관련된 모든 실천 활동을 의미한다고 할 수 있다(이태희 외, 2014).

또한 지역사회복지실천을 위한 방법에는 여러 가지가 있을 수 있다. 지역사회복지실천(community welfare service)은 각각의 지역사회마다 특수성이 있고, 발전과정에서 차이점이 있을 수 있으므로 단일 모델로 모든 지역사회에 적용하기는 어렵다. 따라서 그 지역의 특수성을 고려하여 지역사회복지실천에 맞는 모델을 선택해야 할 필요성이 있다. 지역사회복지실천의 모델은 개입과정을 안내하는 지침서가 될 수 있고, 사회복지사들에게 지역사회 문제를 해결하기 위한 사정, 전략선택, 실천, 평가 등에 사용될 수 있다(Hardina, 2002).

이 장에서는 지역사회복지실천의 의미, 목표, 원칙, 구성요소 등에 대해서 알아보고, 지역사회복지실천의 모델 중 로스만(Rothman)의 실천모델, 테일러(Taylor)와 로버츠(Roberts)의 실천모델, 웨일(Weil)과 갬블(Gamble)의 실천모델, 포플(Popple)의 실천모델, 실천모델의 선택 등에 대해서 알아본다.

4.1 지역사회복지실천

1) 지역사회복지실천의 의미

지역사회복지실천(community welfare service)의 용어적인 의미는 지역사회복지의 의미와 정확하게 구별하기는 쉽지 않다. 지역사회복지실천의 의미는 학자 간에 다양하게 정의하고 있어 명료하고 납득할 만한 개념규정을 찾기 힘들지만, 일반적으로 지역사회복지 향상을 위하여 지역사회 내에 있는 지역사회의 문제를 해결하기 위한 모든 노력과 활동을 종합한 실천 활동을 의미한다고 할 수 있다(양정하 외, 2017).

웨일(Weil)은 지역사회복지실천에 대한 의미를 지역사회에서의 삶의 기회와 선택의 기회를 제공하고 인간으로서의 권리와 분배정의를 실현시키기 위해 사회복지 전문영역에서 개입하는 활동이라고 하였으며, 개입의 의미는 기본적으로 개발, 계획, 조직화, 변화하는 과정 및 방법, 그리고 실천기술로 구성된다고 하였다(전해황 외, 2018). 또한 기존에 사용되었던 지역사회조직의 의미로 지역사회복지의 실체 및 활동영역을 포괄할 수 없기 때문에 지역사회복지실천이라는 용어를 사용하는 것이 바람직하다고 주장하였다(Weil, 2005; 김현호 외, 2018). 지역사회복지실천은 지역주민들의 참여, 서비스 계획에 따른 과정 및 기술적 방법, 삶의 조건을 개선하기 위한 지속 가능한 개발, 그리고 사회행동 및 사회변화 전략 등에 관한 실천기술이 포함된다(이태희 외, 2014).

일반적으로 지역사회조직사업은 지역주민들의 공통된 욕구를 발견하고 해결하기 위하여 지역사회 내의 물적·인적자원을 활용하고, 주민참여를 통한 상부상조 활동을 통하여 지역사회가 활력 있고 바람직한 방향으로 발전해 나가도록 조직화하는 활동(실천)을 의미한다. 또한 지역사회복지실천은 지역사회를 대상으로 하는 사회복지실천을 포괄하는 개념으로, 개인, 가족, 지역사회의 복지증진을 위한 사회복지실천을 의미한다고 할 수 있다. 따라서 지역사회복지실천과 지역사회조직사업은 내용이 거의 유사함으로 같은 의미로 사용되기도 한다(김범수 외, 2019). 즉, 지역사회복지실천은 지역사회조직사업처럼 지역사회조직을 구성하여 지역사회의 문제점을 파악하고 그 문제점을 해결하려는 활동(사업)을 포함하는 실천적 의미를 갖고 있기 때문이라 할 수 있다.

이렇게 지역사회복지실천이 강조되는 이유는 산업이 고도화된 산업사회가 안고 있는 사회문제에 대해 과거 자선적이고 비조직적인 노력으로 대처하기 어려워서 보다 과학적이고, 조직적이고, 그리고 계획적인 전문노력이 강조되기 때문이다. 최근 우리나라에서도 지역사회 자체를 한 명의 클라이언트로 보는 지역사회실천(community practice)이 강조되고 있다(전해황 외, 2018). 이러한 지역사회복지실천은 다음 사항에 중점을 둔다(이태희 외, 2014; 김범수 외, 2019).

① 지역사회를 지역사회복지실천의 클라이언트로 간주한다.
② 사회복지사의 개입목표는 지역사회가 지니는 욕구나 문제의 예방이나 해결에 있다.
③ 지역사회복지실천은 철저히 사회복지실천의 전문지식과 기술을 토대로 실천하고 필요한 경우 타 분야의 지식과 기술을 응용하여 실천한다.

또한 펄만(Perlman)과 구린(Gurin)은 지역사회복지실천이 추구하는 목적에 따라 지역사회복지실천(지역사회조직사업)에 관한 견해를 다음과 같이 네 가지로 분류하여 제시하였다(Perlman & Gurin, 1972; 전해황 외, 2018).

① 지역사회 참여와 통합의 강화: 지역사회 참여와 통합의 강화는 지역사회에 있는 모든 집단이 자신들의 의사를 표현하도록 격려하고 효과적인 상호작용을 통해 자신들의 사회환경을 개선하는 방안에 대해서 합의하도록 하는 것을 의미한다.

② 문제대처능력의 고양: 문제대처능력의 고양은 지역사회 또는 지역사회의 일부가 환경과 변화에 대처할 수 있도록 능력을 갖추기 위해 소통과 상호작용의 수단을 향상시키는 데 역점을 두는 것을 의미한다.

③ 사회조건과 서비스의 향상: 사회조건과 서비스의 향상은 지역사회 내의 욕구와 문제점을 찾아내고 사회문제를 해결하거나 예방하기 위해 효과적인 서비스와 방법을 개발하는 것을 의미한다.

④ 불이익집단의 이익증대: 불이익집단의 이익증대는 특수집단(하위계층, 소수집단, 도시슬럼지역 주민 등)이 받아야 할 물질적 재화와 서비스의 몫을 증대시키거나 지역사회의 주요결정에서 그들의 역량과 참여를 증대시킴으로서 그들의 이익을 증대시키는 것을 의미한다.

2) 지역사회복지실천의 목표

지역사회복지실천의 목적이 지역주민들의 의식변화와 자발적인 조직화를 통해 지역사회를 통합하여 그들의 복지를 향상시키는 것이라고 한다면, 이러한 목적에 부합되는 지역사회복지실천의 목표는 지역사회구성원의 기본적 욕구를 충족시키고 만족시켜 인간다운 삶을 영위할 수 있도록 모든 지역사회역량을 실천하여 튼튼한 지역사회를 만드는 것이라 할 수 있다. 또한 지역사회복지실천의 목적은 가장 중요한 사회적 욕구와 그 욕구의 우선순위를 결정하고, 주민들의 욕구를 해결하기 위하여 세심한 계획을 수립하여 이러한 목표를 달성하기 위하여 지역사회의 자원을 효과적으로 조정·동원하고, 사회복지서비스의 수혜자와 지역사회복지실천의 목적과 발달을 추구하며, 주민들의 적극적 참여를 권장하는 것이다(Friedlander & Apte, 1974; 김현호 외, 2018).

로스만(Rothman)은 지역사회복지실천(지역사회조직사업)의 목표를 달성하기 위하여 과업중심의 목표(task goals)와 과정중심의 목표(process goals)로 구분하였다. 로스만의 지역사회복지실천 목표는 〈표 4-1〉에 나타냈다.

〈표 4-1〉 로스만의 지역사회복지실천 목표

목표	내용
과업중심의 목표	• 구체적인 복지사업의 완성 및 지역사회의 기능과 관련된 문제를 해결하는 데 있음 • 장기간에 걸쳐 지역사회가 제기능을 수행하도록 하는 자체적인 능력 향상에 있음 • 지역주민을 위한 서비스제공 및 새로운 서비스를 강구하고 지역사회복지와 관련된 사회입법을 통과시킴
과정중심의 목표	• 지역사회에 있는 여러 집단 간의 협동적인 관계를 수립 • 지역사회문제를 해결하기 위한 자치적인 구조를 강조 • 지역사회문제를 해결하는 데 필요한 역량기반을 향상시킴 • 지역사회주민들이 지역사회의 일에 대해 관심을 갖고 참여하도록 자극함 • 지역사회의 공동사업에 협력적인 태도와 작업을 독려함 • 토착적인 지도력을 증대시킴

또한 던햄(Dunham)은 지역사회복지실천(지역사회조직사업)은 지역사회 구성요소 간의 상호작용에 따른 변화를 추구하는 과정이라고 하였으며, 과업중심의 목표(task goals), 과정중심의 목표(process goals), 관계중심의 목표(relationship goals) 등 세 가지 목표를 달성하려 한다고 했다(Dunham, 1970; 전해황 외, 2018). 던햄의 지역사회복지실천 목표는 〈표 4-2〉에 나타냈다.

〈표 4-2〉 던햄의 지역사회복지실천 목표

목표	내용
과업중심의 목표	지역사회의 광범위한 특정 욕구를 충족하거나 특정 문제를 해결하기 위해 욕구와 자원 간의 조정과 균형을 도모
과정중심의 목표	지역주민들의 참여의지, 자조능력, 협동능력 등을 개발하고 유지·강화시켜 그들의 문제를 보다 효과적으로 대처할 수 있게 하기
관계중심의 목표	지역사회와 조직들 간의 관계 및 의사결정권의 분배에서 변화 초래하기

웨일(Weil)과 갬블(Gamble)은 지역사회복지실천의 목적으로 지역사회주민의 삶의 질 향상, 지역사회의 이익대변, 인간적인 사회·경제적 개발, 최적의 서비스와 프로그램 계획, 적절한 서비스 통합, 사회행동의 실천과 사회정의 실현 등을 제시하고 있다(Weil & Gamble, 1995; 김현호 외, 2018).

3) 지역사회복지실천의 원칙

지역사회복지실천의 목표는 지역사회구성원의 기본적 욕구를 충족시키고 만족시켜 인간다운 삶을 영위할 수 있도록 모든 지역사회역량을 실천하여 튼튼한 지역사회를 만드는 것이라 할 수 있다. 이러한 지역사회복지실천의 목표를 달성하기 위하여 실천의 원칙은 지역사회복지를 실천하는 데 있어서 올바른 행동에 관한 규칙(rule of right action)을 의미한다(전해황 외, 2008). 또한 지역사회복지를 실천하는 데 있어서 지역주민에 의한 자발적이고 조직적인 참여를 유도해야 하고 민주적인 이념과 가치체계를 포함해서 실천해야 한다. 여기서는 맥닐(McNeil), 존스(Johns)와 디마치(Demarche)의 견해를 알아본다.

(1) 맥닐의 견해

지역사회복지실천을 위해 맥닐은 7개의 실천 원칙을 제시하였다(McNeil, 1954; 박용순 외, 2012; 양정하 외, 2017).

① 지역주민들과 그들의 욕구에 우선적인 관심을 둔다. 지역사회복지실천의 목표는 지역사회복지 자원과 지역주민 욕구 간의 보다 효과적인 적응을 초래하고 유지함으로써 인간다운 삶을 추구하는 것이다.
② 일차적인 클라이언트는 지역사회이다. 지역사회는 근린지역, 지자체가 될 수도 있고, 국가 및 국제사회가 될 수도 있다.
③ 지역사회를 있는 그대로 이해하고 수용해야 한다. 지역사회복지실천 과정이 전개되는 환경을 그대로 이해해서 실천해야 성과를 거둘 수 있다.
④ 지역주민들의 사회적 복리(보건 및 복지서비스)에 관심을 둔다. 사회적 복리를 추구하면서 이익을 대변하는 구성원의 참여가 실천에 있어서 중요한 목표가 된다.
⑤ 지역주민들의 욕구 및 집단 간의 관계도 계속 변화함을 인식해야 한다. 실천의 목표를 시대의 흐름에 따라 변화해서 설정하는 것이 중요하다.
⑥ 지역사회 내의 사회복지기관과 단체들은 서로 협력해야 한다. 즉, 어떤 기관도 고립해서 존재할 수 없으며 다른 기관과의 관계 속에서 맡은 바 기능을 수행해야 한다는 것이다.
⑦ 지역사회복지실천 과정이 사회복지실천의 한 분야임을 인식한다. 실천 방법상의 지식과 기술이 다르더라도 목적은 인간다운 삶을 추구하는 것이다.

(2) 존스와 디마치의 견해

지역사회복지실천을 위해 존스(Johns)와 디마치(Demarche)는 일반적 원칙 13가지를 다음과 같이 제시했다(Johns & Demarche, 1951; 전해황 외, 2018).

① 지역사회복지실천의 이익목적이 아니라 수단이다. 따라서 인간의 복지와 성장이 목적이다.
② 지역사회도 개인과 집단처럼 특유의 성격과 문제를 갖고 있다. 따라서 문제와 특성에 따라 개별화하여야 한다.

③ 지역사회는 개인과 마찬가지로 자기결정권을 가지고 있다. 따라서 강요에 의한 사업을 추진해서는 안 된다.

④ 지역복지활동의 토대는 사회적 욕구이다. 따라서 각 욕구 사이의 중재를 위해 민주적인 태도를 지녀야 한다.

⑤ 지역사회복지관 자체의 이익보다 지역사회의 욕구를 우선해서 고려해야 한다.

⑥ 조정(coordination)은 공통의 이익과 목표에 대한 인식에서 이루어져야 한다.

⑦ 지역복지활동을 수행하기 위한 구조는 가능한 단순해야 한다. 너무 복잡한 구조는 집단 간의 협력체계가 무너져 오히려 방해가 될 수도 있다.

⑧ 지역사회의 서비스는 공평하게 분배되어 모든 사람들이 차별 없이 평등하게 이용할 수 있어야 한다.

⑨ 문제해결의 접근방법에 있어서 다양성이 존중되어야 한다.

⑩ 복지기관협의체에는 광범위한 집단의 이익이 반영되어야 한다. 각 집단들은 집단의 이익을 솔직하게 대변할 수 있는 기회를 가져야 한다.

⑪ 지역사회복지관의 효과적인 운영과 사업을 위해서는 집중과 분산 간의 균형이 있어야 한다.

⑫ 지역사회 내에 존재하는 집단 간의 의사소통을 가로막는 장애는 제거되어야 한다.

⑬ 지역사회는 전문가의 도움이 필요하다. 전문가는 지역사회복지 욕구를 발견하고, 규명하고, 그리고 충족할 수 있도록 돕는다.

4) 지역사회복지실천의 구성요소

사회복지실천의 구성요소는 구체적 대상으로 사람(Person)이 있어야 하고, 그 사람은 반드시 문제(Problem)를 가지고 있으며, 그러한 문제를 가진 사람을 도와주기 위해서는 일정한 장소(Place)에서 일정한 과정(Process)을 거치면서 업무가 진행된다고 보았으며(Perlman, 1957) 추가적으로 전문가(Professional)와 제공물(자원, Provisions)이 있어야 된다는 6P를 정의하고 있다. 이와 같이 지역사회복지실천의 구성요소도 지역사회 내에서 이루어지는 실천으로 큰 차이는 없다. 지역사회복지실천의 구성요소는 사회복지실천의 구성요소에 준하는 주체(기관), 객체(대상), 방법(기능), 자원(재원) 등으로 구분할 수 있는데, 각각에 대해서 알아본다.

(1) 주체(기관)

지역사회복지실천을 수행하는 기관은 가족, 종교단체, 민간(법인), 정부 등을 비롯한 여러 가지 형태의 사회기관이 있다. 즉, 민간의 자발적 활동, 국가의 강제적 활동, 이 두 활동의 중간형태의 성격을 띤 중간집단 등 다양한 사회기관이 있다. 여기서 중간집단은 지역사회구성원의 이익을 대변하거나 대표할 수 있는 집단 또는 개인의 대표자들로 구성된 집단을 의미한다.

이렇게 수행되는 주체는 공적주체와 민간주체로 구분할 수 있다. 공적주체는 국가 및 지방자치단체의 지역사회복지사업 관련 기관과 시설 등이고, 민간주체는 지역사회복지실천을 위한 각종 협회, 위원회, 연합회, 연맹과 같은 중간집단이 주체가 된다. 이러한 민간주체는 주민의 욕구와 지역사회복지실천에 있어서 복지계획을 세우고, 이를 수행하는 데 필요한 예산을 확보하고, 기관에 종사하는 인력이 자기능력을 발휘할 수 있도록 전문지식을 습득할 수 있게 함으로서 지역사회복지실천의 효과가 크다고 할 수 있다(양정하 외, 2017). 또한 민간주체의 개개인은 지역사회복지실천에 있어서 전문가의 역할을 수행하지만 일부 협력자로 활동하는 비전문가들도 포함된다.

일반적으로 지역사회복지실천을 추진하기 위한 사회기관들은 그 구체적 내용이나 지역사회복지실천의 방법에 따라 달라질 수 있다. 따라서 후진국가나 사회주의 국가의 경우, 국가가 지역사회복지를 실천하는 경우가 많으며, 선진국이나 자유주의 국가는 지역사회의 중간집단(사회복지공동모금회, 사회복지협의회, 사회복지관 등)이나 사회기관(법인시설, 개인시설 등) 등이 주체가 되고 국가가 중간집단이나 사회기관을 관련법령에 의하여 통제하는 위탁운영 방식으로 간접개입하는 경우가 많다(김현호 외, 2018).

(2) 객체(대상)

일반적으로 지역사회복지실천의 대상은 지역사회복지실천의 형태에 따라 대상이 달라질 수 있는데, 지역사회조직사업과 지역사회개발의 경우는 지역사회주민이나 이익집단의 구성원이 될 수 있고, 지역사회보호의 경우는 노인, 장애인, 그리고 아동 등의 요보호자가 될 수 있다. 이러한 면에서 지역사회복지실천의 대상은 주민들의 공통된 욕구(common needs), 결핍된 욕구, 지역사회문제라고 할 수 있다. 따라서 지역사회복지실천의 대상은 크게 지역사회주민의 공통된 욕구와 지역사회문제로 구분하여 알아볼 수 있다(김현호 외, 2018).

① 지역사회주민의 공통된 욕구

지역사회주민의 공통된 욕구는 기본 욕구와 사회적 욕구로 구분할 수 있다. 기본 욕구는 인간의 욕구 중에서 누구에게나 공통적이며 필수적인 것들로 최저수준에만 적용되는 욕구를 의미한다. 즉, 모든 개인에게 공통적(의식주, 직업, 건강, 가정 등)이고, 모든 개인에게 필수적(헌법상 생존권 규정 등)이라는 것이고, 모든 개인의 최저수준 또는 사회적 최저수준을 의미한다.

사회적 욕구는 사회적 위험 때문에 개인의 욕구를 충족시키지 못하는 사회구성원들이 발생했을 때 나타날 수 있다. 즉, 사회구성원들이 당면한 사회적 위험을 사회가 공동의 노력으로 해결할 수 있는 욕구를 의미한다. 이러한 사회적 욕구는 욕구 미충족의 원인이 사회구조적이기 때문에 욕구를 가진 개개인에게 욕구해결의 책임을 지게 할 수 없다. 또한 사회적 위험을 야기한 가해자를 쉽게 찾아낼 수 없기 때문에 지역사회가 공동으로 해결할 수밖에 없다. 일반적으로 사회적 욕구 영역은 식품, 주택, 의료보호, 교육, 사회적·환경적 서비스, 소비자 보호, 여가의 기회, 상호적 이웃관계, 교통시설 등을 들고 있다(김현호 외, 2018).

② 지역사회문제

지역사회문제는 지역사회의 다수인 또는 지역사회의 집단에 의해서 바람직하지 못해 개선할 필요성이 있다고 생각되는 사회조건(환경)이다. 이러한 지역사회문제는 집단적 단체행동(collective action)에 의해서 개선될 수 있다(김현호 외, 2018). 일반적으로 지역사회문제는 그 지역에 따라 다양한 형태로 나타날 수 있으며, 또한 그 지역의 특수성에 따라 성격이 달라질 수 있다.

지역사회문제로는 사회부적응 현상인 탈선행위(deviant behavior) 또는 반사회적 행위(anti-social behavior)와 사회불평등, 지역사회해체 등이 있을 수 있다. 즉, 탈선행위는 범죄, 비행, 자살, 알코올 및 마약중독과 같은 반사회적 행위를 의미하고, 사회불평등은 빈곤, 실업, 문화적 박탈과 같이 주로 사회구조적 모순으로 생성되는 것을 의미하고, 그리고 지역사회해체는 결손가정, 빈민촌, 홍등가, 환락가와 같은 것을 의미한다. 그 밖에 가정의 적절한 보호를 받지 못하는 고령노인이나 장애인 등 가정의 해체로 나타나는 가정해체도 지역사회문제가 될 수 있다.

(3) 방법(기능)

지역사회복지실천의 방법은 정책적 접근방법과 실천적 접근방법으로 구분할 수 있다. 실천적 접근방법에 있어서는 지역사회의 궁극적 목적이 사회통합에 있음으로 통합적 접근방법이 필요하다고 할 수 있다. 여기서 정책적 접근방법은 정부나 지방자치의 정책으로 실천하는 방법이고, 통합적 접근방법은 지역주민들의 상호부조와 협동적인 노력으로 지역주민들의 자조력과 적응력, 인간관계 형성 등을 통하여 실천하는 방법이다. 특히, 통합적 실천방법에 있어서 지역주민들의 조직화와 협동이 강화되지 않고는 자발적이고 민주적인 지역사회복지실천의 통합은 불가능하다. 그러므로 지역주민들의 자기결정력을 향상시키고 그들의 의식변화를 통해서 지역사회복지를 실천해 나가야 한다(양정하 외, 2017). 일반적으로 지역사회복지실천의 방법요소는 여러 가지가 있을 수 있으나 실천과정이나 실천기술 등은 다음 장에서 자세히 알아보기로 한다.

(4) 자원(재원)

지역사회복지실천을 위해서는 자원이 필수적이다. 지역사회의 자원은 지역사회의 삶을 개선하는 데 쓰일 수 있는 모든 것을 의미한다. 사회정책에 의한 자원은 국고와 지방비 및 수혜자의 실비부담 등이 있고, 지역사회조직사업(지역사회복지실천)의 경우 민간모금 또는 헌금 등이 있다. 이러한 재정적인 자원도 중요하지만 지역사회복지실천에 있어서 인적자원이 중요하다. 지역사회 자원은 지역사회 내에 거주하는 지역주민 및 가정도 자원이 될 수 있고, 지역사회조직의 공식적·비공식적 자원, 학교, 병원, 경찰, 사회복지기관 등의 공식적 기관들의 모든 유·무형의 자원을 의미한다(김현호 외, 2018). 또한 지역사회복지실천 방법에서 자원은 재분배 효과뿐만 아니라 기존의 잠재적 자원을 창조적으로 활용하고 지역주민들 간의 사회적 관계를 형성하는 노력 등이 포함된다고 할 수 있다.

4.2 지역사회복지실천의 모델

1) 로스만의 실천모델

1940년대와 50년대 던햄(Dunham)이나 로스(Ross)에 의해 제시된 미국의 지역사회조직이론을 지역사회복지실천 모델로 체계화한 학자는 로스만(Rothman)이라 할 수 있다. 1995년에 로스만은 알린스키(Alinsky, 1969)가 발표한 사회행동 모델과 네팅(Netting, Kettner, & McMurtry, 1988) 등이 발표한 지역사회개발 모델에 사회계획 및 정책 모델을 추가하여 지역사회복지실천 모델을 체계화하였다(Rothman, 1995; 김범수 외, 2019). 사회계획 모델에 정책을 추가한 것은 사회문제 해결을 위한 자료의 수집과 분석과정에서 계획과 정책이 모두 필요하기 때문이다(오정수 외, 2016). 이러한 로스만의 지역사회복지실천 모델은 지역사회문제 해결을 위한 전형적인 모델로 인식되고 있으며, 내용을 알아보면 다음과 같다.

(1) 지역사회개발 모델(모델 A)

지역사회개발 모델(locality development model)은 지역주민들의 자발적인 참여를 통하여 지역사회 문제해결을 스스로 해결할 수 있는 능력을 강화시켜 주는 데 역점을 두는 모델이다. 이 모델은 지역사회의 문제나 욕구를 해결할 때 주민들이 스스로 해결할 수 있는 자조정신을 강조하고, 문제파악 및 해결과정에서 주민들의 광범위한 참여를 장려하고 있다(양정하 외, 2017). UN은 지역사회개발에 대해 '지역사회개발은 지역사회 주민의 적극적인 참여와 주민들이 가능한 최대의 주도권을 발휘하여 지역사회의 경제적·사회적 조건을 향상시키기 위한 과정이다.'라고 정의하였다.

지역사회개발 모델은 산업화로 인한 도덕체계의 붕괴로 인한 아노미상태에 처한 구성원 간의 무관심을 해결하려는 모델로 구성원 간의 공동체 의식과 문제해결 능력의 배양에 역점을 두고 있다. 또한 과정중심의 목표에 역점을 두고 문제해결에 있어서 민주적인 절차와 자발적인 참여와 협동, 그리고 토착적 지도자의 개발 및 교육 등을 강조하였다. 이 모델에서 지역사회복지실천가인 사회복지사의 역할로는 안내자, 조정자, 전문가, 그리고 치료자 등을 들 수 있고(Ross, 1967; 김현호 외, 2018), 예를 들면, 새마을운동, 지역사회복지관의 주민조직화사업, 자원봉사조직, 성인교육 및 리더십 훈련 등을 들 수 있다(김범수 외, 2019).

(2) 사회계획 및 정책 모델(모델 B)

사회계획 및 정책 모델(social planning/policy model)은 지역사회의 각종 문제해결에 있어서 합리적인 면을 강조하고 과업중심의 목표에 역점을 두는 모델이다. 즉, 지역사회의 사회문제(소득, 주택, 교통, 건강, 교육, 환경, 빈곤, 노인, 비행, 복지 등)를 해결하기 위한 기술적인 면이 강조된다. 그리고 문제해결을 위해 공식적 계획과 정책을 개발하고, 계획이나 정책집행의 효과성과 효율성을 강조하기 때문에 과학적이고 합리적인 계획을 수립하는 것이 중요하다(이태희 외, 2014). 따라서 지역사회 주민의 참여 정도는 문제의 성격에 따라 또는 문제와 관련된 기관에 따라 광범위할 수도 있고 소수일 수도 있다.

사회계획 및 정책 모델에서 사회계획 과정은 문제(욕구)의 발견 및 분석, 의사전달 및 활동체계 구축, 사회적 목표와 정책의 결정, 계획의 실행, 실행에 대한 평가 및 피드백 등으로 구성된다. 이러한 사회계획 모델에서 지역사회복지실천가인 사회복지사의 역할로는 분석가, 계획가, 조직가, 행정가 등을 들 수 있고(Sanders, 1969; 김현호 외, 2018), 예를 들면, 공동모금기관이나 지역사회보장협의회에서 추진하는 여러 가지 지역단위의 복지정책이나 지역사회 특성에 맞게 각 시 · 군 · 구에서 추진하는 지역사회보장계획을 들 수 있다.

(3) 사회행동 모델(모델 C)

사회행동 모델(social action model)은 지역사회에서 불우한 처지에 처하거나 불이익을 받는 집단이 사회정의와 민주주의에 입각해 사회 · 경제적으로 보다 나은 서비스를 받을 수 있도록 지원해 주는 모델이다. 이 모델은 사회복지실천 목표를 과업중심과 과정중심의 양면에 두고 있으며, 지역사회의 문제해결을 위해 지역정책의 변화에 초점을 둔 과업달성뿐만 아니라 지역주민들의 정치적 영향력을 증대시키려는 과정수행에도 역점을 둔다(이태희 외, 2014; 김현호 외, 2018).

그러므로 지역사회의 변화를 위해 협의의 문제에도 관심을 두지만 주로 조직적 대항, 입법로비활동, 대중조직의 개발, 정치적 캠페인 등을 포함하여 사회정책과 법률적 변화에 영향을 미치는 광의의 과업을 주로 수행한다. 여기서 사회행동의 의미는 사회학에서는 인간의 의사를 표시하는 모든 수단이고, 사회복지에서는 인간의 복지를 해결하기 위한 조직적 노력을 의미한다(김현호 외, 2018).

사회행동 모델에서 지역사회복지실천가인 사회복지사의 역할로는 조정자, 중개자, 옹호자, 대변자, 행동가 등을 들 수 있고(Grosser, 1969; 김현호 외, 2018), 예를 들면, 소수인종집단, 학생운동, 여권신장운동, 소비자보호운동, 노동조합운동, 환경보호운동, 복지권운동 등의 집단 활동을 들 수 있다.

(4) 로스만 모델의 실천 변수

로스만은 지역사회복지실천 모델(지역사회개발, 사회계획 및 정책, 사회행동 모델)에 대해서 각각의 모델별 지역사회 문제해결을 위한 열두 가지 실천 변수를 제시하였다. 열두 가지 실천 변수는 ① 지역사회활동목표, ② 지역사회구조와 문제상황에 대한 가정, ③ 변화를 위한 기본전략, ④ 변화를 위한 전술과 기법, ⑤ 실천가의 역할, ⑥ 변화의 매개체, ⑦ 권력구조에 대한 지향성, ⑧ 대상자 체계의 범위 정의, ⑨ 지역사회 구성원 간의 이해관계에 대한 전제, ⑩ 대상자에 대한 개념, ⑪ 대상자 역할에 대한 견해, ⑫ 권한부여의 활동 등이다. 각각의 변수에 대해 정리한 내용은 〈표 4-3〉과 같다.

〈표 4-3〉 **실천변수별 세 가지 지역사회복지실천 모델의 경향**

구분	지역사회개발 모델	사회계획 및 정책 모델	사회행동 모델
지역사회활동 목표	• 지역사회가 기능적으로 통합을 이룸 • 자조적이며 협동적으로 문제해결에 참여하여 민주적 능력배양(과정중심에 목표)	• 지역사회 문제의 해결 (과업중심에 목표)	• 권력관계와 자원의 변화 • 기본적 제도의 변화 (과업 및 과정중심에 목표)
지역사회구조와 문제상황에 관한 가정	• 지역사회의 상실 • 아노미(민주적 문제해결 능력의 결여) • 전통적 지역사회	• 지역사회의 실질적인 사회문제 - 정신적 · 신체적 건강문제, 주택, 여가, 빈곤, 교통 등	• 사회적 약자 - 사회적 부정, 불평등, 박탈 등
변화를 위한 기본전략	• 문제 결정 및 해결에 다수의 주민 참여 • 지역사회의 자주성 중시	• 문제에 관한 자료 수집 • 합리적이고 가능한 방안으로 행동결정	• 이슈의 명확화와 표적대상에 대해 조치를 취할 수 있도록 주민 동원
변화를 위한 전술과 기법	• 합의 • 지역사회집단 및 이해관계 간에 상호 의사소통 및 집단 간에 토의	• 합의 또는 갈등	• 갈등 대결 • 직접행동 • 협상
실천가의 역할	• 조력자, 촉매자, 조정자 • 윤리적 가치에 대한 교사	• 수집자와 분석자 • 프로그램 실행자 • 촉진자	• 행동주의적 옹호자 • 선동자, 중개자 • 협상자, 지지자

구분	지역사회개발 모델	사회계획 및 정책 모델	사회행동 모델
변화의 매개체	• 과업 지향적인 소집단 활용	• 지료수집과 분석 • 공식조직(기관, 행정, 입법)의 조정	• 대중조직과 대중운동 유도 • 정치과정 활용
권력구조에 대한 지향성	• 협력자로서 권력구조의 구성원	• 고용주와 후원자로서 권력구조	• 활동의 외부 표적으로서 권력구조 • 타도되거나 강요된 압제자
대상자 체계의 범위 정의	• 지리적 측면에서 전체 지역사회	• 지역사회 전체 또는 지역사회 일부	• 지역사회 일부(억압받는 주민이나 지역의 문제해결)
지역사회 구성원 간의 이해관계에 대한 전제	• 공통의 이해관계 • 조정 가능한 차이	• 이해관계의 조정 가능 • 갈등상태에 있는 이해	• 쉽게 조정되지 않는 상호 갈등적 이해관계 • 자원의 희소성
대상자에 대한 개념	• 시민(Citizens)	• 소비자(Consumers)	• 희생자(Victims)
대상자 역할에 대한 견해	• 상호작용적 문제해결과정의 참여	• 소비자 혹은 수령자	• 동료(회원), 고용주 • 지역사회 구성원
권한부여의 활동	• 협동적이고 의사결정을 할 수 있는 지역사회 능력 구축 • 주민의 개인적 주인의식 고취	• 소비자들의 서비스 욕구 규명(소비자의 서비스 선택의 정보제공)	• 대상자 체계를 위한 객관적 권력(지역사회 의사결정에 영향을 미치는 권리와 수단의 획득) • 참여자의 주인의식 고취

출처: Rothman(1995).

2) 테일러와 로버츠의 실천모델

1980년대 이후 지역사회복지실천방식은 사회변화와 더불어 새로운 욕구에 부응하기 위해 보다 다양한 실천방식을 모색하게 되었다. 따라서 테일러(Taylor)와 로버츠(Roberts)는 로스만의 세 가지 모델을 중심으로 프로그램 개발 및 조정 모델, 계획 모델, 지역사회연계 모델, 지역사회개발 모델, 정치권 역량강화 모델 등 다섯 가지 모델을 제시하였다.

이 모델들은 지역사회복지실천방법의 변인, 대안적 전략, 의사결정의 영향 정도 등에 있어 후원자와 대상자의 결정권한에 따라 분류하였는데, 이러한 분류는 〈표 4-4〉에 나타냈다. 여기서 다섯 가지 모델에 대해서 알아본다(Taylor & Roberts, 1985; Weil, 1996; 오정수 외, 2016).

〈표 4-4〉 테일러와 로버츠의 지역사회복지실천 모델

실천모델	후원자와 대상자의 결정권한 정도
프로그램 개발 및 조정 모델	후원자가 100% 결정 권한
계획모델	후원자가 87.5%(7/8)의 결정 권한
지역사회 연계 모델	후원자와 클라이언트가 각각 1/2의 결정 권한
지역사회 개발 모델	대상자가 87.5%(7/8)의 결정 권한
정치적 권력 강화 모델	대상자가 100% 결정 권한

출처: Taylor & Roberts(1985); Weil(1996).

(1) 프로그램 개발 및 조정 모델

프로그램 개발 및 조정 모델(program development and coordination model)은 인보관 운동과 자선조직협회 운동을 근거로 한 모델이다. 이 모델은 지역사회변화를 효과적이고 효율적으로 유도하기 위해 프로그램을 개발하고 조정해 나가는 모델이다. 따라서 지역사회의 문제 및 욕구를 파악하고, 문제해결 방법을 사정하며, 문제해결을 위해 지역사회의 자원을 활용하는 활동을 중심으로 구성된다.

이 모델은 지역사회서비스 기관, 자원제공자, 정치적 의사결정자와 같은 후원자가 100%의 권한을 가지는 후원자 중심모델이라 할 수 있으며 주로 공공기관, 지리적인 지역사회를 대상으로 서비스를 제공하는 민간기관, 기능적 지역사회, 기관협의회 등에서 수행하는 실천에 초점을 두고 있다. 지방자치의 시·군·구에 있는 사회복지협의회 및 광역시·도에 있는 지역공동모금회 등을 들 수 있다(이태희 외, 2014).

(2) 계획 모델

계획 모델(planning model)은 로스만의 사회계획 모델에 인간 지향적 측면을 강조하여 수정한 모델이다. 이 모델은 계획을 합리적으로 하기 위하여 조사전략과 조사기술을 강조하고, 계획에 있어서 사람들 간 상호교류적인 노력을 강화하고, 그리고 보다 옹호적이며 진보적인 정치적 접근을 포함하고 있다. 따라서 사회복지사의 다양한 기술을 강조하고 있으며, 과정 지향적 기술인 조직과정의 관리, 영향력 발휘, 대인관계 등을 강조할 뿐만 아니라 과업 지향적 기술인 설계 및 실행 기술도 강조한다. 이 모델의 경우 후원자가 87.5%의 결정권한을 갖는 후원자 중심모델이라 할 수 있다.

(3) 지역사회연계 모델

지역사회연계 모델(community liaison model)은 사회복지기관의 직원이나 행정가들에 의해 수행되는 기능을 중심으로 하고 있으며, 개별적 문제와 지역사회 문제의 연계를 통해 지역사회 문제해결을 추진하는 모델이다. 이 모델은 시회복지기관의 다양한 구성원(행정가, 사회복지사, 이사회, 자원봉사자 등)이 대상자의 문제해결을 위해 필요한 연계활동을 통해 접근해 나가는 방식을 중심내용으로 한다. 또한 사회복지기관이 전개하던 기존의 일반적 행동에 지역사회복지실천의 의미를 부여하고 있다(전해황 외, 2018).

이 모델에서 사회복지기관의 행정가는 지역사회관계, 지지활동, 환경개선, 조직 간의 관계 등에 관한 역할을 수행하고, 사회복지사는 대상자의 옹호, 욕구사정, 프로그램 등의 역할을 수행한다(이양훈 외, 2013). 이 모델의 경우 후원자와 대상자가 각각 50%의 결정권한을 갖고 있다.

(4) 지역사회개발 모델

지역사회개발 모델(community development model)은 로스만의 지역사회개발 모델과 같이 지역주민들의 적극적인 참여로 자체역량을 개발하여 지역사회문제를 스스로 해결할 수 있도록 지원하는 모델이다. 이 모델은 자체적 리더십 개발, 주민들의 적극적인 참여에 기반을 둔 자조적 활동, 상호부조, 지역성에 바탕을 둔 지역사회 연구 및 문제해결을 강조한다. 이 모델의 경우 실천방법 및 의사결정에 대한 영향력은 대상자가 87.5%의 결정권한을 갖는 대상자 중심모델이라 할 수 있다.

(5) 정치적 권력강화 모델

정치적 권력강화 모델(political empowerment model)은 로스만의 사회행동 모델과 비슷한 모델로 다양한 이익집단이 이익을 추구하기 위해 발생하는 갈등과 경쟁원리에 기초한 모델이다. 이 모델은 정치적 권한과 의사결정 구조를 중심으로 실천되고 있는 인간의 지배구조를 강조하는 모델로서 사회적으로 배제된 집단들이 사회적 참여를 보장하고 극대화함으로써 그들의 역량을 강화하여 스스로의 권리를 찾고 확대시켜 지역사회의 변화를 추구해 나갈 수 있도록 한다.

따라서 이 모델의 경우 실천방법 및 의사결정에 대한 영향력은 대상자가 100%의 결정권한을 갖는 대상자 중심모델이라 할 수 있다. 이 모델의 전문가들은 교육자, 자원 개발자, 운동가로서의 역할을 하며, 이러한 경향은 합법적으로 위임된 조직이나 자생조직으로 발전될 수 있다(이양훈 외, 2013).

3) 웨일과 갬블의 실천모델

웨일과 갬블(Weil & Gamble)은 로스만의 모델 및 테일러와 로버츠의 모델을 기초로 여덟 가지 지역사회복지실천 모델을 제시했다(Weil & Gamble, 1995). 웨일과 갬블은 여덟 가지 모델에 따라 목표, 변화의 표적체계, 일차적 구성원, 관심영역, 사회복지사의 역할 등 다섯 가지로 분류하였으며, 여덟 가지 모델은 조직화(① 지리적 지역사회조직 모델, ② 기능적 지역사회조직 모델), 개발(③ 지역사회의 사회·경제적 개발 모델), 계획(④ 사회계획 모델, ⑤ 프로그램개발 및 지역사회연계 모델), 사회변화(⑥ 정치·사회행동 모델, ⑦ 연합 모델, ⑧ 사회운동 모델) 등 기능중심으로 재분류하였다.

이러한 여덟 가지 모델은 다각화되고 있는 지역사회복지실천 현장에서 새로운 욕구에 부합되는 실천 방법이라는 점에서 의미를 둘 수 있다. 여덟 가지 각각의 모델에 대해서 알아본다(오정수 외, 2016; 양정하 외, 2017; 김현호 외, 2018). 또한 여덟 가지 각각의 모델별 다섯 가지 변이(목표, 변화를 위한 표적체계, 일차적 구성원, 관심 영역, 사회복지사의 역할 등)를 비교한 것은 〈표 4-5〉에 나타냈다.

(1) 지리적 지역사회조직 모델

지리적 지역사회조직 모델(neighborhood and community organizing model)은 지리적으로 가까운 지역사회의 조직화에 초점을 둔 모델이다. 또한 지역주민들의 삶의 질 개선을 위해 조직화를 통한 구성원의 역량을 개발하고 지역계획과 외부개발에 의한 직접적인 영향과 변화를 강조하는 모델이다. 즉, 지역주민들이 조직 활동에 참가하게 되면 조직하는 기술, 문제분석, 계획, 리더십 등이 발전하게 된다. 이는 주민들의 능력이 개발되고 조직 활동을 통해 지역사회의 계획과 외부개발에 영향을 미쳐 구체적인 사업이 성취한다는 것이다(이태희 외, 2014).

이 모델의 변화를 위한 표적체계는 지방정부, 개발계획을 추진하는 기업인인 외부개발자, 지역사회 주민들을 들 수 있으며, 관심 영역은 지역사회 주민의 삶의 질 향상에 있다. 이때 사회복지사는 조직가로서 조직이나 집단을 만들기 위해 주민과 함께 일하며 조직과정과 조직화의 기술개발에 도움을 주고, 촉진자로서 조직 내의 리더십을 형성하고 발전을 촉진하는 역할을 하고, 조직구성원 충원 전략, 조사 및 분석기법 교육, 행동을 위한 전략계획 수립을 위해 교육자 및 촉진자 역할을 수행한다.

(2) 기능적 지역사회조직 모델

기능적 지역사회조직 모델(functional community organizing model)은 지리적 지역사회조직보다는 특정 이해관계를 기초로 한 집단의 권익을 추구하는 기능적인 면에 초점을 둔 모델이다. 이 모델의 목표는 특정 이해 집단이 선택한 이슈의 정책, 행동, 태도의 옹호나 변화에 있다. 변화를 위한 표적체계는 지역사회의 삶과 관련된 사회제도

형성에 영향을 주는 일반대중이 될 수도 있고, 정책을 결정하고 집행하는 정부기관 등이 될 수도 있다. 또한 일차적 구성원은 같은 생각이나 특성이 같은 사람으로 구성된 동호인을 들 수 있다. 이들의 관심 영역은 선택한 이슈와 대상 집단을 옹호하는 것에 있다.

이 모델에서 사회복지사의 역할은 조직원의 충원, 문제의 정의, 옹호전략 및 전술 등을 결정하는 조직가 및 촉진자 역할을 수행해야 한다. 또한 이해관계로 인해 전국적으로 조직될 수 있음으로 구성원에게 다양한 정보를 제공하는 정보전달자 역할도 수행해야 한다(이양훈 외, 2013).

(3) 지역사회의 사회 · 경제적 개발 모델

지역사회의 사회 · 경제적 개발 모델(community social and economic development model)은 지역사회의 저소득층 및 불이익계층의 관점에서 개발계획을 수립하고, 이들을 위한 사회 · 경제적 투자에 활용역량을 제고한 모델이다. 이 모델의 일차적 구성원은 지역사회의 저소득층, 주변계층, 불이익계층 등이 있을 수 있다. 또한 변화를 위한 표적체계는 은행, 재단, 외부 개발자, 지역사회 주민 등이 있다.

이 모델의 관심 영역은 소득 및 자원에 사회적인 지원망을 구성해 주는 것이고 또한 가난의 대물림을 방지하기 위한 기본교육 증진과 리더십 향상에 있다. 사회복지사의 역할은 개발계획의 목표달성을 촉진하거나, 지역사회의 욕구사정 조사활동, 조직을 구성하고 교육시키는 계획 및 관리, 표적체계와의 협상 등으로, 이러한 역할을 할 수 있는 능력을 갖추어야 한다(이태희 외, 2014).

(4) 사회계획 모델

사회계획 모델(social planning model)은 로스만의 사회계획 모델과 유사한 개념으로, 객관적이고 합리적인 의사결정을 통해 문제의 우선순위를 정하고 자원의 활용과 배분에 있어서 효율성을 강조한 모델이다. 이 모델은 선출된 기관, 서비스 기관의 협의체, 계획협의체 등에서 이루어진다. 이러한 협의체는 전문가의 지식 및 기술, 객관적인 자료와 자료 분석 등을 기초로 해서 합리적으로 지역사회 문제를 해결하고자 한다. 즉, 사회복지서비스와 사회정책 개발, 확장, 조정을 통해서 실천하게 된다(남진열 외, 2010).

이 모델의 변화를 위한 표적체계는 지역사회 지도자의 관점, 서비스 지도자의 관점이 되고, 일차적 구성원은 선출직 공무원, 사회기관의 책임자, 기관 상호 간의 조직 또는 기관 간의 조합 등으로 이루어진다. 이들의 관심 영역은 지역사회계획에 사회적 욕구를 통합시키며, 인간서비스의 관계망을 계획하고 조정하는 데에 있다. 이 모델에서 사회복지사는 욕구조사, 욕구사정, 평가, 조정, 제안서 개발 및 분석 등을 하게 되는 조사자, 제안자, 정보전달자, 관리자로서의 역할을 수행한다.

(5) 프로그램개발 및 지역사회연계 모델

프로그램개발 및 지역사회연계 모델(program development and community liaison model)은 지역사회의 새로운 욕구에 대처하기 위하여 서비스를 향상시키거나 새로운 서비스를 계획하고 실천하는 모델이다. 이 모델은 지역사회 서비스의 효과성을 증진시키기 위해 기관 프로그램의 확대나 프로그램의 방향전환도 목표가 될 수 있다. 즉, 지역사회의 새로운 욕구에 맞춰 보다 나은 서비스를 실행하고 또는 새로운 서비스 프로그램을 계획하여 실행하면서 욕구를 보다 효과적으로 충족시키는 것이 목적이다(양정하 외, 2017; 김현호 외, 2018). 이러한 모델에서 목적을 달성하기 위해서는 잠재적 대상자인 시민과 기관 프로그램 실무자와의 상호작용이 중요하다. 즉, 지역사회 문제해결을 위한 프로그램을 기획하고 실행하는 과정에서 시민의 참여 기회를 확대하고, 기관실무자 및 지역사회 지도자의 참여를 강화해야 한다.

이 모델의 변화를 위한 표적체계는 기관 프로그램의 재정적 후원자, 기관의 서비스 수혜자, 자원봉사자 등을 들 수 있다. 또한 이 모델의 일차적 구성원은 프로그램의 확대 및 방향전환에 관여한 기관위원회 및 행정가, 지역사회의 대표자를 들 수 있고,

관심 영역은 특정 대상자나 지역사회를 위한 서비스 개발에 있다. 이때 사회복지사의 역할은 대변자, 계획가, 관리자, 제안자 등의 역할을 수행한다(이양훈 외, 2013).

(6) 정치 · 사회행동 모델

정치 · 사회행동 모델(political and social action model)은 로스만의 사회행동 모델과 테일러와 로버츠의 정치적 권력 강화 모델과 유사하다. 이 모델은 지역사회에서 기회를 제한하는 불평등을 극복하고, 욕구를 무시하는 의사결정자에게 대항하고, 불공정한 조건을 변화시키려는 기술을 개발함으로서 주민에 권한을 부여하는 모델이다. 이 모델의 목표는 정책 또는 정책 결정자의 변화에 초점을 맞춰 사회정의를 위한 활동이라고 할 수 있으며, 특히 저소득 집단이 불이익을 받지 않도록 정부당국의 조치를 변화시키는 데 초점을 둔다. 이러한 모델은 권력을 이동시켜 초기 의사결정 과정에서 배재된 주민이 미래의 의사결정에 참여하여 중요한 역할을 수행하고, 참여 민주주의를 강화하여 사회정의를 실현하기 위한 제도의 변화에 있다.

이 모델의 변화를 위한 표적체계는 선거권자, 선출된 공무원, 잠재적 참여자 등이 될 수 있고, 또한 지역사회 주민의 건강과 생존을 위협하는 환경오염 등과 같은 지역사회에 해를 끼치는 활동에 참여한 기업이나 정부당국이 될 수도 있다(이양훈 외, 2013). 이 모델의 일차적 구성원은 정치적 권한이 있는 주민이나 특정 사안에 책임이 있는 주민이고, 관심 영역은 정치적 권력을 형성하는 것이고 또한 사회정의를 위한 제도의 변화에 있다. 또한 이 모델에서 사회복지사의 역할은 조직가로서 내부적으로 집단과정의 의사결정 기술능력 배양에 관여하고, 옹호자의 역할을 수행하고, 외부적으로 직접적 행동기술, 대중과 언론관계, 심층적 조사에 초점을 두는 조사자 및 조정자의 역할을 수행한다(이태희 외, 2014).

(7) 연합 모델

연합 모델(coalitions model)은 지역사회를 기반으로 존재하는 각 기관들이 함께 힘을 모아 지역사회가 처한 문제에 대해 집합적으로 대처하여 사회변화를 만들어 가는 모델이다. 이 모델의 목표는 분산된 집단 및 조직을 집합적 복합조직으로 형성하여 프로그램 방향이나 자원을 확보할 수 있는 권력기반 형성에 있다. 그러므로 이 모델은 지역사회가 당면하고 있는 문제해결이 한 집단의 노력보다 지역사회의 여러 집단 간의 장기적인 협력관계가 필요할 때 선택될 수 있다(이태희 외, 2014).

이 모델의 변화를 위한 표적체계는 선출직 공무원, 서비스 프로그램의 신설과 확대에 자원을 제공하는 재단, 정부제도 등으로, 일차적 구성원은 지역사회 특정문제에 이해관계가 있는 조직과 주민들이다. 또한 이 모델의 관심 영역은 사회적인 욕구와 연합의 구성 집단과 조직들이 지지하는 특정이슈에 있다. 이때 사회복지사의 역할은 집단 및 조직의 연합을 만들고 유지하기 위한 중개자 및 협상가의 활동을 하고 또한 대변인의 역할을 수행한다.

(8) 사회운동 모델

사회운동 모델(social movements model)은 지역사회의 특정 대상 집단이나 사회적 현안문제 등에 새로운 패러다임을 제공하여 사회정의 활동을 추구하는 모델이다. 대표적인 사회운동은 민주화운동 및 시민운동을 들 수 있다. 이 모델의 변화를 위한 표적체계는 일반대중과 정치제도를 들 수 있고, 일차적 구성원은 새로운 비전과 사회구조를 창출할 수 있는 조직 또는 지도자이다. 또한 이 모델의 사회복지사는 직업적 윤리 및 가치에 부합되는 사회운동에 동참할 수 있는 촉진자 및 옹호자의 역할을 수행한다.

〈표 4-5〉 웨일과 갬블의 지역사회복지실천 모델의 비교

구분	목표	변화를 위한 표적체계	일차적 구성원	관심 영역	사회복지사의 역할
지리적 지역사회 조직 모델	• 조직화를 위한 구성원의 역량 개발 • 지역계획과 외부개발에 의한 직접 영향과 변화	• 지방 정부 • 외부 개발자 • 지역사회 주민	• 지역사회 주민	• 지역사회 주민의 삶의 질	• 조직가 • 촉진자 • 교육자
기능적 지역사회조직 모델	• 사회정의에 의한 행동 변화와 옹호 • 서비스 제공	• 일반대중 • 정부기관	• 같은 생각 또는 특성이 같은 사람 • 동호인	• 특정 이슈나 대상 집단 옹호	• 조직가 • 정보전달자 • 촉진자
지역사회의 사회·경제적 개발 모델	• 지역 주민 관점에 입각한 개발 계획수립 • 사회·경제적 투자에 대한 주민의 활용역량 제고	• 은행 • 재단 • 외부 개발자 • 지역사회 주민	• 지역사회의 저소득계층 • 주변계층 • 불이익계층	• 소득, 자원, 사회적 지원 개발 • 기본교육 증진과 리더십 향상	• 촉진자 • 협상가 • 교육자 • 계획가 • 관리자
사회계획 모델	• 선출된 기관 또는 서비스계획협의회가 행동을 하기 위한 지역사회 단위의 계획	• 지역사회지도자의 관점 • 서비스 지도자의 관점	• 선출직 공무원 • 사회기관과 기관 간의 조직	• 지역사회계획에 사회적 욕구의 통합 • 서비스 연계망 조정	• 조사자 • 제안자 • 정보전달자 • 관리자
프로그램 개발 및 지역사회 연계 모델	• 지역사회서비스의 효과성을 증진시키기 위한 기관 프로그램의 확대 • 방향수정 • 서비스 조직화	• 기관 프로그램의 재정 후원자 • 기관서비스의 수혜자 • 자원봉사자	• 기관위원회 또는 행정가 • 지역사회 대표자	• 특정 대상자를 위한 서비스 개발	• 대변자 • 계획가 • 관리자 • 제안자
정치·사회적 행동 모델	• 정책 또는 정책 결정자의 변화에 초점을 둔 사회정의를 위한 행동	• 선거권자 • 선출된 공무원 • 잠재적 참여자	• 정치적 권한이 있는 주민	• 정치적 권력 형성 • 제도의 변화	• 조직가 • 옹호자 • 조사자 • 조정자
연합 모델	• 프로그램의 방향 또는 자원을 확보할 수 있는 복합 조직을 통한 권력 기반 형성	• 선출된 공무원 • 재단 • 정부기관	• 특정 이슈에 이해관계가 있는 조직과 주민	• 사회적 욕구와 관련된 특정 이슈	• 중개자 • 협상가 • 대변인
사회운동 모델	• 특정 대상 집단이나 이슈에 대해 새로운 패러다임을 제공하는 사회정의 활동	• 일반대중 • 정치제도	• 새로운 비전과 사회구조를 창출할 수 있는 조직 또는 지도자	• 사회정의	• 촉진자 • 옹호자

출처: Gamble & Weil(2008).

4) 포플의 실천모델

포플(Popple)은 영국의 지역사회복지실천을 보호(care)와 행동(action)의 관점에서 서로 연속성을 갖고 있다고 보았으며, 연속성을 기준으로 여덟 가지의 지역사회복지실천 모델을 제시했다. 포플은 여덟 가지 실천모델을 제시하면서 각각의 모델은 기법이나 기술적인 면에서 서로 중복될 수 있으며, 상이한 전통과 이데올로기를 반영하고 있다고 보았다. 포플의 지역사회복지실천 모델의 비교는 〈표 4-6〉에 나타냈으며, 자세한 내용을 언급하면 다음과 같다(Popple, 1996; 이태희 외, 2014; 김광희, 2015).

〈표 4-6〉 포플의 지역사회복지실천 모델의 비교

실천모델	주요 전략	사회복지사의 역할
지역사회보호 모델	• 사회적 관계망과 자발적 서비스 증진 • 복지욕구를 충족시키기 위해 자조개념을 개발하고 향상시키는 데 집중함	• 자원봉사자 • 조직가 • 격려자
지역사회조직 모델	• 지역사회 내의 다른 복지기관들과 상호협력 증진	• 조직가 • 촉매자, 관리자
지역사회개발 모델	• 삶의 질을 향상시키기 위한 기술습득과 신뢰를 형성하는 데 집단을 원조 • 적극적 참여	• 조력자, 촉진자 • 지역사회활동가
사회·지역계획 모델	• 사회적 상황의 분석, 목표와 우선순위의 결정, 서비스 및 프로그램의 실행 및 평가	• 조력자 • 촉진자
지역사회교육 모델	• 교육과 지역사회 간의 긴밀하고 동등한 관계에서 방향설정 유도	• 교육자 • 촉진자
지역사회행동 모델	• 지역사회의 계급 및 갈등에 대해서 직접적인 행동을 활용	• 행동가
여권주의적 지역사회사업 모델	• 여성복지 향상에 힘씀 • 성 불평등 해소를 위한 집단적 행동 유도	• 행동가 • 조력자, 촉진자
인종차별철폐 지역사회사업 모델	• 소수인종의 욕구 충족을 위한 집단조직 및 활동을 강화 • 인종주의에 대한 도전	• 행동가 • 자원봉사자

출처: Popple(1996); 이태희 외(2014); 김광희(2015).

(1) 지역사회보호 모델

지역사회보호 모델(community care model)은 지역사회의 노인, 장애인, 그리고 아동 등 사회적 약자의 복지증진을 위한 사회적 관계망과 자발적 서비스를 증진하는 모델이다. 이 모델은 복지욕구를 충족시키기 위해 자조개념을 개발하고 향상시키는 데 초점이 있다. 이 모델에서 사회복지사의 역할은 자원봉사활동을 주도하고, 지역주민 스스로가 관계망을 넓히고 보호할 수 있도록 조직하는 조직가 및 격려자의 활동을 수행한다.

(2) 지역사회조직 모델

지역사회조직 모델(community organization model)은 지역사회 내의 다른 복지기관들과 상호협력을 증진시키는 수단으로 사용되는 모델이다. 이 모델은 복지기관 간의 상호협력 및 조정으로 중복서비스를 방지하고 자원의 부재현상을 극복하여 복지서비스 전달의 효과성과 효율성을 높일 수 있다. 또한 이 모델은 서비스 중심으로 수행되고 있으며 복지기관이 개발한 서비스를 지속시키고 관리하며, 정부의 재정보조를 유도하는 데 도움이 된다. 이 모델에서 사회복지사의 역할은 조직가, 촉매자, 관리자의 활동을 수행한다.

(3) 지역사회개발 모델

지역사회개발 모델(community development model)은 지역사회구성원의 삶의 질을 향상시키기 위한 기술습득과 신뢰를 형성하도록 집단을 원조하는 모델이다. 이 모델은 지역주민들의 적극적인 참여를 유도하여 교육을 통해 자조개념을 증진시켜 지역사회의 독자성을 반영할 수 있다. 이 모델에서 사회복지사의 역할은 조력자, 촉진자, 지역사회활동가의 활동을 수행한다.

(4) 사회 · 지역계획 모델

사회 · 지역계획 모델(social community planning model)은 지역사회개발 모델과 유사하지만 사회적 상황 및 사회정책과 사회복지기관의 서비스 분석, 주요 목표 및 우선순위 결정, 서비스 프로그램의 기획과 자원의 동원, 서비스와 프로그램의 실행 및 평가 등에 중점을 두는 모델이다. 이 모델에서 사회복지사의 역할은 조력자, 촉진자의 활동을 수행한다.

(5) 지역사회교육 모델

지역사회교육 모델(community education model)은 교육과 지역사회 간의 관계를 보다 밀접하고 동등한 관계에서 방향설정을 모색하는 모델이다. 이 모델은 비판적인 사고와 토론을 통해 강압적 조건이나 상황을 변화시키는 행동양식을 고취하는 데 중점을 둔다. 특히, 교육과정은 지역사회 구성원들의 경험, 문화, 가치 등의 타당성을 제공하는 것이 바람직하다. 이 모델에서 사회복지사의 역할은 교육자, 촉진자의 활동을 수행한다.

(6) 지역사회행동 모델

지역사회행동 모델(community action model)은 지역사회의 계급 및 갈등에 대해서 직접적인 행동을 활용하는 모델이다. 이 모델은 권력이 없는 집단이 자신들의 효과성을 증대시킬 수 있으며, 특정 이슈에 대한 권력권자와의 협상을 위해 직접행동을 선호한다. 이 모델에서 사회복지사의 역할은 행동가의 활동을 수행한다.

(7) 여권주의적 지역사회사업 모델

여권주의적 지역사회사업 모델(feminist community work model)은 여성 불평등의 사회적 요인에 대한 집합적 대응을 통해 여성의 복지를 향상시키는 모델이다. 이 모델은 지역사회복지실천에 대한 페미니즘(feminism, 여성화중)의 적용이라는 특징을 갖고 있다. 이 모델에서 사회복지사의 역할은 행동가, 조력자, 촉진자의 활동을 수행한다.

(8) 인종차별철폐 지역사회사업 모델

인종차별철폐 지역사회사업 모델(black and anti-racist community work model)은 지역사회복지실현에 있어서 인종차별에 저항하거나 소수인종의 권리보호를 위해 상호원조와 조직화하는 모델이다. 이 모델은 교육, 주택, 건강, 고용 등의 전반적인 영역에서 차별을 시정하는 데 역점을 두고 있다. 또한 이 모델은 캠페인, 자조집단형성, 직접행동, 보충적 급여 제공 등 다양한 방식으로 전개된다. 이 모델에서 사회복지사의 역할은 행동가, 자원봉사자의 활동을 수행한다.

5) 실천모델의 선택

지역사회에서 지역사회복지실천의 과정을 수행할 때 다양한 모델들이 지역사회의 상황이나 특성에 맞게 선택 및 사용되어 이를 통해 지역사회와 지역주민의 삶의 질이 개선될 수 있도록 하는 것이 중요하다. 따라서 어떠한 모델을 현장에 맞게 어떻게 선택하는가는 중요한 사항이다. 일반적으로 실천모델을 선택할 때 다음과 같은 사항을 고려해야 한다(김광희, 2015; 김현호 외, 2018).

① 지역사회구성원의 욕구와 문화적 가치
② 지역사회복지실천가나 사회복지사가 선호하는 이론적 배경
③ 지역사회복지실천가나 사회복지사 자신의 인성 및 성장배경
④ 지역사회복지실천상의 특정한 문제점이나 특수한 상황
⑤ 지역사회복지실천 전략수립상의 윤리적 · 사회적 가치가 가져올 사회적 파장

또한 하디나(Hardina)는 지역사회문제, 지역사회의 욕구와 문화적 가치, 실천가로서 사회복지사의 이론적 관점과 성향, 전략과 전술상의 윤리적 기준 등이 지역사회복지

실천모델의 선택에 중요한 요소라고 하였으며, 요소들을 정리하면 다음과 같다(Hardina, 2002; 김광희, 2015).

① 기본전제는 개인과 지역사회의 임파워먼트이다.

② 지역사회복지실천가는 개입대상지역 고유의 장점, 기술, 가치, 역량을 충분히 인식해야 한다.

③ 다양한 문화적 집단이 혼재하는 지역사회에 개입할 경우, 지역사회복지실천가는 각 문화집단의 특성을 파악하여 상호 교류를 최대한 이끌어 낼 전략을 개발해야 한다.

④ 기본 실천목표는 지역사회 내 취약계층이나 소외계층에게 지원되어야 할 지원들이 분배될 수 있도록 하는 것임을 인식해야 한다.

⑤ 지역사회복지실천가는 지역사회 내 다양한 유형의 억압이 존재한다는 점을 인식해야 한다.

⑥ 지역사회 의사결정 및 지역사회복지실천 과정(문제결정, 욕구조사, 목표수립, 실행 및 평가)의 모든 단계에 최대한 다양한 계층의 참여를 이끌어 낼 수 있는 의사결정구조 개발이 필수적이다.

⑦ 전문가, 준전문가, 일반 지역주민 등 삼자의 평등적 참여가 가능한 의사결정 구조가 개발되어야 한다.

⑧ 지역사회복지실천가는 다양한 지역사회 내 이익집단 간의 욕구와 선호를 조정할 수 있는 협상기술을 충분히 습득해야 한다.

⑨ 지역사회복지실천가는 지역사회복지실천의 전략과 전술개발, 선택과 관련된 윤리적 문제에 확고한 자세를 취할 수 있는 이론적 틀이 분명해야 한다.

⑩ 지역사회복지실천은 다양한 접근들이 고려되어야 하며 한 가지 옳은 결정만 존재한다는 편견은 버려야 한다.

Community Welfare & Practice | chapter 05

지역사회복지의 실천과정

지역사회복지의 실천과정은 지역사회에서 발생하는 지역사회문제와 지역주민들의 충족되지 않은 욕구를 발견하여 효과적인 대응방안을 마련하고 이를 실천에 옮기는 과정으로 사회복지실천의 한 분야로 볼 수 있다. 지역사회의 문제해결을 중심으로 한 지역사회복지의 실천과정은 시 · 군 · 구의 지역사회보장계획을 기준으로 전개하고자 한다. 지역사회보장계획은 2015년 7월에 제정된 「사회보장급여의 이용 · 제공 및 수급권자 발굴에 관한 법률」에 의해 시행되는데, 동법 제35조(지역사회보장에 관한 계획의 수립) ①항에 의하면, '특별시장 · 광역시장 · 특별자치시장 · 도지사 · 특별자치도지사 및 시장 · 군수 · 구청장은 지역사회보장에 관한 계획을 4년마다 수립하고, 매년 지역사회보장계획에 따라 연차별 시행계획을 수립하여야 한다.'로 명시되어 있다. 또한 '이 경우 「사회보장기본법」 제16조에 따른 사회보장에 관한 기본계획과 연계되도록 하여야 한다.'라고 명시되어 법적으로 의무화하고 있다. 이 장에서는 지역사회복지의 실천과정에 따른 학자들의 견해를 간단히 알아보고, 지역사회복지욕구의 조사 및 분석, 지역사회보장계획의 수립 등에 대해서 알아본다.

5.1 지역사회복지의 실천과정에 따른 견해

지역사회복지의 실천과정에서 언급되는 실천 모델은 여러 학자들에 따라 그 구분과 용어가 다양하고 강조하는 사항도 다소 차이가 있다. 어떤 모델은 도시지역에서 사회계획을 주 업무로 하는 보건 및 사회복지기관의 활동에 적합하고, 어떤 모델은 지역사회 조직사업에 적응시킬 수 있는가 하면 또한 어떤 모델은 사회복지정책을 수립하고 시행하는 데 적합한 것도 있다(김광희, 2015). 따라서 지역사회복지의 실천과정은 특정한 모델이나 일정한 순서에 따라 진행되는 것이 아니라 지역사회의 특수성이나 상황에 따라 변경, 반복, 또는 수정하여 시행될 수 있다. 이러한 견해에 따라 학자들의 지역사회복지 실천과정을 비교하면 <표 5-1>과 같다(이태희 외, 2014; 양정하 외, 2017; 김현호 외, 2018).

〈표 5-1〉 지역사회복지의 실천과정에 따른 학자들의 견해

학자	관점	과정
리피트 (1958)	실천의 과정은 변화 매개자가 계획된 변화를 성취하기 위해 수행해야 하는 과정임	① 변화의 필요성 개발, ② 변화관계의 수립, ③ 클라이언트 시스템의 문제 규명 및 진단, ④ 대안과 목표의 검토(목표와 조치 의도 설정), ⑤ 의도를 변화 노력으로 전환, ⑥ 변화의 일반화와 정착화, ⑦ 종료관계의 달성
칸 (1969)	실천의 과정은 계획과정임	① 계획의 선동, ② 탐색, ③ 계획과업의 결정, ④ 프로그램화, ⑤ 평가와 피드백
던햄 (1970)	실천의 과정은 문제해결의 과정임	① 문제의 인식, ② 문제의 분석(진단 및 사실 발견), ③ 계획, ④ 실천, ⑤ 평가와 피드백
펄만과 구린 (1972)	실천의 과정은 사회문제해결 모델의 5가지 국면으로 설명	① 문제에 대한 정의, ② 문제를 개진할 구조와 커뮤니케이션의 구축, ③ 정책대안의 분석과 정책의 채택, ④ 정책계획의 개발과 실시, ⑤ 반응조사와 피드백
길버트와 스펙트 (1974)	실천의 과정은 정책형성의 과정으로 봄	① 문제의 발견, ② 문제의 분석, ③ 대중홍보, ④ 정책목표의 설정, ⑤ 일반의 지지와 합법성 구축, ⑥ 프로그램 설계, ⑦ 실천, ⑧ 평가와 사정
지역사회 보장계획 (2003)	지역사회주민의 삶의 질 향상	① 지역사회복지욕구의 조사 및 분석, ② 지역사회보장계획의 수립, ③ 지역사회보장계획의 시행, ④ 지역사회보장계획의 평가 및 피드백

5.2 지역사회복지욕구의 조사 및 분석

지역사회복지실천은 지역사회주민 및 복지 대상자의 욕구를 조사하고 분석하여 실천하게 된다. 이러한 과정은 지역사회복지욕구의 조사, 지역사회자원구조의 파악, 지역사회복지욕구조사 데이터(자료) 수집, 지역사회복지욕구조사의 분석 등 단계별로 이루어지는데, 각각에 대해서 알아본다.

1) 지역사회복지욕구의 조사

지역사회복지욕구의 조사는 지역사회의 충족되지 않은 욕구나 문제를 찾아내는 것이다. 문제를 어떻게 이해하고 개념화하는가에 따라 이를 해결하기 위한 정책수립의 구상이 달라지고, 구체적인 해결방안과 실천전략에 영향을 미치게 된다. 따라서 문제해결을 위한 과거의 노력과 문제에 대한 내・외적인 요인 및 기관들의 견해를 파악하고, 문제의 성격, 범위, 정도 등에 관해 명확히 규명해야 한다. 이러한 사항을 기반으로 문제해결과 관련된 목표를 설정하고 목표의 우선순위 등을 결정하게 된다. 이러한 지역사회복지욕구의 조사는 지역사회의 다양한 이슈와 문제를 포괄해야 하며 다양한 방법으로 자료수집이 이루어지기 때문에 정확히 이해할 필요성이 있다. 이러한 복지욕구조사 시 고려해야 할 사항들은 다음과 같다(이태희 외, 2014; 오정수 외, 2016; 김현호 외, 2018).

① 정보와 이용 가능한 자원에 대한 파악이 필요하다. 즉, 어떤 자료에 의해서 욕구를 확인할 것인지, 원하는 자료의 수집을 위한 방법은 무엇인지, 자료의 정확성이 있는지, 이용가능성이 있는지, 자료수집의 비용은 얼마인지 등을 고려해야 한다.

② 현재 이용 가능한 서비스가 지역사회문제 및 욕구에 대해 포괄하고 있는지, 자

료수집 방법 및 욕구사정 등의 내용과 관련하여 어느 정도나 지역사회가 허용하는지 등을 고려해야 한다.

③ 욕구사정은 자료수집과 분석을 통한 공식적이고 체계적인 접근이 요구된다. 공식적 욕구조사는 인터뷰, 설문조사, 통계조사를 통하여 할 수 있고, 문제분석은 다양한 관점에 입각한 접근이 필요하다.

④ 욕구사정의 방법을 선택하는 데 있어 조사방법 및 조사수행기간, 실제 수행하는 데 필요한 자원, 지역사회구성원의 포함 여부에 대한 실천가의 정향 등을 고려해야 한다.

또한 지역사회복지욕구조사를 실시할 때 사용되는 질문은 지역주민의 욕구와 제공되는 서비스를 중심으로 이루어지고 있다. 지역사회에 대한 관점, 서비스욕구에 대한 관점, 서비스제공자 및 정보제공자에 대한 관점, 지역사회자원에 대한 관점 등에 대한 질문내용은 〈표 5-2〉에 나타냈다.

〈표 5-2〉 관점에 따른 욕구조사 질문의 예

관점	질문 내용
지역사회에 대한 관점	• 개인과 집단이 어떤 사회문제들을 경험하고 있는가? • 어떻게 사회문제가 처리되고 있는가? • 사회문제들을 해결하기 위해 지역사회주민은 어떠한 행동을 취하고 있는가? 또한 공공기관이나 정부는 어떠한 행동을 취해야 하는가? • 지역사회문제를 해결하기 위해 지역사회의 기관이나 시설 등은 어떠한 행동을 취하고 있는가?
서비스욕구에 대한 관점	• 사회문제를 해결하기 위해 지역사회에서 제공되는 서비스는 있는가? • 확인된 문제를 해결하기 위해 서비스의 필요성을 느끼고 있는가? • 사회문제를 해결하기 위해 지역사회주민들이 이용할 수 있는 서비스가 있는가? • 이러한 서비스를 받지 못하는 지역사회주민이 있는가? • 어떤 서비스가 부가적으로 제공되어야 하는가?
지역사회복지 욕구에 대한 서비스 제공자 및	• 지역사회주민이 필요로 하는 서비스의 형태는 무엇인가? • 현재 지역사회조직을 통해 제공되는 서비스는 무엇인가? • 비교할 수 있는 서비스가 한 개 이상 조직에서 제공되고 있는가? • 이러한 조직이 전문화되고 특화된 서비스가 제공되고 있는가?

관점	질문 내용
정보제공자에 대한 관점	• 이러한 서비스가 지역사회주민의 욕구를 충족시킬 만큼 적절한가? • 이러한 서비스가 지역사회주민에게 접근이 가능한가? • 이러한 서비스를 받지 못하는 지역사회주민이 있는가? • 어떤 서비스가 부가적으로 제공되어야 하는가? • 어떻게 서비스가 조직 간에 조정되고 있는가?(자원의 공유, 의뢰, 사례관리 등) • 서비스체계를 전체적으로 볼 때, 제공되지 않는 서비스는 무엇인가?
지역사회 자원에 대한 관점	• 지역사회주민에게 필요한 기술이나 자원은 무엇인가? • 지역사회 내의 주요 조직이나 시설은 어떤 것이 있는가? 이러한 기관들은 지역자원으로 활용될 수 있는가? • 지역조직 간에 연계되고 있는 것은 무엇인가? 연계 내용들이 조직화 과정에서 어떻게 활용되고 있는가? • 지역의 외형적 특성은 무엇인가? 건축물 등이 지역사회조직을 최대화하기 위해 활용될 수 있는가? • 지역사회조직을 위해 활용될 수 있는 지역사회 외부의 자원들은 어떤 것들이 있는가?

출처: Hardina(2002); 오정수 외(2016).

지역사회복지욕구조사의 목적은 크게 자료수집, 홍보 및 교육, 재원신청 및 배분, 프로그램 개발과 평가 등으로 구분할 수 있다. 지역사회복지욕구조사의 목적과 내용은 〈표 5-3〉에 나타냈고(서인해 외, 2004), 지역사회복지욕구조사의 방법은 〈표 5-4〉에 나타냈다(강병로, 2008). 또한 지역사회복지욕구조사의 종류는 〈표 5-5〉에 나타냈다.

〈표 5-3〉 지역사회복지욕구조사의 목적과 내용

목적	내용
자료수집	지역사회나 기관 이용자의 문제, 욕구를 파악하고 그것과 관련된 기초자료를 수집함
홍보 및 교육	지역사회문제나 잠재된 요구들을 지역사회주민들이 인식하지 못할 때 지역사회 차원의 욕구조사를 진행하면서 그것들을 알게 하고, 관련 프로그램 추진의 필요성을 부각시킴
재원 신청 및 배분	재원을 필요로 하는 곳에서는 재원을 신청하는 구체적 근거로, 재원을 제공하는 측에서는 합리적 재원배분의 근거로 활용함
프로그램 개발과 평가	지역사회 또는 기관의 프로그램 개발과 평가의 목적으로 욕구조사를 실행함

출처: 서인해 외(2004).

〈표 5-4〉 지역사회복지욕구조사의 방법과 내용

방법	내용	사례
기존연구에서 추정	전국 또는 지역사회의 기존연구에서 특정문제와 대상에 대한 내용을 토대로 추정함	전국단위 실태조사 지역단위 실태조사
서비스관련 통계 활용	기관의 서비스 이용현황, 실적 등을 중심으로 측정(서비스 이용자 수, 실시한 서비스 수, 비용 등)함	기관 업무일지 프로그램 실적보고서 등
자원목록 활용	기존에 실시되었던 프로그램 또는 서비스를 총망라하여 경험적으로 평가함	기관의 프로그램 관련자료 및 홍보물 등
사회조사 활용	지역사회주민, 기관 이용자를 대상으로 도구(설문지, 간담회 등)를 사용하여 측정함	지역사회주민, 기관 이용자 대상 욕구조사 보고서
공청회 개최	지역사회주민, 기관 이용자를 대상으로 공개토론, 모임 등을 개최함	공청회, 주민모임 등

출처: 강병로(2008).

〈표 5-5〉 지역사회복지욕구조사의 종류

종류	내용
양적 조사	설문조사
질적 조사	면접조사, 간담회, 문헌분석

* 요구조사 방법은 일반적으로 더 많은 방법들이 제시되고 있지만 여기서는 실제로 가장 많이 사용되는 방법을 제시하고 있다.

지역사회복지욕구조사를 실시하기 위해서는 욕구조사의 목적과 방법에 따라 욕구조사 계획수립과 일정설계 및 실행에 따른 전반적 과정을 수립해야 한다. 즉, 자료 및 정보를 수집하고, 기관 내 역할을 분담하고, 전문가를 섭외 및 자문을 구하고, 욕구조사 계획수립과 실행 순으로 진행한다. 지역사회복지욕구조사의 전반적인 과정은 〈표 5-6〉에 나타냈다.

〈표 5-6〉 지역사회복지욕구조사의 전반적인 과정

<table>
<tr><th colspan="3">목적</th><th>내용</th></tr>
<tr><td colspan="3">자료 및 정보수집</td><td>• 욕구조사 전반과정과 수행기간
• 지역사회 현안문제 및 욕구 재점검
• 조사목적 및 조사내용 구체화
• 조사내용 프로그램 반영방안</td></tr>
<tr><td colspan="3">기관 내 역할분담</td><td>• 욕구조사 계획수립을 위한 기관 내 역할 점검과 분담</td></tr>
<tr><td colspan="3">전문가 섭외 및 자문</td><td>• 욕구조사 계획수립과 진행전반에 걸친 전문가 섭외 및 자문</td></tr>
<tr><td rowspan="9">욕구조사 계획수립 및 실행</td><td rowspan="3">욕구유형 및 조사내용 규정</td><td>광의의 욕구사정</td><td>• 문제해결을 위한 욕구: 복지관 인지도, 자원개발 등</td></tr>
<tr><td>협의의 욕구사정</td><td>• 원조를 위한 욕구: 심각한 문제로 인한 복지관의 원조가 필요한 영역과 내용을 구성</td></tr>
<tr><td>프로그램별 욕구사정</td><td>• 문제해결 과정의 참여욕구: 욕구해결 참여 가능성, 자립정도의 의지파악 등</td></tr>
<tr><td colspan="2">조사방법 검토와 선정</td><td>• 설문조사, 주요정보 제공자 조사, 사회지표 조사, 2차적 자료 분석, 지역사회 공개 토론회, 심층면접 등</td></tr>
<tr><td colspan="2">조사원 모집 및 교육</td><td>• 욕구조사를 위한 조사원 모집, 관리와 교육</td></tr>
<tr><td colspan="2">사전조사 및 본 조사</td><td>• 설문지 수정 · 보완을 위한 사전조사 실시, 수정 후 본 조사 진행</td></tr>
<tr><td colspan="2">자료 분석</td><td>• 수집한 자료에 대한 통계적 결과분석, 분석결과 해석</td></tr>
<tr><td colspan="2">결과보고서 작성</td><td>• 자료 분석 결과에 대한 해석과 요약 및 제언</td></tr>
<tr><td colspan="2">총괄평가와 프로그램 반영</td><td>• 평가와 자문, 회의를 통한 프로그램 개발과 반영</td></tr>
</table>

출처: 강병로(2008).

〈표 5-6〉에서 자료 및 정보수집에 있어서는 기관에서 실시했거나 타 기관에서 실시한 선행 욕구조사 자료를 수집하여 실제 욕구조사 전반과정을 구체적으로 파악하고 계획할 수도 있다. 예를 들면, 기관 내 자료(업무일지, 프로그램 계획서 및 실적서, 평가서 등)나 타 기관 선행 조사자료, 공공기관에서 수행한 지역주민 욕구조사, 지방자치 단체나 전국 규모의 조사 등을 활용할 수도 있다. 또한 조사방법 검토와 선정에 있어서는 조사대상자를 크게 기관 이용자와 비이용자를 대상으로 구별하여 지역주민

들의 숫자를 바탕으로 모집단과 표본을 선정한다. 대상별 유형별로 표본을 추출하여 진행하는데, 복지욕구조사 자료수집 방법은 〈표 5-7〉에 나타냈다.

〈표 5-7〉 복지욕구조사 자료수집 방법

구분	자료수집 방법	
설문조사	방문조사, 거리조사, 우편조사, 인터넷조사 등	
면접조사, 간담회	대상별	아동, 청소년, 여성, 성인, 노인, 장애인, 외국인, 노동자 등
	유형별	기관 내 소모임, 지역사회 자치 기구나 위원회별 모임 등

여기서 양적 조사인 설문조사는 대규모 모집단의 표본추출을 사용할 수 있기 때문에 설문조사의 결과를 일반화하는 데 유리할 수 있으며, 다수의 변수가 포함되어 있기 때문에 변수들 간의 다양한 관계를 분석할 수 있다는 장점이 있다. 반면 설문지의 문항들에 대해 조사 대상자들의 응답을 구하는 방식이기 때문에 그들을 깊게 이해를 하기는 어렵고, 자료를 분석하는 데 유연성은 있지만 처음의 연구 설계를 끝까지 바꾸지 않도록 요구되는 경우가 일반적이라는 단점이 있다.

질적 조사인 면접조사나 간담회는 지역주민이나 기관 이용자들과 직접 만나서 오랜 시간 동안 면담이나 간담회 등을 진행하는 조사 과정이다. 이러한 조사는 지역주민이나 기관 이용자와의 친밀감을 형성할 수 있고 서비스 개발과 운영에 있어서 지지를 받을 수 있으며, 조사자가 상황에 따라 융통성 있게 면접이나 간담회를 운영할 수 있기 때문에 조사자가 생각하지 못했던 다양한 의견이나 욕구를 수집할 수 있다는 장점이 있다. 또한 조사 대상자의 태도, 성향, 상황, 경향 등을 직접 보고 판단할 수 있기 때문에 파악한 내용들은 욕구에 부합하는 보다 구체적인 서비스 개발과 운영에 도움이 될 수 있다. 반면 설문조사와는 다르게 다양한 응답이 나올 수 있기 때문에 얻은 자료를 일반화하고 유형별로 분류하려면 시간과 노력의 한계가 있을 수 있다.

이렇게 지역사회복지욕구조사의 전반과정이 수립되고 나면 욕구조사일정을 설계

해야 한다. 욕구조사일정은 조사의 규모, 기관 상황 등을 고려해서 세부적인 욕구조사과정과 실행기간을 포함해서 계획해야 한다. 욕구조사일정 계획안 예시는 〈표 5-8〉에 나타냈다.

〈표 5-8〉 욕구조사일정 계획안 예시

<table>
<tr><th colspan="2" rowspan="2">기간
내용</th><th colspan="4">1월</th><th colspan="4">2월</th><th colspan="4">3월</th><th colspan="4">4월</th></tr>
<tr><th>1주</th><th>2주</th><th>3주</th><th>4주</th><th>1주</th><th>2주</th><th>3주</th><th>4주</th><th>1주</th><th>2주</th><th>3주</th><th>4주</th><th>1주</th><th>2주</th><th>3주</th><th>4주</th></tr>
<tr><td rowspan="2">계획 수립</td><td>조사계획 수립</td><td>■</td><td>■</td><td></td><td></td><td></td><td></td><td></td><td></td><td></td><td></td><td></td><td></td><td></td><td></td><td></td><td></td></tr>
<tr><td>설문 초안</td><td></td><td>■</td><td></td><td></td><td></td><td></td><td></td><td></td><td></td><td></td><td></td><td></td><td></td><td></td><td></td><td></td></tr>
<tr><td rowspan="5">조사 준비</td><td>자료 조사</td><td></td><td>■</td><td>■</td><td>■</td><td></td><td></td><td></td><td></td><td></td><td></td><td></td><td></td><td></td><td></td><td></td><td></td></tr>
<tr><td>조사원 모집 및 교육</td><td></td><td>■</td><td>■</td><td>■</td><td></td><td></td><td></td><td></td><td></td><td></td><td></td><td></td><td></td><td></td><td></td><td></td></tr>
<tr><td>직원 설명회</td><td></td><td></td><td></td><td>■</td><td></td><td></td><td></td><td></td><td></td><td></td><td></td><td></td><td></td><td></td><td></td><td></td></tr>
<tr><td>사전조사 실시</td><td></td><td></td><td></td><td>■</td><td>■</td><td></td><td></td><td></td><td></td><td></td><td></td><td></td><td></td><td></td><td></td><td></td></tr>
<tr><td>설문지 확정</td><td></td><td></td><td></td><td></td><td>■</td><td>■</td><td></td><td></td><td></td><td></td><td></td><td></td><td></td><td></td><td></td><td></td></tr>
<tr><td rowspan="4">조사 실시</td><td>설문조사</td><td></td><td></td><td></td><td></td><td></td><td>■</td><td>■</td><td>■</td><td>■</td><td>■</td><td></td><td></td><td></td><td></td><td></td><td></td></tr>
<tr><td>간담회</td><td></td><td></td><td></td><td></td><td></td><td>■</td><td></td><td>■</td><td></td><td>■</td><td></td><td></td><td></td><td></td><td></td><td></td></tr>
<tr><td>통계 분석</td><td></td><td></td><td></td><td></td><td></td><td></td><td></td><td></td><td></td><td>■</td><td>■</td><td>■</td><td></td><td></td><td></td><td></td></tr>
<tr><td>결과 해석</td><td></td><td></td><td></td><td></td><td></td><td></td><td></td><td></td><td></td><td></td><td></td><td>■</td><td>■</td><td>■</td><td></td><td></td></tr>
<tr><td colspan="2">보고서 작성</td><td></td><td></td><td></td><td></td><td></td><td></td><td></td><td></td><td></td><td></td><td></td><td></td><td></td><td>■</td><td>■</td><td>■</td></tr>
<tr><td colspan="2">총괄평가</td><td></td><td></td><td></td><td></td><td></td><td></td><td></td><td></td><td></td><td></td><td></td><td></td><td></td><td></td><td>■</td><td>■</td></tr>
</table>

지역사회복지욕구조사를 위한 조사도구인 설문지의 내용은 욕구나 문제를 포괄적으로 나타내기 때문에 중요하다. 이러한 설문지는 지역주민들에 대한 인구 사회학적 정보, 지역주민들이 지역사회에 안고 있는 문제, 지역주민들이 이용하고 있는 서비스 또는 이용 가능한 서비스, 현재 충족되지 않은 지역주민들의 욕구 파악, 지역주민들이 우선적으로 필요로 하는 서비스의 종류 파악 등의 내용을 포함한다. 이러한 내용이 포함되는 설문지 제작 시 유의할 사항은 다음과 같다.

① 문항은 간결해야 한다. 긴 문항은 조사대상자를 혼돈스럽게 하여 문항내용을 잘못 해석할 수도 있다.

② 문항은 객관적이어야 한다. 문항의 내용과 표현이 특정 방향으로의 응답을 유도하거나 편향되어서는 안 된다. 조사대상자는 정답이 있다고 생각되는 문항을 접하게 되면 자신이 평소 생각과는 무관하게 특정 방향으로 응답하게 된다.

③ 문항은 응답하기가 쉬워야 한다. 문항을 개발할 때 전문용어의 사용을 피하고 모든 조사대상자에게 친숙하고 쉬운 용어를 사용해서 조사대상자들이 응답하는데 어려움을 겪지 않도록 한다.

④ 문항은 구체적이어야 한다. 지나치게 일반적이고 복잡하며 모호한 용어나 표현 또는 내용을 피해야 한다.

이렇게 작성되는 설문지는 타당도와 신뢰도가 중요하다. 타당도는 '측정도구(설문지)가 측정하고자 하는 내용을 얼마나 제대로 측정하는가?'하는 정도로 정의된다. 예를 들어, 자아존중감을 측정하고자 하는 척도가 과연 자아존중감을 측정하고 있는지의 여부이다. 즉, 타당도는 척도가 의도하는 개념의 실질적 의미를 충분히 반영하는 정도이다. 또한 신뢰도는 측정도구가 일관적인 결과를 산출하는 정도와 관련 있는 개념으로, 동일한 조건에서 동일한 사람들을 대상으로 반복적이고 독립적으로 측정을 했을 때 나타난 결과가 동일한 경우 측정도구의 신뢰도가 양호하다고 할 수 있다. 이러한 신뢰도의 종류는 다음과 같다.

① 검사-재검사 신뢰도: 동일한 대상에 동일한 측정도구를 서로 상이한 시간에 2회 측정한 다음 그 결과를 비교하는 방법이다.

② 유사양식 신뢰도: 동일한 것으로 고려되는 측정도구 2개를 사용하여 동일한 조사대상자에게 차례로 적용하여 신뢰도를 측정하는 방법이다. 척도 간의 상관관계를 살펴봄으로써 신뢰도를 측정한다.

③ 내적 일관성 신뢰도: 가장 널리 사용되는 신뢰도로서 측정도구의 동질성을 평가

한다. 측정도구를 임의로 반으로 나누어 각각 독립된 2개의 척도로 사용함으로써 신뢰도를 측정하는 방법이다. 조사항목의 반을 가지고 조사결과를 획득한 다음 다른 항목의 반을 동일한 조사대상자에 적용하여 얻은 결과와 비교하는 방법이다.

욕구조사를 위한 자료수집 방법은 크게 질적 접근방법과 양적 접근방법으로 구분할 수 있다. 질적 접근방법은 공식・비공식 인터뷰, 민속학적 방법, 대화기법, 초점집단기법, 명목집단기법, 델파이기법, 샤레트기법, 브레인스토밍 등이 있고, 양적 접근방법은 표본조사(서베이), 모니터링, 사회지표분석 등이 있다. 이러한 자료수집 방법 중 자료수집에 동원할 수 있는 시간과 인력, 자원, 표적집단의 크기, 표적집단과의 관계 등을 고려해서 수집방법을 결정할 수 있는데(이태희 외, 2014; 김현호 외, 2018), 각각의 방법에 대해서 알아본다.

(1) 공식・비공식적 인터뷰

공식・비공식적 인터뷰는 지역사회의 정확한 이해와 욕구를 파악하기 위하여 공식적, 비공식적 인터뷰를 진행하는 것이다. 여기서 공식적 인터뷰는 지역조건이나 특정 사회문제에 관해 전문적 지식을 소유한 정보제공자(지역사회 구성원을 포함한 이해집단, 기업가, 정치가, 사회복지 및 보건 관련 전문가, 지역의 지도자 등)와 공식적 회합을 갖거나 전화로 인터뷰를 진행할 수 있다. 비공식적 인터뷰는 무계획적이고 기대하지 않는 상호작용을 통해 자연스럽게 정보제공자의 반응과 질문자의 정보욕구에 따라 이루어진다. 이때 실천가는 응답자가 단순히 대화할 뿐 인터뷰를 하고 있다는 사실을 인지할 수 없게 한다.

(2) 민속학적 방법

민속학적 방법(ethnographic method)은 사회적 약자계층의 문화적 규범과 실천행위를 규명하는 데 활용할 수 있는 방법으로, 현장연구와 조사자의 관찰, 심층 인터뷰를 통하여 진행한다. 이러한 방법은 지역주민이 지역문제를 어떻게 인식하는지 그리고 그 문제에 대해서 어떤 해결방법을 사용하게 될지 등의 통찰력을 얻을 수 있다.

(3) 대화기법

대화기법(dialogue techniques)은 지역사회 주민들이 지역사회 문제에 대해서 대화를 통해 공통의 이해를 넓히고 문제해결을 위한 연합행동을 동의하는 기법이다. 즉, 대화과정을 통해서 문제해결을 위한 대안을 찾고 문제를 효과적으로 해결하는 데 필요한 차원을 확인하고, 산출목표의 설정과 행동계획 등의 개발과정을 통해 지역사회 주민들의 문제해결을 유도할 수 있다.

(4) 초점집단기법

초점집단기법(focus group techniques)은 어떤 문제에 관련된 소수의 사람들(6~8명 정도)을 한 장소에 모아 어떤 문제에 대한 의견을 개진하게 하고 또한 참여자들끼리 토론도 가능하게 하여 보다 깊이 있게 의견을 듣는 기법이다(김범수 외, 2019). 이러한 기법은 지역사회 문제에 대한 공통의 관점을 확인하는 데 사용하고, 지역사회포럼 내에서 사용할 수 있다. 또한 이러한 기법은 여러 명이 동시에 질의와 응답에 참여할 수 있고 참가자들 사이에 상호작용이 이루어지므로 집중적인 토론에 유용하다.

(5) 명목집단기법

명목집단기법(nominal group techniques)은 소수로 구성된 집단의 공동문제나 질문에 대해서 먼저 각자의 제안이나 해결책을 제시하고, 제시한 다음에 그들의 제안을 공유하고 후에 집단 구성원들 간의 토론을 통하여 우선순위를 결정하는 방법이다. 이러한 기법은 지역사회문제에 대한 이해를 높이고 목표확인과 행동계획의 개발에 활동되는 기법이다(오정수 외, 2016).

(6) 델파이기법

델파이기법(delphi techniques)은 필요한 정보를 갖고 있다고 생각되는 정보제공자(학자, 사회복지전문가, 기업인, 지역사회 지도자, 보건관련 전문가 등)로부터 설문지의 내용에 대해서 우편조사를 사용해 일정한 정도의 합의점에 도달할 때까지 반복적으로 시행하는 기법이다. 첫 번째 합의점을 찾지 못하면 분석한 결과에 따른 합의되지 않은 내용을 이유와 함께 두 번째 설문을 전문가들에게 발송하여 의견을 묻는다. 이러한 반복과정을 통해 최대한 합의를 얻는 기법이다(김범수 외, 2019).

(7) 샤레트기법

샤레트기법(charrette process)은 지역주민, 지역관료, 정치가 등이 함께 모여 서로 배우고자 하는 마음으로 비공식적 분위기를 조성하여 지역사회에 대해 느끼는 문제점들과 지역관료나 정치가가 인지하고 있는 문제의 시각을 개선하여 상호 이해를 통해 일정 시간 내 합의된 제안을 도출하는 기법이다. 이러한 기법은 이해관계자와 전문가 및 정책 제안자 등이 직접 참여하여 상호 의견교환 및 검토를 통해 시행착오를 줄일 수 있다는 것이다(이경은 외, 2016).

(8) 브레인스토밍

브레인스토밍(brainstorming)은 창의적 아이디어를 제안하도록 격려하고 마음속에 떠오르는 것은 무엇이든지 말하도록 하는 학습 및 회의 기법이다. 사람들은 허용적인 분위기에서 더 많은 아이디어를 창출할 수 있기 때문에 편안한 분위기를 제공하는 것이 중요하다. 또한 진행하면서 제안한 타인의 아이디어를 비판하지 않고 자유롭게 발표하도록 하며 가능한 많은 아이디어를 제안하도록 하는 것이 좋다. 이러한 기법은 여러 명이 한 가지 문제를 놓고 아이디어를 무작위로 개진하여 그중에서 가장 좋은 것을 결정하는 것이다(김현호 외, 2019).

(9) 표본조사(서베이)

표본조사(survey)는 복지욕구를 조사하기 위해 구조화된 또는 반구조화된 설문지를 작성하여 우편, 이메일, 면접조사 등을 통해 체계적으로 자료를 수집하는 방법이다. 이러한 표본조사 방법은 일반적으로 많이 사용되고 있으나 욕구에 대한 조작적 정의, 응답자 선정 방법, 설문내용 등에서 엄격성을 확보하는 것이 필요하다.

이러한 방법은 응답내용을 표준화시킬 수 있고, 지역사회 내의 다양한 인구학적 집단 표본조사, 지역사회주민 간의 응답결과를 비교할 수 있는 장점이 있으나, 조사자가 응답항목을 결정하기 때문에 지역사회문제 및 해결방안이 다를 경우 포괄할 수 없다는 단점이 있다(오정수 외, 2016). 따라서 이러한 표본조사의 경우 설문지 작성 때 현장조사를 겸비하고 대상별 또는 영역별 세분화한 설문작성이 중요하다.

(10) 모니터링 방법

모니터링(monitoring method)은 지역 내에 있는 기존의 사회복지관이나 지역사회조직에서 소유하고 있는 기록들을 확보하여 자료를 분석하는 방법이다. 이러한 방법에 사용되는 기록들은 지역사회의 욕구나 기존 서비스의 효과성에 대한 많은 정보를 제공하고 있기 때문에 자주 활용된다. 특히 '프로그램 모니터링을 하는 목적은 프로그램의 적용대상이 적절한가?, 특정 집단만 프로그램을 포괄하고 있는가?' 등을 파악하여 프로그램의 효과성을 검토하는 데 있다.

(11) 사회지표 분석

사회지표 분석(social indicators analysis)은 정부기관 또는 사회복지 관련 조직이나 기관에 의해 수집된 기존의 자료를 활용하여 지역사회주민의 욕구나 문제를 분석하는 방법이다(오정수 외, 2016). 기존의 자료는 이차자료(secondary data)라 하는데 가장 많이 활용되는 자료는 인구학적 특성이나 사회 · 경제적 자료를 축약한 사회지표이다. 이러한 사회지표 자료는 통계청의 각종 통계자료, 보건복지부, 지방자치단체, 사회복지관 등에서 제공하는 자료로 인터넷을 통해서 쉽게 열람이 가능하다.

2) 지역사회자원구조의 파악

자원은 인간의 욕구를 충족시키기 위하여 유용하게 쓰이는 각종 재화나 용역으로서 사회구성원들의 안녕상태를 만들기 위한 원료이다. 인간의 욕구는 인간의 생존과 성장, 발전을 위하여 구하는 것으로서 적절한 음식, 주택, 소득 등을 의미한다. 이러한 자원에서 사회복지 자원은 인간이 생활을 유지하고 성장과 발달을 지속하는 데 필요한 재화나 서비스를 제공하는 사람이나 사회제도를 의미한다. 즉, 사회복지 대상자의 목표를 성취하고 문제를 해결하며 그들의 포부나 가치를 실현하기 위해 필요한 재화나 서비스 등 활용되는 모든 것을 의미한다(Pincus & Minahan, 1973; 김현호 외, 2018).

사회복지 자원의 종류는 크게 공급주체, 자원특성, 자원내용 등에 따라 분류할 수 있다(엄미선 외, 2009).

① 공급주체 따라 공식 자원과 비공식 자원, 사회 자원으로 분류할 수 있는데, 공식 자원은 국가나 지방자치 단체, 공식적인 단체나 기관 등이 제공하는 급여나 서비스 등 제도적으로 정해진 자원이다. 비공식 자원은 공식 자원 이외의 자원으로서 가족, 친구, 친척, 이웃, 지역사회주민, 자원봉사자 등이 제공하는 자원으로 정서적 지지, 구체적 자원이나 서비스 등도 포함된다. 비공식 자원은 공식 자원에 비해 상대적으로 규칙이나 제한성이 작다. 그리고 사회 자원은 학교, 병원, 사회복지 기관 등 사회기관으로서 특수한 필요나 욕구를 충족시키기 위한 자원을 의미한다.

② 자원특성에 따라 사회복지 대상자를 중심으로 내부 자원과 외부 자원으로 분류할 수 있다. 내부 자원은 사회복지 대상자 및 가족들이 가지고 있는 자원을 의미하는데, 다시 개인 자원(장점, 지식, 능력, 가치 등)과 가족 자원(가족들의 정서

적 · 경제적 지지, 의사소통 등)으로 나눈다. 외부 자원은 내부 자원을 제외한 자원을 의미하는데, 공식 자원, 비공식 자원, 사회 자원과 함께 자원봉사자를 따로 구별하기도 한다.

③ 자원내용에 따라 인적 · 물적 · 정보적 · 사회제도적 · 문화적 자원으로 유형화할 수 있는 각각의 내용은 〈표 5-9〉에 나타냈다.

〈표 5-9〉 자원내용에 따른 분류

유형	내용
인적자원	• 사회복지기관 종사자, 후원자, 자원봉사자, 대상자의 가족 · 친구 · 친척 · 이웃 · 지역사회주민 등 • 공식인적자원(전문 인력), 비공식인적자원(가족, 친구, 친척, 이웃 등)으로 구별
물적자원	• 사회복지 대상자에게 도움이 되는 현금이나 현물
정보적 자원	• 사회복지기관 운영자와 대상자 모두에게 영향을 줄 수 있는 사회복지와 관련된 제반 지식과 욕구 및 서비스 등과 관련된 모든 것 • 복지욕구 정보(대상자의 욕구 현황), 복지서비스 정보, 복지전달체계 정보(서비스 제공 주체) 등으로 구별
사회제도적 자원	• 사회적으로 바람직한 것이라고 판단되는 가치, 관습 등이 제도화된 법률, 제도 등으로 규정된 것(사회복지사업법, 기부금품 관련법, 「국민기초생활보장법」 등).
문화적 자원	• 사회구성원들이 학습에 의해서 소속된 사회로부터 습득하고 전달받는 비제도화된 정서나 관습(기부문화, 기부행위 등).

출처: 엄미선 외(2009).

위와 같은 자원형태를 띠고 있는 지역사회는 유기적인 협력과 연대를 통하여 상호작용의 관계를 가지고 있다. 지역사회의 문제는 한 개인의 노력만으로는 해결이 불가능하고 많은 지역주민들이 참여함으로써 문제해결이 가능하다. 따라서 지역사회의 자원구조를 파악하는 것도 중요한데, 다음 네 가지 영역으로 구분하여 파악해야 한다(김범수 외, 2019; 조추용 외, 2019).

① 인적자원 파악: 이것은 지역사회에 거주하고 있거나 지역사회에 연고가 있는 주요 인물을 중심으로 자료화하는 것이다. 즉, 비공식자원인 민간서비스 제공자,

자원봉사자, 이웃, 친구, 친족, 가족 등을 파악한다.

② 물적자원 파악: 지역사회에서 후원금의 개발이 가능한 기업, 복지지원재단, 후원금을 개발할 수 있는 계층 등을 파악하는 것이다.

③ 공공기관 및 비공식조직 파악: 행정기관, 경찰서, 소방서, 지역사회의 단체, 기업, 의료 및 사회복지법인, 교육기관 등의 공공기관과 문화, 체육, 종교 활동을 하는 시민단체, 그리고 지역사회에서 다양하게 활동하고 있는 소집단의 주민조직 등을 파악하는 것이다.

④ 정보자원 파악: 지역사회에 있는 정보자원을 파악하여 지역주민에게 제공하는 것이다. 정보자원은 주민생활과 밀접한 법률의 제정 및 개정, 문화 공연, 의료 및 복지서비스 등에 대한 사항을 제공한다.

이와 같은 지역사회 자원파악은 유형과 영역을 고려하여 다음과 같은 일련의 과정을 거친다.

① 지역사회의 욕구 파악: 지역사회와 기관 이용자들의 욕구와 문제를 파악한다. 이러한 욕구와 문제를 바탕으로 자원 활용 계획을 수립하고, 지역사회 자원 등에 대한 정확한 이해를 한다.

② 자원파악의 목표설정 및 계획수립: 필요한 자원의 양과 목록을 분류해서 기록하고 목표를 정하고 계획을 수립한다. 예를 들어, 현금, 현물, 의료(의료 서비스 지원, 의료비 면제 및 감면 등), 요양 및 돌봄(어르신, 장애인 요양 및 돌봄), 보육 및 교육(아동・청소년에게 필요한 교육 서비스, 영유아 보육 서비스 등), 자원봉사(봉사자 섭외 및 활동), 주거지원(주거환경 개선), 정신건강・심리상담, 법률지원 등으로 분류해서 계획을 수립한다.

③ 홍보 및 지역사회 자원파악 활동: 지역주민, 관계기관 등에 지역사회의 도움을 필요로 하는 사람이 있다는 사실을 알리고, 자원파악과 동원이 필요하다는 것을 인식시켜야 한다. 또한 지역사회 내 시설, 기관 단체, 유지 등을 파악하여 관계

를 유지하고, 영향력을 행사하는 조직을 파악하여 관계를 더욱 강화시킨다. 예를 들면, 지역사회 안의 서비스 시설(병・의원, 교육기관, 법률상담소 등)이나 새마을회, 청소년보호선도위원회, 상가번영회 등과 같은 조직을 파악하고 관계를 유지한다.

④ 자원 목록화: 파악한 자원을 여러 사람이 공유할 수 있도록 목록화한다. 목록화는 자원이 어디에서, 무엇을 어떻게 얻을 수 있는지를 쉽게 파악할 수 있기 때문에 수시로 검검・보완해야 한다. 자원목록에는 기관(단체)명, 연락처, 담당자, 제공 가능한 서비스, 연결할 수 있는 서비스 대상(노인, 아동, 장애인 등), 제공 가능한 서비스의 질, 서비스를 제공받을 때 필요한 요건(필요 서류, 자격 여부 등), 자원연계 시 발생하는 예산 등을 세밀하게 기록한다.

⑤ 평가 및 보완: 지역사회와 기관 이용자들의 욕구와 문제에 대한 자원이 충분한가 아니면 부족한가 등을 평가해서 부족하면 보완대책을 강구한다. 또한 자원파악 목적달성 정도, 자원파악 과정에서의 문제점과 개선사항 등을 분석하여 추후 자원파악 과정에 반영한다.

3) 지역사회복지욕구조사의 데이터(자료) 수집

지역사회복지욕구조사는 설문지 및 면접・간담회 등 다양한 방법을 통해 데이터(자료)를 수집하게 된다. 이러한 과정에서 설문 대상자의 표본을 추출해야 한다. 표본추출 방법은 확률 표본추출 방법과 비확률 표본추출 방법으로 구분한다. 확률 표본추출 방법은 사회과학 조사에서 표본을 선정하는 주된 방법이며, 현재 가장 가치를 인정받고 있는 유용한 방법이다. 모집단에 포함된 모든 개인들이 추출될 확률이 동일한 경우이다. 확률 표본추출 방법에는 네 가지 종류가 있다.

① 단순 무작위 표본추출(simple random sampling): 가장 기본적인 확률 표본추출

방법으로 순수 무작위 방법을 사용하여 모집단에서부터 표본을 추출하는 방법이다. 추첨이나 난수표 등을 사용한다.

② 체계적 표본추출(systematic sampling): 단순 무작위 표본추출과 유사하나 표본추출 간격을 이용하는 점이 다르다. 표본추출 간격은 모집단 크기를 표본 크기로 나누어 계산한다.

③ 층화 표본추출(stratified sampling): 모집단을 동질적인 몇 개의 층으로 나누고 각 층으로부터 단순 무작위 표본추출 또는 체계적 표본추출 방법을 활용하는 방식이다.

④ 다단계 군집 표본추출(cluster sampling): 모집단의 목록을 확보하기 어려울 때 사용하는 방법으로 모집단을 다수의 군집으로 나누고 각각의 군집에서 표본 단위를 무작위로 추출한다.

또한 비확률 표본추출은 확률 표본추출이 불가능하거나 적합하지 않은 경우에 사용되는 방법으로, 일반적으로 사용하기 쉬우며 비용이 적게 들지만 확률 표본추출 방법에 비하여 신뢰 수준이 낮다. 비확률 표본추출 방법에도 네 가지 종류가 있다.

① 의도적 표본추출(purposive sampling): 연구의 목적에 따라 표본을 추출하는 것으로 연구의 목적을 위해 충분한 표본을 확보하기 위한 방법이다.

② 할당 표본추출(quota sampling): 체계적 표본추출과 흡사하며, 특정 특성에 따라 구분한 후 특정 특성을 지닌 개개인들이 모집단에서 차지하는 비율을 고려하여 표본을 추출한다. 표본추출을 단순 무작위 표본추출 또는 체계적 표본추출 방법으로 하는 것이 아니라 연구자의 의도에 따라 추출한다는 점이 다르다.

③ 편의 표본추출(convenience sampling): 이용 가능한 조사 대상자에 의존하는 추출 방법으로 사회복지 분야에서 많이 사용한다.

④ 눈덩이 표본추출(snowball sampling): 눈덩이를 굴리면 그 눈덩이의 크기가 커지는 것처럼 표본의 크기가 점차 커지는 표본추출 방법이기 때문에 눈덩이 표본

추출이라고 한다. 이러한 방법은 대개 다수를 조사하는 연구보다는 접촉하기가 용이하지 않고 연구내용이 보다 탐색적인 연구에서 많이 활용된다.

이렇게 표본추출을 이해했으면 모집단과 표본을 설정해야 하는데, 모집단은 표본을 추출하고자 하는 집단(지역사회주민, 기관 이용자, 아동, 청소년, 장애인, 여성, 결혼이민자, 노인 등)을 의미하고 표본추출은 모집단에서 조사 대상자를 선정하는 것이다. 표본크기는 인구수 등을 고려하여 결정하게 되는데 인구수에 따른 표본크기는 〈표 5-10〉을 참조하여 결정할 수 있다. 모집단 규모와 허용 오차에 따른 적정 표본수는 〈표 5-10〉에 나타냈다. 일반적으로 허용 오차가 ±5% 이하인 경우는 조사결과의 일반화에 큰 문제가 되지 않는다.

〈표 5-10〉 모집단 규모와 허용 오차에 따른 적정 표본 수

모집단 크기(명)	적정 표본 수							
	95% 신뢰수준 허용오차				99% 신뢰수준 허용오차			
	±1%	±2%	±3%	±5%	±1%	±2%	±3%	±5%
1,000			473	244				360
3,000		1,206	690	291			1,021	470
5,000		1,437	760	303		2,053	1,182	502
10,000	4,465	1,678	823	313		2,584	1,341	527
20,000	5,749	1,832	858	318	8,213	2,967	1,437	542
50,000	6,946	1,939	881	321	10,898	3,257	1,502	551
100,000	7,465	1,977	888	321	12,231	3,367	1,525	554
500,000	7,939	2,009	895	321	13,557	3,460	1,544	557

출처: 정대연(1998).

위와 같이 모집단에서 표본추출이 이루어지면 조사 대상자를 조사할 설문조사원을 선발하고 교육해야 한다. 지역주민을 대상으로 하는 욕구조사는 설문조사원이 직접 조사 대상자를 방문하여 조사하게 되는데, 설문조사원은 기관 직원이 될 수도 있고 자원봉사자가 될 수도 있다. 자원봉사자를 활용할 경우에는 대학에서 사회복지조사론이나 사회복지자료분석론을 이수한 학생들을 우선적으로 선발하고, 또한 가능하다면 유사조사 경험이 있는 조사원을 선발한다. 설문조사원의 교육할 내용은 그들이 욕구조사 목적이나 내용 등을 이해하게 하고, 각 문항을 보면서 발생 가능한 문제 상황에 대해서 설명해 주고, 그리고 설문조사원들끼리 설문조사원의 역할과 조사 대상자의 역할을 교차해서 연습하게 한다. 설문조사원 교육과 훈련을 위해 〈표 5-11〉과 같은 체크리스트를 사용할 수도 있다.

〈표 5-11〉 설문조사원 교육의 체크리스트

번호	평가 항목	수준		
		상	중	하
1	첫 인사 시 조사원의 태도는 호감도가 있는가?			
2	첫 방문 시 조사원증을 보여 주고, 준비물은 잘 챙기는가?			
3	조사의 기본 취지를 적정하게 설명하는가?			
4	해당가구나 조사 대상자로 선정된 이유에 대해 정확히 설명하는가?			
5	질문에 대해 당황하지 않고 적절히 대처하는가?			
6	조사에 대해 신뢰감을 주는가?(자신감 있는 언어)			
7	조사원의 말하는 속도와 목소리 크기는 적절한가?			
8	상대방에 따라 간단히 또는 자세히 융통성 있게 조사 내용에 대해 설명하는가?			
9	조사 대상자의 이야기에 귀를 기울이는가?			
10	조사원의 복장은 적절한가?			

출처: 안태숙(2012).

표본추출이 이루어지고 설문조사원을 모집 및 교육한 다음에는 지역사회복지실천가나 설문조사원이 양적 조사인 설문조사를 진행하게 되는데, 조사 대상자를 직접 방문해서 욕구조사를 진행할 때 주의할 점은 다음과 같다.

① 조사 대상자를 직접 만나서 설문조사를 진행하기 때문에 설문조사원은 복장에 신경을 써야 하며, 대상자에게 거부감을 주는 복장상태를 피한다. 또한 상냥하고 솔직한 태도를 유지하며 대상자를 편하게 대해야 한다.
② 설문조사원은 방문 설문조사를 실시하기 전에 설문문항의 내용을 숙지하고 이해해야 한다. 이러지 않을 경우 설문조사 시간이 많이 걸릴 수 있기 때문이다.
③ 만약 조사 대상자가 글을 몰라 설문조사원이 설문 문항을 읽어 주는 경우에는 설문지에 있는 모든 문항을 있는 그대로 읽어 주어야 한다.
④ 설문조사원은 조사 대상자의 응답을 정확히 기록해야 한다. 특히 개방형 질문에 대한 응답일 경우에는 정확히 기록하고 조사 대상자의 응답을 요약하거나 이를 부연하는 것은 금물이다.

또한 질적 조사인 면접·간담회를 진행할 때 주의할 점은 다음과 같다.

① 조사 대상자가 조사 목록을 명확히 인식하고 있어야 한다. 그렇지 않을 경우에는 면접·간담회가 조사목적과는 다르게 진행될 수도 있다.
② 조사 대상자 선정과 모집에 신중해야 한다. 설문조사와는 다르게 질적 조사의 조사 대상자 모집에는 많은 한계가 따른다. 따라서 지역사회 특징과 잘 연결되는 조사 대상자를 모집해야 하는데 기관 내 회의와 전문가 자문 등을 거쳐 모집하는 것이 좋다.
③ 모집된 조사 대상자들에게 조사목적, 비밀보장 등에 대해서 명확하게 설명하고 조사 동의를 구해야 한다.
④ 면접 및 간담회 장소는 조사 대상자들이 접근하기 쉽고 편안하게 느끼는 곳을 선정해야 한다.
⑤ 면접 및 간담회 진행을 위해 필요한 질문이나 자료는 사전에 조사 대상자에게 전달하는 것이 좋다.
⑥ 면접 및 간담회 진행 시에는 참석한 조사 대상자 모두가 골고루 이야기할 수

있도록 유도하고, 내용은 녹음, 녹화, 녹취 등을 통해서 모두 기록해야 한다. 이러할 경우 사전에 조사 대상자에게 설명하고 반드시 동의를 구해야 한다.

4) 지역사회복지욕구조사의 분석

지역사회복지실천에 있어서 지역사회복지 실천가의 가치관이나 주관적인 면에서 결정되는 것이 아니라, 지역사회복지욕구에 의한 객관적인 자료를 수집하고 분석하는 것이 필요하다. 일반적으로 지역사회보장계획은 지역사회의 표적집단을 파악하여 지역사회의 문제점 및 복지욕구를 설문 및 면접조사를 통하여 자료를 수집하고, 수집된 자료를 통계적으로 분석하여 활용하고 있다. 여기서 통계적 분석은 통계 패키지를 활용하여 분석된 통계(값)를 의미 하는데, 욕구조사에서 자주 사용되는 통계는 빈도분포(특정 변수가 가진 각각의 빈도), 중심 경향도(평균, 최대치, 최소치), 산포도(범위, 사분위, 분산, 표준편차) 등이다.

통계에서 추론은 모집단에서 추출한 표본을 통해서 모수(모집단의 특성을 나타내는 값)를 추정하거나 가설검증을 위해서 사용되는 것을 의미한다. 이러한 추론은 다음과 같은 방법이 사용되는데, 통계에 관한 자세한 사항은 사회복지조사론 수업에서 다루고 있다.

① 통계적 유의성 검정: 영가설(귀무가설)이 참일 확률을 평가한다. 표본을 통해서 관찰된 집단 간의 차이 또는 변수들 간의 관계가 우연에 의해서 발생하는 확률을 평가하는 검정으로 빈도분석을 통해서 이루어진다.

② t-검정: 두 집단의 평균 차를 검증하는 자료 분석 방법으로 단일 집단 t-검정, 두 독립 표본 t-검정, 두 종속 표본 t-검정이 있다. 단일 집단 t-검정은 모집단 평균과 표본의 평균 차 검증이고, 두 독립 표본 t-검정은 남성의 소득 평균과 여성의 급여 수준의 차 검증이고, 그리고 두 종속 표본 t-검정은 사전조사 평균

과 사후조사 평균 차 검증이다.

③ 일원배치분산 분석: t-검정과 마찬가지로 집단 간 평균 차를 분석하는 방법이다. t-검정은 2개 집단 간의 평균차를 분석하는 반면, 일원배치분산 분석은 3개 집단 이상의 평균차를 분석하는 방법이다.

④ 상관관계 분석: 연속 변수들 간의 상관관계를 분석하는 방법으로 분석을 통해 변수들 간 관계의 강도와 방향을 알 수 있다.

⑤ 회귀 분석: 독립변수가 종속변수에 미치는 영향을 분석하는 방법이다. 방정식을 사용하는 상관관계 분석의 한 형태이며, 독립변수 값에 기초하여 종속변수의 값을 예측할 수 있게 해 준다.

5.3 지역사회보장계획의 수립

지역사회보장계획의 수립은 지역사회 내에서 파악된 문제점이나 복지욕구의 조사 및 분석을 토대로 문제해결의 목적 및 목표를 설정하고 내용을 구체화하여 실행 및 평가하는 모든 과정이 포함된다. 여기서는 지역사회보장계획의 개념, 목적, 필요성(배경), 수립의 원칙, 수립의 내용, 수립의 과정 등에 대해서 알아본다.

1) 지역사회보장계획의 개념

인간의 욕구가 다양화되고 있는 현실에서 사회복지서비스는 개인별 특수성에 따른 개별적 처우를 제공해야 하고, 서비스의 내용이 지역주민들의 일상생활과 밀접하게 관련되어 있으므로 중앙정부보다는 지방정부가 주축이 되어 운영하고 있다. 이러한 차원에서 지역사회보장계획은 지역사회주민의 복지욕구 및 지역특성을 고려해서 지역사회복지문제를 파악 및 분석하여 복지계획을 수립하고, 수립된 계획을 실천하고, 평가하는 전반적인 실천과정이라 할 수 있다. 또한 지역사회보장계획은 지역주민의 삶의 질 향상이라는 목적이 있으며, 지역주민의 적극적인 참여와 민・관 협력을 통한 지역사회복지서비스를 계획하고 종합적으로 실행하는 중・장기적인 계획이라 할 수 있다.

지역사회보장계획의 개념은 협의의 개념으로 일정한 지역을 기반으로 지역주민이 필요로 하는 복지서비스를 일정한 목표에 따라 종합적이고 체계적으로 제공하기 위한 행정계획이라 정의할 수 있으며, 광의의 개념으로 지역차원에서 주민이 필요로 하는 사회, 경제, 문화 등 일상생활과 관련하여 다양한 사회복지욕구를 충족시키기 위해 일정한 목표에 따라 지방정부, 민간조직, 지역주민의 차원에서 시책과 활동을 개발하고 이를 통합하여 종합적이고 체계적으로 제공하기 위한 활동이라 할 수 있다(김현호 외, 2018).

2) 지역사회보장계획의 목적

광역시・도의 지역사회보장계획의 목적은 광역시・도가 처해 있는 복지환경과 활용 가능한 복지자원을 고려하여 시・군・구 지역보장계획의 적절한 시행을 지원함으로서 광역시・도 전체의 복지수준을 높여 나가는 데 목적이 있으며, 이 과정에서 시・군・구 보장계획의 취합, 점검 및 조정을 하고, 광역시・도의 정책 방향을 결정하며, 이를 지역사회의 참여과정을 통해 실현함으로서 지역사회복지의 향상에 기여함을 목적으로 한다(이양훈 외, 2013; 보건복지부, 2020). 광역시・도의 하위 개념인 시・군・구의 지역사회보장계획의 목적은 지역주민의 복지욕구를 충족하기 위하여 지역에 처해 있는 복지환경과 활용 가능한 복지자원을 고려하여, 시・군・구 단위에서 실시해야 할 복지사업의 우선순위와 목표를 지역사회의 다양한 주체의 참여를 통해 결정해 나가는 것이라고 할 수 있다(보건복지부, 2020).

이러한 목적은 통합성(integration), 참여성(participation), 협력성(collaboration) 등 세 가지 차원에서 입체적 방향성을 갖는데, 중앙정부와 광역시・도 등으로부터 시작되는 상위 계획 사업들을 고려하여 지역 차원에서 통합성이 이루어지는 실행계획을 수립하고, 지역사회주민, 시민의 참여를 유도하고, 지역의 사회복지 공급 주체로서의 공공・민간 기관 간에 협력을 해야 한다는 것이다(보건복지부, 2020).

(1) 지역사회보장계획의 목표 설정

지역사회보장계획을 수립하는 데 있어서 다루어야 할 욕구나 과제가 상당히 넓고 다양하기 때문에 어떠한 욕구나 과제를 다루고, 어떤 목표를 설정할 것인가에 대해서 명확히 할 필요성이 있다. 또한 보장계획의 수립가는 지역주민이나 관련기관 및 조직의 상호작용을 통해서, 지역사회 내의 욕구조사 및 분석을 통한 객관적인 자료를 근거로 어떤 문제 및 어떤 욕구부터 실행해야 할지 우선순위를 결정해야 한다. 일반적으로 우선순위를 결정하는 기준은 긴급성이나 심각성이 높은 지역의 현안 사항이나 지역 전체적으로 대응하거나 배려가 필요한 문제 등에 의해서 결정한다.

이러한 결정에 의해서 설정되는 지역사회보장계획의 목표는 지역주민의 참여가 필수적이므로 문제 및 욕구해결에 중요한 구성원이라는 공감대를 형성하여 적극적・자율적・자조적 특성을 고려하도록 유도해야 한다. 이러한 목표는 목적을 달성하기 위한 세부적 지침으로 측정 가능해야 하며, 시간적 한계를 두고 설정해야 한다. 적절하게 수립된 목표는 사업에서 논리와 방향성을 제시하고 있으며, 좋은 목표는 다음과 같은 특성을 갖는다. ① 구체적인 특성을 내포해야 하고, ② 측정 가능해야 하고, ③ 성취 가능해야 하며, ④ 목적에 적합해야 하고, ⑤ 시간적 틀이 분명해야 하며, ⑥ 도전적이어야 한다. 이러한 과정으로 설정되는 지역사회복지계획 수립의 사업계획서 작성에는 비전, 목적, 세부사업계획에 따른 성과목표들이 제시된다.

(2) 지역사회보장계획의 정책 및 프로그램 개발

지역사회의 문제 및 복지욕구의 조사와 분석을 통하여 객관적인 자료를 근거로 비전 및 목적이 설정되면, 목적에 따른 정책을 수립하고 정책을 실현하기 위한 프로그램을 개발해야 한다. 이러한 의미에서 정책수립은 문제해결 및 목적을 달성하기 위한 조치와 프로그램의 방향을 결정하는 것이라 할 수 있다(김범수 외, 2019). 정책을 수립하는 데 있어서 지역사회복지실천가를 둘러싼 환경의 가치관에 많은 영향을 받는다. 즉, 문제 및 복지욕구와 직·간접적으로 관련된 행동체계(Action System)가 문제 및 복지욕구의 해결에 대해서 어떤 견해를 갖느냐는 것이 중요한 요건이 된다.

일반적으로 행동체계는 ① 정부기관, ② 지역사회복지실천가가 속해 있는 사회복지기관, ③ 문제 및 복지욕구로 인해 직접적인 서비스를 받는 클라이언트, ④ 문제 및 복지욕구의 해결과정에서 이해관계에 있는 정치인, 기업인, 전문 분야 등의 관련 집단으로 구성된다. 이러한 행동체계를 구성하는 각각의 인자는 문제 및 복지욕구의 해결을 위한 목표, 전략, 전술 등에 있어서 서로 다른 견해를 갖고 있기 때문에 상호작용에 의한 정책수립이 중요하다(이양훈 외, 2013).

이렇게 정책이 수립된 후에는 이들 정책을 시행에 옮길 수 있는 프로그램을 개발해야 한다. 프로그램 개발은 목표를 실현하기 위한 사업을 구체화하는 것을 의미한다. 이러한 프로그램을 개발하는 데 있어서 다음 3가지 요건을 고려할 필요성이 있다. ① 해야 할 일을 설정하는 것, 즉 어떤 종류의 활동, 어떤 프로그램, 그리고 어떤 서비스를 어떤 순서로 얼마만큼의 양을 어떠한 전달체계를 통해서 어떻게 시행할 것인가를 설정하는 것이다. ② 필요한 인력과 재원을 어떻게 동원하여 이용할 것인가를 고려하여 설정하는 것이다. ③ 자원의 활용 가능성은 어느 정도이며 정책목표를 달성하기 위해 필요한 변화와 자원의 분배를 어떻게 할 것인지, 프로그램 수행에 어느 정도의 동의와 정항이 존재하는지, 그리고 필요한 변화를 시도하기 위해 어떤 전략(갈등, 협상, 타협 등)을 사용할 것인지 등을 고려해야 한다(김범수 외, 2019).

(3) 지역사회보장계획의 실천방법 수립

지역사회보장계획수립과정에서 비전, 목적, 세부사업계획에 따른 성과목표가 설정되면 구체적인 실천방법이 계획되어야 한다. 즉, 추진배경, 사업내용, 단계별 추진계획, 향후 고려사항 등이 기술되어야 한다. 이러한 세부사업계획의 실천방법을 수립하기 위해서는 계획집단(Planning Group)을 소집하는 것이 좋으며, 계획집단은 가급적 표적인구집단의 특성이 잘 반영되도록 구성할 필요가 있다. 실천방법이 완성되면 공청회 등을 통해서 지역주민들이 알 수 있도록 홍보하고 적극적인 참여를 독려해야 한다(이태희 외, 2014).

3) 지역사회보장계획의 필요성(배경)

지역사회보장계획은 지방자치제도의 시행으로 인해 지역사회의 자율성과 독자성을 보장하면서 지역사회 중심의 사회복지 발전을 향상시키기 위한 것이라고 할 수 있다. 이러한 필요성으로 인해 지역사회복지실천은 지역사회 중심의 사회복지서비스를 제공함으로서 중앙정부보다 지방정부의 역할이 강조되고, 사회복지서비스의 수요 증가와 복지욕구의 다양화로 시·군·구 단위의 고유사업 개발 및 시행이 강조되며, 복지욕구가 다양해짐으로서 관련 집단 간의 이해관계가 복잡해지고 있는 현실이다. 이러한 현실에서 지역사회주민의 삶의 질 향상이라는 목표 아래 정책 및 서비스의 우선순위를 조정하고 이해집단 간의 합의를 이끌어 낼 수 있는 필요성이 제기된다(조추용 외, 2019). 이러한 지역사회보장계획의 필요성을 정리하면 다음과 같다(이태희 외, 2014).

(1) 지역사회중심의 사회복지 제도화

지역사회중심의 사회복지 제도화는 지역사회보장계획을 실행하는 데 필요한 사회자원을 조달하는 과정이나 적정하게 분배하는 것 등에 대해서 제도화하는 것을 의미한다. 이러한 제도화를 통해 중복된 서비스를 제공하지 않고 투명하게 실천되는 효과성 및 효율성이 향상될 것이다.

(2) 지역사회복지서비스의 수급조정과 안정적 공급

지역사회복지서비스의 수급조정과 안정적 공급은 지역사회보장계획을 통해 지역사회의 복지문제나 서비스의 수요와 공급의 균형을 조절함으로써, 대상자에게 안정적이고 지속적으로 서비스를 제공하는 것을 의미한다.

(3) 지역사회복지서비스 공급주체의 다원화

지역사회복지서비스 공급주체의 다양화는 지역사회보장계획을 수립할 때 중앙 및 지방정부뿐만 아니라 지역사회 내의 다양한 민간단체를 끌어들여 복지서비스의 공급에 참여하도록 촉구하는 것을 의미한다. 기존의 사회복지기관 및 시설이나 단체뿐만 아니라 자원봉사단체, 시민단체, 전문가단체 등도 복지서비스의 공급주체로 다원화해야 한다.

(4) 사회자원의 조달과 적정배분

사회자원의 조달과 적정배분은 지역사회보장계획을 수립하는 과정에서 보건・의료, 복지, 주택, 고용, 문화 등에 관련된 공공 및 민간기관과 공동모금이나 기부금 등의 물적자원 개발, 사회복지시설 종사자와 주민 등의 인적자원 개발 등의 조달방안이 제시되어야 하고, 조달된 자원을 효율적으로 배분하기 위한 노력 등을 의미한다.

위와 같이 지역사회보장계획의 필요성은 학자에 따른 학문성을 언급할 수 있으나, 한국에서 수립되고 있는 지역사회보장계획수립의 배경은 법적 근거로 제시될 수 있다. 2003년 7월 30일에 개정된 「사회복지사업법」(제15조)은 광역시・도 및 시・군・구 단위로 「지역보건법」에 의한 지역보건의료계획과 연계하여 지역사회복지계획을 4년 단위로 수립하고 시행하도록 규정하고 있었으나, 2015년 7월부터 「사회보장급여의 이용・제공 및 수급권자 발굴에 관한 법률」에 의해 수립된다. 이러한 법적배경에 의해 제1기(2007.01.~2010.12.), 제2기(2011.01.~2014.12.), 제3기(2015.01.~2018.12.) 등 지역사회보장계획이 수행완료 되었고, 제4기 지역사회보장계획이 2019년 1월~2022년 12월까지 수행되고 있다.

4) 지역사회보장계획수립의 원칙

제1기(2007.01.~2010.12.) 지역사회보장계획의 원칙에는 구체성, 지역성, 참여성, 연계성, 합리성 등을 고려하였고, 제2기(2011.01.~2014.12.)에는 지역성, 과학성, 연속성, 실천성 등을 강조하였다. 또한 제3기(2015.01.~2018.12.)에는 지역성, 과학성, 일관성, 실천성 등을 고려해서 지역사회보장계획을 수립하였다. 이러한 지역사회보장계획수립의 원칙을 토대로 좀 더 알아보면 다음과 같이 정리할 수 있다(보건복지부, 2020).

(1) 구체성의 원칙

지역사회보장계획이 실효성을 갖기 위해 계획수립에 대한 기획과정, 현안 및 과제, 비전 및 방향 설정, 부문별 사업계획이 구체적으로 제시되어야 하며, 각 부문별 실행계획이 전체적인 조정과 연계를 통하여 수립될 수 있도록 기반조성이 이루어져야 한다는 원칙이다.

(2) 참여성의 원칙

지역사회보장계획은 다양한 집단의 의사가 반영되어야 하고, 이를 통해 실질적이고 효과적인 계획으로 이루어져야 한다. 이를 위하여 지역주민, 지역사회복지시설 및 단체, 주민단체, 전문가 집단, 관계 공무원 등 지역사회 내에 있는 여러 주체의 다각적인 참여가 보장되도록 해야 하며 계획주체의 적절한 역할분담이 이루어졌는지, 지역사회주민 또는 이용 대상자의 의견이 어떤 방식으로 투입되었는지 등의 사항도 고려되어야 하는 원칙이다.

(3) 지역성의 원칙

지역사회보장계획은 각 개별 지역의 특징이 무엇보다도 고려되어야 한다. 이 계획은 독자성을 갖되, 관련법 등 제도에 근거하여 전국적인 기본 형태는 공통적으로 갖추어야 한다. 즉, 국가의 정책방향을 근거로 하면서 지역의 특수성에 따라 효과적으로 구성되어야 한다는 원칙이다.

(4) 과학성 · 객관성의 원칙

지역사회보장계획 수립에 앞서 지역사회주민의 복지욕구가 무엇이고 주어진 환경 및 자원은 어떠한가에 대한 과학적 자료에 근거하여 계획을 수립하고 자료성격에 적합한 조사방법을 사용하였는지, 조사방법의 체계적 · 비체계적인 오류를 줄이려는 노력을 하였는지 등의 조건을 고려한 현황분석을 하는 원칙이다.

(5) 연속성 및 일관성의 원칙

지역사회보장계획 및 실행에 대한 평가 및 피드백을 통해 각 해당 연도별 실행계획 수립과 사업목표량의 성과 정도를 매년 사업의 타당성, 적절성을 반영하여 사업의 일관성 및 연속성이 있어야 한다는 원칙이다. 즉, 이전 계획 및 관련 계획(보건 계획 등), 중앙 · 광역시 · 도의 계획방향과의 일관성 및 연속성이 확보된 계획이 되어야 한다.

(6) 실천성의 원칙

지역사회보장계획의 실현가능성을 확보하기 위하여 관련 조직, 재정확보 등이 수반되어야 하며, 재원확보방안 자체가 실천의 원천이 된다는 원칙이다. 즉, 지역사회보장계획의 실천을 위한 행정적 · 재정적 계획이 갖추어진 계획수립이 되어야 한다.

(7) 연계와 조정의 원칙

지역사회보장계획은 다른 유관 계획(보건 계획 등)의 면밀한 검토로 상호 연계와 조정을 유지하면서 실행해야 한다는 원칙이다.

5) 지역사회보장계획수립의 내용

지역사회보장계획수립의 내용은 2015년 7월부터 「사회보장급여의 이용·제공 및 수급권자 발굴에 관한 법률」 제36조(지역사회보장계획의 내용)에 의해 구성되는데 법적 근거를 제시하면 〈표 5-12〉와 같다(국회법률정보시스템, 2020).

〈표 5-12〉 지역사회보장계획수립 내용의 법적 근거

제36조(지역사회보장계획의 내용) ① 제35조제2항에 따른 시·군·구 지역사회보장계획은 다음 각 호의 사항을 포함하여야 한다. <개정 2018.12.11.>

1. 지역사회보장 수요의 측정, 목표 및 추진전략
2. 지역사회보장의 목표를 점검할 수 있는 지표의 설정 및 목표
3. 지역사회보장의 분야별 추진전략, 중점 추진사업 및 연계협력 방안
4. 지역사회보장 전달체계의 조직과 운영
5. 사회보장급여의 사각지대 발굴 및 지원 방안
6. 지역사회보장에 필요한 재원의 규모와 조달 방안
7. 지역사회보장에 관련된 통계 수집 및 관리 방안
8. 지역 내 부정수급 발생 현황 및 방지대책
9. 그 밖에 대통령령으로 정하는 사항

② 제35조제3항에 따른 특별시·광역시·도·특별자치도 지역사회보장계획은 다음 각 호의 사항을 포함하여야 한다. <개정 2018.12.11.>

1. 시·군·구의 사회보장이 균형적이고 효과적으로 추진될 수 있도록 지원하기 위한 목표 및 전략
2. 지역사회보장지표의 설정 및 목표
3. 시·군·구에서 사회보장급여가 효과적으로 이용 및 제공될 수 있는 기반 구축 방안
4. 시·군·구 사회보장급여 담당 인력의 양성 및 전문성 제고 방안
5. 지역사회보장에 관한 통계자료의 수집 및 관리 방안
6. 시·군·구의 부정수급 방지대책을 지원하기 위한 방안
7. 그 밖에 지역사회보장 추진에 필요한 사항

③ 제35조제4항에 따른 특별자치시 지역사회보장계획은 다음 각 호의 사항을 포함하여야 한다. <신설 2017.3.21.>

1. 제1항 각 호의 사항
2. 사회보장급여가 효과적으로 이용 및 제공될 수 있는 기반 구축 방안
3. 사회보장급여 담당 인력의 양성 및 전문성 제고 방안
4. 그 밖에 지역사회보장 추진에 필요한 상항

〈표 5-12〉와 같이 법적 근거를 토대로 시・군・구 단위의 지역사회보장계획수립의 내용에는 지역특성에 맞는 복지부문별 사업계획이 포함된다. 즉, 저소득층복지, 노인복지, 장애인복지, 여성・보육 부문, 아동・청소년 부문, 보건 부문, 그리고 기타(노숙자, 외국인노동자, 결혼이민자 등) 부문이다. 각각의 부문에서 저소득층복지 부문의 세부적인 내용은 국민기초생활보장 수급자 및 차상위 계층 등을 대상으로 한 사업을 포함한다. 저소득층사업의 취합 영역은 관련 인구 및 사회지표 파악, 저소득 관련 중점사업 영역, 각 사업별 예산의 부담주체, 사업의 예산규모, 사업결정과정에 참여한 지역사회 주체, 저소득관련 제반사업의 총수와 욕구조사, 자문 등을 근거로 한 사업계획서를 작성한다(보건복지부, 2015). 제4기(2019.01.~2022.12.) 지역사회보장계획수립 내용에 따른 목차와 구성에 대한 예는 〈표 5-13〉과 〈표 5-14〉에 나타냈다(보건복지부, 2018; 김현호 외, 2018).

〈표 5-13〉 지역사회보장계획의 내용에 따른 목차 예

목 차

1. 제4기 지역사회보장계획 수립 배경 ········ 0
가. 제3기 지역사회복지계획(2015-2018)의 실행결과 진단 ········ 0
1) 실행 성과와 지역사회・주민 변화 ········ 0
2) 미진한 성과의 진단(장애요인) ········ 0
3) 계획 실행과정-추진체계의 점검과 개선 필요사항 ········ 0
나. 제4기 계획 수립 준비 절차 ········ 0
1) 계획수립 추진체계 구성운영 ········ 0
(1) 계획 수립 TF 구성 ········ 0
(2) 계획 수립 TF 운영 ········ 0
2) 지역사회보장조사 준비 및 실행체계 ········ 0
3) 지역 진단 및 자체사업 개발 체계 ········ 0
(1) 참여 주체별 역할 분담 ········ 0
(2) 참여 주체 간 연계・협력 ········ 0
4) 계획 수립안의 공유-확정-보고 과정 ········ 0

출처: 보건복지부(2018).

〈표 5-14〉 지역사회보장계획의 내용에 따른 구성 예

단계	주체	주요 역할	비고
준비	시·군·구	• 연구용역 등 관련 예산확보 • 지역 자문인력 등 사전 확보 • 기타 계획수립 사전준비	
기초분석 및 조사	시·군·구	• 지역사회현황조사 • 복지욕구조사 및 지역자원조사 • 복지욕구 및 자원조사 결과분석	• 필요시 전문연구기관 등 연구용역 수행 • 계획안에 대한 주민 및 전문가 의견 수렴 - 주요 내용의 공고(법정절차): 20일 이상 - 기타 필요시 공청회, 전문가 토론회 등을 통해 다양한 주민 의견 수렴
	지역사회보장협의체	필요시 욕구 및 자원조사 과정에 참여 및 자문	
계획수립	시·군·구	사업부문(영역)별 계획수립 - 핵심사업 선정 - 우선순위 및 세부목표설정 - 사업영역(부문)별 추진전략 수립 - 행정적·재정적 자원 및 민간자원 조달계획 - 지역보건의료계획과의 연관성 고려	
	지역사회보장협의체	• 필요시 계획수립과정에서 민간부문의 욕구 및 자원연계 방안 등의 계획수립지원	
계획확정	시·군·구	• 주민의견수렴 등 지역 내 욕구 등 종합 • 지역사회보장협의체 심의 • 지역사회보장계획 확정 • 시·군·구 의회에 보고 • 지역사회보장계획 제출(시·군·구 → 시·도)	시·군·구청장이 확정 - 사업시행전년도 9월30일까지, 연차별 시행계획은 시행년도의 전년도 11월30일까지 시·도지사에게 제출
	지역사회보장협의체	• 계획에 대한 심의 - 계획내용 포함 여부, 계획의 방향 및 실현가능성 등을 심의	
종합조정	시·군·구(시·도)	• 시·군·구 보장계획종합 및 조정 • 시·도 사회보장위원회 심의 • 시·도 지역사회보장계획 확정 • 시·도 의회에 보고 • 지역사회보장계획 제출(시·도 → 보건복지부)	필요시 시·군·구 보장계획 조정 및 권고 - 사업시행전년도 11월30일까지, 연차별 시행계획은 시행전년도의 1월31일까지 보건복지부장관에게 제출
	시·도사회보장위원회	• 계획에 대한 심의 - 계획내용 포함여부 및 계획의 방향 및 실현가능성 등 심의	
조정권고	보건복지부	• 시·도 및 시·군·구 보장계획에 대하여 법령 위반, 국가시책에 위배되는 경우 조정권고	계획의 변경이 필요한 때에는 재심의가 필요

출처: 보건복지부(2018).

6) 지역사회보장계획수립의 과정

지역사회보장계획수립의 과정은 「사회보장급여의 이용·제공 및 수급권자 발굴에 관한 법률」 제35조(지역사회보장에 관한 계획의 수립)에 의해 구성되는데 법적 근거를 제시하면 〈표 5-15〉와 같다(국회법률정보시스템, 2020).

〈표 5-15〉 지역사회보장계획수립의 법적 근거

제35조(지역사회보장에 관한 계획의 수립) ① 특별시장·광역시장·특별자치시장·도지사·특별자치도지사 및 시장·군수·구청장은 지역사회보장에 관한 계획을 4년마다 수립하고, 매년 지역사회보장계획에 따라 연차별 시행계획을 수립하여야 한다. 이 경우 「사회보장기본법」 제16조에 따른 사회보장에 관한 기본계획과 연계되도록 하여야 한다. <개정 2017.3.21.>

② 시장·군수·구청장은 해당 시(「제주특별자치도 설치 및 국제자유도시 조성을 위한 특별법」 제10조제2항에 따른 행정시를 포함한다.)·군·구(자치구를 말한다.)의 지역사회보장계획(연차별 시행계획을 포함한다.)을 지역주민 등 이해관계인의 의견을 들은 후 수립하고, 제41조에 따른 지역사회보장협의회의체의 심의와 해당 시·군·구 의회의 보고를 거쳐 시·도지사에게 제출하여야 한다. <개정 2017.3.21.>

③ 시·도지사(특별자치시장은 제외한다.)는 제2항에 따라 제출받은 시·군·구의 지역사회보장계획을 지원하는 내용 등을 포함한 해당 특별시·광역시·도·특별자치도의 지역사회보장계획을 수립하여야 한다. <개정 2017.3.21.>

④ 특별자치시장은 지역주민 등 이해관계인의 의견을 들어 지역사회보장계획을 수립하여야 한다<신설 2017.3.21.>.

⑤ 시·도지사는 제3항 및 제4항에 따른 지역사회보장계획을 제40조에 따른 시·도사회보장위원회의 심의와 해당 특별시·광역시·특별자치시·도·특별자치도(이하 "시·도"라 한다.) 의회의 보고를 거쳐 보건복지부장관에게 제출하여야 한다. 이 경우 보건복지부장관은 제출된 계획을 사회보장위원회에 보고하여야 한다. <신설 2017.3.21.>

⑥ 시·도지사 또는 시장·군수·구청장은 지역사회보장계획을 수립할 때 필요하다고 인정하는 경우에는 사회보장 관련 기관·법인·단체·시설에 자료 또는 정보의 제공과 협력을 요청할 수 있다.

⑦ 보장기관의 장은 지역사회보장계획의 수립 및 지원 등을 위하여 지역 내 사회보장 관련 실태와 지역주민의 사회보장에 관한 인식 등에 관하여 필요한 조사(이하 "지역사회보장조사"라 한다)를 실시할 수 있으며, 시·도지사 또는 시장·군수·구청장은 지역사회보장계획 수립 시 지역사회보장조사 결과를 반영할 수 있다.

⑧ 보건복지부장관 또는 시·도지사는 지역사회보장계획의 내용이 대통령령으로 정하는 사유에 해당하는 경우에는 시·도지사 또는 시장·군수·구청장에게 그 조정을 권고할 수 있다. 이 경우 보건복지부장관은 관계 중앙행정기관장의 의견을 들을 수 있다.

⑨ 지역사회보장계획의 수립 및 지역사회보장조사의 시기·방법 등에 필요한 사항은 대통령령으로 정한다.

위와 같이 법적 근거를 기준으로 지역사회보장계획수립의 과정을 알아보면 다음과 같다(보건복지부, 2018).

(1) 준비 단계(계획수립 설계)

준비 단계에서는 시 · 군 · 구의 지역사회보장계획수립을 위한 기획, 예산 확보 및 활용계획 등을 총괄하여 계획수립과정을 설계(design)한다. 계획수립과정의 전반적 기획은 지역사회보장협의체를 중심으로 지역사회주민이 논의해 나가는 것이 바람직하며, 이 단계에서는 보장계획수립의 주체 간 역할을 명확하게 하고 시 · 군 · 구에서의 지원방향, 협의체에서의 사업논의방식, 지역복지전문가의 참여범주 등을 결정한다. 특히 지역사회보장협의체 중심으로 자체계획을 수립하되 지역욕구조사 등은 지역의 전문연구기관을 활용하는 방식으로 진행한다. 필요한 경우 지역사회보장과정을 총괄할 기획팀이나 TF팀 등을 구성하여 진행할 수도 있다. TF팀의 구성은 시 · 군 · 구의 상황에 따라 자유롭게 구성하되, 지역사회보장협의체 위원 및 간사, 시 · 군 · 구 복지부서 부서장 및 실무자, 지역 내 시민사회단체 대표 및 실무자, 사회복지관련 전문가 등으로 구성한다.

준비 단계에서는 사회복지 관련 정책이나 동향, 각종 언론 보도 자료 등을 참조하여 계획을 수립한다. 즉, 보건복지부, 고용노동부, 여성가족부 등 국가 기관, 한국보건사회연구원, 한국장애인개발원, 한국장애인고용공단, 한국노인인력개발원, 한국여성정책연구원, 서울시복지재단 등 연구 기관의 사회보장, 고용노동, 여성가족 관련 연구 보고서를 참조할 수 있다. 예를 들어, 다음과 같은 계획 등을 참조하여 작성할 수 있다.

① 사회보장 기본계획: 「사회보장기본법」 제16조(사회보장 기본계획의 수립)에 따라 보건복지부장관은 관계 중앙행정기관의 장과 협의하여 사회보장 증진을 위하여 사회보장에 관한 기본계획을 5년마다 수립하여야 한다. 기본계획에는 국내외 사회보장 환경의 변화와 전망, 사회보장의 기본 목표 및 중장기 추진 방향, 주요 추진 과제 및 추진 방향, 필요한 재원의 규모와 조달 방안, 사회보장 관련 기금

운용 방안, 사회보장 전달체계, 그 밖에 사회보장 정책의 추진에 필요한 사항 등을 포함한다.

② 저출산 · 고령사회 기본계획: 저출산 현상이 장기적으로 지속됨에 따라 정부는 2005년 「저출산 · 고령화사회기본법」을 제정하였다. 이 법에 근거하여 저출산 고령사회에 대응하는 '지속 발전 가능 사회'를 실현하고자 보건복지부에서는 매 5년마다 단계적 · 전략적 목표를 설정하여 기본계획을 수립 · 추진하고 있다.

③ 장애인정책 종합계획: 정부는 1995년 '삶의 질 세계화' 선언을 계기로 장애인 복지를 증진시킬 수 있는 종합 대책을 마련하기 위해 1996년 '장애인정책 종합계획' 수립을 결정한 이래 매 5년마다 보건복지부 주관으로 계획을 수립하고 있다.

④ 중장기 보육 기본계획: 보건복지부는 제1기 중장기 기본계획인 '새싹플랜'에 이어 이를 수정 · 보완한 '아이사랑플랜'을 수립한 이후 새로운 보육 환경 변화를 반영한 5개년 계획을 수립하여 시행하고 있다.

⑤ 여성정책 기본계획: 여성정책의 기본 방향뿐만 아니라 남녀 평등의 촉진, 여성의 사회 참여 확대, 여성의 복지증진 등에 관한 정책 목표와 정책 과제를 제시하는 범정부 차원의 여성 정책에 관한 종합계획으로 「여성발전기본법」에 근거하여 여성가족부 주관으로 매 5년마다 수립하여 추진하고 있다.

⑥ 건강가정 기본계획: 여성가족부는 「건강가정기본법」 제15조에 의해 2006년 1차 계획을 시작으로 매 5년마다 기본계획을 수립하고 있다.

⑦ 국민 건강증진 기본계획: 국가 및 지방자치 단체는 건강에 관한 국민의 관심을 높이고 국민건강을 증진할 책임이 있다. 따라서 보건복지부 장관은 「국민건강증진법」에 따라 국민건강 증진에 관한 기본시책을 수립 · 시행하여야 하며, 시 · 도지사 및 시장 · 군수 · 구청장은 그 기본 시책에 따라 세부계획을 수립 · 시행하고 있다.

⑧ 지역보건의료 계획: 보건복지부장관, 시 · 도지사 및 시장 · 군수 · 구청장은 지방자치단체의 실정을 감안하여 「지역보건법」에 따라 지역보건의료 계획을 매 4년마다 수립 · 시행하고 있다.

(2) 지역사회의 기초분석 단계(욕구 및 자원조사 실시)

지역사회복지욕구조사는 지역사회보장계획을 수립하기 위하여 지역사회 주민의 복지욕구 및 복지자원 등에 대한 자료를 수집하고, 이에 필요한 조사를 의미한다. 이러한 조사의 목적은 '지역사회 보장서비스의 수요・공급 전망', '사회보장시설 및 재가복지의 장・단기 공급 대책', '인력조직 및 재정 등의 보장자원 조달 및 관리 방안', '사각지대 발굴 및 지원 방안' 등을 도출하는 것이다.

따라서 기초분석 단계는 지역주민욕구와 활용 가능한 자원을 파악하는 전문성이 요구되는 과정이므로 지역의 전문연구기관이나 협의체의 내・외부 전문가가 주도적인 역할을 하며, 시・군・구는 이에 필요한 사항을 지원한다. 즉, 시・군・구는 지역에 관련하여 이미 확보된 기초자료를 제공하고, 주민욕구조사 과정에 협조지원(조사원 역할, 공문발송 등)하여 지역사회 조사가 원활히 될 수 있도록 한다. 제4기(2019.01.~2022.12.) 지역사회보장계획의 복지욕구 조사에 대한 조사항목과 문항은 「사회보장급여의 이용・제공 및 수급권자 발굴에 관한 법률」 시행령 제21조(지역사회보장조사의 시기・방법 등)에 따라 〈표 5-16〉에 나타냈다(보건복지부, 2018). 이러한 조사결과는 광역시・도 및 전국단위 통계산출에 활용할 수 있다.

〈표 5-16〉 복지욕구조사의 조사항목과 문항

대분류(영역)	소분류(해당 문항)	
	문항번호	내용
A. 가구 일반사항	A1-1~A1-11	• 가구원 수
	A2-1~A2-4	• 가구원 현황
	A3	• 거주기간
B. 사회보장 관련욕구 상황	B1~B11	• B1: 아이 돌봄, B2: 성인 돌봄, B3: 기초생활유지 및 사회관계, B4: 보육・안전, B5: 건강[신체적], B6: 건강[정신적], B7: 교육, B8: 고용, B9: 주거, B10: 문화・여가, B11: 환경
C. 생활 여건 및 지역사회 인식	C1	• 생활 여건
	C2	• 주거 현황

대분류(영역)	소분류(해당 문항)	
	문항번호	내용
	C3	• 의료 · 건강 현황
	C4	• 문화 · 여가 현황
	C5	• 삶의 만족도 및 지역사회 인식
D. 아동가구 추가 문항	D1-1~D1-4	• 돌봄서비스에 대한 사항
E. 노인가구 추가 문항	E1-1~E1-3	• 고령으로 인한 어려움에 대한 사항

출처: 보건복지부(2018). 문항의 세부적인 사항은 보건복지부 홈페이지 참조.

(3) 보장계획안 마련(사업계획 단계)

지역사회보장계획의 비전과 전략목표를 수립하기 위하여 거시환경 분석과 SWOT(Strength 강점, Weakness 약점, Opportunities 기회, Threats 위협) 분석이 필요하다. 거시환경 분석(PEST: Political, Economic, Social and Technology analysis)은 전략관리 구성요소 중 환경 파악에 사용되는 거시적 환경요소를 묘사한다. 일부 학자는 이 네 가지 구성요소에 법적(legal) 또는 환경(environmental) 요소를 포함하기도 한다. 거시환경 분석의 주요 요소를 알아보면 다음과 같다.

① 정치적(political) 요소: 정부가 사회보장에 간섭하는 정도이다. 국가적 차원에서 중앙정부가 복지, 보건, 교육, 인프라 구축 등에 끼치는 영향을 고려한다.
② 경제적(economic) 요소: 경제 성장률, 인플레이션 정도 등을 포함한다.
③ 사회적(social) 요소: 문화적 요소와 보건 인지도, 인구 성장률, 연령대 분포, 직업 태도, 안정 관련 요소 등을 포함한다.
④ 기술적(technology): R&D 활동, 기술혁신 등을 포함한다. 이 요소는 진입 장벽, 아웃소싱 등에 영향을 미친다.

또한 SWOT 분석은 인적자원 역량, 조직 구조, 시설과 장비, 신뢰도, 재정 상황, 서비스 및 기술 역량, 조직 문화 등에 대한 평가로 시 · 군 · 구의 강점과 약점을 도출하여 내적 역량을 분석한 후 기록하고, 정책 환경 분석을 바탕으로 비전 실현에 영향을 주는 긍정적 요인(기회)과 부정적 요인(위협)을 구분하여 제시한다. 이렇게 제시되는 분석에 따라 '강점으로 기회를 확장시키는 전략', '강점으로 위협에 대응하는 전략', '기회를 통해 약점을 보완하는 전략', '약점에 대한 위협을 대비하는 전략' 등 기본 전략을 도출한다.

이러한 분석에 따라 제2기(2011.01.~2014.12.) 지역사회보장계획은 각 부문별 사업계획[저소득층복지, 노인복지, 장애인복지, 여성·보육 부문, 아동·청소년 부문, 보건 부문, 기타(노숙자, 외국인노동자, 결혼이민자 등) 부문] 등을 지역사회보장협의체 실무분과를 중심으로 진행하며, 각 부문별 사업우선순위 결정, 각 부문별 예산 흐름과 복지욕구와의 적절한 매칭분석을 통하여 집중해야 할 주력사업 선정, 각 부문별 중기계획 수립, 각 개별사업별 세부계획 수립 등으로 작성하였다. 그러나 제3기(2015.01.~2018.12.) 지역사회보장계획은 비전 및 전략목표를 설정하고 핵심과제별 사업계획으로 작성한다. 예를 들어, 비전은 '사람내음 나는 ○○(지역)', 전략목표1 '안전한 ○○(지역)을 위한 복지환경 인프라 구축', 전략목표2 '경제적 자립 유지를 위한 소득과 고용창출', 전략목표3 '건강한 가정을 만드는 돌봄서비스'로 정하고 핵심과제1 '군민의 이동경로 확대 및 지원', 핵심과제2 '군민의 주거환경 개선 지원', 핵심과제3 '지역사회복지서비스 전달체계의 확대', 핵심과제4 '경제적 자립 유지 및 소득과 고용창출', 핵심과제5 '경제적 자립강화를 위한 지원', 핵심과제6 '노인 및 장애인 돌봄서비스 강화', 핵심과제7 '건강한 가정을 위한 기능서비스 체계' 등으로 각각의 핵심과제에 따른 개요와 세부사업 계획이 포함된다(보건복지부, 2015).

또한 제4기(2019.01.~2022.12.) 지역사회보장계획은 추진전략별 세부사업을 선정하여 작성한다. 예를 들면, 추진전략1 '커뮤니티 케어', 추진전략2 '일자리와 복지', 추진전략3 '아동과 가족돌봄', 추진전략4 '주민참여와 공동체 개발' 등으로 구성할 수 있다. 이러한 추진전략별 세부사업이 포함된다(보건복지부, 2018).

(4) 의견수렴 및 계획서 확정 단계(의견수렴 · 심의 · 확정)

지역사회보장계획이 시 · 군 · 구에서 적절성을 확보하기 위해서는 지역 전체의 의견수렴이 다각도로 이루어져야 한다. 공고, 공청회, 간담회 등을 통하여 지역주민의 의견수렴 절차를 거쳐 계획의 정당성을 확보한다. 지역의 의견수렴 과정은 보장계획의 홍보와 지역주민의 관심을 불러일으키는 계기가 되도록 하며, 실제 실행단계에서 지역사회주민의 참여를 활성화하는 데 기여할 수 있도록 한다.

지역사회보장계획안이 수립되면 20일 이상 공고(「사회보장급여의 이용 · 제공 및 수급권자 발굴에 관한 법률 시행령」 제20조 2항)하여 지역주민의 의견을 수렴하여야 한다. 이렇게 공고한 지역사회보장계획안은 지역사회보장협의체의 심의를 거쳐 시 · 군 · 구 의회에 보고하고 시장 · 군수 · 구청장이 확정한다.

(5) 제출 단계(보고)

확정된 시 · 군 · 구의 지역사회보장계획 및 연차별 시행계획(4년간)은 시장 · 군수 · 구청장이 시 · 도지사에게 제출하여야 한다. 즉, 보장계획은 그 시행년도의 전년도 9월 30일까지, 그 연차별 시행계획은 시행년도의 전년도 11월 30일까지 각각 시 · 도지사에게 제출하여야 한다(「사회보장급여의 이용 · 제공 및 수급권자 발굴에 관한 법률 시행령」 제20조 3항).

또한 시 · 도지사는 시 · 군 · 구의 보장계획을 종합 · 정리하여 시 · 도의 지역사회보장계획을 작성한 후 20일 이상 공고하여 지역사회주민의 의견을 수렴한 다음 시 · 도사회보장위원회의 심의를 거쳐 시 · 도 의회에 보고한 다음 확정한다. 이렇게 확정된 시 · 도의 보장계획은 시행년도의 전년도 11월 30일까지, 그 연차별 시행계획은 시행년도의 1월 31일까지 각각 보건복지부장관에게 제출하여야 한다(「사회보장급여의 이용 · 제공 및 수급권자 발굴에 관한 법률 시행령」 제20조 4항).

위의 수립과정의 단계별 주요 내용은 〈표 5-17〉과 같다(김현호 외, 2018).

〈표 5-17〉 수립단계별 주요 내용

단계	지역사회보장계획의 내용	연차(4년)별 세부시행 계획
① 개요	지역사회보장계획의 개요 • 지향하는 일반적 목표 • 세부목표 • 계획내용(개괄적으로 소개)	지역사회보장계획 목표 중 해당연도의 목표를 구체화
② 지역현황	지역현황과 과제 • 지역일반현황(인구, 지역특성 등) • 사회복지기관 현황 • 지역사회진단 - 복지자원현황 - 수요 및 공급이용실태 등	차기 연도 계획 시부터 변화내용 중심으로 현황 재정리 필요
③ 비전 및 방향 설정(과제)	• 여건변화전망 및 복지수요 측정 - 사회경제적 요인(지역주민 생활양식 등) - 인구변화추이 - 복지욕구 및 환경변화 • 기본방향 및 정책우선순위 • 기타 관련 계획(예: 보건계획 등) 검토, 평가	차기연도 계획 시부터 변화내용 중심으로 현황 재정리 필요
④ 부문별 사업 계획	사업영역(부문)별 사업계획 • 사업영역(부문)별 목표 • 사업영역(부문)별 수요측정 • 사업영역(부문)별 중점사업 • 사업영역(부문)별 우선순위 결정 • 연차별 사업계획 및 사업추진방법	사업영역별 세부사업 추진계획 수립 • 핵심사업과 일반사업으로 구분하여 기재
⑤ 사회복지 전달체계	지역사회보장 전달체계 개선방안 • 사회보장서비스와 보건의료서비스 연계방안 • 지역사회지원 발굴 및 활용방안 • 기타 기반조정 관련 내용	해당 부분만 기술
⑥ 행·재정 등 복지자원 조달계획	지역사회보장인프라 확충 및 정비계획 • 사회보장시설 및 재가복지자원 확충방안 • 조직정비 및 인력확보 및 활용방안 • 재정계획 및 확보방안 • 통계의 수집 및 관리방안	해당 부분만 기술
⑦ 평가방법	지역사회보장계획 자체평가방법	연차별 사업추진과정 자체평가의 방법기술
⑧ 첨부서류	지역사회보장협의체 심의서, 설문지 등	첨부서류 생략

출처: 보건복지부(2018).

5.4 지역사회보장계획의 시행

지역사회보장계획의 시행은 「사회보장급여의 이용・제공 및 수급권자 발굴에 관한 법률」 제37조(지역사회보장계획의 시행), 제38조(지역사회보장계획의 변경)에 언급된 법적 근거로 이루어진다. 법적 근거는 〈표 5-18〉과 같다(국회법률정보시스템, 2020).

〈표 5-18〉 지역사회보장계획의 시행 및 변경의 법적 근거

제37조(지역사회보장의 시행) ① 시・도지사 또는 시장・군수・구청장은 지역사회보장계획을 시행하여야 한다. ② 시・도지사 또는 시장・군수・구청장은 지역사회보장계획을 시행할 때 필요하다고 인정하는 경우에는 사회보장 관련 민간법인・단체・시설에 인력, 기술, 재정 등의 지원을 할 수 있다. 제38조(지역사회보장계획의 변경) ① 시・도지사 또는 시장・군수・구청장은 사회보장의 환경 변화, 「사회보장기본법」 제16조에 따른 사회보장에 관한 기본계획의 변경 등이 있는 경우에는 지역사회보장계획을 변경할 수 있으며, 그 변경 절차는 제35조를 준용한다.

위와 같이 법적 근거로 이루어지는 지역사회보장계획의 시행은 지역사회보장계획 수립을 실천하는 과정이다. 이러한 시행은 사업계획의 목적 및 목표를 달성하기 위해서 시행하게 되는 일련의 활동을 의미한다. 활동 내용과 형태는 문제 및 욕구의 성격에 따라 다양하기 때문에 일률적으로 논할 수 없으나, 크게 과정 중심적 활동(체제 유지적 활동)과 과업 중심적 활동 두 가지 범주로 구분할 수 있다. 과정 중심적 활동은 클라이언트 집단이 문제를 스스로 해결할 수 있도록 능력을 배양해 주는 활동을 의미하며, 과업 중심적 활동은 클라이언트 집단이 필요로 하는 서비스를 직접적으로 제공해 주는 활동을 의미한다.

지역사회보장계획이 시행되는 과정에서 새로운 문제가 발생될 수도 있는데, 이러한 경우 원래의 계획에 수정을 해야 할 필요성이 있다. 새로운 문제는 사업의 외부적

요인(홍수, 가뭄 등 천재지변, 시당국에 의한 지역사회의 재개발사업의 실시 등)에 의해서 나타날 수도 있고, 사업의 행동체계 내 변화(교육대상자의 불참, 관계기관의 비협조 등) 등에 의해서 나타날 수도 있다. 극단적인 상황에서는 사업계획 자체가 백지화될 경우도 있으며, 지역사회보장계획의 대폭적인 수정을 요하는 경우도 발생할 수 있다. 사업추진기간이 길수록 변화가 발생할 가능성은 그만큼 증대되는데, 원래의 계획에 수정을 가해야 할 필요성도 커질 수 있다. 따라서 지역사회보장계획의 시행에 앞서 보장계획단계에서 문제를 예측하고 문제가 발생했을 때 즉각적으로 대처할 수 있는 능력과 기술이 필요하다(이양훈 외, 2013).

5.5 지역사회보장계획의 평가 및 피드백

지역사회보장계획의 평가는 「사회보장급여의 이용 · 제공 및 수급권자 발굴에 관한 법률」 제39조(지역사회보장계획 시행결과의 평가)에 언급된 법적 근거로 이루어진다. 법적 근거는 〈표 5-19〉와 같다(국회법률정보시스템, 2020).

〈표 5-19〉 지역사회보장계획의 평가의 법적 근거

제39조(지역사회보장계획 시행결과의 평가) ① 보건복지부장관은 시 · 도 지역사회보장계획의 시행결과를 시 · 도지사는 시 · 군 · 구 지역사회보장계획의 시행결과를 각각 보건복지부령(시행규칙)으로 정하는 바에 따라 평가할 수 있다. ② 시 · 도지사는 제1항에 따른 평가를 시행한 경우 그 결과를 보건복지부장관에게 제출하여야 한다. 보건복지부장관은 이를 종합 · 검토하여 사회보장위원회에 보고하여야 한다. ③ 보건복지부장관 또는 시 · 도지사는 필요한 경우 제1항에 따른 평가결과를 제47조에 따른 지원에 반영할 수 있다.

위와 같이 법적 근거로 이루어지는 평가는 변화의 노력이 가치가 있는 것인지를 결정하는 과정으로 어떤 대상이나 노력의 장점, 가치, 중요성 등을 체계적으로 조사하는 과정이다(이태희 외, 2014). 따라서 지역사회복지실천에서 평가는 지역사회보장

계획의 시행과정에서 적절한 방법으로 프로그램(세부사업계획의 목표달성 방법)이 원활하게 진행되는지를 분석하고 시행이 종료된 후 개입결과가 목표에 어느 정도 달성하였는지를 분석하는 것이다. 즉, 평가는 사회복지실천에서 개입결과에 따른 효과성 및 효율성으로 언급되고 있는 사회복지실천가의 책임성과 연관되며, 그 결과를 반영하여 향후 연구를 향상시킬 수 있는 순환과정(feedback process)의 한 단계이다.

평가의 유형은 평가주체, 평가단계, 평가기준, 평가성격 등에 따라 다양하게 분류한다. 즉, 평가주체에 따라 자체평가, 내부평가, 외부평가로 분류되고, 평가단계에 따라 사전평가, 과정평가, 사후평가로 분류한다. 또한 평가의 기준이 과정, 결과, 과정과 결과를 포괄하는 초점에 따라 다를 수 있다. 일반적으로 평가성격에 따라 구분되는 과정평가와 결과평가 두 가지 유형에 대해서 알아본다(오정수 외, 2016; 김현호 외, 2018).

1) 시행결과의 과정평가

과정평가는 형성평가(formative evaluation)라고도 하며, 이 평가는 프로그램이 수행되고 전달되는 과정 중에 실시하는 평가로 프로그램의 문제점을 관찰하여 수정, 확대, 개선에 도움이 되는 정보를 제공하는 데 목적이 있다. 이러한 평가는 문제해결 과정의 최종 단계라 볼 수 없고 문제설정, 목표수립, 프로그램 개발, 프로그램 실천이라는 전 과정에 영향을 주는 계속적인 활동이라 할 수 있다.

이러한 과정평가의 방법은 행동체계를 구성하는 사람들로 위원회 또는 모니터를 구성해서 정기 또는 비정기적인 평가회의를 개최하여 프로그램의 추진상황을 검토하는 것이다. 이러한 경우는 사업 중간에 중간평가(interim evaluation)를 실시하여 사업의 추진 효과를 좀 더 객관적으로 평가할 수도 있다(이양훈 외, 2013).

2) 시행결과의 결과평가

결과평가는 총괄평가(summative evaluation)라고도 하며, 이 평가는 프로그램을 통해서 달성하고자 했던 목표를 어느 정도 성취했는지의 여부를 평가하는 데 목적이 있다. 이러한 평가는 프로그램의 효과성(effectiveness)을 평가하는 데 초점이 있으며 대부분 프로그램이 종료된 후에 실시한다.

이러한 결과평가의 방법은 실험조사(experimental survey)방법을 많이 사용한다. 실험조사의 형태는 후 측정실험(after-only experiments)방법과 전·후 측정실험(before-after experiments)방법이 있는데, 후 측정실험방법은 프로그램을 시행하고 종료된 후에 변화를 측정하는 것이고, 전·후 측정실험방법은 프로그램을 시행하기 전에 기초조사(benchmark survey)를 하고 종료된 후에 다시 조사해서 두 조사의 결과를 비교함으로써 변화를 측정하는 것이다. 이렇게 진행되는 평가결과는 문제해결을 위해 수립된 정책이나 프로그램을 계속할 것인지, 수정할 것인지, 또는 중단할 것인지를 결정하는 데 활용한다.

위와 같은 평가 유형 및 법적 근거를 기준으로 지역사회보장계획의 시행결과에 대한 평가는 지역사회보장계획내용의 충실성, 시행과정의 적정성, 시행결과의 목표달성도, 지역주민의 참여도와 만족도 등을 고려하여 보건복지부장관이 정하는 평가 기준(시행규칙)에 따라 평가하여야 한다(「사회보장급여의 이용·제공 및 수급권자 발굴에 관한 법률」 제39조(지역사회보장계획 시행결과의 평가), 시행규칙 제3조(지역사회보장계획 시행결과의 평가).

제4기(2019.01.~2022.12.) 지역사회보장계획의 평가방법은 자체평가 방법과 지역사회보장계획 평가계획안으로 나누어 평가한다. 자체평가 방법에는 평가주체, 평가내용 및 방법, 평가시기 및 과정, 평가결과 및 활용계획 등을 포함해서 작성한다. 평가주체는 민·관·학의 협력기구인 지역사회보장협의체, 외부 전문가 등으로 구성된 자체평가팀과 평가위원회를 구성하여 평가한다. 여기서 자체평가팀은 지역사회보장계획 업무담당자, 관련 복지업무 담당자 및 관련부서장을 중심으로 구성하고, 평가위원회는 주민이 참여하는 주민참여 단체 임원, 지역사회보장협의체 위원, 관련 전문가 등으로 구성한다. 평가내용은 「사회보장급여의 이용・제공 및 수급권자 발굴에 관한 법률」 제36조(지역사회보장계획의 내용)에 따라 내용의 충실성, 적정성, 시행결과의 목표달성도, 지역주민의 참여도와 만족도 등을 고려하여 평가한다.

이러한 평가는 서면 평가, 현장 평가, 설문조사, 관계자 면담 등의 방법으로 할 수 있으며 시기는 상반기, 하반기, 1년 단위로 평가할 것인지를 결정하여 실시한다. 그리고 평가결과는 지방자치단체의 책임성 유무를 확인할 수 있는 자료로 활용하고, 지역사회보장계획 시행의 우선순위 결정 및 수정 근거를 마련하고, 지방자치단체의 장기 발전계획을 위한 기초자료로 활용할 수 있도록 피드백(환류)을 제공한다.

06

지역사회복지의 실천기술 I

지역사회복지를 실천해서 지역주민의 욕구를 충족시키고 삶의 질을 향상시키기 위해서는 지역사회복지실천가인 사회복지사의 역할도 중요하며, 지역사회복지를 실천하는 실천기술에도 여러 가지 기술이 있을 수 있다. 따라서 사회복지사는 지역사회복지 실천과정에서 다양한 실천기술을 활용해야 한다. 이러한 실천기술 중 옹호·대변기술, 역량강화 기술, 주민조직화 기술 등은 제7장 지역사회복지실천 기술 II에서 알아보고, 이 장에서는 지역사회문제사정 기술, 지역사회네트워크 기술, 지역사회자원동원·개발 기술, 지역사회교육 기술 등에 대해서 알아본다.

6.1 지역사회문제사정 기술

현대사회는 급격한 변화와 더불어 인간의 생활도 복잡하고 다양화되고 있다. 이렇듯이 지역사회문제도 인류의 역사와 함께 진행되었고 그 영역도 우리가 삶을 영위하는 모든 시점과 모든 장소에서 다양하고 복잡하게 나타난다. 또한 자본주의 발달과 함께 도시화, 핵가족화, 빈곤, 산업구조 변화 등에 따른 지역사회문제가 심각해지고 그 해결책을 찾으려는 노력을 꾸준히 진행하고 있다. 여기서는 지역사회문제의 개념, 특성, 유형 및 범주, 원인 및 사정방법 등에 대해서 알아본다.

1) 지역사회문제의 개념

지역사회문제에 대한 개념은 시대 및 문화적으로 차이가 있어 어떤 현상을 지역사회문제로 볼 것인가 정의하기가 어렵다. 학자들은 지역사회문제를 어떻게 정의할 것인가 뿐만 아니라 어떤 종류의 행동과 상황이 지역사회문제의 영역 속에 포함되어야 하는지에 대해서도 서로 의견이 다르다. 학자들 개개인의 기호와 정치적 기호에 의해 조사연구가 중립적이지 못하고 자신의 가치판단으로부터 자유로울 수가 없다. 조사연구에서 가치판단은 지역사회문제제기에서부터 해결책에 이르기까지 모두 영향을 미치는데, 예를 들면, 빈곤연구에서 학자들은 지역사회의 특정지역에서 발생하는 빈곤의 세습화 경향이 빈민 자신들의 문제인지 아니면 지역사회구조의 문제인지를 판단하는 것이 쉽지 않다. 그렇지만 머턴과 니스벳(Merton & Nisbet)은 지역사회문제를 사회질서의 상당부분이 일반적으로 받아들여지고 있는 하나 또는 그 이상의 규범을 위배하는 행동양식으로 정의하고 있다(Merton & Nisbet, 1976). 또한 와인버그(Weinberg)에 의하면, 지역사회문제는 지역사회구성원들에 의해 바람직하지 못하다고 받아들여지는 상황 내지 행동양식으로, 그들은 그 바람직하지 못한 상황에 대한 자신들의 불만이나 관심을 회합, 서신교환, 시위, 기타 항의 형태로 표현하지만 이러한 지역사회문제를 통제하기 위해 자신들이 의도하거나 적용한 조치들이 아직 효과를 거두지 못한 상태에 있는 것으로 정의하고 있다(Weinberg, 1970; 최선화 외, 2014).

견해 차이는 있지만 지역사회문제는 기존의 가치관과 구조의 결함으로 발생되거나 지역사회변화로 인해 더 이상 기존의 제도 내에서 해결되지 못하고 갈등이나 사회적

균열을 동반하는 동시성, 집단성, 지속성을 가진 지역사회현상이라고 할 수 있다(김영화 외, 2013). 즉, 지역사회문제는 지역사회에서 문제가 되는 것을 의미하는데, 개인이나 가족에게 문제가 되는 것이 아닌 지역다수의 사람들에게 공통의 문제가 될 수 있는 것이 지역사회문제이다. 그 문제가 개인에게만 영향을 미친다고 하더라도 많은 사람들이 비슷한 고민이나 문제를 갖고 있다면 그것은 개인문제를 넘어 지역사회문제가 된다. 따라서 '지역사회문제'는 집합적 · 집단적인 의미를 지니게 된다. 이러한 지역사회문제를 학자들이 제시한 문제와 여론에서 제시한 문제를 언급하면 〈표 6-1〉과 같다(원석조, 2014).

〈표 6-1〉 학자들과 여론에서 제시한 지역사회문제

인식순위	학자들에 따른 지역사회문제	여론조사에 따른 지역사회문제
1	범죄와 비행	전쟁
2	가족문제	높은 생계비
3	인구문제	경제문제(실업 포함)
4	인종문제	인권과 인종문제
5	빈곤문제	노사관계
6	보건의료문제	조세문제
7	교육문제	범죄와 비행
8	노동과 근로문제	국제정책
9	도시농촌문제	공산주의
10	개인병리(알코올중독, 자살, 약물중독)	종교와 도덕성 결여
11	정치문제	정부지출
12	실업문제	핵폭탄
13	생태학(환경문제)	빈곤문제
14	전쟁	농업문제

출처: 원석조(2014).

2) 지역사회문제의 특성

지역사회문제를 정의하기 위해서는 지역사회문제와 그렇지 않은 문제를 구분할 수 있는 그 어떤 특성을 도출해야 하고, 그러한 특성을 도출해 내는 과정을 통해서 지역사회문제의 개념이 자연스럽게 정의될 수 있다. 슈나이더 등(Schneider et al)은 지역사회문제의 특성으로 ① 지역사회문제의 원인이 사회적이라는 점, ② 지역사회문제가 사회구성원의 가치지향에 비추어 문제로서 정의되고 평가된다는 점, ③ 광범위한 시민적 관심을 불러일으킨다는 점, ④ 지역사회문제의 직접적 피해자 외의 많은 사람에게도 영향을 미친다는 점, ⑤ 지역사회문제에 대처하기 위한 행동이나 개입을 만들어 낸다는 점 등을 들었다(Schneider et al, 1981; 김현호 외, 2018).

또한 최성재는 많은 학자들의 지역사회문제에 대한 정의 속에서 지역사회문제의 특성을 공통적으로 규명하는 요소를 다음과 같이 정의하고 있다. ① 지역사회문제는 사회적 가치(또는 규범)에서 벗어나 있고, ② 다수의 사람이 지역사회문제로 인하여 부정적 영향을 받고 있으며, ③ 지역사회문제의 원인이 사회적인 것이고, ④ 다수의 사람들이나 영향력 있는 사람들이 문제로 판단하고 있고, ⑤ 지역사회가 지역사회문제 개선을 원하고, ⑥ 개선을 위하여 집단의 사회적 행동을 하는 것 등이다. 이러한 요소에 따라 지역사회문제의 특성을 요약하면 다음과 같다(김병 외, 2014; 최선화 외, 2014).

① 지역사회문제는 그 원인이 사회적인 곳에 있는 문제이다.

② 지역사회문제는 사회적 관심을 불러일으키는 객관적 상황이 존재한다.

③ 지역사회문제는 지배적 지역사회가치나 규범에서 벗어난 현상이다.

④ 지역사회문제는 피해의 수가 많고 심각성 있는 문제이다.

⑤ 지역사회문제는 영향력 있는 집단이 사회문제로 규정한 문제이다.

⑥ 지역사회문제는 국가적 대처로 해결될 수 있다고 믿는다.

3) 지역사회문제의 유형 및 범주

지역사회는 끊임없이 변화하고 발전하면서 이로 인한 다양한 지역사회문제가 나타난다. 같은 지역이라도 시대에 따라 다른 모습을 보이고 같은 시대일지라도 지역에 따라 다른 모습으로 변화한다. 따라서 지역사회문제의 개념도 학자들의 견해에 따라 다르듯이 유형과 범주도 다르게 나타날 수 있다. 예를 들어, 미국의 경우는 신자유주의를 주도하는 입장에서 전쟁과 테러로 인한 후유증이 중요한 지역사회문제로 인식될 수 있으며, 백인과 흑인 간의 오랜 갈등의 역사를 가진 인종문제가 지역사회문제로 인식되고 있다. 반면 한국의 경우는 테러나 인종의 문제가 나타나지 않고 저출산, 보육, 교육, 보건의료, 사회양극화와 같은 사회제도의 문제를 지역사회문제로 인식하고 있다(김병 외, 2014; 김현호 외, 2018).

따라서 머턴과 니스벳(Merton & Nisbet)은 지역사회문제를 이탈행위와 지역사회해체 등 두 가지 유형으로 분류했다. 여기서 이탈행위(deviant behavior)는 인간의 사회적 행위를 지도하는 행동규칙(rules of conduct)이자 사회적 지위와 역할을 규정하는 사회적 규범으로부터 이탈(departures)을 의미하며, 범죄, 비행, 정신질환, 약물중독, 알코올중독, 성매매 · 동성애 등이 포함된다. 또한 지역사회해체(social disorganization)는 사회적 규칙(rules)이 와해되어 지역사회구조가 제대로 작동하지 않는 조건 또는 지역사회의 공동 목적이나 가치를 실현할 수 없는 상태를 의미하며, 인구문제, 불평등, 고령화, 성역할, 인종문제, 가족해체, 지역사회 해체, 도시문제, 노동문제, 빈곤, 집단폭력 등이 포함된다(Merton & Nisbet, 1976).

지역사회문제를 이탈행위와 지역사회해체로만 분류하는 것은 광범위하기에, 사회구조적인 면을 포함하여 분류한 학자도 있다. 김영모는 불평등, 노동문제, 빈곤 등이 지역사회해체보다는 사회구조적 문제(structural problems)라고 보고 이탈적 문제, 해체적 문제, 구조적 문제 등 세 가지로 분류하였다. 이탈적 문제는 범죄, 소년비행, 성매매, 자살, 알코올중독, 정신질환 등이고, 해체적 문제는 가족해체, 빈민지역, 인구문제,

환경문제 등이고, 그리고 구조적 문제는 빈곤, 소득분배, 노동문제, 교육 불평등 등으로 분류하였다(김영모 편, 2000). 여기서 구조적 문제란 지역사회체계와 연관된 문제로 개인의 인성이나 협소한 인간관계 결함으로부터 독립된 경제적 · 정치적 · 사회적 세력(forces)에 의해 발생하는 문제를 의미한다. 소득의 불평등이나 기회의 불평등, 빈곤 등 자본주의 체제와 관련된 문제가 여기에 속한다. 이러한 구조적 문제는 그 자체가 지역사회문제인 동시에 다른 지역사회문제들, 즉 범죄나 비행 등 이탈행위와 가족해체와 같은 지역사회문제의 발생 원인이 되기도 한다.

학자들은 지역사회문제를 몇 가지(2~5가지) 유형으로 분류하고 있지만 유형화하지 않고 사회문제를 병렬시켜 논의한 학자(Beeghley, Sullivan)들도 있다. 이러한 학자들에 따른 사회문제의 유형 및 범주는 〈표 6-2〉에 나타냈다.

〈표 6-2〉 학자들에 따른 지역사회문제의 유형 및 범주

학자명	유형	세부 지역사회문제(범주)
Merton & Nisbet (1976)	이탈행위	범죄, 비행, 정신질환, 약물중독, 알코올중독, 성매매 · 동성애
	사회해체	인구문제, 불평등, 고령화, 성역할, 인종문제, 가족해체, 지역사회 해체, 도시문제, 노동문제, 빈곤, 집단폭력
김영모 (2000)	이탈적 문제	범죄, 소년비행, 성매매, 자살, 알코올중독, 정신질환
	해체적 문제	가족해체, 빈민지역, 인구문제, 환경문제
	구조적 문제	빈곤, 소득분배, 노동문제, 교육 불평등
Parrillo, Stimson, & Stimson (1999)	개인의 복지를 위협하는 문제	알코올 · 약물남용, 성적문제(동성애, 포르노그래피, 성매매, 아동성학대), 범죄, 폭력 · 테러리즘
	사회적 평등을 위협하는 문제	인종문제, 빈곤, 성차별
	사회제도를 위협하는 문제	가족문제, 교육문제, 기업과 노동문제, 보건의료문제
	삶의 질을 위협하는 문제	도시문제, 인구 · 환경문제
Eitzen & Zinn (2000)	체제문제	부와 권력과 관련된 문제(부의 집중, 정경유착, 권력집중)
	인간 · 환경 · 지역문제	인구문제(글로벌 불평등, 고령화), 환경문제, 도시문제

학자명	유형	세부 지역사회문제(범주)
	불평등	빈곤, 인종문제, 성차별, 동성애
	제도적 문제	노동(고용)문제, 가족문제(이혼, 아동학대), 교육문제, 보건의료문제, 국가안전보장문제(폭력, 테러리즘)
	이탈문제	범죄, 약물중독
Zastrow (2000)	일탈문제	범죄·비행, 정신질환, 약물남용, 동성애
	불평등 문제	인종문제, 성차별, 고령화, 빈곤
	제도적 문제	가족문제, 보건의료문제, 교육문제, 대기업기술·노동문제
	글로벌 문제	폭력, 테러리즘·전쟁, 도시문제, 인구문제, 환경문제
Dunn & Waller (2000)	사회제도 문제	가족문제, 경제문제, 보건의료 문제
	불평등 문제	경제적 불평등, 인종문제, 성차별
	일탈문제	범죄, 폭력, 정신질환
	사회운동과 사회변동과 관련된 문제	피해자 문제, 동성애, 노동착취 문제
	글로벌 사회문제	핵무기 문제, 개발도상국의 빈곤문제, 사망률, 환경문제, 자원갈등 문제
Mooney, Knox, & Schacht (2002)	개인의 복지문제	질병과 보건의료 위기, 알코올과 약물, 범죄와 폭력, 가족문제
	인간다양성 문제	고령화, 인종문제, 성차별, 동성애
	불평등과 권력문제	경제적 불평등, 고용과 실업, 교육문제, 도시문제
	현대화 문제	인구·환경문제, 과학·기술문제, 국제적 갈등
Beeghley (1999)		낙태, 성차별, 인종문제, 빈곤, 약물문제, 살인, 고령화, 보건의료
Sullivan (2000)		기업과 정부의 권력증대 문제, 가족문제, 보건의료문제, 빈곤, 인종문제, 성차별, 고령화·호모, 범죄·비행, 알코올·약물남용, 성매매·포르노그래피·섹스산업, 인구문제·도시문제, 환경문제, 폭력·전쟁·테러리즘, 교육문제·과학기술문제

이러한 지역사회문제의 유형과 범주는 학술적인 연구의 필요성과 지역사회현상을 단순화시켜 이해도를 높이고자 한 것이다. 학자들마다 강조한 부분에서 차이가 있을 뿐이며 모든 유형과 범주가 명확하게 구별된다고 할 수 없다. 예를 들어, 교육문제의 경우, 교육은 지역사회변동문제이면서 동시에 불평등 문제이다. 교육기회확대나 교육수준증대는 경제력이 좋아지고 지역사회가 필요로 하는 기술력이 증대하는 측면에서

는 지역사회변동문제이다. 그렇지만 근래에 보이는 교육문제로 공교육의 무력화와 사교육의 강화는 부모의 경제력과 사회적 지위와 능력에 따라 자녀의 교육기회에서 불평등이 나타나며, 자녀의 학업성취도 및 사회적 성취도에서 차이를 나타낼 가능성이 있기 때문에 지역사회문제라 할 수 있다.

또한 노동문제나 노인문제도 지역사회문제로 간주하는 것에는 문제가 있을 수 있다. 노동 자체가 지역사회문제가 아니라 노동이 야기하는 실업, 저임금, 비정규직문제 등이 지역사회문제가 되며, 노인이 지역사회문제가 되는 것이 아니라 고령화로 인한 노인부양의 증가(노인연금, 가족의 부양부담 등), 노인이 겪는 사회적 곤란과 건강문제 등이 지역사회문제가 된다는 것이다. 같은 맥락에서 보건의료문제도 계층 간, 지역 간의 격차 등이 사회적 쟁점이 되기 때문에 지역사회문제가 될 수 있다(원석조, 2014; 김현호 외, 2018).

4) 지역사회문제의 원인 및 사정방법

(1) 지역사회문제의 원인

지역사회문제를 이해하고 이에 대한 해결책을 찾는 데는 여러 가지 제도적·학문적 원인 및 사정방법이 있을 수 있다. 지역사회문제를 과학적으로 연구하기 시작한 것은 19세기부터이다(김병 외, 2014). 산업혁명과 자본주의 발달과 그로 인한 사회적 혼란과 모순은 지역사회문제를 유발하는데, 이러한 문제를 해결하기 위해 사회학이 등장하였다. 사회학은 발전과정에서 실용적인 차원의 지역사회문제에 대한 관심과 순수한 이론적 사회학 문제에 대한 관심을 가지면서 지역사회문제 해결에 초석이 되고 있다. 또한 인간의 복지문제에 관심을 가진 사람들이 개인·가족·소집단·지역사회의 사회적 부정의 문제를 다루게 됨으로써 지역사회복지 활동이 시작되었다. 이러한 관점에서 지역사회문제를 바라보는 관점은 지역사회문제의 원인이 어디에 있는지 어떤 입장에서 논의하는지에 따라 역사적 발전 단계를 거치면서 다양하게 전개된다.

루빙톤과 와인버그(Rubington & Weinberg)는 지역사회문제에 대한 설명을 ① 지역사회문제의 정의, ② 문제의 원인, ③ 문제의 조건, ④ 문제의 결과, ⑤ 문제의 해결책이라는 다섯 가지 이론적 분석 틀로 분류하여 설명하고 있다(Rubington & Weinberg, 1981). 사회과학적 이론에서 사회병리학(social pathology), 사회해체론(social disorganization), 일탈행위론(deviant behavior) 등은 구조적 기능주의 관점에서 본 접근이고, 가치갈등론(value conflict)은 사회집단의 가치와 이해관계의 갈등으로 접근한 것이다. 학문적 관점에서 지역사회문제의 원인을 알아보면 다음과 같다(김병 외, 2014; 최선화 외, 2014).

① 사회병리학

지역사회문제(범죄, 비행 등)의 원인을 생물유기체 내부에서 찾으려는 생물학적 접근은 이탈리아 박물학자 롬브로소(Lombroso, 1835~1909)에 의해 이루어졌다. 그는 군 형무소에 수감된 죄수의 외모를 조사하여 긴 턱, 넓은 턱, 높은 광대뼈, 각진 머리 등 외모상의 특징을 찾아 외형상의 범죄형 인간을 주장하였으나 후대에 비과학적이라 비판받았다. 이러한 과정을 거치면서 사회병리학적 관심을 갖게 되었다. 병리학(pathology)은 질병의 원인과 특질, 질병이 나타나는 과정을 연구하는 의학이다. 또한 사회병리학(social pathology)은 사회를 생물체에 비유하여 사회문제를 병원균에 의해 감염되는 것처럼 생물체의 병과 같은 비정상적인 존재로 인식한 학문이다. 예를 들면, 인체의 한 부분이 정상적인 기능을 수행하지 못할 경우 인체에 병이 발생하는 것처럼 사회구조의 한 부분이 제 기능을 하지 못하면 사회가 병에 걸리는데, 이것을 지역사회문제라고 보았다. 즉, 알코올중독, 범죄, 비행, 약물중독, 정신질환 등의 지역사회문제는 마음과 육신, 영혼 등이 병든 상태인 사회적 질병(social disease)이라는 것이다.

그러나 이러한 지역사회문제는 원인이 병든 사람에게 있는가 아니면 병든 지역사회에 있는가에 대한 논쟁이 1900~1910년 동안 미국 사회병리학자들 사이에서 논의됐다. 초기에는 사회화의 실패 원인을 병든 사람들의 책임으로 돌렸지만 후기에는 병든 사람들이 아니라 병든 지역사회조건(가족의 붕괴, 종교제도의 쇠퇴, 경제제도, 교육제도, 정치제도 등의 결함) 때문에 생긴다고 보았다. 그렇지만 궁극적으로 지역사회문제의 해결도 질병치료와 본질적으로 같다고 보고, 잘못된 사회화가 지역사회문제의 근본 원인이므로 최선의 지역사회문제 해결책은 지역사회구성원들을 적절히 사회화시키고 도덕적인 교육을 강화시켜야 된다고 보고, 가족, 학교, 교회, 직장, 여론매체 등이 이런 역할을 수행해야 된다는 것이다(Mooney, Knox, & Schacht, 2002; 원석조, 2014).

② 사회해체론

지역사회문제가 사회병리학적 접근의 한계가 들어나면서 비과학적 측면을 극복하기 위해 지역사회문제를 보다 객관적이고 가치중립적 입장으로 보는 사회해체론(social disorganization)이 등장하였다. 사회해체론은 지역사회문제를 개인의 문제가 아닌 지역사회구조와 연결시켜 접근하려고 시도했으며, 사회적 행위를 통제하는 사회적 규칙(social rules)의 중요성을 강조했다. 또한 사회해체론에 의하면, 사회적 규칙은 급격한 지역사회변동에 의해 붕괴되는데, 규칙이 약해지거나 서로 갈등관계에 빠지며 지역사회는 아노미(anomie, 행위를 규제하는 공통의 가치나 도덕 기준을 잃은 혼돈사태) 또는 무규범 상태에 놓이게 된다. 이러한 상태가 되면 지역사회는 개인 간의 결속력과 제도적 기구를 약화시켜 개인의 행위에 대한 규제력을 마비해 절도, 강도, 약물중독, 알코올중독, 배우자 및 자녀학대, 강간 등 각종 범죄와 비행의 지역사회문제가 된다는 것이다.

사회해체론은 1910~1950년도에 논의된 학문으로 처음 제안한 사람은 토마스와 즈나니에츠키(Tomas & Znaniecki)이다. 이들은 폴란드에서 미국으로 이민 온 가족들의 정착과정에서 부딪히는 적응문제를 연구하면서 폴란드 가족들의 전통문화(공동체 중심 문화)와 미국문화(개인주의적 문화)가 충돌하면서 가족이 해체된다는 사실을 발견하였다. 이들이 밝힌 지역사회해체는 무규범, 문화적 갈등, 붕괴 등 세 가지 형태가 있는데, 무규범(normlessness)은 행위의 기준이 존재하지 않는 것이고, 문화적 갈등(cultural conflict)은 두 개 이상 대립되는 규칙이 존재하여 한 가지 규칙을 어기지 않을 수 없는 상태이고, 붕괴(breakdown)는 규칙을 지키더라도 약속된 보상을 받지 못하거나 오히려 제재를 받는 것이다(Weinberg & Rubington, 1973; 김병 외, 2014).

이렇듯이 규칙의 해체는 개인의 행동에 대한 규제력을 약화시키며 범죄와 비행 등 지역사회문제는 개인에 대한 사회적 규제력의 약화로 일어나게 된다. 따라서 지역사회문제해결은 지역사회를 구성하는 각각의 부분들을 조합(융합)해서 지역사회변동의 속도를 완화시키거나 사회적 규범을 강화하는 것이다. 예를 들면, 청소년의 음주가 별다른 제재 없이 간과되거나 매스컴 등에서 청소년의 음주장면이 자주 등장하면 청소년 음주가 크게 확산되어 비행으로 빠질 경우가 많다. 이럴 경우 해결책은 청소년 음주가 불법이란 사실을 교육을 통해 인식시키고, 매스컴에 청소년 음주장면이 등장하지 못하도록 하며, 부모교육을 통해 부모가 자녀의 음주를 통제하도록 권장하는 것이다.

③ 일탈행위론

일탈행위론적 관점에서 지역사회문제는 사회적 규범으로부터 체계적인 일탈 또는 사회적 기대에 부응하지 못한 파괴를 의미한다. 사회적 규범으로부터의 일탈은 사회조직 간의 긴장상태(states of tension)에 대한 개인의 반응이나 패턴화한 적응양식을 의미한다. 이러한 일탈행위는 어느 지역사회에서나 관찰되고 있는데, 그런 점에서 정상(normal)으로 간주된다. 일탈행위가 없는 지역사회는 오히려 비정상인 지역사회라고 간주한다. 일탈행위론(deviant behavior)은 프랑스 사회학자 뒤르켐(Durkheim)이 제안한 아노미론(theory of anomie)이다. 그는 자살과 생산의 분업화 과정에서 연대성이 약한 현상을 아노미(무규범)라고 하면서 처음으로 제안하였다. 아노미(anomie)는 문화적 목표가 과잉으로 강조되거나 이러한 목표를 성취하기 위한 합법적 기회가 차단될 때 사회의 일부사람에게 정상적인 일이 될 수도 있다.

일탈행위론은 문화전달론으로 설명할 수 있는데, 문화전달론은 범죄와 비행을 하나의 문화적 현상으로 설명한 것이다. 기성세대 문화, 청소년 문화, 미국문화, 한국문화 등 각각의 지역과 시대에 따라 문화가 존재하듯이 패턴화된 범죄문화나 비행문화가 존재한다. 즉, 빈곤의 대물림 현상은 특정 문화가 특정 지역(슬럼가 등)에 뿌리를 내리고 또 전승됨으로써 지역사회문제가 반복해서 발생하게 된다. 일탈이론에서 중요한 점은 지역사회에 부응하는 행위나 일탈행위를 하는 지역사회집단에 참여함으로써 학습된다는 것이다. 즉, 부응하는 행위 집단에 참여하여 동조하면 일탈행위를 하지 않게 되고, 일탈행위 집단에 가입하여 일탈행위를 학습하면 일탈자가 된다는 것이다. 따라서 일탈행위에 동조하는 행위를 예방하고 계몽할 필요가 있다.

④ 가치갈등론

1970년대 이후 갈등주의이론은 서로 이해관계가 다른 집단들이 권력과 자원을 놓고 경합하는 것이 지역사회라고 보았다. 갈등주의이론의 원조인 칼 마르크스(Marx, Karl)에 의하면, 자본주의 발전은 부르주아지와 프롤레타리아트의 서로 적대적인 두 계급으로 분류하여 발전하게 된다는 것이다. 부르주아지는 자본과 생산수단을 소유한 계급으로 노동력만을 보유한 무산계급인 프롤레타리아트의 노동력을 착취하게 된다. 이러한 과정에서 주·종 관계가 형성되어 갈등을 초래하게 된다. 인간이 가치에 비중을 둔 가치갈등론(value conflict theory)은 사회적 갈등이 지역사회집단의 가치와 이해관계에서 대립되기 때문에 지역사회문제가 발생한다고 보았다.

가치갈등론에 의하면, 지역사회문제는 가치들 간의 상호충돌 또는 불일치 현상이라는 것이다. 지역사회의 다양한 집단은 서로 다른 이익을 갖고 있기 때문에 상호 적대적이면서 문제가 발생한다. 집단의 가치적 대립은 이익을 대변하기 때문에 객관적이지 못하고 주관적인 면이 강하다. 그렇지만 사회질서를 유지하기 위해서는 제도화된 타협을 통해 이익갈등을 해소하는 것이 필요하다. 이러한 이론은 미국의 대공황 이후 사회의 구조적인 면을 그대로 인식하게 되어 사라졌다(원석조, 2014).

(2) 지역사회문제의 사정방법

지역사회문제의 발생 원인은 환경적, 제도적, 시대적, 문화적, 지리적 상황에 따라 다양하게 발생한다. 그렇지만 일반적으로 사람들은 지역사회문제를 인식하면 대부분 심리학적 시각으로 바라본다. 예를 들어, 빈곤을 볼 때 잘못된 부의 재분배와 지속적으로 불이익을 받게 만드는 사회적 기제와 관계없이 사람들은 빈민들의 행동과 태도를 비난한다. 또한 고용보장이 안 되어 있는 상태에서 노동자들이 공격적인 행동으로 파업을 하면 그들을 비난한다.

이렇듯이 근본적인 쟁점은 일탈행위 자체가 개인의 병리적 측면(개인의 원인)에 있는가 아니면 잘못된 지역사회구조(제도적 원인)로 인한 개인적 일탈에 있는가로 요약될 수 있다. 그렇지만 위의 원인에서 알 수 있듯이 양분화된 논리에서 해법을 찾는 것은 그리 간단하지 않다. 따라서 지역사회문제의 사정은 지역주민들의 욕구, 지정학적 특성, 인구의 특성(연령대별 구성비), 소득 수준, 지역사회의 특성(타 지역과 차별화된 지역의 장점 또는 부족한 점), 사회·문화 체계(각종 시설 및 문화 행사), 종교와 종교시설(종교적 특성과 종교시설의 분포), 주거형태, 건강(의료시설 및 건강관련 사항), 복지(복지시설 및 이용자), 교육(학교 및 교육수준), 시대적 상황, 자본주의에 입각한 재원 등을 포괄적으로 고려해서 욕구조사 및 공청회 등을 통해 우선순위에 따라 사정해야 한다. 여기서 사정(assessment)이란 문제의 내용과 원인을 파악하고 문제를 해결하거나 줄이기 위해 어떤 것이 변화되어야 하는지 등에 답을 찾는 것이다. 효과적인 사정은 무엇이 잘못되었는가에 초점을 두는 것이 아니라 지역주민의 자원, 동기, 장점 등도 포괄해서 사정한다.

6.2 지역사회네트워크 기술

네트워크(network)는 지역사회나 정보통신 기술에 의해 상호 간 서로 연결된 형태의 망구조이다. 이러한 개념은 1990년대 이후 세계화, 빠른 기술변화, 정보통신기술의 발달, 인구학적인 변화로 인한 실업, 사회적 배경, 고령화와 환경문제 등 심오한 지역사회문제의 효과적 대처를 위해 등장했다. 여기서는 네트워크의 개념 및 특성, 필요성 및 유용성, 기술, 구축방향, 활성화, 평가 등에 대해서 알아본다.

1) 네트워크의 개념 및 특성

일반적으로 네트워크는 수평적 교환의 패턴, 호혜적 의사소통 경로, 상호의존성을 창조하고 장기적으로 이루어지는 교환관계, 그리고 독립성을 가진 조직 간의 지속적 상호작용의 관계 등으로 정의된다(Powell, 1990; 홍현미라 외, 2010). 네트워크는 소통(communication)에 의해서 또는 소통을 위하여 형성되는 사회적 상호작용이며, 조직 간의 연계를 의미한다. 즉, 네트워크는 공유된 목적을 성취하고, 목표를 달성하기 위해 개인이나 조직 및 기관 간에 상호작용하고 자원을 교환함으로써 더 좋은 효과와 성과물을 낳을 수 있는 사회적 체계인 것이다. 이러한 네트워크의 공통적인 전제는 효과적인 목적 달성이 협력 관계를 통한 공유와 연대를 통해 이루어진다는 것이다.

따라서 사회복지 차원의 네트워크는 다양한 사회복지 실천영역에서 효과적이고 효율적인 전달체계 구축 및 운영을 위한 기관 간의 관계망으로 지역사회 내 사회자원 간의 연계체계 또는 연계형태를 의미한다. 즉, 서비스의 중복을 방지하고 자원을 효율적으로 관리하기 위하여, 정기적인 모임 및 회의를 통해 서비스 계획을 공동으로 수립한 후 개별기관들이 각각 서비스를 제공하는 것이다. 또한 네트워크 과정에서 개별기관의 정체성은 유지하되 서비스 제공에 있어서 팀 접근(team approach)을 시도해 나가는 것이다(남진열 외, 2010). 자원 간의 중복 또는 공백을 조정하는 지역사회 네트워크는 [그림 6-1]에 나타냈다.

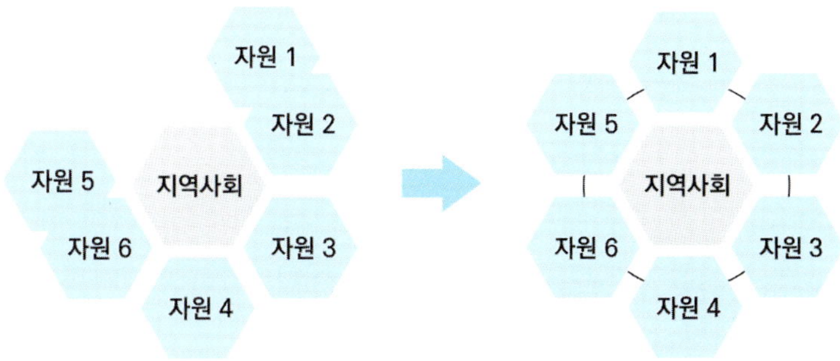

[그림 6-1] 자원 간의 중복 또는 공백을 조정하는 지역사회 네트워크

이와 같은 네트워크의 특징을 정리하면 다음과 같다(홍현미라 외, 2010). ① 네트워크를 이루는 조직 간의 수평적 관계이다. 공통의 목적달성을 위해 참여하는 조직은 상이한 독립적인 목표를 가지기 때문에 참여하는 조직의 독립성을 유지하는 수평적 관계이다. ② 네트워크는 서로 간의 신뢰와 상호성(reciprocity)을 기반으로 서로의 보충적 관계로 이루어진다. 서로 조직 간의 상호성을 유지하면서 이득이 있어야 지속된다는 것이다. ③ 네트워크는 조직 간 상호의존성(interdependence)이 있다. 조직 간에는 힘의 균형에 따라 주・종 관계가 있을 수 있으나 네트워크는 수평적관계로 상호의존적이라는 것이다. ④ 네트워크는 자유로운 결합(loose coupling)이다. 네트워크에서 자유로운 결합은 조직 간에 자율성을 보장하며 복수의 지도자가 존재하더라도 의사소통과 상호작용이 용이하다는 것이다.

2) 네트워크의 필요성 및 유용성

(1) 네트워크의 필요성

지역사회의 다양한 조직들이 조직 내부의 자체적인 사업만을 수행하는 것이 아니라 조직의 목적을 달성하기 위해서는 지역사회의 다양한 조직들과의 네트워크가 필요하다는 것을 인식하게 된다. 이것은 각 조직이 가진 자원이 제한되어 있으며, 다른 조직들과 공동의 목적을 가졌다고 인식하기 때문이다. 특히 지역사회의 특성을 감안한 효과적 서비스 전달과 복지자원을 활용한 지역사회복지 전달체계의 혁신이 필요하게 되었다. 지역사회 네트워크의 필요성을 세 가지로 요약하면 다음과 같다.

① 효율성의 증대: 지역사회 네트워크를 통하여 지역사회 자원 간의 효율적이고 기능적인 연계를 통해 효율성을 높일 수 있다. 자원 간의 중복 또는 공백을 줄이고 제한된 자원을 가장 적절한 방법으로 배분하여 활용할 수 있는 중요한 방법이 지역사회 네트워크인 것이다.

② 클라이언트의 다양한 욕구에 부응: 지역사회 네트워크는 클라이언트 관점에서 매우 중요한 의미를 가지는데, 이는 특정문제나 욕구를 기능적으로 분화된 개별기관이나 프로그램을 클라이언트 중심으로 연계시키기 위한 것이기 때문이다. 따라서 지역사회 네트워크를 통해 점진적으로 다양하고 복잡해지는 지역사회 내의 욕구들에 능동적으로 대응하며, 개별 기관이 제공할 수 없는 다양한 자원을 연계할 수 있다.

③ 사회자본 구축: 네트워크를 수행하는 조직이나 개인들이 공식・비공식 제도에 대한 정확한 정보를 공유 및 제공하여 상호 간에 신뢰할 수 있도록 해서 지역사회공동의 문화, 행동, 의식이 형성될 수 있다.

(2) 네트워크의 유용성

지역주민들의 복지욕구는 다양화되고 복지수요가 개별화되면서 사회복지실천 또한 다양화되고 있다. 이러한 차원에서 지역사회복지실천은 지역주민의 욕구와 서비스를 제공하는 기관의 전문성 추구로 인해, 한 기관에서 통합적인 서비스가 제공되기보다는 지역사회의 자원을 연결하여 대상자의 욕구를 해결하고자 하는 네트워크가 중요시되고 있다. 네트워크 기술을 활용하면 다음과 같은 유용성이 있다(Beatric, 1990; 홍현미라 외, 2010).

① 클라이언트에게 서비스의 폭(gap)을 줄이고 더 광범위한 서비스를 제공할 수 있다.
② 조직 차원에서 독자적으로 서비스를 제공할 때보다 서비스의 개발과 실천에서 더 다양한 방법을 사용하여 포괄적으로 지원할 수 있다.
③ 지역사회 내 다양한 자원의 동원을 용이하게 할 수 있다.
④ 조직 간 협력은 더 많은 클라이언트 풀(pool)을 확보할 수 있다.
⑤ 서비스의 중복을 막고 서비스를 위한 새로운 환경을 구축하기 위한 시간과 비용을 절약할 수 있다.
⑥ 지역사회 내 서비스의 문제를 함께 해결할 수 있는 기회를 제공할 수 있다.
⑦ 독자적으로 달성할 수 없었던 서비스를 지역사회 내 모두가 지원한다는 심리적 요인으로 서비스의 효과를 높일 수 있다는 것이다.

이러한 유용성으로 인해 네트워크는 지역주민들의 자발적인 참여와 주도로 지역사회문제의 해결능력을 높이고 지역발전뿐만 아니라 시민사회도 더욱 성숙하게 할 수 있다.

3) 지역사회네트워크 기술

지역사회네트워크 기술은 사회복지사가 지역사회 대상자의 정신적 · 신체적 · 경제적 안정을 위한 상담, 치료, 재활서비스 등 사회적 서비스를 제공하기 위해서 지역사회 자원과 연계하는 기술이다. 이러한 기술은 대상자 평가, 자원평가, 서비스체계 연결, 정보제공 등의 과정으로 이루어진다(남진열 외, 2010).

대상자 평가는 대상자의 문화, 언어적 능력, 정서, 지능, 손상된 부분, 변화하려는 의지 등과 같은 요인을 측정하여 욕구와 능력을 정확하게 이해하는 기술이다. 자원평가는 대상자의 욕구를 충족시키기 위해 다양한 자원을 발굴하는 기술이다. 자신이 속한 기관뿐만 아니라 다른 기관에서 제공하는 서비스, 수혜조건, 서비스 비용, 직원의 전문성 등을 포함해서 대상자가 자원에 접근할 수 있도록 돕는 것이다. 서비스체계 연결은 지역사회 내에서 서비스를 제공하는 기관이나 전문가와 상호작용할 수 있도록 자원연결망에 참여하고 자원을 공유할 수 있도록 협상하며, 기관 상호 간의 정보 교화 · 조정 활용에 참여하는 것이다. 그리고 정보제공은 서비스 전달체계를 통해 정확한 지식과 정보를 축적하고 지역사회의 집단과 지역주민에게 다양한 정보를 전달하는 기술이다.

4) 네트워크의 구축방향

지역사회네트워크 구축은 지역사회복지수요, 지역사회복지에 관련된 조직의 기능 및 역할, 복지자원, 지역사회 환경 등을 고려하여 종합적이고 경험적 분석을 토대로 이루어져야 한다. 이러한 점을 고려하여 지역사회복지 네트워크의 구축방향을 알아보면 다음과 같다(남진열 외, 2010; 홍현미라 외, 2010).

(1) 네트워크의 주체

네트워크는 기본적으로 다양한 복지관련 조직의 참여구조로 이루어진다. 책임성 확보차원에서 관련조직을 매개할 수 있는 중심조직 또는 행위자를 선정할 필요가 있다. 복지수요자의 일반적 특성을 고려하여 서비스공급조직을 주체로 선정할 필요가 있으며, 이를 통하여 네트워크 과업을 효과적으로 수행하는 것은 물론 네트워크 참여조직들 간 상호 조정 및 협력하도록 한다.

(2) 네트워크의 구성

네트워크를 구성하기 위해 구성원을 어떤 사람으로 구성해야 하는 가의 내용이다. 구성원은 기존의 네트워크에 참여하는 경우도 있을 수 있고 새롭게 네트워크 영역에 따라 새롭게 구성할 수도 있다. 네트워크 영역은 ① 지역주민의 문제 및 욕구(problem or need of human), ② 대상 집단(population or clientele), ③ 실천기술(technology or treatment), ④ 네트워크 설정지역(geographic or catchment area), ⑤ 자원출처(sources of fiscal and nonfiscal resources) 등 다섯 가지 요소로 구성된다.

이와 같은 요소에 대해 네트워크 참여조직 간에 연계협력을 공식화하고, 안정적으로 구성하기 위한 합의과정이 이루어진다. 일반적으로 지역사회복지계획 수립과정에서 네트워크 구성은 행정지원 조직, 서비스 제공조직, 자원제공 조직, 대상자 조직 등을 포괄하는 방향으로 구성한다. 특히 지역사회 내에 있는 대상자 및 영역별 관련 기관을 확인하여 참여할 수 있도록 독려해야 한다. 또한 일반적인 사항 외로 필요하다고 인정되면 지역사회 내에 보건, 고용, 주거, 교육, 문화, 체육, 기업, 언론계, 종교계, 전문가 등을 포함하여 네트워크 구성에 참여시킬 수 있다.

(3) 네트워크의 운영

네트워크가 구성되면 어떤 방향으로 운영할지를 결정해야 한다. 일반적으로 지역사회복지계획 수립과정에서 네트워크 운영은 운영위원회와 실무위원회를 구성하여 운영하고 있다. 운영위원회는 행정지원 조직 및 참여조직의 대표자로 구성하며 네트워크의 주요 의사결정을 담당한다. 이러한 위원회는 실무위원회와 협의하여 네트워크의 목적을 명확히 설정하고, 이에 따른 세부적인 하위목표를 구체화하여 실무자가 연계서비스를 수행할 수 있도록 한다. 실무협의회는 네트워크에 참여하는 기관의 실무자로 구성하며, 각 기관에서 제공되는 서비스와 대상자에 관련된 정보를 공유하여 구체적인 협의와 연계서비스를 제공한다. 또한 실무협의회 내에는 필요에 따라 대상자 범주별로 전문팀을 두어 서비스 연계에 대한 구체적 협의를 진행하기도 한다.

(4) 네트워크의 활동범위

지역사회네트워크의 활동은 지역사회복지계획 수립에 따른 지역주민의 욕구조사 및 분석, 지역사회문제 사정, 이러한 욕구 및 문제에 따른 대응, 지역사회 비전제시 등 지역사회 전반에 대한 사회적 공론화 및 지역복지정책의 개선을 통한 지역사회복지의 역량을 강화하는 것이다. 따라서 지역사회복지수요에 대한 효과적인 대응으로 서비스 제공의 연계체제를 확립하여 서비스의 조정 및 중복방지, 의뢰, 프로그램 개발 등의 활동을 수행한다. 이러한 네트워크 활동은 각각의 영역별 대상별로 소그룹으로 구성・운영하면 복지차원의 서비스 통합을 이룰 수 있으며 지속적으로 운영될 수 있고 효율성과 효과성이 극대화될 수 있다.

(5) 네트워크의 형성과정

네트워크의 형성과정은 학자마자 다른 기준을 가지고 분석하고 있다. 김창기(2005)는 네트워크 형성과정을 인식기(형성 배경), 형성 준비기, 형성기, 활동기, 연장기 등 다섯 단계로 구분하였다. 인식기는 사업이 진행되기 전에 인식할 수 있는 시기이고, 형성 준비기는 로컬 거버넌스 형성의 토대를 마련한 시기이고, 형성기는 기본 틀을 바탕으로 활동을 전개했던 시기이고, 활동기는 실제로 사업을 진행하는 시기이고, 그리고 연장기는 시범사업의 기간이 종료하였거나 사업이 지역적인 뿌리를 내리기 위하여 연장하였던 시기로 구분하였다. 또한 최종혁과 이연(2008)은 조직화 단계, 실천 활동 단계, 확대 조직화 단계 등 세 단계로 구분하였다. 조직화 단계에서는 조직화 준비, 계획, 체계 구축을 하고, 실천 활동 단계에서는 공동 프로그램 개발, 프로그램 실천계획, 프로그램 실천을 하게 되고, 그리고 확대 조직화 단계에서는 평가, 확대 · 정비, 유지 · 발전으로 구분하였다.

5) 네트워크의 활성화

네트워크 형성과정을 통해 구성된 네트워크를 성공적으로 유지관리하기 위해서는 조직 간의 갈등관리를 해야 한다. 갈등관리는 조직 간, 구성원 상호 간에 대칭적 관계가 이루어지고 한 조직이나 한 구성원에 의해서 좌우되는 일이 없도록 하고, 소외되는 조직이나 구성원이 없도록 관리하는 것이다. 네트워크가 성공적으로 운영되기 위해서는 참여조직 간에 응집력을 높이고 구성원 간의 친밀도를 높여 신뢰를 확고히 하는 것이 필요하다. 이렇게 함으로써 지역사회 내의 역량을 강화하게 된다. 그렇지만 책임성 확보 차원에서 관련 조직이나 구성원을 매개할 수 있는 중심조직을 선정할 수도 있다.

일반적으로 네트워크를 성공적으로 수행하기 위한 성공 요인은 연구자마다 차이가 있을 수 있다. 정은주(2011)는 선행연구들을 참고하여 환경적 요인, 체계적 요인, 네트워크 내부 요인 등 세 가지로 구분하였다. ① 환경적 요인은 지역사회를 둘러싸고 영향을 미치고 있는 모든 외적 요소들로 인적 · 물적자원, 네트워크 구성원들 간의 신뢰, 구성원들의 이질성과 관여수준, 서비스대상 집단, 서비스 사용료 등의 요인이다. ② 체계적 요인은 기관장, 조직 내 지지 요인, 조직 간의 신뢰형성 정도를 나타내는 타 조직과의 관계요인, 이해관계자 범위와 차원에 대한 요인, 외적 조건평가 요인 등이다. ③ 네트워크 내부 요인은 네트워크 활성화 정도, 목적 · 목표의 인식 및 공유 정도, 의사결정 정도 등의 요인이다.

또한 김창기(2005)는 환경적 요인, 네트워크 구조설정, 네트워크 내부운영 전략요소 등 세 가지로 구분하였다. ① 환경적 요인은 안정된 자원의 확보, 민・관의 협조적 파트너십 등의 요인이고, ② 네트워크 구조설정은 민간 기관의 주도적인 역할, 이해관계자 측면에서 사업의 인식제고를 위한 다양한 활동 요인이고, ③ 네트워크 내부운영 전략요소로는 네트워크 활성화 전략으로 상호적인 정기적 모임, 집단 간의 전문성과 자율성을 바탕으로 하는 대등관계, 정보의 공유, 활발한 커뮤니케이션, 서비스 조정과 중재 등의 요인을 들었다.

그 밖에 홍선미와 하경희(2009)는 효과적인 네트워크 형성을 위해 다양한 자원개발 기능의 강화, 안정적인 지원구조와 권위를 갖춘 민・관 협력체계로서의 공식적인 지역관리체계 기능강화, 권역별 거점 기관 중심의 네트워크 구성, 개별 기관의 사례관리실천을 지원하고 구조화할 수 있는 효과적인 지지체계를 발전시켜 나갈 것을 제안하였다.

6) 네트워크의 평가

네트워크를 구성 및 형성해서 효과적으로 운영하였다면 운영에 따른 평가를 수행해야 한다. 네트워크 진행과정에 따른 평가와 성과측면에 대해서 알아본다.

(1) 네트워크 진행과정에 따른 평가

네트워크를 포함한 사회복지 프로그램의 체계모형에 따르면 평가는 투입 → 활동 → 산출 → 결과 등 네 단계의 과정을 통해서 이루어진다.

① 투입(input): 네트워크 활동을 위해 소비한 자원을 의미한다. 예를 들어, 재원, 인력, 시설, 장비, 그 밖의 공급물을 포함한다. 투입에서는 법, 규제, 기금을 받기 위한 요구조건 등과 같은 제약들도 포함한다.

② 활동(activity): 네트워크에서 진행한 모든 활동을 의미하며, 투입에서 사용된 자원들을 가지고 진행한 활동들을 의미한다.

③ 산출(output): 활동을 통한 직접적인 생산물이며 일반적으로 완성된 업무량을 측정한다. 예를 들어, 교육한 강의 수, 실시한 상담 횟수, 교육자료 수 등을 의미한다.

④ 결과(outcomes): 네트워크 활동에 참여하는 동안 일어난 혜택이나 변화를 의미한다. 결과는 산출에 영향을 받으며 초기 계획의 목적한 바를 달성해야 한다. 예를 들어, 청소 캠페인의 산출이 열린 회의 수와 참여한 주민 수라면, 결과는 위험물질의 노출감소, 자부심 증가 등이 될 수 있다(김현호 외, 2018).

(2) 성과측면

성과측정은 프로그램의 효율성, 품질, 효과성 등에 대한 정보를 규칙적으로 수집하고 보고하는 것으로 정의할 수 있다. 즉, 성과측정은 프로그램에서 제공되는 서비스의 총량, 서비스의 품질, 프로그램의 결과나 영향, 투입자원 비용 등과 같은 정보들을 규칙적으로 수집하고 평가하는 것이다. 이러한 성과평가의 핵심은 ① 프로그램이 목표로 하는 것을 성공적으로 성취하였는가, ② 지역사회가 프로그램을 제공한 이후 어떻게 변화했는가이다. 이러한 질문은 평가의 핵심적인 내용이라고 볼 수 있으며, 다양한 방법을 동원하여 이러한 질문에 대한 답을 찾는 것이 중요하다. 성과측정 요소인 효율성, 품질, 효과성 각각의 관점에 대해서 알아보면 다음과 같다.

① 효율성 관점

투입에 대한 산출의 비율로 생산성을 평가하는 것이 효율성 관점이다. 즉, 동일하게 투입하여 더 많은 산출물을 생산하는 것이 무엇인지, 동일한 목적을 달성하기 위해 더 효율적인 방법이 무엇인지 등을 파악하는 것이다(김현호 외, 2018). 예를 들면, 100만 원을 지원해서 아동 10명에게 2시간씩 학습을 지원하는 것과 아동 15명에게

2시간씩 학습을 자원하는 것 중 후자가 더 효율적이라고 보는 것이다. 이렇듯이 사회복지 프로그램의 효율성 평가는 비용을 제공하는 입장에서는 지원(후원)된 비용이 적절하게 사용되고 있는지를 알려 주어 지원이 지속되도록 해야 한다. 따라서 프로그램을 주최하는 기관은 프로그램을 좀 더 효과적으로 운영할 수 있는 방법은 없는지를 찾고, 제한된 자원으로 좀 더 많은 서비스가 가능하도록 해야 한다.

② 품질 관점

품질 관점은 서비스 질에 관심을 가지는 것이다. 높은 질의 서비스가 제공되면 생산성이 증가하고, 저품질 서비스가 제공되면 생산성 또한 감소한다. 예를 들면, 사회복지 서비스에서 높은 수준의 서비스는 시행착오의 감소, 문서작업 시간의 단축, 프로그램 실행 고정시간 단축, 재원의 증가, 대상자의 만족도 향상, 비용 감소, 지역사회의 이미지 개선 등의 효과가 있을 것이다. 또한 서비스에 대한 품질은 투입 대 산출의 비율로 단순화 효율성의 개념을 뛰어넘는 것이다. 예를 들면, 식사배달 프로그램에서 음식이 식지 않은 상태로 배달하는 것을 강조하거나 교통서비스 프로그램에서 대상자를 제 시간에 태우러 가는 조항을 첨부하는 것이다(김현호 외, 2018).

③ 효과성 관점

효과성은 프로그램에 의도된 결과나 목표가 달성되었는가가 주된 관심이다. 효과성 평가는 투입의 양에 대한 고려보다 변화된 것을 중심으로 측정한다. 예를 들면, 집중적인 사례관리 프로그램의 결과로 범죄자들의 재범률이 떨어졌다면, 투입된 집중 사례관리에 들어간 자원이 얼마인지 보다는 재범률이 감소한 것이 중요한 평가대상이 되는 것이다(김현호 외, 2018).

6.3 지역사회자원동원 · 개발 기술

지역사회복지실천과 자원은 밀접한 관계가 있다. 지역사회자원(resources)은 지역사회라는 범주를 바탕으로 지역주민의 삶을 개선하는 데 쓰일 수 있는 모든 것을 의미한다. 즉, 지역사회복지실천 활동에서 대상자의 변화나 그들의 생활을 향상시키는 데 사용할 수 있는 인적자원, 물적자원, 재정 자원, 제도 자원, 정보 자원 등을 의미한다. 재정 자원은 현금, 현물, 바우처 등이고, 제도 자원은 사회복지와 관련된 정책, 법, 행정 체계 등이고, 정보 자원은 국내 · 외에서 제공되는 정보들이라 할 수 있다. 이러한 자원은 지역사회문제해결이나 개입방법과 상관없이 필수적인 요소인데, 자세한 내용은 '제5장 제2절 2) 지역사회자원구조의 파악'에서 언급하였다. 여기서는 자원동원과 개발의 필요성 및 중요 사항, 인적자원의 개발기술, 물적자원의 개발기술, 자원의 활용 및 유지 · 관리 등에 대해서 알아본다.

1) 자원동원과 개발의 필요성 및 중요 사항

지역사회복지에서 자원동원과 개발은 사회복지 기관 및 시설이 존재하는 한 인력 · 물적 측면에서 지속적으로 필요한 것이다. 사회복지 기관 및 시설에서 인적 · 물적자원에 대한 동원의 필요성은 ① 서비스 프로그램의 효과성 및 효율성을 제고하기 위해서, ② 사회복지 기관 및 시설의 서비스 프로그램에 대한 접근성을 증진시키기 위해서, ③ 지역사회 자원동원을 통해 지역사회 주민의 상호연대 의식을 증진시키기 위해서, ④ 이 밖에도 정부의 사회복지 재정지원의 한계성을 극복하기 위해서이며, 이와 같은 지역사회자원의 동원과 개발의 필요성이 강조되고 있다(최일섭 외, 2006). 또한 지역사회자원의 동원과 개발에 대한 중요 사항은 다음과 같다(김현호 외, 2018).

① 지역사회자원에 대한 충분한 조사: 지역사회에는 여러 종류의 인적 · 물적자원이 있다. 사회복지 기관 및 시설에서는 지역사회자원에 대한 사전조사 없이 자원이

필요할 때마다 준비하여 자원을 구하는 것은 매우 힘든 내용이다. 따라서 지역사회자원 개발을 위해서는 무엇보다 개발에 맞는 자원개발이 사전에 준비되어야 한다.

② 지역사회에 존재하는 기존 네트워크와 자원을 활용: 이미 지역사회에는 확보된 자원과 이를 둘러싼 다양한 네트워크가 형성되어 있다. 따라서 지역사회자원 개발을 위해서 기존 자원과 네트워크를 활용하면 쉽게 자원을 개발할 수 있으므로, 기존의 네트워크와 유기적인 연계성을 갖고 있어야 한다.

③ 내용과 분야에 따라 지역사회자원을 분류: 인적자원은 각 분야의 전문성을 기반으로 법률, 의료, 교육 등 전문분야와 일반 자원봉사자로 분류하고, 물적자원은 기업 및 단체 등과 같은 업체와 후원금품 등으로 분류하여 정리한다.

④ 지역사회 욕구 및 문제를 기반으로 자원을 개발: 지역사회자원은 지역사회 구성원들의 욕구와 연결될 때 개발이 용이하고, 나아가 문제와 환경개선을 위한 욕구가 분명히 존재할 때 지역사회자원 개발을 위한 마케팅 및 홍보 전략이 적합하게 이루어질 수 있다.

⑤ 지역사회자원을 체계적으로 관리: 지역사회자원은 자원이 갖고 있는 특성과 내용에 맞춰 체계적으로 관리하고 DB화 해야 한다. 예를 들어, 개인후원자를 위한 관리체계와 기업후원자를 위한 관리체계 등을 분류하여 관리한다.

2) 인적자원의 개발기술

인적자원은 사회복지 관련 전문가, 공공기관 종사자, 사회복지단체 종사자, 자원봉사자 등을 포함한다. 또한 지역사회 내에 거주하는 지역사회주민 및 가정도 자원이 될 수 있고, 지역사회의 공식적(행정, 기업, 의료 및 사회복지 법인, 지역사회단체 및 협회)·비공식적(본인, 가족, 친족, 친구, 이웃, 자원봉사자) 조직의 구성원, 학교, 병원, 경찰 종사자 등 모든 유·무형의 자원이다.

(1) 동원의 기술

인적자원을 지역사회복지실천 참여를 유도하기 위해 동원할 수 있는 기술은 기존 조직의 활용, 개별적 접촉, 네트워크 활용 등이 있다(이태희 외, 2014).

① 기존 조직의 활용: 인적자원을 가장 빨리 동원할 수 있는 방법 중 하나이다. 이러한 방법은 지역사회 내의 여러 조직을 조사한 후 조직의 지도자와 접촉해 지역사회복지실천에 동원하는 것이다. 지역사회복지실천에 동참하게 되면, 이때 각 조직들의 자율성을 지키면서 동등한 자격으로 참여시키며 조직 간의 갈등이 발생하지 않도록 공동의 목표를 강조하며 실천하는 것이 중요하다. 또한 지역사회 내에서 조사한 조직, 기업, 공공기관, 종교단체, 학교 등은 데이터베이스를 구축해서 추후 지역사회복지실천에 활용할 수 있다. 또한 지역사회의 자원봉사센터와 업무적 공유를 통하여 데이터베이스화된 인적자원을 활용하면 더욱 효과적이다.

② 개별적 접촉: 지역사회 주민을 개별적으로 접촉하여 지역사회복지실천에 동원하는 것이다. 이러한 방법은 대상자와 지리적으로 인접한 이웃의 인적자원을 발굴하여 '생활 속에 봉사'라는 자긍심을 심어 주어 지역사회복지실천에 동원할 수 있다. 접촉 방법은 호별 방문, 홍보 및 관련된 우편물 발송, 마을 회관 방문, 사람들이 운집해 있는 곳에서 대화 등이며, 이를 통해 동원할 수 있다. 또한 지역사회(마을)에서 자신의 문제라고 인식할 수 있도록 변화를 유도하여 확신을 심어 주는 것이 효과적이다.

③ 네트워크 활용: 지역사회네트워크 기술에서 알 수 있듯이 이미 지역사회에서 구축된 네트워크 참여나 활동을 통해 인적자원을 동원하는 것이다. 개별적으로 접촉하는 것보다 직장 동료나 네트워크 활동을 통해 알게 된 인적자원을 발굴하는 것이 보다 효과적이다.

3) 물적자원의 개발기술

물적자원은 지역사회 공공·민간기관 및 기업(영리, 비영리), 종교기관, 학교(초·중·고·대학) 등의 설비, 건물, 기자재, 후원금·품, 재정 자원 등 모든 자원을 포함한다. 여기서 재정 자원은 현금, 현물, 바우처 등의 자원을 포함한다.

(1) 모금의 방법

사회복지기관에서 재정적으로 부족한 물적자원을 확보하기 위해서는 많은 노력이 필요하다. 기부 능력이 있는 잠재적 기부자를 발굴하고 명분 있는 목적에 기부할 수 있도록 동기를 부여해 주워야 한다. 또한 단순히 현금이나 현물을 모으는 것이 아니라 지역사회 구성원의 관심과 참여를 유도해서 지역사회역량을 강화하도록 해야 한다. 물적자원의 모금방법은 회비, 기관 홍보와 마케팅, 외부 지원금 신청, 모금을 위한 이벤트 등이 있다(김현호 외, 2018).

① 회비: 구성원들로부터 일정 금액을 징수하는 것이다. 이것은 물적자원을 확보하는 가장 쉬운 방법 중 하나로 구성원들의 충성심을 확보하는 동시에 조직의 자율성을 유지할 수 있다.

② 기관 홍보와 마케팅: 기관의 목적과 사업을 매스미디어를 통하여 지역사회에 널리 알려 신뢰성을 높이고 기부를 극대화시키는 방법이다. 이러한 방법은 지역사회에 판매(홍보)하는 행위이기 때문에 일종의 마케팅으로 볼 수 있다. 마케팅 기법은 전략적 계획과 시장조사, 요구분석, 목표설정 등의 과정을 포함한다.

③ 외부 지원금 신청: 부족한 재원을 정부, 복지재단(월드비전, 굿네이버스, 기업 복지재단 등), 공동모금회 등에 신청하는 것이다. 이러한 신청은 목적사업에 따라 제안서(proposal)를 작성·제출하여 재원을 확보할 수 있다.

④ 모금을 위한 이벤트: 특정 기간이나 날짜를 정해서 서비스나 행사 등을 제공하고

비용을 부과하는 방법이다. 예를 들면, 일일찻집, 세차 행사, 바자회, 음악회 등이 있을 수 있다.

이러한 모금활동은 후원자에 대한 기관의 신뢰성을 유지하는 것이다. 무엇보다도 현금이나 물품의 사용에 대한 투명성이 확보되어야 하며 기관 구성원의 전문성과 사명감을 통해 후원자의 신뢰를 확보하는 것이 중요하다. 따라서 기관차원에서 구성원에 대한 꾸준한 교육과 책임성 확보를 위한 자체 노력이 필요하다고 할 수 있다(남진열 외, 2010; 김현호 외, 2018).

4) 자원의 활용 및 유지 · 관리

지역사회자원을 동원 및 개발하고 분류하여 기부자를 DB화 했으면 자원을 활용하고 유지 · 관리하는 것이 필요하다. 여기서 DB(database)는 여러 관련된 데이터가 체계적으로 저장되고 통합적으로 관리되는 상태를 의미한다. 체계적이라는 것은 복잡한 구조의 데이터가 의미 있게 분류되고, 방대한 양의 데이터가 신속하게 검색될 수 있도록 저장되어 있는 상태를 말한다. 방대한 양의 데이터를 효율적으로 수집, 저장, 관리하고 여러 이용자에게 신속하게 정보를 제공하기 위해서 컴퓨터와 통신기술이 활용된다. 또한 데이터베이스 관리 시스템(DMBS: database management system)은 DB를 개발 · 관리 · 운영하는 작업을 지원하는 기능을 가진 소프트웨어시스템이다. 데이터를 입력하고, 입력된 데이터를 디스크에 저장하며, 저장된 데이터를 검색할 수 있는 기능을 가지고 있다. 이러한 DMBS는 자체적으로 개발할 수도 있고, Oracle, SPA, 더존 등 상용 DMBS를 구입해서 활용할 수도 있다.

지역사회자원을 활용할 수 있는 방법에는 사업이나 프로그램 관련 내용에 대해서 홍보물을 작성하여 배부하거나 소셜 미디어인 SNS를 활용할 수도 있다. 여기서 소셜 미디어(social media)는 개발, 참여, 공유의 가치로 요약되는 웹 3.0 시대에 따라 소셜 네트워크 기반 위에서 개인의 생각이나 의견, 경험, 정보 등을 서로 공유하고 타인과의 관계를 생성 또는 확장시킬 수 있는 개방화된 온라인 플랫폼이다. 이러한 소셜 미디어는 양방향성을 활용하여 이용자들이 자발적으로 참여하고 정보를 공유하며 콘텐츠를 만들어 나가는 특성이 있다. 일대다(one-to-many)의 일방적 관계에 기초한 TV, 신문, 라디오 등과 같은 것을 전통 매체라고 한다면, 소셜 미디어는 다대다(many-to-many) 형태로 콘텐츠 생산 및 전송이 가능하다. 이러한 특성을 기반으로 소셜 미디어는 방송 미디어의 일방적 독백을 사회적 매체의 대화로 변화시키고, 사람들을 콘텐츠 이용자에서 콘텐츠 생산자로 전환시키며, 비즈니스 영역에서도 이용자 중심의 콘텐츠나 소비자 중심의 콘텐츠로 변화시키고 있다(최민재, 2009; 김현호 외, 2018).

SNS(소셜 네트워크 서비스: social network service)는 웹상에서 친구, 선후배, 동료 등 지인과의 인맥을 강화시키고, 폭넓은 인적 네트워크를 형성할 수 있도록 해 주는 서비스이다. 이는 1인 미디어, 1인 커뮤니티, 정보 공유 등을 포괄하는 개념이며, 참가자가 서로에게 친구를 소개하여 폭넓은 친구 관계를 맺는 것을 목적으로 개설된 커뮤니티형 웹사이트이다. 이러한 SNS에는 토크(talk), 챗테일(chat tail), 트위터(twitter), 싸이월드(cyworld), 마이스페이스(myspace), 미투데이(metoday), 링크나우(linknow), 스타폴(starpl), 링크드인(linkedin), 포스퀘어(foursquare), 인크루트(incruit), 페이스북(facebook), 카카오톡(kakaotalk), 라인(line), 인스타그램(instagram) 등 많은 웹사이트가 있지만 페이스북이나 카카오톡이 가장 대중적으로 잘 알려져 있다.

경영차원에서 고객관계 관리(CRM: Customer Relationship Management)란 기존 고객을 유지하고 새로운 고객을 유치함으로써 고객으로부터 수익을 창출하고 장기적인 고객관계를 유지시켜 수익성 향상을 도모하는 기법이다. 즉, CRM은 개인 고객 또는 일련의 고객 집단을 유치하거나 기존 고객의 개발과 우수 고객 유치를 위한 조직의 집합적·집약적인 총체적 활동으로서 고객을 지향하는 마케팅, 판매, 전략을 실행하는 일련의 과정이다(김형명, 2010; 김현호 외, 2018).

사회복지 차원에서 고객관계 관리는 기부자 관리이다. 기부자 관리란 기부자와의 최적의 관계를 유지하고 기부자의 만족도를 향상시킴으로써 조직의 지속적인 운영·

발전을 돕는 기부자와 관련된 제반 프로세스 및 활동이다. 이러한 기부자 관리는 기존 기부자에 대한 관리가 중요한데, 그 이유는 적극적인 홍보를 통해 새로운 기부자가 개발되는 경우도 있지만, 기존 기부자를 잘 관리하여 복지기관에 대한 충성도가 높아질 때 이들이 지역의 새로운 기부자들을 유인하는 역할을 하기 때문이다. 또한 신규 기부자 개발에 투입되는 비용과 시간에 비해 상대적으로 기존 기부자에 대한 관리 비용이 적게 드는 장점도 있다.

사회복지 기관이나 시설에서 시행하고 있는 기부자 관리 방법은 소식지 발송, 사업보고서 및 연간 보고서 발송, 기부 관련 기타 정보 제공 등이다. 그 밖에 기부자를 위한 특별한 행사 또는 기부자의 특별한 날(생일, 결혼기념일)을 기념해 주는 방식의 관리도 있다. 따라서 사회복지 기관 및 시설에서는 기부자 관리를 위한 적극적인 관리 프로그램 개발이 이루어져야 하며, 기부자에 대한 감사 및 보상 활동을 지속적으로 진행해야 한다. 기부자 관리는 다음과 같이 관리 계획을 수립하여 관리한다(김현호 외, 2018).

① 기부자 현황 파악: 개인, 기업, 단체 등 기부자의 유형과 숫자 등의 기본 현황을 토대로 유입 경로, 단체 기부자 현황 등 특성에 대해서 파악한다.

② 기부자 정보 파악: 가능하면 초기 기부 단계에서 관리에 필요한 수준의 정보를 확보하는 것이 좋다. 예를 들어, 기부자 명, 기부자 주민번호(기부금 영수증 연말정산 발급 때 필요), 기부자 연락처(메일, 핸드폰), 성별, 나이, 주소, 직장, 제정 수준 등 기부자에 대해 거부감이 들지 않는 범위 내에서 정보를 수집하는 것이 좋다. 또한 기관에 기부하기 시작한 동기와 이유, 기관에 기대한 바, 요구하는 사항, 어떠한 소통을 원하는지, 어떤 방식으로 기부하기를 원하는지도 파악한다.

③ 기부자 관리의 목표 수립: 기부자의 정보 분석 및 피드백을 위한 전산 시스템을 구축하여 충성도 높은 기부자를 지속적으로 확보하는 데 목표를 둔다. 신규 기부자일 경우에는 기관에 대한 소개 자료나 리플릿, 또는 간단한 감사 편지나 문자 메시지를 송부할 수도 있다.

④ 기부자 예우 프로그램 내용 구성: 기부자 예우는 기부자의 기부에 대한 관심과 감사를 표현하는 방법에 대한 내용이다. 이러한 내용은 기부 영수증 발행, 감사편지, 회보, 소식지 등을 전달하는 것이다. 예를 들면, 대중에게 알리는 방식으로 감사패 전달이나 기념품 전달 등의 방식이 있을 수 있다.

⑤ 기부자 예우의 시기와 대상 정하기: 기존 기부자인가, 신규 기부자인가, 정기 기부자인가, 비정기 기부자인가에 따라 다양한 방식과 시점으로 나누어 예우 방안을 수립한다. 예를 들면, 생일, 결혼기념일 등과 같이 기념되는 일정한 날에 특별한 선물이나 카드 보내기, 케이크 보내기와 같은 방식이 있을 수 있다. 그 밖에 성탄절이나 추석, 설 등의 명절, 연말연시 등과 같은 시기에 특별한 인사나 문자메시지 등과 같은 방법으로 기부자를 관리하고 예우할 수 있는 소박한 방법도 필요하다. 가능하면 기부자의 기부 수준이나 기부자의 특성에 따라 각각 개별화된 방식으로 예우 관리를 하는 것이 효과적일 수 있다.

6.4 지역사회교육 기술

지역사회교육은 지역사회의 모든 교육적 자원과 역량을 활용하여, 교육과 지역사회 간의 관계를 보다 밀접하고 동등한 관계에서 방향설정을 모색하기 위한 것을 의미한다. 즉, 비판적 사고와 토론을 통해 강압적 조건이나 상황을 변화시키는 행동양식을 고취하고자 하는 것이다(김현호 외, 2018). 여기서는 지역사회교육의 개념 및 특성, 목적, 실천유형 및 교육과정, 프로그램 등에 대해서 알아본다.

1) 지역사회교육의 개념 및 특성

지역사회를 행복하게 만들어 가기 위해서는 일정한 지역사회에서 생활, 가정, 문화, 자원, 욕구, 활동 등에 기초를 두고 이에 적응하는 지역사회교육이 필요하다. 지역사회교육은 일정한 지역 안에서 지역주민에게 지역의 제반 자원을 최대한 활용하여 교육하는 집단적인 사회교육을 의미한다(조추용 외, 2019). 또한 교육과정은 지역사회 생활의 중요한 문제나 과정을 중심요인으로 하여 이를 계획 운영하고 학습활동(건강한 가정 만들기 캠페인, 가족문화 사업(좋은 부모대회, 며느리 자랑대회), 부모에게 약이 되는 프로그램 등)에 있어서는 지역사회의 인적, 물적자원을 최대한 활용한다. 지역사회교육은 1942년 미국의 매사추세츠(massachusettes) 법에서 그 유래를 찾을 수 있는데, 주 내용은 지역사회학교와 내용이 지역사회나 지역사회의 전통을 뒷받침하도록 계획되어야 한다는 것이다. 여기서 지역사회학교는 한 아이를 올바르게 성장시키기 위하여 학교, 가정, 지역사회가 유기적으로 협력하여 좋은 학교를 만들고 학생들은 교육뿐만 아니라 지역주민들의 교육적 필요와 욕구를 충족시켜 줌으로써 지역사회문제해결에 주도적 역할을 하는 열린학교를 의미한다.

지역사회교육은 일반적으로 지역사회에서 정상화(normalization) 이념을 실현(꿈이나 기대를 실제로 이룸)하려는 실천과정이 포함된다. 즉, 지역사회교육은 기본적으로 민주주의를 바탕으로 하는 시민교육으로 단순히 지식을 전달하는 것이 아니라 전인적인 발달과 관계가 있으며, 인권을 보호하고 존중하기 위한 인권감각 및 의식개발, 가정의 문제해결, 지역사회문제의 원인파악 및 해결, 사회적 약자의 지지 및 지원 등 포괄적인 교육과정이 포함된다(이경은 외, 2016). 이러한 지역사회교육은 다음과 같은 특성이 있다(조추용 외, 2019).

① 상호 협력관계: 지역주민들은 지역사회학교를 보다 나은 전인적 교육의 터전으로 가꾸고 지역사회학교는 지역사회를 보다 살기 좋은 생활의 터전으로 만드는데 참여해야 한다.

② 지역사회학교 개방: 지역사회학교는 가지고 있는 교육적 자원과 역량을 연령, 성별, 계층 등과 관계없이 모든 지역주민들이 최대한 활용할 수 있도록 해야 한다.

③ 사회교육: 교육과 사회 간의 관계를 도모(어떤 일을 이루려고 수단과 방법을 꾀

함)하여 지역주민들의 욕구를 충족시키고 그들의 삶의 질 향상을 위한 교육을 실시하여야 한다.

④ 사회개발: 삶의 질 향상을 위한 기술습득과 신뢰를 형성하도록 집단을 원조하여 지역주민들의 적극적인 참여 및 교육을 통해 자조개념을 증진시켜 지역사회의 독자성을 반영해야 한다.

⑤ 건강한 지역사회 만들기: 지역사회교육을 통하여 지역주민들의 삶의 질이 향상될 수 있도록 살기 좋은 모든 지역사회를 만들 수 있도록 해야 한다.

2) 지역사회교육의 목적

지역사회교육의 목적은 정상화 이념을 실현하는 것이다. 즉, 장애인이나 아동, 노인 등 사회적 약자가 지역사회에서 일상생활을 영위할 수 있도록 하는 것이며, 주민들이 자신의 생활방식이나 사고방식을 자기 스스로 결정 및 선택하도록 지원하는 것이다. 이러한 의미에서 지역사회교육은 목적은 다음과 같다. ① 지역사회의 프로그램을 개발하는 것, ② 지역사회학교와 지역사회와의 관계를 증진시키는 것, ③ 지역사회자원을 조사하고 자원을 조화롭게 이용하는 것, ④ 사회와 정부기관 사이의 보다 나은 관계를 유발시키는 것, ⑤ 지역사회문제를 정의하고 지역사회의 요구를 찾아내는 것, ⑥ 지역사회가 스스로 추진력을 가질 수 있도록 과정을 개발하는 것 등이다. 여기서 지역사회교육의 과정에는, 교육은 교육이 존재하는 지역의 지역적 특성에 영향을 줄 것이라는 전제가 들어 있다.

성공적인 지역사회교육 프로그램이 되려면 지역사회의 독특한 특성을 반영해야 하고 대부분의 지역사회주민의 요구에 부응해야 된다. 이것은 지역사회학교와 지역사회학교의 프로그램에 영향을 주는 의사결정 과정에 지역사회주민이 포함되어야 한다는 것을 의미한다. 지역사회교육의 교육관에 의하면 학습은 상시 지속적이며 평생에 걸친 경험과 평생 동안 이루어지는 것이 필요하다. 즉, 태어나자마자 가정에서 시작하고 지역사회학교에서 계속되며 교육적 지역사회(educative community)에서 이루어진다는 것을 의미한다(네이버 지식백과, 2020).

3) 지역사회교육의 실천유형 및 교육과정

지역사회교육을 실천하는 유형은 크게 세 가지로 구분할 수 있는데, 각각에 대해서 알아본다(조추용 외, 2019).

① 지역사회 학교형: 학교형은 지역사회교육의 이념에 공통된 목적을 갖고 있는 학교나 단체가 지역사회학교로 발족하여 지역주민의 평생교육의 장으로 활용할 수 있는 형태이다. 이러한 유형은 지역사회문제해결을 위한 봉사활동이나 교육, 취미, 공동체 형성 등의 프로그램을 운영할 수 있도록 교육한다.

② 지역사회 협의회형: 협의회형은 사회복지협의회나 지역사회보장협의체가 주체가 되어 지역사회교육을 실시하는 형태이다. 이러한 유형은 지역주민의 평생교육, 봉사 교육, 여가활동 교육, 지역사회 지도자 교육, 자료제작 교육, 정보제공 등과 같은 다양한 프로그램을 운영할 수 있도록 교육한다.

③ 지역사회 조직중심형: 조직중심형은 지역사회에 있는 각종 조직이나 단체를 활용하여 지역사회교육을 실시하는 형태이다. 이러한 유형은 전문 강사활동 단체, 봉사활동 단체, 생활체육 단체, 바르게살기운동 단체, 자유총연맹 단체, 여성단체 등 관심영역에 따라 지역별로 소집단을 자생적으로 조직하여 지역사회교육을 실시하는 형태이다. 이러한 유형은 목적 및 주제의 특성에 따라 프로그램을 운영할 수 있도록 교육한다.

이러한 실천유형에 따라 교육과정은 인식, 관심유지, 문제발견, 문제해결활동, 평가 등 다섯 단계로 이루어진다. 단계별 관점, 교류활동, 지역사회활동, 구체적인 학습 등의 교육과정은 〈표 6-3〉에 나타냈다(이경은 외, 2016).

〈표 6-3〉 교육과정

단계	특성	내용
인식	관점	자신과 타인의 존재를 인식하고 그 생활을 이해(인간존중, 인권사상, 삶의 의미를 인식하거나 사회 전반에 관심을 가짐)
	방문·교류활동	우리가 살고 있는 지역사회에서 아동, 어른, 노인, 장애인 등 여러 부류의 사람들이 있으며, 이들은 다른 많은 사람과 인간관계를 형성하고 있음을 인식(인간과 사회체계를 이해)
	지역사회활동	우리가 살고 있는 지역사회의 문화나 자연, 환경 등에 대하여 인식
	구체적인 학습	영화감상회, 비디오감상회, 패널토론학습회, 경연회 등
관심유지	관점	생활을 이해하고 나서 타인이나 지역사회에 대한 관심을 유지(이제까지 몰랐던 새로운 세계에 관심을 가짐)
	방문·교류활동	요보호대상자의 생활실태를 인식하고 지역사회 안에서 어떠한 생활을 하고 있는가에 주목(사회복지에 대한 관심과 이해)
	지역사회활동	현재 어떤 상황에 있는가를 확인
	구체적인 학습	영화감상회, 자료·도서조사, 관계기관·단체방문, 정보수집 등
문제발견	관점	관심 속에서 문제를 발견하고 그 문제를 고려하여 이해
	방문·교류활동	지역사회 안에서 또는 사회복지시설에서의 생활실태를 이해하고 그곳에서의 문제는 무엇인가, 자신들이 무엇을 할 수 있는가를 생각(문제의 발견과 인식)
	지역사회활동	우선적으로 해결되어야 할 것이 무엇인가를 생각
	구체적인 학습	토론의 장 개설, 자원봉사활동 입문, 강습회, 예비학습회 등
문제해결 활동	관점	문제해결을 위한 방법을 인식하고 해결을 위한 활동을 실천(학습과 실천)
	방문·교류활동	사회복지시설을 견학하거나 방문하고 사회복지시설의 역할·기능·생활을 이해하며, 자신들이 할 수 있는 활동을 실시
	지역사회활동	지역사회의 자연환경 실태를 조사하거나 그 해결방법을 생각 또는 지역사회의 요보호대상자의 문제해결을 위한 보조 활동
	구체적인 학습	방문·교류학습
평가	관점	자신들이 실천한 활동을 반성(활동의 평가와 새로운 활동의 전개)
	방문·교류활동	사회복지시설의 역할을 이해하였는가, 방문이나 교류활동을 통해서 서로를 이해하였는가, 같은 또래의 장애아와 교류를 통해서 서로 얼마나 친해졌는가를 평가
	지역사회활동	자신들이 살고 있는 지역사회에서의 역할 이해가 제대로 되었는가를 평가
	구체적인 학습	설문조사, 자료조사, 감상문, 체험발표, 평가회 등

출처: 이경은 외(2016).

4) 지역사회교육의 프로그램

지역사회교육의 기술은 지역사회의 특성(주제별, 계층별, 연령별 등)에 맞는 프로그램을 개발해서 어떻게 적용해서 교육하는가가 중요한 기술이다. 따라서 모든 지역주민들이 생애에 걸쳐 풍요롭게 삶의 질을 향상시킬 수 있는 자립과 연대를 통한 '지역사회 마을 가꾸기', '건강한 가정 만들기' 등의 다양한 프로그램들이 필요하다. 지역사회교육 프로그램은 일반적으로 대상자별, 내용별 지역사회 특성에 따라 다양하게 이루어질 수 있는데, 크게 두 부문으로 알아보면 다음과 같다(조추용 외, 2019).

① 지역주민과 지역사회의 발전을 위한 기본적 프로그램으로는 교양, 교육, 취미 등과 같은 자아실현 프로그램, 지도력 개발 프로그램, 유익한 노후생활 돕기 프로그램, 좋은 학교 만들기 프로그램, 지역사회 교육환경개선 프로그램, 지역사회 생활환경개선 프로그램, 공동체 형성 프로그램 등이 있을 수 있다.

② 건전한 청소년 육성을 위한 부모교육 프로그램으로는 부모·자녀 대화훈련 프로그램, 진로지도 프로그램, 학습지도 프로그램, 자녀교육관 함양 프로그램, 예절지도 프로그램, 부모교육 프로그램 등이 있을 수 있다. '건강한 가정 만들기'를 목표로 한국지역사회교육협의회(KACE)의 부모리더십센터에서 제공하는 부모교육 프로그램의 예는 〈표 6-4〉에 나타냈다(KACE, 2020).

〈표 6-4〉 부모교육 프로그램의 예

<table>
<tr><th>레벨</th><th>주제</th><th>목표</th><th>프로그램</th><th>교육과정</th></tr>
<tr><td rowspan="5">1</td><td rowspan="5">좋은 부모로 입문하기</td><td rowspan="5">학생학습자로서의 부모역할 인식, 부모교육의 필요성 인식</td><td>좋은부모학교</td><td>8회과정/16시간</td></tr>
<tr><td>부모의길 체인지</td><td>6회과정/18시간</td></tr>
<tr><td>좋은 아버지교실</td><td>5회과정/15시간</td></tr>
<tr><td>직장인을 위한 좋은 부모학교</td><td>4회과정/8시간</td></tr>
<tr><td>행복 예감 예비부부 학교</td><td>5회과정/15시간</td></tr>
<tr><td rowspan="6">2</td><td rowspan="6">자녀양육자로서 태도익히기</td><td rowspan="6">자녀교육의 가치관 정립 및 의식변화</td><td>바른교육관 갖기</td><td>5회과정/15시간</td></tr>
<tr><td>부모자녀의 행복을 찾는 교육</td><td>5회과정/15시간</td></tr>
<tr><td>부모자녀 간의 대화법 I</td><td>6회과정/18시간</td></tr>
<tr><td>부모자녀 간의 대화법 II</td><td>6회과정/18시간</td></tr>
<tr><td>부모의 양성평등의식 교육</td><td>5회과정/15시간</td></tr>
<tr><td>생활예절지도</td><td>8회과정/24시간</td></tr>
<tr><td rowspan="5">3</td><td rowspan="5">양육자로서 기술익히기</td><td rowspan="5">구체적 자녀양육 지식습득</td><td>자녀의 진로지도</td><td>5회과정/15시간</td></tr>
<tr><td>자녀의 학습도와주기</td><td>5회과정/15시간</td></tr>
<tr><td>자녀의 성교육 지도</td><td>5회과정/15시간</td></tr>
<tr><td>자녀의 감성능력키우기</td><td>5회과정/15시간</td></tr>
<tr><td>바른 삶을 도와주는 독서와 글쓰기 지도</td><td>8회과정/24시간</td></tr>
<tr><td rowspan="2">4</td><td rowspan="2">나와 가족의 특성 이해하기</td><td rowspan="2">성격유형알기, 유형에 따른 가족이해</td><td>MBTI</td><td>4회과정/12시간</td></tr>
<tr><td>에니어그램</td><td>10회과정/30시간</td></tr>
<tr><td rowspan="2">5</td><td rowspan="2">셀프리더로서의 부모되기</td><td rowspan="2">가족과 자녀의 역동이해, 리더십 배양</td><td>건강한 가정을 만드는 자기혁신 프로젝트</td><td>10회과정/30시간</td></tr>
<tr><td>성공하는 부모들의 7가지 습관</td><td>10회과정/30시간</td></tr>
<tr><td rowspan="2">6</td><td rowspan="2">코치리더로서의 부모되기</td><td rowspan="2">학부모 의식과 역할, 코치로서의 부모역할</td><td>학교교육과 학부모 역할</td><td>2회과정/4시간</td></tr>
<tr><td>부모코칭리더십</td><td>6회과정/18시간</td></tr>
<tr><td rowspan="5">7</td><td rowspan="5">소중한 가족 함께 성장하기</td><td rowspan="5">가족활동을 통한 공동체 의식함양</td><td>부부가 함께하는 대화법</td><td>5회과정/15시간</td></tr>
<tr><td>부부워크숍</td><td>1일, 1박 2일</td></tr>
<tr><td>가족캠프</td><td>1일, 1박 2일</td></tr>
<tr><td>좋은부모대회</td><td>1회/4시간</td></tr>
<tr><td>자녀함께 키우는 모임</td><td>매주 또는 격주</td></tr>
</table>

Community Welfare & Practice | chapter 07

지역사회복지의 실천기술 II

지역사회복지를 위한 실천기술에는 여러 가지 기술이 있을 수 있다. 지역사회복지가인 사회복지사는 지역사회복지실천과정에서 다양한 실천기술을 활용해야 한다. 이러한 실천기술 중 지역사회문제사정 기술, 지역사회네트워크 기술, 지역사회자원동원·개발 기술, 지역사회교육 기술 등은 '제6장 지역사회복지실천 기술 I'에서 알아보았다. 이 장에서는 옹호·대변 기술, 역량강화 기술, 주민조직화 기술 등에 대해서 알아본다.

7.1 옹호·대변 기술

옹호·대변은 지역주민의 이익을 옹호(advocacy)하고 대변하는 활동이다. 이러한 활동을 하기 위한 옹호·대변 기술은 지역사회의 대상자가 정당한 처우나 서비스를 받지 못하는 경우에 활동하며, 표적집단에 대하여 강력한 영향력이나 압력을 행사하는 데 사용하는 기술이다(오정수 외, 2016). 옹호자는 대상자의 이익을 위해 전문적 대변인이나 대리인으로 활동한다. 이러한 옹호・대변은 대상자가 권리를 갖고 있으며, 그 권리의 보장은 법적으로 요구할 수 있기 때문에 대상자가 받아야 할 권리나 혜택에 초점을 맞춘다. 여기서는 옹호의 원칙, 실천 유형, 기술과 전술 등에 대해서 알아본다.

1) 옹호의 원칙

옹호는 다양한 집단을 상대로 하는 활동일 뿐만 아니라 그들이 지닌 가치, 신념, 규칙 등과도 싸워야 하는 어려운 일이다. 효과적 옹호활동을 펼치기 위해 다음과 같은 원칙을 지켜야 한다(남진열 외, 2010; 김현호 외, 2018).

① 옹호활동은 합리적 수준을 유지하는 것이 좋다. 즉, 대상자 수준에 맞아야 한다는 것이다.

② 가능하면 개별적인 활동보다 팀워크(team work)에 의존한다. 개별적인 옹호활동이 더 좋은 결과를 가져올 때도 있지만, 집단적 옹호활동은 동원 가능한 자원이나 다양한 전술을 활용할 수 있다는 점에서 유리하다.

③ 옹호활동은 가끔 적극적이고 단호한 태도를 요구하기도 한다. 기득권을 가진 조직이나 개인을 대상으로 옹호활동을 할 때, 타협적이거나 양보하는 태도를 취하기 쉽다. 그렇지만 대상자의 이익을 지속적으로 알리고 상대방의 변화를 유도하기 위해서는 적극적이고 단호한 태도를 보여 주어야 한다.

④ 유연성을 강점으로 인식할 필요가 있다. 단호한 태도가 요구된다고 해서 모든 일에 경직된 태도를 유지하는 것은 아니다. 상황에 따라 최선보다는 차선에 만족하는 법도 터득해야 한다.

2) 옹호의 실천유형

옹호의 실천유형은 개별옹호(case advocacy), 집단옹호(class advocacy), 정치적 옹호(political advocacy)로 나누는데, 각각에 대해서 알아보면 다음과 같다.

(1) 개별옹호

개별옹호는 사례옹호라고도 하며 개인이나 가족을 위한 옹호활동을 의미한다. 따라서 개별옹호는 주로 특정 대상자의 욕구나 권익을 대변하여 필요한 자원이나 서비스를 확보하는 데에 초점을 둔다. 또한 개별옹호는 특정 기관으로부터 서비스 수혜자격이 있는 대상자가 서비스를 받지 못하는 경우, 이러한 갈등을 해결하는 노력으로 옹호활동이 전개된다. 개별옹호의 목적은 일정한 혜택 또는 서비스를 받을 자격이 있으나 이를 획득하지 못한 대상자가 해당 이득 또는 서비스를 획득하도록 도와주는 데 있다.

효과적인 개별옹호 활동을 위해서 다음과 같은 사전 지식이 필요하다. ① 기관의 정책, 규정, 그리고 행정적 구조에 대한 지식, ② 기관의 탄원절차에 관한 지식, ③ 가용한 법적 개선 대책들에 대한 지식, ④ 기관의 공식・비공식적 권력구조에 대한 지식, ⑤ 기관이 반응해야 하는 외적 압력들에 대한 지식, ⑥ 대상자 또는 사람들에게 영향을 줄 수 있는 새롭게 부각된 이슈들에 대한 지식 등이 필요하다(이양훈 외, 2013; 김현호 외, 2018).

(2) 집단옹호

집단옹호는 특정 대상자 집단이나 제도의 문제점과 관련된 옹호활동을 의미한다. 집단옹호는 해당 집단의 대상자들이 일정한 공통욕구를 공유해서 사회여건을 변화시키려는 일에 초점을 둔다. 이러한 집단옹호는 특정 대상자 집단에게 불리한 영향을 미치는 이슈를 사회적으로 다룸으로써, 현 상태에 중요한 변화를 일으키고 그들의 욕구와 권익을 대변하며 그들의 갈등을 해결하는 일련의 원조활동을 의미한다(이양훈 외, 2013). 집단옹호 활동에는 민권운동, 주거권 실현운동, 사회복지권 운동, 장애아동의 교육권 운동 등이 해당된다고 할 수 있다(이태희 외, 2014; 김현호 외, 2018).

(3) 정치적 옹호

정치적 옹호는 공공옹호(public advocacy)라고도 하며, 주로 정치와 정책 영역을 대상으로 하는 옹호활동을 의미한다. 즉, 여성, 아동, 빈민, 소수인종, 그리고 장애인과 같이 비교적 무력한 집단들이 그들의 자원과 기회를 향상시키도록 돕는 정책실천을 의미한다. 정책실천은 정책변화를 위한 노력을 의미하며, 정치적 옹호는 이러한 정책변화를 위해 무력한 집단들의 몫을 향상시키기 위한 노력이라고 할 수 있다.

정책은 어느 한순간 형성되는 것이 아니라, 지속적 발전과정을 통해 형성되는 것이므로, 정치적 옹호자는 정책개발 과정에 다음과 같은 기술을 사용해야 한다(이양훈 외, 2013). ① 자료를 수집하고 정책대안을 찾아내며, 각 대안의 상대적 장점을 비교하여 건의안을 만들어 내는 데 사용되는 분석적 기술이다. ② 옹호자로 하여금 정책의 실천가능성을 사정하고 권력자를 찾아내며, 정치적 전략을 개발하고 실천하게 하는 정치적 기술이다. ③ 옹호자로 하여금 어떠한 접촉을 가능하게 하고 새로운 네트워크를 찾아내게 하며, 연합과 위원회 구성을 용이하게 만드는 상호작용적 기술이다. ④ 정책입안과정에서 가치의 명확화나 윤리적 판단을 하는 것이 중요하다. 이러한 기술을 토대로 정책입안자는 문제를 분석하고 정책 제안서를 개발할 때, 바람직한 목적이 무엇인가를 결정해야 한다.

3) 옹호의 기술과 전술

옹호의 기술과 전술에는 설득하기, 대변하기, 표적을 곤경에 빠트리기, 정치적 압력 등이 있다. 각각에 대해서 알아보면 다음과 같다(남진열 외, 2010; 이양훈 외, 2013).

(1) 설득하기

설득은 사회복지실천에서 자주 사용되는 대인관계기술의 하나로, 대상자나 어떤 명분(cause)에 대해 호의적인 해석을 얻어 내기 위한 제반활동이다(Hardcastle, et al., 1997). 이러한 설득의 효과를 높이는 데에는 개인적인 권위와 정확한 사실 파악이 필수적이다.

설득은 네 가지 요소로 이루어지는데, ① 전달자, ② 전달 형식, ③ 메시지(message), ④ 대상자이다. 이러한 요소 중 전달자의 신뢰성, 동질성, 전문성, 비언어적 강점 등에 따라 효과가 다를 수 있으며, 또한 전달 형식이나 메시지, 대상자에 따라 달라질 수 있으므로 미리 대상자에 대한 정보를 파악하는 것이 필요하다.

또한 설득의 원칙으로는 ① 원하는 메시지를 확실히 하고, ② 사실 자료를 파악해서 활용하고, ③ 활용할 권력의 원천에 대해 이해하고, ④ 연습하고, ⑤ 분명하고 단순하며 시각적 이미지를 활용하고, ⑥ 감정과 논리에 호소하고, ⑦ 시선을 맞추면서 대화하는 것 등이 있다(Hardcastle, et al., 1997; 남진열 외, 2010; 김현호 외, 2018).

(2) 대변하기

대변(representation)은 문제를 스스로 처리할 능력과 지식이 부족한 대상자에 대해서, 전문지식이 있는 다른 사람이 대신해서 표현 또는 전달하는 행위이다. 대변자와 대변을 요청한 사람(대상자)과의 관계는 양자의 합의에 의해서 결정된다. 이러한 대변 역할의 효율성을 위해서는 의사소통, 대상자의 욕구발견, 그리고 대상자로 하여금 진행 과정을 지원하도록 가르치고 동기화시키는 일 등의 훈련이 필요하다.

대변역할의 원칙으로는 ① 당사자 외에 제삼자의 개입이 필요한지를 먼저 결정하고, ② 대변자는 자신의 지식을 대상자와 공유하고, ③ 대상자가 원하는 것을 찾아내어 점검하고, ④ 대안을 제시하고 대상자로 하여금 바람직한 것을 선택하게 하고, ⑤ 매사에 서로 협조할 것 등이 있다(Hardcastle, et al., 1997; 김현호 외, 2018).

(3) 표적을 곤경에 빠트리기

표적을 곤경에 빠트리기(embarrassing the target)는 직접적 도전이나 공격이 어려울 때 쓸 수 있는 효과적인 전술이다(Kirst-Ashman & Hull, 2001). 표적을 곤경에 빠트림으로써 특정 사안에 대한 표적의 태도나 입장이 흔들릴 수 있기 때문이다. 이러한 전술은 표적이 과거 자신의 공언(公言)과 다른 의사결정을 내릴 때 주로 사용되는 옹호 전술이다.

(4) 정치적 압력

정치적 압력(political pressure)은 선출직 표적(시위원, 자치단체장, 국회의원 등)을 대상으로 펼치는 옹호활동이다. 이러한 전략은 정부의 지원을 받는 기관을 상대로 이루어지기도 하고, 선출직 표적을 통해 문제의 실상을 파악해 해당 기관에 압력을 행사하는 경우도 있을 수 있다.

7.2 역량강화 기술

역량강화(임파워먼트, empowerment)에 대한 정의는 학자에 따라 다양하게 사용되고 있으나, 국내문헌에는 권한부여, 능력을 가지는 것, 능력을 향상시키는 것 등의 다양한 용어로 사용된다(이양훈 외, 2013). 여기서는 역량강화의 개념, 특징, 형성과정, 기술 및 방법 등에 대해서 알아본다.

1) 역량강화의 개념

역량강화의 용어는 사용되는 분야에 따라 다를 수 있다. 조직 차원에서 볼 때, 역량강화는 구성원 개개인에게 조직을 위해 일을 할 수 있는 능력과 권한을 부여해서 확신감을 심어 주는 강화과정을 의미한다(박원우, 2002; 김범수 외, 2019). 또한 사회복지실천현장에서 볼 때, 역량강화는 대상자의 잠재역량 및 자원을 인정하고 대상자의 내·외에 회복력이 있음을 전제로 하여 대상자가 삶을 결정할 수 있도록 권한이나 힘을 부여하는 실천을 의미한다. 그리고 지역사회복지실천현장에서 볼 때, 역량강화는 개인 및 조직의 내·외적 변화뿐만 아니라 집단경험을 통한 지역사회의 소속감 및 관심증대, 정의롭고 균등한 사회를 구축하기 위한 지역사회변화 및 정책변화, 그리고 균등분배와 정책결정 등의 분야에서 참여를 통한 지역사회를 만드는 것을 의미한다(남진열 외, 2010; 김현호 외, 2018).

따라서 넓은 범위의 사회복지 차원에서 볼 때, 역량강화는 서비스 주체가 되는 대상자의 삶의 질이나 능력을 향상시키는 데 있어서 억압요소나 방해요소를 제거하기 위한 과정이며, 대상자의 잠재적 능력과 권한을 강화시켜 주는 과정이라고 할 수 있다(이양훈 외, 2013; 김현호 외, 2018). 이러한 역량강화 개념은 1970년대 일반체계이론과 생태학적체계이론이 사회복지의 주요 이론 틀로 활용되면서, 생태학적체계이론 관점에 근거한 강점 지향 또는 해결중심 접근의 중요성이 대두되며 언급되기 시작하였다. 즉, 역량강화는 클라이언트를 문제 중심이 아니라 강점 중심으로 봄으로써 클라이언트의 잠재력 및 자원을 인정하고 그가 건강한 삶을 결정할 수 있도록 권한 또는 역량을 부여하는 것이다.

2) 역량강화의 특징

역량강화는 개념적인 면에서도 다양한 의미로 사용되고 있으며 다음과 같은 네 가지 특징이 있다(이태희 외, 2014; 김현호 외, 2018).

① 힘과 권력을 중심 주제로 표출한다. 특히 힘과 권력의 획득을 사회복지실천의 목표로 본다는 것이다.

② 가능한 한 대상자를 긍정적으로 바라보는 관점을 가져야 한다. 즉, 대상자를 문

제가 있어 도움을 받는 대상자라는 편견을 버리고 대상자가 스스로 문제를 해결할 잠재력이 있다는 점을 강조한다.

③ 문제에 대해서 정치·사회적 맥락을 이해하려고 노력한다. 문제가 개인적 또는 사회적인 것이든 그 배후에 정치·사회적 힘과 요소가 작용하고 있다는 전제에서 문제를 본다. 특히 이러한 문제 중에서도 구조적 불평등과 억압에 대해서 주목한다.

④ 역량강화를 순환적이고 유동적인 과정으로 이해한다. 역량강화 상태에 도달했더라도 이전의 상태로 되돌아갈 가능성이 존재할 수 있다. 따라서 지속적인 역량강화를 강조한다.

3) 역량강화의 형성과정

구성원 및 대상자의 개인적 역량강화를 형성하는 과정은 의식제고, 자기주장 표출, 공적으로 의제(agenda)를 알리는 것 등 3단계로 나타난다(NCS 학습모듈, 2020).

① 의식제고: 의식은 개개인이 공유하고 있는 지역사회문제의 희생자라는 인식에서 출발하여, 문제 및 억압적 경험에 대해서 대화를 통해 이루어지고, 나아가 그들이 경험하는 문제가 개인적 차원이 아니라 사회적 차원이 되고, 문제의 원인이 그들 자신의 원인이 아니라는 인식에서 나타난다. 이러한 의식제고는 개개인의 무력감을 분쇄하고 집단적인 행동으로 나아가는 출발점이 될 수 있으므로 향상시키는 것이 필요하다.

② 자기주장 표출: 사람들은 공적 형태로 자기주장을 표출하는데, 지역사회복지실천가는 그들의 주장을 격려하고 그들의 목소리를 옹호하며 격려해야 한다.

③ 공적으로 의제를 알리는 것: 그들의 쟁점이 공적 의제가 되게 하는 것인데, 공적 데모나 캠페인을 통하여 쟁점을 지역주민에게 알리는 것이다. 자기주장과 의제

형성을 통하여 개인은 역량이 강화될 수 있다. 이러한 역량강화는 참여의 확대, 법적 조치, 힘의 행사 등으로 나타난다(김광희, 2015; 오정수 외, 2016).

또한 밀리 등(Miley et al.)은 역량강화를 실천하는 과정에 대해서 ① 대화단계, ② 발견단계, ③ 발전단계 3단계로 구분해서 각각의 단계에서 행해져야 할 구체적 세부사항들을 언급하였다. 밀리 등의 역량강화 실천과정은 〈표 7-1〉에 나타냈다(Miley et al., 1995; 김현호 외, 2018).

〈표 7-1〉 밀리 등의 역량강화 실천과정

과정의 단계		세부사항
대화과정	공조체계 준비	대상자와 사회복지사의 원조체제에 영향을 미치는 준거기준 마련
	파트너십 형성	대상자와 사회복지사 간 파트너십 관계 창출
	위험요소의 명료화	대상자 관점에서 도전적인 요소 탐색
	강점발견	변화를 위한 강점 파악
	방향설정	업무관계를 위한 사전목표의 명료화 및 즉각적 개입이 필요한 위기상황에 대한 조사
발견과정	자원체계 탐색	개인, 가족, 집단, 기관, 지역사회, 사회·정치적 체계 내 잠재적 자원 사정
	자원가능성 분석	수집된 정보의 의미와 효과적 변화를 위한 자원체계의 잠재력 평가
	해결방법 구조화	결과의 확인, 가능한 해결계획의 구조화 작업
발전과정	자원동원	개인, 가족, 이웃관계, 지역사회, 제도적 차원의 자원동원
	기회확대	기회를 확대함으로써 새로운 자원 창출
	성공확인	산출결과의 성공 여부 측정 및 과정의 효과성 평가
	결과 통합화	과정 종결

출처: Miley et al. (1995).

4) 역량강화의 기술 및 방법

지역사회구성원의 역량은 어떻게 강화할 수 있을까? 지역사회의 역량을 강화하기 위한 기술적 방법은 의식제고, 자기주장 표출, 공공의제화, 힘·권력 키우기, 역량건설, 사회적 자본의 창출 등 6단계를 통하여 강화될 수 있다(Rubin, H. & Rubin, I., 2001; 이양훈 외, 2013; 김현호 외, 2018).

(1) 의식제고

의식제고(consciousness raising)는 무력감을 느끼는 개인에게 지역사회문제에 대해서 문제의 원인이 자신에게 있는 것이 아니라는 점을 깨우치게 하는 것이다. 자신은 억압과 배제의 희생자라는 사실을 깨닫게 하고 각자의 경험을 대화하도록 한다. 이러한 과정을 통하여 자신을 억압하는 사회구조에 대해 비판적 의식을 갖게 된다.

(2) 자기주장 표출

문제의 원인과 소재를 파악하고 의식이 제고되면 그 다음에는 공개적으로 자기주장을 표출(express self-assertion)하여 전개해 나가는 것이 중요하다. 개인적 수준에서 자기주장을 표출하는 것은 역량을 강화하는 것인데, 지역사회복지실천가는 이들이 공개적으로 자기주장을 하는 데 두려움을 갖거나 위축되지 않도록 도와준다.

(3) 공공의제화

쟁점이 공공의제(public agenda)가 될 수 있도록 지역사회복지실천가는 쟁점의 원인과 소재를 대중이 정확하게 알 수 있게 정리하고, 대중의 관심을 확보할 수 있도록 공공의제화(framing the agenda)한다. 이러한 과정에서 시위나 대중매체 캠페인 등은 대중의 관심을 유도할 수 있는 좋은 수단이 된다.

(4) 힘 · 권력 키우기

힘 · 권력 키우기(building power)는 자원동원과 조직화를 통해 지역주민의 권력을 키우는 과정이다. 사람들의 수와 열정이 가장 중요한 힘의 원천이 될 수 있는데, 법적 행동, 전문성, 힘의 위협 등도 중요한 힘의 원천이 된다.

(5) 역량건설

대상자의 역량을 강화하기 위한 조직을 조직화하고, 그들의 주장을 효과적으로 표출하기 위한 시위 및 캠페인을 전개하는 과정이 역량건설(capacity building)이다. 또한 성공에 대한 신념을 확신하는 마음도 역량건설이 될 수 있다.

(6) 사회적 자본의 창출

사회적 자본은 지역사회구성원의 사회적 관계에 바탕을 둔 자원으로, 구성원 간의 협력과 연대감을 높이는 데 기여한다. 지역사회복지실천가는 사회적 자본의 창출(creating social capital)을 도움으로써 지역주민의 유대와 책임의 공유 의식을 강화시켜야 한다.

7.3 주민조직화 기술

주민조직화는 지역사회를 단위로 지역주민의 당면 문제 및 욕구를 지역사회 스스로가 조직적으로 해결할 수 있도록 지원하는 지역사회복지의 실천방법이다. 이러한 방법에서 주민조직화 기술은 문제 및 욕구와 자원 간의 효율적인 조정과 주민・집단 간의 민주적인 상호관계에 적용하는 기술이다(양정하 외, 2017). 즉, 대상자의 문제를 해결하기 위해 필요로 하는 인적자원이나 서비스를 규합하고 나아가 조직의 목표를 달성하도록 합당하게 운영해 나가는 과정에서 필요한 기술을 의미한다. 여기서는 주민조직화의 개념, 목적 및 목표, 원칙, 유형, 과정, 내용, 조직가의 역할 및 주민교육 등에 대해서 알아본다.

1) 주민조직화의 개념

주민조직화의 개념은 사회복지실천기술 관점과 주민운동 관점으로 나누어 알아볼 수 있다. 사회복지실천기술 관점에서 주민조직화는 지역사회의 욕구와 제반 문제를 해결하거나 예방을 목표로 보다 바람직한 지역사회형성을 위해 주민들의 참여를 조직화하고 체계화하는 활동으로, 주체적이고 자발적인 주민들의 힘을 결집하는 사회복지실천기술이다. 또한 주민운동 관점에서 주민조직화는 ① 자신과 지역을 올바르게 인식하며 주인 의식을 갖는 것이고, ② 지역의 당면 사안이나 문제해결을 위하여 주민의 힘을 모으는 것이고, ③ 주민 스스로 행동할 수 있는 힘의 체계인 주민조직을 세우는 것이고, ④ 여러 세력들과 연대하고 협력하며, 다른 주민조직들과 함께 대중조직을 세우는 것 등이다(주민운동정보교육원, 2012). 이러한 주민조직화의 개념이 지역사회에서 가지는 의의(意義)는 다음과 같다(한재랑, 2000).

① 공동의 문제로 인식: 주민조직화는 지역사회에서 발생하는 문제를 개인의 문제가 아닌 공유되는 공동의 문제로 인식하고 해결해 나가도록 해 준다.

② 지속적 문제해결: 주민조직화는 지속적이고 장기적인 문제해결 관계를 형성하고 유지하게 한다.

③ 주민들의 역량강화: 주민조직화는 조직 활동 참여를 통해 주민들의 역량강화가 이루어지게 한다.

2) 주민조직화의 목적 및 목표

주민조직화 기술은 지역사회복지실천에서 가장 널리 사용되는 전술적 기술로, 목적은 다음과 같다(양정하 외, 2017; 김현호 외, 2018).

① 지역사회주민과 동격의 구성원으로 사회에 참여하고 일반 생활자로서의 자립을 도모하기 위한 것이다.

② 지역사회가 주민들 자신의 문제 및 욕구와 자원 간의 조정을 도모하고 유지함으로써 문제를 해결하는 것이다.

③ 지역주민의 참여, 자기결정 및 협동 등의 능력을 발전시키고 강화・유지하도록 지원함으로써 그들 자신의 문제를 효과적으로 대처하도록 하는 것이다.

④ 지역사회 내의 집단 간의 상호관계와 의사결정능력 및 배분 등에 변화를 일으키는 것이다.

또한 주민조직화의 목표는 다음과 같다.

① 조직형성: 주민조직화는 문제해결을 위한 지속적인 관계형성을 바탕으로 조직을 형성하는 것을 목표로 한다. 조직형성이라는 것은 지역사회문제를 해결하기 위해 공유된 목적과 목표를 가진 지속적인 활동체계를 만들어 내는 것이다.

② 문제해결: 주민조직화는 주민들의 욕구와 그들이 겪고 있는 지역사회의 제반 문제들을 주민이 주체가 되어 공동으로 해결하는 것을 목표로 한다. 개인들의 문제를 지역사회 공공의 문제로 이슈화하여 그것을 극복하기 위한 계획을 만들어 내는 것이고, 이러한 일련의 과정을 통해 지역사회문제가 해결된다.

③ 역량강화: 주민조직화는 문제해결에 참여하는 과정을 통해 주민들의 잠재능력을 키워 내고 잠재력을 실현시킬 가능성을 증진시킴으로써 개인의 역량을 강화시키며, 더불어 조직(집단)과 지역사회 수준의 문제해결능력도 함께 키우는 것을 목표로 한다. 이러한 과정을 통해 지역사회역량을 강화하고 토착 지도력을 개발하며, 사회변화에 대한 주민들의 책임감을 향상시킨다.

3) 주민조직화의 원칙

효과적인 주민조직화를 이루기 위해서는 다음과 같은 주민조직화의 원칙이 있다(이양훈 외, 2013; 이태희 외, 2014; 김현호 외, 2018).

① 사전 이익에 대한 관심을 주민조직화에 활용하라. 사람들은 대부분 자신의 이익과 무관한 일에는 관심을 보이지 않는다. 그러므로 조직가는 사람들의 이러한

형태가 조직화에 걸림돌이 된다고 생각한다. 사익에 연연하는 사람들을 지역사회의 공적인 이익을 추구하는 조직화에 참여시키는 것은 쉬운 일이 아니다. 따라서 공익도 사익에 연관된다는 점을 인식시키고, 사익과 공익의 공통 영역이 존재한다는 사실을 가르치는 과정이 필요하다.

② 주민조직화는 동적 과정이다. 주민조직화는 지속적인 관심과 노력을 요구하는 동적인 과정이다. 이러한 과정을 통해 지역사회주민은 협력의 필요성과 효과적인 실천에 대해서 배우게 된다. 그러므로 조직이 지속적인 성장을 하려면 헌신적이고 활동적인 구성원들이 많이 참여해서 조직에 활력을 불어넣고 적극적인 활동이 이루어져야 한다.

③ 갈등과 대결에 익숙해지는 법을 배워야 한다. 조직가는 사람을 동원하기 위해서 갈등과 대결이 일어나는 경우가 많다. 또한 조직가는 갈등과 대결에 대한 부담감 또는 죄책감을 느끼기도 한다. 따라서 이러한 현상을 완화시키기 위해 갈등, 대결, 협상에 익숙해져야 한다. 특히 구조적인 문제일수록 갈등과 대결을 내포하고 있다는 사실을 유념해야 한다. 지역사회조직이 충분한 영향력을 행사하려면 결국은 승자와 패자가 나누어지는 상황까지도 올 수 있다.

④ 쟁점은 명확해야 한다. 지역사회의 주민조직화는 쟁점(issue)을 중심으로 이루어진다. 따라서 조직가는 쟁점을 명확하게 할 필요가 있다. 쟁점을 명확하게 할 때에는 시급한(immediate) 문제로 인식하게 할 필요가 있고, 문제를 구체적으로 규명하고, 그리고 실현 가능한 것으로 잡아야 한다.

4) 주민조직화의 유형

주민조직화의 유형을 임무에 따라 루빈과 루빈(Rubin H. & Rubin, I.)은 사회형평 조직, 사회정의 조직, 지역사회 정체성 조직, 지역사회 방어조직 등 네 가지로 분류하고 있다(Rubin & Rubin, 2001; 김현호 외, 2018). ① 사회형평 조직은 구성원의 개인적

이익을 위해 정부 등 공공기관에 압력을 행사하는 유형이다. ② 사회정의 조직은 시민권 확대, 환경보호운동과 같이 광범위한 안건을 다루는 유형이다. ③ 지역사회 정체성 조직은 주민의 소속감과 자긍심을 고취하기 위해 함께 일하는 유형이다. ④ 지역사회 방어조직은 지리적・사회적 측면에서 정체성을 갖고 지역사회를 외부압력으로부터 보호하기 위한 유형이다.

또한 루빈과 루빈은 조직을 공간적 영역과 관련성에 따라 쟁점지향형과 공간기반형 두 가지로 분류하였으며, 정치・사회적 관련성에 따라 자조형, 협력형, 공공사업형, 압력집단형, 대항조직형 다섯 가지로 구분하였다(Rubin & Rubin, 2001; 김광희, 2015). 쟁점지향형(issue-based type) 조직은 정신적인 위안을 제공하기 위한 유형이고, 공간기반형(area-based type) 조직은 소외받지 않은 사회를 형성하기 위한 소지역 자치 공동체 형태이다. 자조형(self-help type) 조직은 문제를 인식하고 구성원을 선발하여 외부기관으로부터 도움을 받아 서비스를 제공하는 유형이다. 협력형(partnership type) 조직은 구성원이 스스로 문제를 규정하고 대처하지만 외부의 제정지원을 받기도 하는 유형이다. 공공사업형(coproduction type) 조직은 과거 정부기관에 의해서만 추진되었던 활동을 민・관 합동으로 구성하는 유형이다. 압력집단형(pressure type) 조직은 쟁점을 스스로 선택하지만 정치인과 관료들을 설득하여 정책변화를 유도하기 위해 정부의 관행범위 내에서 행동하고 노력하려는 유형이다. 또한 대항조직형(protest type) 조직은 경제・정치적으로 체제의 변화를 추구하며 시가행진, 농성 등 관행적 규범을 벗어난 활동을 전개하는 유형이다(김광희, 2015; 김현호 외, 2018).

5) 주민조직화의 과정

일반적으로 주민은 조직화되지 않는 동일한 지역사회에 거주하는 불특정 다수의 주민이지만, 모두가 조직화의 대상이 될 수는 없다. 이들 중에서 특정문제를 공유하거나 이해관계를 갖게 되는 특정 주민이 조직화의 1차 대상이 되고, 조직화 진행과정을 통해 특정주민들 중에서 리더역할을 할 수 있는 주민이 조직화의 2차 대상이 된다. 주민의 특성을 살펴보면 지역사회 전체주민을 한 단위로 파악하는 것은 쉽지 않고 보통 서로 상반된 욕구를 가진 주민들로 구성되어 있으며, 이해관계를 중심으로 서로 반목하거나 분파를 형성하는 경우가 많다(최옥채, 2012; 김현호 외, 2018).

따라서 주민조직화 과정은 문제파악 → 문제를 쟁점으로 전환 → 전략개발 → 대중동원 → 표적으로부터의 반응 → 승리 또는 조직의 재편성 등 6단계 과정으로 이루어진다(이양훈 외, 2013; 이태희 외, 2014).

① 문제파악: 문제를 공유하고 있는 구성원이 함께 모여 그 문제의 근원을 이해하고 파악하는 단계이다.

② 문제를 쟁점으로 전환: 문제의 근원을 이해하고 파악했으면 그 문제를 쟁점(issue)으로 전환하는 단계이다. 쟁점은 조직이 해결하려고 하는 문제에 대한 구체적인 해결책을 담고 있다. 예를 들어, 저소득층의 삶의 질 향상을 위한 주민조직화를 한다면 삶의 질 향상은 문제이고, 삶의 질 향상을 위한 일자리 창출이나 지원금 확대는 해결책인 쟁점이다.

③ 전략개발: 주민조직화를 위한 전략은 장・단기 목표, 조직의 강점과 약점, 문제의 범위, 지지세력, 문제해결을 위한 의사결정권자, 사용가능한 전술 등 여섯 가지를 고려해서 개발해야 하는 단계이다.

④ 대중동원: 주민조직화의 표적(target)은 의사결정권을 가지고 있는 개인이나 집단이다. 따라서 의사결정권자와 맞서기 위해 가능한 많은 대중을 동원할 필요가 있다.

⑤ 표적으로부터의 반응: 조직이 원하는 것을 성취하거나 문제해결을 하기 위해 표적의 반응을 확인할 필요가 있다. 문제가 해결되면 종결될 수 있으나 그렇지 않으면 주민조직화를 계속해서 더 많은 대중을 동원하여 더 강도 높은 요구가 필요한데, 이러한 상황은 지속적인 투쟁이 될 수도 있다.

⑥ 승리 또는 조직의 재편성: 요구조건이나 문제가 해결되면 주민조직화의 과정도 끝나게 된다. 그렇지 않으면 조직화된 조직을 해체하지 않고 지역사회의 다른 문제해결에 재편성될 수도 있다.

6) 주민조직화의 내용

주민조직화의 내용은 인적자원인 대중을 모집하고 물적자원인 자금을 모금하는 동원, 동원된 대중 및 자금을 토대로 조직의 목표와 방법을 논의하는 주민회의, 조직을 이끌어 갈 주민지도자 발굴로 구성된다(남진열 외, 2010; 이양훈 외, 2013; 김현호 외, 2018).

(1) 동원

대부분의 사람들은 사회운동에 대해서 냉소적이고 방관적이기 때문에 조직에 헌신적인 인물을 찾아내는 것은 쉽지 않다. 그렇지만 주민조직화의 경우 새롭게 주민을 조직화해서 참여시키는 방법도 있지만 기존 주민조직에 참여하는 주민들을 접촉하여 조직화를 진행할 수도 있기 때문에 주민 중심의 지역사회 각종 단체를 파악하는 것도 중요하다. 따라서 주민조직화를 위해 인적자원 동원과정은 우선적으로 지역사회에 활동하고 있는 기존 조직의 구성원을 접촉하는 것부터 시작한다. 주민 중심의 지역사회 각종 단체는 다음과 같다.

① 관변단체: 주민자치위원회, 새마을부녀회, 바르게살기위원회, 청소년지도위원회, 통·동반장 모임, 경로당 등

② 시민단체: YMCA, YWCA, 지역 경제정의실천시민연합, 지역 여성의전화, 지역 환경운동단체 등

③ 봉사단체: 대한적십자회 지회, 라이온즈, 로터리, JYC 등

④ 연(緣)기반 모임: 지연(地緣) 기반 향우회, 학연(學緣) 기반 동창회, 혈연(血緣) 기반 종친회 등
⑤ 종교 모임: 기독교 모임, 천주교 모임, 불교 모임, 원불교 모임 등
⑥ 취미 모임: 생활체육회, 조기축구회, 산악회, 취미 동아리, 학습 동아리 등
⑦ 협동조합: 생산자 협동조합, 소비자 협동조합, 판매자 협동조합, 사회적 협동조합 등

이러한 단체 또는 일반주민으로부터 참여를 유도하기 위한 접촉과정은 5단계로 이루어지는데, 각각에 대해서 알아보면 다음과 같다(최옥채, 2012). 조직화를 위한 주민 접촉 단계는 [그림 7-1]에 나타냈다.

① 필요인물 찾기: 필요인물을 찾기 위해 직접 정보를 수집하거나 제삼자인 지인을 활용한다.
② 접촉점 형성: 상대방에 대해 정확하게 이해하고 접촉하면서 칭찬할 만한 일은 칭찬을 하는 등 긍정적인 관계를 형성한다.
③ 공통화제 논의: 상대방이 가지고 있는 공통의 주제를 공감하기 쉬운 지역관심사나 상대방의 관심사에 지지를 표명하면서 논의해 나간다.
④ 상호이해: 상호 간에 이해를 넓히기 위해 실천가의 관심사에 대해서도 직접 소통하고 생활환경을 중심으로 의사소통을 확대한다.
⑤ 끌어들이기: 주민조직화와 관련된 문제나 이슈를 중심으로 주민들과 소통하고 내 편으로 만든다.

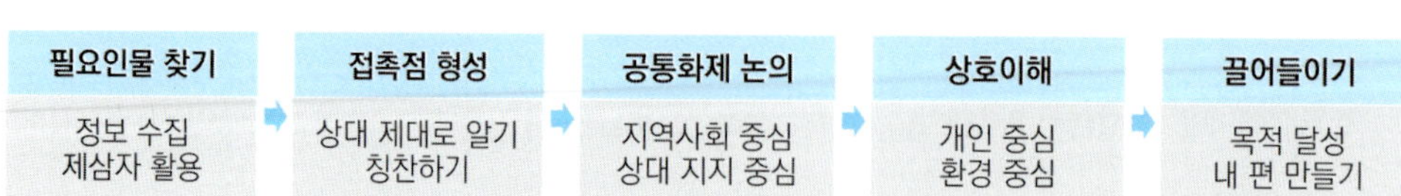

[그림 7-1] 주민조직화를 위한 주민접촉 과정

주민단체 또는 일반주민으로부터 주민접촉 과정을 통해 소수의 헌신적인 인물을 찾았으면 이들을 발판으로 조직력을 넓혀 나가는 것이 중요하다. 어떠한 조직이든 상관없이 조직 활동에 활동적인 사람일수록 사회운동에 적극적일 가능성이 높기 때문이다. 또한 동원을 위해 대중을 접촉할 때에는 그 접촉이 개별적이고 직접적인 것이 되도록 노력해야 한다. 예를 들어, 모임에 참석해 달라고 할 때, 초청장을 다수에게 우편으로 발송하는 것보다 전화 또는 직접방문을 통해 조직에 대한 이해를 구하고 개별 초청장을 전달하는 것이 참여율을 높일 수 있는 방법이다. 이러한 주민접촉 과정에서 사용될 수 있는 주민접촉 전략은 다음과 같다(최옥채, 2012).

① 주민에게 좋은 인상 심어 주기: 주민들에게 좋은 인상을 남기는 것은 향후 조직화 과정에서 매우 중요하다.

② 주민 문화 따라잡기: 주민들이 가지고 있는 특별한 문화를 이해하지 못한 채 주민들과 가까워지기는 쉽지 않다.

③ 주민 정서 공감하기: 주민들의 좋은 감정 상태나 느낌은 물론 부정적인 감정도 그대로 수용하고 공감할 수 있어야 하며, 주민의 정서 분위기를 빨리 이해하고 수용하여 함께할 수 있어야 한다.

④ 접촉 실패 극복하기: 주민들과의 만남에 있어 제안에 거부 반응을 보였다고 하여 만남이나 접촉이 실패했다고 좌절할 필요는 없으며, 다시 만남의 기회를 만들어야 한다.

⑤ 관계인 대동하기: 주민들에게 가까운 사람이나 지역에서 영향력 있는 사람과 함께 동행하여 주민에게 신뢰감을 줄 수 있어야 한다.

또한 이렇게 주민동원 과정을 통해 동원할 때 주민접촉 모형은 주민접촉 전략과 접촉방법을 중심으로 네 가지 모형으로 구분할 수 있다(최옥채, 2012).

① 개별접촉 모형: 이미 노출된 지역사회의 문제를 해결하려고 하지만 지역사회주민이 참여할 수 있는 제반 여건이 열악할 때 유용한 모형이다. 주민의 나태함, 경제적 어려움, 부적응 행위, 열악한 환경 등 특정문제로 인하여 문제가 더욱 심각해지고 있는 영구임대 주택단지에 적용 가능성이 높은 모형이다.

② 선별적 다단계접촉 모형: 지역사회의 특정 문제해결 또는 예방에 목표를 두지만 문제해결에 더욱 중점을 둘 경우에 유용한 모형이다. 개별접촉 모형보다는 지역사회주민의 여건이 덜 어렵고 문제의 수준도 낮은 빈곤 단독주택 단지(산동네, 달동네)에서 활용하기 좋은 모형이다.

③ 일반적 다단계접촉 모형: 지역사회문제의 특정 문제해결과 예방에 목표를 두지만 예방에 더욱 중점을 두는 모형이다. 대체로 안정된 지역사회로 진입하는 과정에서 지역사회주민이 관심을 갖지 않으면 문제로 번질 수 있는 특성을 가진 신시가지에서 활용하기에 좋은 모형이다.

④ 투망식접촉 모형: 지역사회문제를 예방하고 협력관계를 증진하는 데 중점을 둔 모형이다. 조직화에 참여할 수 있는 주민이라면 적격자로 받아들이고 이들 주민 다수를 일시에 접촉하여 조직화를 실시할 수 있으며, 중산층 지역사회에 활용할 수 있다.

물적자원은 설비, 건물, 기자재, 후원금 등이 있을 수 있는데, 이러한 자금을 동원하는 것은 단순히 자금만 모으는 것이 아니라 지역사회주민들의 관심과 참여를 이끌어내는 과정으로 승화해야 한다. 자금을 모금하는 활동에는 자원봉사자를 활용하는 것이 효과적일 수 있다. 이들의 모금활동참여는 지역사회복지실천에 대한 관심과 헌신을 강화하는 계기가 될 수 있고, 다수의 지역사회주민이 인적·물적자원의 동원에 동기가 될 수 있다. 자원봉사자를 활용한 모금에는 한계가 있을 수 있으므로, 조직의 지도자가 구성원과 협의하여 외부 지원금을 신청한다든지 모금 이벤트(일일찻집, 바자회 등)를 실시하든지 회비를 징수하는 방법 등 다각화해야 한다.

(2) 주민회의

주민회의는 주민모임에서 어떤 안건을 중심으로 결정하기 위한 모임운영 방식이라고 할 수 있다. 주민회의는 집단을 구성하는 지역사회 내 여러 주민이 모여서 특정 주제에 대한 의견일치를 위해서나, 집단의 의지 또는 행동을 결정하기 위해 토의를 통해 많은 사람들이 원하는 쪽으로 결정하는 과정이다. 주민조직 소통의 가장 대표적인 방법은 주민회의를 통해 이루어지므로 주민회의가 대표적인 실행 방법이라고 할 수 있다. 따라서 주민조직의 운영은 민주적인 주민회의를 통해서 이루어진다고 할 수 있다. 이러한 주민조직을 성공적으로 이끄는 양질의 좋은 회의는 ① 철저한 준비와 계획, ② 원활한 진행과 관리, ③ 합리적인 의사결정 규칙, ④ 참여기회의 실제적 보장, ⑤ 정시 종결 등의 특징이 중요하다.

이러한 주민회의를 중심으로 주민조직화를 위해 친밀감을 형성할 수 있는 주민 간 소모임을 활성화시키는 것이 중요하다. 주민조직 내 구성원들이 친밀도를 향상시키고 흥미를 유발할 수 있도록 주민욕구를 파악하고, 주민의견을 청취하며, 내부자원 상황이나 지역 특성 등을 고려하여 소모임을 결정한다. 일반적으로 지역사회 내 동아리 또는 학습모임 형식의 주민 소모임 유형은 〈표 7-2〉에 나타냈다.

〈표 7-2〉 동아리 또는 학습모임 형식의 주민 소모임 유형

분야	모임 내용
자녀교육	학습상담 봉사모임, 독서지도사 모임, 장애우 부모모임 등
심리치료	미술치료 모임, 치료 레크리에이션, 심리 미술을 통한 유아 신체놀이 모임, 아빠와 함께 하는 심리미술 등
어학	영어, 중국어, 일본어, 프랑스어, 스페인어 등
취미	사진 동아리, 탈춤교실, 댄스 동아리, 전통무용 동아리, 풍물 동아리, 한시 동아리, 탭 댄스 동아리 등
인문학	어린이 평화, 생태, 인권교실 모임, 역사 탐방 모임, 인문학 강좌, 어린이 역사 교실, 영화 교실 등
주민자치	정책 생산 동아리, 우리 아이 지킴이
부업관련	간병인 모임
공예	천연 비누 만들기, 천연 화장품 만들기, 아로마테라피, 목공 교실

분야	모임 내용
도시농업	주말 농장, 상자 텃밭, 옥상 텃밭, 허브 재배

출처: 서울특별시건강가정지원센터(2013).

지역사회 각종 단체나 소모임 유형에서 회의를 진행하는 순서는 다음과 같다.

① 회의 진행 준비: 주민회의 참석자에게 회의 내용을 알리고 참석하도록 유도하며, 주민회의 자료를 작성하고, 시청각 도구 및 재료(빔 프로젝트 및 레이저 봉, 필기도구 및 메모지, 의사봉, 녹음기, 차나 다과 등)를 준비·확인하고, 의사 정족수를 고려하여 회의 참석자를 최종 확인한다.

② 회의 진행: 개회 선언(회의 정족수를 확인하고 의장이 개회 선언) → 국민의례 진행(국기에 대한 경례, 필요시 전체 또는 일부를 생략할 수 있음) → 회순 채택(목차에 언급된 회의 순서를 채택) → 의장 인사말(가능한 짧게 하고 내용을 어느 한쪽으로 치우치지 않도록 함) → 전차 회의록 낭독(어떠한 내용을 의결했는지 알림) → 보고할 사항 보고(없으면 생략) → 의안 채택(목차에 언급된 의안을 제안하거나 새로운 의안을 제안) → 의안 심의(순서대로 상정하고 제안을 설명한 후 질의응답, 찬반토론, 표결, 표결결과 발표) → 폐회 선언(회의시간 연장 요청을 물어 요청이 없으면 폐회 선포) 등의 순으로 진행한다.

③ 회의록 작성 및 서명, 결과 통보: 회의록은 회의를 진행하면서 간사가 기록하던지 아니면 녹화된 기록매체를 토대로 작성한다. 회의록을 작성한 후 수정 사항이 없으면 서명을 하고 또한 수정 사항이 있으면 수정 후 서명 날인한다. 그리고 서명 날인한 회의록이나 결과를 회원이나 일반주민에게 통보한다.

(3) 주민지도자 발굴

주민조직화가 본격적으로 진행되기 전에는 주민들 간 인적관계를 중심으로 하나의 망이 형성되는데, 연계망 교환이론을 이해할 필요가 있다. 연계망 교환이론에 의하면,

인간의 사회행동은 개인이 맺고 있는 구조 안에서 일어나는 다양한 관계에 의해서 형성된다는 것이다. 즉, 개인은 그가 맺고 있는 관계와 그 관계를 둘러싸고 있는 구조적 특성에 의해 영향을 받고 있는데, 특히 연계망 내 구성원들 간 교환과 연계망 간 교환을 중요하게 본다는 것이다.

연계망 구조는 내부 구성원들이 갖고 있는 자원의 가치를 높이고자 구성원 간 교환을 시도하고, 구성원 간의 인정(sanctions)은 연계망 속에서 일어나는 사회적 관계로부터 결정된다는 것이다. 연계망 안에서 사회적 관계가 긍정적으로 작동될 경우 교환관계가 형성되고, 부정적으로 작동될 경우 억압관계나 갈등관계가 형성되기도 한다는 것이다. 이렇듯이 인간관계망 형성을 위해 가장 중요한 것은 지속적 만남과 교류를 갖는 것인데, 인간관계망 형성의 주요 방법은 다음과 같다(NCS 학습모듈, 2020).

① 정보 교환: 한 사람이 갖고 있는 정보는 한계가 있어서 자신이 가진 정보를 타인에게 나누는 과정에서 서로를 필요로 하게 되며, 그 과정에서 친밀도가 높아진다.
② 음식 나눔: 음식을 나누는 문화는 대화나 관계를 부드럽게 하는 윤활작용을 하기 때문에 음식 나눔을 통해 상호관계의 질을 향상시킬 수 있다.
③ 취미 나눔: 유사한 취미 활동을 함께 나누는 것은 서로를 더욱 잘 이해하는 데 도움이 되고, 공통의 관심사가 있기 때문에 의사소통의 양이 자연스럽게 많아질 수 있다.

인간관계에서 리더십은 특정 집단이 지도자와 추종자가 공통으로 공유하는 목표를 추구하도록 설득하고 지도자의 모범을 보이는 과정이라고 할 수 있다(이양훈 외, 2013). 이러한 리더십은 조직의 성패에 결정적인 역할을 할 수 있다. 따라서 조직의 성패를 결정할 수 있는 리더십을 개발하기 위해서는 ① 책임과 권한의 분산을 통해 리더십이 요구하는 동기유발, 책임감, 위험감수 등의 능력을 키울 수 있게 기회를 주고, ② 지도자 자신의 경험을 토대로 도전의식과 책임감을 가질 수 있도록 일대일로 멘토링(mentoring)해 주고, ③ 다른 조직 또는 집단과 리더십을 교환하는 교환 프로그램을 추진하며, ④ 워크숍 등을 통해 특정한 주제를 집중적으로 다룰 수 있는 기회를 제공하는 것이 효과적이다.

이러한 리더십을 토대로 주민지도자가 결정되면, 주민지도자의 자질은 다음과 같다(한국주민운동정보교육원, 2012).

① 주민의 생각을 존중하며 주민 스스로 움직일 수 있도록 돕는 사람이다.
② 주민의 가장 가까운 곳에서 함께 동행하면서 주민들을 끌어당기고 밀어 주는 사람이다.
③ 주민 모두가 원하고 주민 모두가 옳다고 생각하는 것을 지켜 내는 사람이다.
④ 주민 스스로 참여할 수 있도록 기회를 제공하고 주민 활동을 돕는 사람이다.
⑤ 주민들에게 필요한 정보를 적절하게 소통하고 공유하여 활용할 수 있도록 돕는 사람이다.
⑥ 주민들 간의 관계형성과 소통의 징검다리 역할을 하고 모임 간 연대할 수 있도록 돕고 조정하는 사람이다.
⑦ 전문가의 도움을 받아 지역사회에 필요한 정책과 대안을 주민들과 함께 토론하면서 만들어 가는 사람이다.

7) 주민조직가의 역할 및 주민교육

사회복지사로서 주민조직가는 사회복지기관에서 주민들을 중심으로 한 주민조직화를 촉진하고 활성화하는 사람이다. 주민조직가는 ① 주민이 주민의식을 갖도록 개입하는 사람이고, ② 주민들 스스로 하도록 돕는 사람이고, ③ 주민조직이 활성화되도록 촉진하는 사람이고, ④ 주민운동의 신념이 내면화되도록 촉매하는 사람이다. 따라서 이러한 사람인 주민조직가의 역할은 네 가지로 요약할 수 있다(한국주민운동정보교육원, 2012).

① 주민을 만나는 역할: 주민조직가는 주민들을 지속적으로 만나 이들이 제공하는 정보를 가지고 지역사회를 분석・정리하고 활용해야 한다. 또한 주민들을 끊임없이 만나 신뢰를 쌓아 그들의 삶에 영향을 미치는 지역의 문제와 이슈에 대해 자신의 일로 의식하도록 돕고, 변화의 가능성을 찾아 격려하고 지지 한다.

② 주민지도자를 찾아내고 성장을 돕는 역할: 주민조직가는 가능성이 있는 잠재적 주민지도자를 발굴하여 역량 있는 주민지도자로 성장하도록 도와 그 주민지도자가 주민을 직접 조직하고 주민을 움직이도록 만들어야 한다. 주민지도자 발굴은 기존 주민조직을 통해 열심히 활동하는 주민지도자를 발굴할 수도 있고 그렇지 않으면 새로운 잠재적 지도자를 발굴할 수도 있다.

③ 주민과 함께 주민조직을 세우는 역할: 주민조직가는 주민이 지역사회 문제해결과정에서 실효성 있는 행동을 수행하도록 대화와 토론, 그리고 기획한다. 또한 그것을 실천하는 과정이 원활히 진행될 수 있도록 주민조직화 과정을 통해 주민조직을 세워야 한다.

④ 주민조직화의 비전을 만들고 활성화하는 역할: 주민조직가는 주민조직화를 통해 주민들이 변화시키고 싶어 하는 미래의 비전을 제시함으로써 주민의 지속 가능한 참여와 활동을 이끌어 내어 활성화해야 한다.

주민교육은 주민들 스스로 자신의 삶과 문제에 대해 당당하게 말하고 행동하도록 주민의 주체성과 창의력을 자극하고 돕는 과정이다. 또한 주민교육은 주민 스스로 자신의 생각을 자연스럽게 말하고 행동하며 스스로 깨우치는 것으로, 일회성으로 끝나거나 완성되는 것이 아니라 주민과 함께 지속적으로 전개하는 것이다. 이러한 주민교육의 내용은 다음과 같다.

① 지역사회의 이해: 지역사회의 기본적인 특성이나 역사, 지역사회의 문제나 이슈에 대해서 교육한다.

② 자기 개발: 주민 스스로 자기를 찾고 성찰하면서 자신을 성장시킬 수 있는 주제로 개인의 미션 및 비전 선언문 작성, 성격유형 검사, 워크숍 등을 매개로 교육한다.

③ 지도력 개발: 주민 스스로의 잠재력을 찾아 지도력을 향상시킬 수 있는 주제인 일반적 리더십(general leadership), 셀프 리더십(self leadership), 서번트(관리) 리더십(servant leadership) 등에 대해서 교육한다.

④ 관계 및 의사소통: 주민조직화의 과정은 끊임없이 구성원들 간의 관계와 소통이 반복되는 과정이므로 관계를 맺는 방법, 갈등관리, 의사소통기술 등에 대해서 교육한다.

또한 주민교육의 방법은 다음과 같이 이루어진다.

① 강의: 주민조직화의 경우 강사 중심의 일방적 강의는 주민들의 눈높이에 맞지 않을 수 있기 때문에 가능한 한 지양하는 방법이지만 가장 진행하기 쉬운 교육 방법이다.

② 토론: 주민들이 알아야 할 내용을 일방적인 교육이 아니라 서로 대화하고 토론하면서 결론을 도출해 나가는 방식으로 주민조직화의 특성상 중요하게 활용하는 방법이다.

③ 행동과 실천: 실제 주민조직화 과정에서 발생할 수 있는 다양한 환경을 가상으로 고려하거나 실제 설정 가능한 상황을 직접 경험해 봄으로써 주민조직화에 대한 이해를 높일 수 있다.

④ 팀 작업: 주민조직화 과정에서 대부분의 실천과 활동은 혼자가 아닌 공동의 팀으로 이루어지는 경우가 많으므로 배우고자 하는 주제에 대해 팀으로 구성하여 공동의 미션을 달성한다.

⑤ 문화 활동: 다루고 싶은 주제와 관련된 영화, 연극, 다큐멘터리 등 문화적 매개체를 통해 학습한다.

⑥ 현장 탐방: 유사한 주민조직화의 경험을 가진 지역의 사례를 경험하기 위해 타 지역의 현장을 직접 찾아가 주민들을 만나고 선험적인 사례를 통해 더욱 현실감 있게 학습할 수 있다.

03

지역사회복지의 실천영역 및 발전방안

contents

Community Welfare & Practice | chapter 08

지역사회복지관 및 지역아동센터

지역사회복지관은 지역사회를 기반으로 사회적 약자의 자립능력을 배양하고, 지방자치단체의 지원과 민간기관 및 지역사회주민의 참여를 통하여, 지역사회복지문제를 예방하고 해결하는 데 역점을 두어 서비스를 제공하는 기관이다. 또한 지역아동센터는 지역사회에서 방과후 돌봄이 필요한 아동의 건전육성을 위하여 보호·교육, 건전한 놀이와 오락의 제공, 보호자와 지역사회의 연계 등 종합적인 복지서비스 제공을 목적으로 하는 아동복지시설이다. 이 장에서는 지역사회복지관의 개념 및 목표, 발전과정, 기능 및 역할, 운영원칙, 법적근거 및 현황, 사업대상 및 내용 등에 대해서 알아보고, 지역아동센터의 개념 및 목적, 추진경과, 설치, 운영, 프로그램 등에 대해서도 알아본다.

8.1 지역사회복지관

1) 지역사회복지관의 개념 및 목표

(1) 지역사회복지관의 개념

지역사회복지관(community welfare center)은 1880년대 영국과 미국에서 산업화 도시화에 따른 지역의 각종 복지관련 문제해결을 위해 빈민지역에 기반을 두고 빈민에 대한 실태조사, 직업훈련, 빈민구제활동, 그리고 열악한 환경개선운동 등을 실시한 인보관운동에서 기원을 찾을 수 있다(양정하 외, 2017). 한국의 경우, 1995년 6월 27일 민선 1기 전국동시 지방선거로 인한 지방화 시대에 발맞추어 지역사회가 사회복지서비스의 주체자가 되어 실질적인 역할을 감당하는 과정 속에서, 지역사회복지관은 민간사회복지 전달체계의 핵심적 역할을 하게 되었다. 이러한 지역사회복지관은 지역사회 내에서 일정한 시설과 전문인력을 갖추고, 지역사회의 인적・물적자원을 동원하여 지역사회복지 문제를 발견해서 예방하고 해결하기 위한 종합적인 복지서비스를 제공하는 시설을 의미한다(이양훈 외, 2013; 보건복지부, 2020).

지역사회복지관은 그 기관이 설치되는 지역의 성격이나 특성에 따라 다양한 기능과 역할을 수행하기 때문에 일률적으로 그 성격을 규정하기란 쉽지 않기 때문에 국내에서도 다양하게 나타난다. 지역사회의 발전과 개선에 관심을 가지고 있는 집단의 계속적 노력의 산물이고, 사회복지활동을 좀 더 체계적이고, 계획적으로 추진해 나가고자 하는 종합적인 사회복지센터로의 역할과 기능을 수행하고자 설치한 시설이다(김현호 외, 2018). 특히, 지역사회의 충족되지 않은 욕구와 문제를 발견하여 주민들에게 필요한 소집단서비스를 제공하는 가장 대표적인 직접서비스 기관이라고 보는 견해 등이 있다.

따라서 종합해 보면, 지역사회복지관은 지방자치단체의 지원과 민관기관 및 지역주민의 참여를 통하여, 지역주민이 가지고 있는 다양한 욕구와 지역사회문제를 예방 및 해결하고, 지역주민의 문제해결능력을 배양하고, 지역사회의 연대감을 증대하고, 그리고 지역주민의 복지증진과 삶의 질 향상 등을 위하여 설립된 종합적 복지서비스 기관이라고 할 수 있다(박용순 외, 2012; 김현호 외, 2018).

(2) 지역사회복지관의 목표

직접적인 복지서비스 이용시설인 지역사회복지관은 복지욕구를 가지고 있는 대상자에게 지역사회보호서비스 제공, 재가복지서비스, 그리고 자립능력의 배양을 위한 교육훈련 기회제공 등 그들이 필요로 하는 복지서비스를 제공하고, 가족기능 강화 및 주민 상호 간 연대감 조성을 통한 각종 지역사회문제를 발견, 예방, 그리고 치료하는 주체로서 지역주민 복지증진을 위한 종합적 복지서비스 전달기구의 역할 수행을 목표로 한다(보건복지부 사회복지관 운영 규정, 2020). 즉, 지역주민의 다양한 욕구를 해결하고 지역사회문제를 예방, 치료하면서 지역사회복지 증진을 위한 중추적 역할 수행을 목표로 하는 것이다.

지역사회복지관에 대한 전문적, 윤리적 토대를 구축했다고 평가되는 트레커(Trecker)는 지역사회복지관의 지역사회주민의 욕구와 문제해결을 돕기 위한 소집단 서비스를 강조하면서, ① 인종, 종교, 국적, 정치적 소신에 관계없이 모든 사람과 함께 일하고, ② 지역사회주민들의 욕구해결을 돕기 위한 프로그램을 제공하고, ③ 개인과 가족이 지역사회 생활에 잘 적응하도록 돕고, ④ 사회적, 물리적, 정서적 욕구를 만족시키는 활동을 발견하도록 돕고, ⑤ 교회, 학교 혹은 지역사회의 공・사 지역사회복지관과 협동적 노력을 기울이는 데 목적이 있다고 하였다(Trecker, 1971; 이양훈 외, 2013).

2) 지역사회복지관의 발전과정

한국 지역사회복지관은 역사가 오래되지 않았지만 대체로 4단계의 발전과정으로 구분된다. 사회복지관이 처음으로 소개된 시점에서 1945년 해방 전까지의 태동기

(1906~1944), 1945년부터 오늘날 사회복지관 운영의 기본골격을 마련하고 우리 실정에 적합한 지역사회복지관 모형을 모색하던 1970년대 말까지 형성기(1945~1979), 1980년대부터 1990년대 중반까지의 확대기(1980~1990년대 중반), 1990년대 중반부터 현재까지의 정착기(1990년대 중반~현재)로 나눌 수 있다(이택룡 외, 2007; 김광희, 2015; 김현호 외, 2018).

(1) 태동기(1906~1944)

한국 최초의 지역사회복지관은 1906년 원산에 반열방(班列房)이라는 인보관을 미국의 감리교 여선교사인 메리 노울즈(Mary Knowles)가 설치하여, 여성들을 위한 계몽사업을 펼친 것이 지역사회복지관 사업의 시초라 할 수 있다(남경현, 1978). 이 복지관은 발전하여 1926년에 보혜여자관으로 변경되어 여성을 위한 야학운영, 재봉, 그리고 요리 등의 사업을 수행하였다. 또한 미국 감리교 선교부가 1921년에 태화여자관(현재의 태화기독교사회관)을 서울에 설립하였고, 1922년에 고려여자관을 개성에 설립하고, 그리고 그 후 춘천에도 여자관을 설립하였다. 이 시기의 지역사회복지관들은 여성계몽 및 교육, 육아법, 그리고 어린이 건강 등의 사업이 중심이었다. 이는 당시 사업운영 및 실천주체가 여성들이었지만 이러한 사업을 중심으로 여성의 차별대우로 인한 사회적 지위향상, 사회계몽 등의 성격이 있었다.

조선총독부는 1930년대 들어서 서울의 종로, 왕십리, 마포, 그리고 영등포 등에 인보관을 설치하고 직업보도, 생활지도, 구호사업, 직업훈련, 자립작업장, 생활자금의 대부, 상담사업, 아동교육, 그리고 각종 주민교육 등을 실시하였다(이택룡 외, 2007). 그러나 이러한 인보관은 해방 후 미군정에 의하여 폐쇄되었다.

이 시기의 사회복지관사업의 특징을 살펴보면 다음과 같다. ① 설립목적은 여성의 지위향상과 빈곤문제 해결을 주 내용으로 하고 있고, ② 사회복지관 설립과 운영은 대부분 외국의 종교단체에 의한 민간 주도로 이루어졌다는 것이다. 당시로서는 국가의 역량으로 지역사회복지관을 건립하거나 운영할 수 없었기 때문이다.

(2) 형성기(1945~1979)

1945년 해방 이후 미군정시대를 거쳐 독립정부를 수립하였으나, 1950년 한국전쟁 때문에 전쟁고아, 전쟁미망인, 부랑자, 월남피난민 등으로 인한 심각한 사회문제가 발생하였다. 이 시기는 대학이 직접 지역사회복지관의 운영주체로 출현하였고, 지역사회복지관의 설립과 운영의 주체가 다양화되었다.

1959년에 이화여자대학교가 주한미군의 원조를 받아 대학부설 사회관을 설립하여, 지역주민의 생활향상을 도모하고 학생들의 사회사업실습장을 마련하는 계기가 되었다. 1971년에는 성심여자대학교 성심수도회에서 서울 봉천동에 성심사회복지관을 설립하여, 주민을 대상으로 개인적·집단적·지역사회적인 문제와 욕구를 분석하고 이를 해결하려고 노력하였다. 또한 청소년지도, 가정복지, 지역사회개발, 그리고 지역사회조사 등의 사업을 실시하였다. 그리고 1975년에는 중앙대학교에서 서울 봉천동에 지역사회복지관을 설립하였다. 1956년에는 최명환 목사가 서울 아현동에 아현인보관을 설립하였고(김선심, 1972), 1962년에는 목포에, 1965년에는 인천에, 1967년에는 이천에, 1968년에는 마포에, 그리고 1975년에는 영등포에 사회복지관이 설립되었다. 선명회에서는 1974년에 성남에 성남사회복지관을 설립하였다.

이 시기의 특징은, 1970년대에 대다수의 외원기관이 철수함으로써 지역사회복지관의 운영은 재정적 차원에서 많은 어려움을 겪게 되었다. 또한 국가가 지역사회복지관에 대한 보조금을 지원하는 등 국가의 개입이 부분적으로 이루어지면서 지역사회복지관 사업의 기본골격이 형성된 시기라고 할 수 있다. 비록 국가보조금의 법적 근거가 명확하게 마련되어 있지 않았으나 우리나라 실정에 맞게 지역사회복지관을 정착시켰다고 할 수 있다.

(3) 확대기(1980~1990년대 중반)

1980년대에 들어와서 지역사회복지관은 큰 관심 속에 비약적인 발전을 하는 계기를 마련했다. 1983년 「사회복지사업법」 개정에 따라 지역사회복지관은 종합사회복지관 가형과 나형 그리고 다형인 지역사회복지관으로 나누어지면서 공식적으로 국가의 지원을 받게 되었다. 동시에 심각한 주택문제를 해결하기 위해 주택 200만 호 건설계획을 추진하면서 저소득층 주민을 위한 영구임대주택을 건립할 때, 영구임대주택 단지 내에 의무적으로 지역사회복지관도 건립하도록 하면서 활성화되었다. 또한 1988년에는 지역사회복지관의 운영과 관련된 국고보조지침이 마련되었다. 이러한 조치로 지역사회복지관 사업은 질적・양적으로 확대되었으며, 1995년부터 지방자치시대를 맞이하여 지역사회복지를 위한 지역사회복지관의 역할이 더욱 중요시되고 있다.

(4) 정착기(1990년대 중반~현재)

1990년대 중반 이후 지역사회복지관의 수는 꾸준하게 증가되어 1996년에 312개소, 2001년에 351개소가 운영되고, 2005년부터 지방이양사업으로 선정되어, 국가보조사업에서 분권교부세에 의한 지방정부의 재정지원방식으로 변경되었다. 이러한 지역사회복지관 수는 2009년 말에 410개소가 개소되어 운영되고 있다. 이러한 양적인 증가와 더불어 전문인력의 확보와 지역친화적인 서비스를 개발하여 시행하는 등 비교적 질적인 발전도 이루어졌다고 할 수 있다. 또한 2003년 「사회복지사업법」이 개정되면서 「사회복지사업법」상 사회복지시설로 규정되었고, 설치 및 운영에 관한 사항이 법률로 정해지는 등 법적 근거가 마련되었다.

3) 지역사회복지관의 기능 및 역할

지역사회복지관은 복지욕구를 가지고 있는 지역주민을 대상으로 다양한 복지서비스와 자립능력 배양을 위한 교육, 훈련 등을 실시하고, 가족기능 강화 및 주민 상호간 연대감 조성 등 각종 지역 사회 문제를 예방・치료하는 직접적이고 종합적인 복지서비스 기관이다. 이러한 지역사회복지관의 기능과 역할을 알아보면 다음과 같다.

(1) 지역사회복지관의 기능

지역사회복지관은 지역의 특성과 문제에 따라 다양한 기능과 역할을 하기 때문에 일률적으로 규정하기는 어렵지만, 딜릭(Dillick)이 제시한 네 가지 기능은 다음과 같다(Dillick, 1995; 이택룡 외, 2007).

① 지역사회의 다양한 욕구를 충족시키기 위해 통합된 서비스를 제공한다.
② 지역사회 내의 서비스의 중복과 누락을 방지하기 위해 서비스 간의 조정을 도모한다.
③ 지역주민들이 당면한 문제해결을 위해 공동의 노력을 할 수 있도록 집단을 구성하게 한다.
④ 주민집단으로 하여금 지역사회의 목표를 수정하고 새로운 목표를 도출할 수 있도록 한다.

또한 미국 인보관협회에서는 지역사회복지관의 기능을 다음과 같이 여섯 가지로 제시하였다(이택룡 외, 2007; 김현호 외, 2018).

① 관료화와 형식에 구애받지 않고 지역주민과 인간적 측면에서 개별적 접촉을 유지하고 발전시킨다.
② 새로운 이주민을 포함하여 지역주민의 그린의식과 민주적 시민의식을 고취시킨다.
③ 지역사회에서 원조를 필요로 하는 지역주민에게 서비스를 제공한다.
④ 생활문제를 해결하기 위한 새로운 지식과 기술을 응용하고 실험한다.
⑤ 지역주민을 위하여 직・간접적으로 문화활동을 촉진시킨다.
⑥ 도시계획과 관련하여 지역사회개발을 계획하고 실행한다.

위와 같이 지역사회복지관은 사회복지사와 같은 전문인력의 확보를 통한 지역사회주민의 복지증진을 위하여 종합적 사회복지서비스 전달기능과 지역사회 문제해결 및 지역사회조직화의 기능을 수행해야 한다. 그러나 이러한 기능을 수행하는 데 있어서 가장 중요한 것은 지역사회복지관 사업에 지역주민을 적극적으로 참여시키는 것이라고 강조하였다(Dillick, 1995).

(2) 지역사회복지관의 역할

보건복지부가 규정하고 있는 지역사회복지관의 역할은 다음과 같다(김광희, 2015; 보건복지부, 2020).

① 지역사회의 실정과 지역주민 욕구파악 및 평가의 역할: 지역사회의 인적·물적, 환경적 특성과 지역주민들의 복지서비스 욕구를 합리적으로 파악·평가하는 것은 지역사회복지관의 사업개발과 주민의 참여를 위한 동기조성의 기초가 된다.

② 지역주민 복지증진과 자립을 위한 종합복지서비스 제공의 역할: 지역사회복지관은 주민생활의 현장에서 지역주민의 복지증진과 발전, 사회적인 자립을 직·간접적으로 돕는 종합복지센터의 역할을 수행한다.

③ 지역사회 통합의 매개 역할: 지역사회 주민, 유관기관, 단체 등의 상호 간 지역공동체 의식을 고취하고, 지역주민의 자발적인 참여로 지역사회 발전을 도모한다. 즉, 지역사회 주민 간의 통합을 가져오는 매개적 역할을 하게 된다.

④ 지역사회 민간자원 발굴 및 활용의 역할: 지역사회복지에 대한 지역주민의 자발적인 참여로 인한 자원봉사자 및 후원자를 개발·활용함으로써, 지역사회복지에 대한 연대의식을 고취할 수 있고 한정된 예산과 인력을 보완할 수 있다.

⑤ 주민을 위한 지역사회교육 매체의 역할: 저소득층 주민들의 생활향상과 자기실현을 위한 새로운 생활정보의 보급, 지식·교양수준의 증대, 자립의욕의 활성화를 돕기 위한 동기 조성, 지역사회 소속감의 부여를 통한 지역사회교육의 매체역할을 수행한다.

이 외에도 지역사회의 지역주민의 욕구와 필요성을 토대로 지역사회복지관의 역할에 대해서는 종합적 서비스센터의 역할, 대변자의 역할, 특정 집단의 이익대변 및 사회행동센터로서의 역할, 시설공동이용센터의 역할, 레크리에이션센터의 역할, 직업자활안정센터의 역할 등이 있을 수 있다(김현호 외, 2018).

4) 지역사회복지관의 운영원칙

지역사회복지관 사업은 인도주의와 대상자 존엄유지를 전제로 여덟 가지 다음과 같은 운영원칙에 따라서 수행되어야 한다(사회복지관협회, 2010; 김현호 외, 2018).

① 지역성의 원칙: 지역사회복지관은 지역사회의 특성과 지역주민의 문제나 욕구를 신속하게 파악·반영하여 사업계획 수립 시 지역사회의 문제를 해결하고, 이에 따른 서비스를 제공하여야 하며, 지역주민이 적극적으로 참여하도록 유도함으로써 주민의 역할과 책임을 조장하여야 한다.

② 전문성의 원칙: 지역사회복지관은 다양한 지역사회문제에 대처하기 위해 일반적 프로그램과 특정한 문제를 해결할 수 있는 전문적 프로그램이 병행될 수 있도록, 지식과 기술을 보유한 전문인력에 따라 사업을 수행하고, 이들 인력에 대한 지속적인 재교육 등을 통해 전문성을 증진하도록 하여야 한다.

③ 책임성의 원칙: 지역사회복지관은 지역사회 이용자 등에게 사업수행에 따른 효과성과 효율성을 극대화하고 책임을 다하려는 다각적 노력을 기울여야 한다.

④ 자율성의 원칙: 지역사회복지관은 다양한 복지서비스를 효율적으로 제공하기 위하여 복지관 능력과 전문성이 최대한 발휘될 수 있는 자율적인 운영이 될 수 있도록 하여야 한다.

⑤ 통합성의 원칙: 지역사회복지관은 사업을 수행함에 있어 지역 내 공공 및 민간복지기관 서비스 간에 연계성과 통합성을 강화시켜 지역사회복지체계를 효율적이고 효과적으로 운영되도록 하여야 한다.

⑥ 자원 활용의 원칙: 지역사회복지관은 지역주민욕구의 다양성에 따라 다양한 기능

인력과 재원을 필요로 하므로 지역사회 내의 복지자원을 최대한 동원·활용하여야 한다.

⑦ 중립성의 원칙: 지역사회복지관은 정치활동, 영리활동, 특정 종교활동 등으로 이용되지 않도록 중립성이 유지되도록 하여야 한다.

⑧ 투명성의 원칙: 지역사회복지관은 자원을 효율적으로 이용하고 운영과정의 투명성을 유지하여야 한다.

5) 지역사회복지관의 법적근거 및 현황

(1) 지역사회복지관의 법적근거

지역사회복지관은 사회복지서비스 욕구를 가지고 있는 모든 지역사회주민을 대상으로 보호서비스의 제공, 자립능력 배양을 위한 교육훈련의 기회 제공 등 복지서비스를 제공한다. 그리고 가정기능 강화 및 주민 상호 간 연대감 조성을 통하여, 각종 지역사회문제를 예방·치료하는 매체로서 주민의 복지증진을 위한 종합복지센터의 역할을 한다. 그 법적인 근거로서는 크게 네 가지의 조항을 들 수 있다.

① 「사회복지사업법」 제2조 3의2(정의)

② 「사회복지사업법」 시행규칙 제21조(사회복지관의 설치기준)

③ 「사회복지사업법」 시행규칙 제22조(사회복지관의 운영기준)

④ 임대단지 사회복지관의 근거: 「주택법」 제2조 제7호, 주택건설기준 등에 관한 규정 제5조 제6호, 주택건설기준 등에 관한 규칙의 별표 1의 제5호

(2) 지역사회복지관의 연혁

지역사회를 기반으로 지역사회복지실천 기관인 지역사회복지관의 연혁은 〈표 8-1〉에 나타냈다.

〈표 8-1〉 지역사회복지관의 연혁

연도	내 용
1906년	• 원산 인보관운동에서 사회복지관사업 태동
1921년	• 서울에 최초로 태화여자관 설립
1926년	• 원산에 보혜여자관 설립
1930년	• 서울에 인보관 설치
1975년	• 국제사회복지관연합회 회원국 가입
1976년	• 한국사회복지관연합회 설립(22개 사회복지관)
1983년	• 「사회복지사업법」 개정으로 사회복지관 운영 국고보조
1988년	• 사회복지관 운영 · 국고보조사업지침 수립
1989년	• 「주택건설촉진법」 등에 의해 저소득층 영구임대아파트 건립 시 일정 규모의 사회복지관 건립을 의무화 • 사회복지법인 한국사회복지관협회 설립
2000년	• 지역사회복지관 운영평가제 실시(한국보건사회연구원)
2001년	• 전국 351개소 설치 운영
2004년	• 「사회복지사업법 」시행규칙 사회복지관의 설치기준 신설 • 전국 383개소 설치 운영
2009년	• 전국 416개소 설치 운영
2010년	• 사회복지관 운영매뉴얼 발간, 전국 420개소 설치 운영
2012년	• 2012 사회복지관 사례관리매뉴얼 발간, 전국 437개소 설치 운영
2014년	• 희망의 꽃 - 사회복지관 미담사례 공모전 당선작 모음집 발간 • 전국 446개소 설치 운영 • 사회복지관 인력배치기준 마련을 위한 토론회 개최
2015년	• 제4회 사회복지관 전국대회 • 사회복지관의 날 제정(5.21.) • 제6기 사회복지시설(사회복지관) 평가
2016년	• 사회복지관사업 핵심 전략연구 실시 및 2차년도 보고서 발간 • 베트남 호치민시 사회복지모델 교류 연수프로그램 진행
2018년	• 사회복지관의 날 기념행사(사회복지관 프로그램 박람회) • 사회복지관 · 주민센터 민관협력 컨퍼런스 진행(지역기반 공급체계 구축에 따른 사회복지관 역할 및 민관협력 강화 방안)

출처: 한국사회복지관협회(2020.01.).

(3) 지역사회복지관의 현황

지역사회복지관은 2020년 1월 기준으로 전국에 466개소가 설치되어 있다. 지역사회복지관의 설립은 1990년 이후로 가장 많이 설립되었으며, 지역사회복지관의 운영 주체는 사회복지법인(333개소), 재단법인(55개소), 사단법인(19개소), 학교법인(24개소), 지방자치단체 직영(26개소), 시설관리공단(4개소), 협동조합(4개소), 의료법인(1개소) 등이다. 지역사회복지관은 시설규모에 따라 3가지 유형으로 구분되는데, 2020년 1월 기준으로 할 때 규모별 설치현황은 〈표 8-2〉에 나타냈다.

〈표 8-2〉 규모별 지역사회복지관 현황(2020. 01.)

구분	개소 수	설치 비율(%)
가형(건평 2,000m^2 이상)	220	47.21
나형(건평 1,000~2,000m^2)	201	43.13
다형(건평 500~1,000m^2 미만)	45	9.66
총계	466	100

출처: 한국사회복지관협회(2020.01.).

〈표 8-2〉의 설치 비율에서 알 수 있듯이 지역사회복지관이 대형화됨을 알 수 있다. 2020년 1월을 기준으로 지역 및 특성별(일반지역, 임대지역) 지역사회복지관 설치현황은 〈표 8-3〉에 나타냈다. 여기에 나타난 지역별 현황을 보면 대체적으로 대도시의 분포비율이 높다는 것을 알 수 있다. 그 이유는 1980년대 후반에 당시 심각한 주택문제를 해결하기 위해 주택 200만 호 건설계획을 추진하면서 저소득층 주민을 위한 영구임대주택을 건립할 때, 영구임대주택 단지 내에 지역사회복지관도 건립하도록 법제화했기 때문이다. 따라서 영구임대주택지역 등 도시 저소득층 지역을 중심으로 지역사회복지관이 급격히 확대되었기 때문에 이러한 분포비율을 보이는 것이다.

〈표 8-3〉 지역 및 특성별 지역사회복지관 현황(2020. 01.)

시·도	계	일반지역	임대지역	시·도	계	일반지역	임대지역
서울	98	67	31	강원	19	14	5
부산	53	35	18	충북	13	8	5
대구	27	14	13	충남 세종	22	16	6
인천	19	13	6	경북	15	4	11
대전	21	13	8	경남	30	24	6
울산	8	6	2	전북	17	8	9
경기	81	56	25	전남	15	9	6
광주	18	8	10	제주	10	8	2
				총계	466	324	142

출처: 한국사회복지관협회(2020.01.).

(4) 지역사회복지관의 재정

지역사회복지관 설치·운영 규정에 따르면, 정부는 지역사회복지관 설립과 운영에 여러 가지 재정적 지원을 해야 한다. 2005년 이후 분권교부세의 형태를 띠면서 지방정부로 이양되어 각 지방정부에서 편성하고 지도·감독도 지방정부에서 관리한다. 지역사회복지관 예산은 국고보조금이 대부분을 차지하고 있으며, 현재 지역사회복지관 예산편성은 법인의 예산편성 지침에 따라 지역사회복지관이 자율적으로 편성하고 다시 법인이사회의 승인을 얻어 시·군·구에 제출하는 것으로 진행한다.

① 재정의 구성

지역사회복지관 재정은 정부보조금, 법인보조금, 후원금, 수익금 등으로 이루어진다.

- 정부보조금은 중앙정부나 지방정부로부터 지원받는 기관운영비, 사업비, 시설장비비 등이 있다. 이러한 보조금은 안정적이고 체계적이나 규제가 엄격하고 까다로운 경향이 있다.

- 법인보조금은 지역사회복지관의 부족한 재원을 보충하거나 법인의 성격상 반드시 추진해야 하는 사업을 지원하는 재원이다. 이러한 보조금은 법인이 부담하는 것으로 전체 운영비의 일정 비율을 지원한다.
- 후원금은 개인이나 단체 등이 지역사회복지관에 직접 자원을 제공하는 것이다. 이러한 후원금은 운영하는 데 있어서 정부보조금보다 융통성이 많다.
- 수익금은 기관이 서비스의 생산과 판매를 통해 확보하는 재원이다. 이러한 수익금은 서비스 전달을 통해 직접 재원을 확보하는 재원으로 기관의 서비스 개발과 전달에 사용되어야 한다.

② 성격에 따른 재원의 분류

지역사회복지관의 재원은 성격에 따라 공공자원과 민간자원으로 나눌 수 있다. ① 공공자원은 조세를 근간으로 공공조직의 체계를 통해 수집되고 기관에 배분하는 방식이다. 이러한 공공자원은 재원의 규모나 가용성의 크기에서 우위를 점하고 있으며, 안정성이 높다. ② 민간자원은 공공체계를 거치지 않고 개인, 기업, 단체 등과 같은 민간이 기부 또는 후원하거나 서비스 이용에 대한 사용료로 지불하는 방식으로 기관에 직·간접적으로 제공한다. 이러한 민간자원은 용도를 탄력적으로 운영할 수 있고, 자율성과 관리상 까다로운 규제가 필요치 않는 장점도 있다.

6) 지역사회복지관의 사업대상 및 내용

지역사회복지관은 직접적인 서비스 기관으로서, 저소득 취약계층과 지역사회주민에 대한 실질적 사회복지서비스가 이루어질 수 있도록 각 사업을 유기적으로 연계하여 실시하여야 한다.

(1) 지역사회복지관의 사업대상

지역사회복지관의 사업대상은 지역사회의 사회복지서비스 욕구를 가지고 있는 모든 지역사회주민으로 하는데, 다음 각 호의 지역사회주민을 우선적인 사업대상으로 한다(양정하 외, 2017; 김현호 외, 2018).

① 국민기초생활보장 수급자, 차상위계층 등 저소득 주민
② 장애인, 노인, 한부모가정, 부자가정 등 취약계층 주민
③ 직업·부업훈련 및 취업알선이 필요한 주민
④ 유아, 아동 또는 청소년의 보호 및 교육이 필요한 주민
⑤ 기타 긴급지원이 필요하다고 인정되는 주민

(2) 지역사회복지관의 사업내용

지역사회복지관은 지역사회의 특성과 지역사회주민의 복지욕구에 대한 조사결과를 바탕으로 사업내용을 자율적으로 결정하되, 〈표 8-4〉의 분야별 단위사업 중에서 해당 지역사회복지관의 실정에 적합한 프로그램을 선정하여 수행한다. 지역사회복지관의 사업내용은 〈표 8-4〉에 나타냈다.

〈표 8-4〉 지역사회복지관의 사업내용

분야	단위사업	우선사업 대상 프로그램
가족복지 사업	• 가족관계증진 • 가족기능 보완 • 가정문제 해결·치료 • 부양가족지원	• 개인 및 가정문제 등 상담 • 방과 후 아동보호 프로그램
지역사회 보호사업	• 급식서비스 • 보건의료서비스 • 경제적 지원 • 일상생활 지원 • 정서서비스 • 일시보호서비스	• 급식서비스(식사배달, 밑반찬 배달, 무료 급식 등) • 주간보호소·단기보호소 운영
지역사회 조직사업	• 주민조직화 및 교육 • 복지네트워크 구축 • 주민복지 증진 • 자원봉사자 양성 및 후원자 개발·조직	• 주민조직체 형성 및 운영 • 복지네트워크 구축

분야	단위사업	우선사업 대상 프로그램
교육·문화 사업	• 아동·청소년 기능교육 • 성인 기능교실 • 노인 여가문화 • 문화복지	• 노인 여가·문화 프로그램 • 아동·청소년 사회교육 프로그램
자활사업	• 직업기능 훈련 • 취업알선 • 직업능력 개발 • 자활공동체 육성	• 취업·부업 안내 및 알선 • 취업·부업 기능훈련 및 공동작업장 운영

출처: 보건복지부(2020).

〈표 8-4〉의 우선대상 프로그램 중 우선사업 대상자를 위해 8개 이상의 프로그램을 선정하여 수행하되, 우선사업으로 지정된 프로그램 중에서 분야별로 각 1개 이상을 포함하여야 한다. 이 경우 관할 시장·군수·구청장이 지역적 특성을 감안하여 필요하다고 인정한 때에는 사업분야 및 단위사업을 조정하거나 별도의 사업을 개발·추진할 수 있다. 분야별 사업내용을 보면 다음과 같다(양정하 외, 2017; 김현호 외, 2018).

① **가족복지(가족기능강화) 사업**

가족기능강화를 구체화한 사업으로 가족구성원 개인 및 가족 전체를 대상으로 상담, 치료, 보육 등 필요한 복지서비스를 종합적으로 제공함으로써, 가족문제의 해결, 예방, 해체를 방지하여 가족의 안녕과 행복을 유지할 수 있도록 지원하는 사업이다. 예를 들면, 가족교육, 가족역할훈련, 부모상담, 가족상담, 방과 후 아동보호 및 보육, 공부방 및 도서관 운영, 심성발달 프로그램, 장애인 사회적응 프로그램, 해체위기가정 지원 프로그램, 그리고 치매노인 가족지원 등 지역사회 특성에 맞게 프로그램을 운영할 수 있다.

② **지역사회보호(재가복지) 사업**

보호서비스의 제공기능을 구체화한 사업으로 가족이 없는 노인, 소년·소녀가정, 장애인 등 사회적 보호가 필요한 대상자를 중심으로 결연, 정서지원, 가사지원·간병, 푸드뱅크사업 등의 재가복지서비스를 종합적으로 제공함으로써 소외감을 완화하고 생활안정을 도모하는 사업이다. 예를 들면, 식사배달, 간병서비스, 생활용품 지원, 주거환경 개선, 말벗, 주·단기 보호 등의 사업이 있을 수 있다.

③ 지역사회조직(지역사회복지) 사업

지역주민 상호 간 연대감 조성과 각종 지역사회문제의 예방·치료 기능을 구체화한 사업으로, 지역주민의 욕구조사를 바탕으로 복지자원을 조직화하고 계획적으로 지역사회문제를 예방·치료하여 삶의 질이 향상된 지역사회로 발전하는 사업이다. 예를 들면, 쓰레기 재활운동, 주민지도자 교육, 경로잔치, 지역문제 발굴, 자원봉사자 양성 및 후원자 개발 등의 사업이 있을 수 있다.

④ 교육·문화 사업

주민의 복지증진과 삶의 질 향상기능을 구체화한 사업으로 아동과 청소년의 유해환경에 대한 예방적 대안문화 창조와 인성교육, 성인과 노인을 대상으로 각종 교육프로그램을 운영함으로써, 평생교육의 기반을 확충하고 문화결핍을 예방하여 지역주민의 삶의 질을 향상시키는 사업이다. 예를 들면, 컴퓨터 교실, 저소득층을 위한 직업훈련, 꽃꽂이 강좌, 이·미용 교실, 제빵 교육, 노래·춤 교실, 노인대학 등의 사업이 있을 수 있다.

⑤ 자활사업

자활·자립을 위한 복지서비스 지원기능을 구체화한 사업으로 저소득층의 자립능력배양과 가계소득에 기여할 수 있는 기능훈련을 실시하여, 창업 또는 취업을 지원해서 빈곤의 세습방지와 지역주민의 자립·자활을 도모하는 사업이다. 예를 들면, 봉제, 이·미용, 조리, 컴퓨터 훈련, 가사·산모 도우미, 간병인, 조리원, 공예품제작, 창업교실, 건축 관련 세부기술, 자활공동체, 공동작업장 등의 사업이 있을 수 있다.

이와 같이 지역사회복지관의 프로그램은 다양하게 이루어지고 있으나 지역별 특성에 따라 차이가 있을 수 있다. 임대아파트 지역의 경우는 저소득층 가정의 아동보호 프로그램, 요보호 가정에 대한 직접서비스의 전달, 이를 위한 자원봉사자 모집 및 후원자 개발에 중점을 두고 있다. 반면 대도시 지역의 경우는 교양, 취미 교실을 가장 많이 실시하고 있고, 중소도시 지역과 농촌의 경우는 아동 프로그램이 가장 활발하게 실시되고 있다(김현호 외, 2018).

또한 실시하고 있는 단위사업에 대해서 ① 청소년 예방 및 치료프로그램이 부족한 편이며, ② 노인여가 및 사회교육 프로그램이 미흡하고, ③ 장애인을 대상으로 하는 사업실시는 시설설치의 어려움 및 자원봉사자를 구하기 힘들다는 이유로 사업수행에 어려움이 많고, ④ 지역사회복지사업을 통한 지역문제해결 및 주민조직화가 미흡한 것으로 평가하고 있다(황성철, 1997; 김광희, 2015).

8.2 지역아동센터

1) 지역아동센터의 개념 및 목적

지역아동센터는 지역사회에서 방과후 돌봄이 필요한 아동의 건전육성을 위하여 보호·교육, 건전한 놀이와 오락의 제공, 보호자와 지역사회의 연계 등 종합적인 복지서비스 제공을 목적으로 「아동복지법」 제50조~제52조, 제54조~제75조(설치근거)에 따라 설립된 시설이다(지역아동센터 지원 사업안내, 2020). 즉, 지역사회에서 취약계층의 아동들이 가정의 빈곤이나 부모의 가출, 맞벌이 등에 의하여 적절한 보호를 받기 어려운 환경에 놓였을 때 이들에게 적절한 보호(안전한 보호, 급식 등)와 교육기능(일상생활 지도, 학습능력 제고 등), 정서적 지원(상담 및 가족지원), 문화서비스(체험활동, 공연 등) 등을 제공하는 시설이다. 또한 지역사회에서 취약계층의 아동과 청소년을 위한 열린 문화공간으로 다양한 프로그램을 제공하여 건강하고 안전한 보호 및 양육을 목적으로 하는 시설이다(조추용 외, 2019).

따라서 지역아동센터는 단순히 취약계층의 빈곤아동을 보호 및 양육하는 역할을 넘어 빈곤을 예방하는 의미가 있으며 빈곤아동의 양육과 교육에 대해 부모와 지역사회의 책임이 균형과 조화를 이루는 지역사회보호의 책임에 의미가 있다고 할 수 있다.

2) 지역아동센터의 추진경과

지역아동센터는 1980년대 중반 빈곤지역과 농산어촌 중심의 공부방 활동을 종교단체나 민간단체 중심으로 시작하여, 2003년 「아동복지법」이 개정되면서 2004년 7월부터 시행되고 아동복지시설로 법제화되었다. 법제화되면서 지역아동센터는 취약계층 아동의 지역사회보호를 위하여 아동의 권리보장과 안전한 보호, 급식지원 등으로 결식을 예방하고 그들의 학습능력 제고, 학교 부적응 해소, 일상생활 지도, 학교생활의 유지 및 적응력 강화 등의 기능을 제공하고 있다. 또한 문화적으로 소외되어 있는 아동에게 다양한 문화체험을 제공하고 있다. 이러한 지역아동센터의 연도별 추진경과는 〈표 8-5〉에 나타냈다(지역아동센터 지원 사업안내, 2020).

〈표 8-5〉 지역아동센터의 연도별 추진경과

연도	내용
2004년	• 「아동복지법」을 개정하여 지역아동센터(구, 공부방)를 아동복지시설로 법제화 - 총 895개소 시설에 23,347명의 아동서비스 지원
2005년	• 지역아동센터의 양적 증가 및 확대 운영 - 전국 1,709개소로 확대운영(총 43,749명 아동지원)
2006년	• '지역아동정보센터' 설치 · 운영('06.1.) - 조사업구사업, 교육사업, 정보제공사업 등 종합적 운영 · 지원 추진 • 「건축법」시행령 개정으로 설치가능 건축물 용도 확대('06.6.) - 노유자시설(교육연구 및 복지시설, 8개 용도) → 제1종 그린생활시설(15개 용도)

연도	내용
2007년	• 아동복지교사 지원사업 실시 및 '아동복지교사지원센터' 설치 · 운영('07.1.) - 전문분야별 교육프로그램 지원을 위해 7개월간 2,700명 아동복지교사 파견 - 사업운영체계로 '아동복지교사지원센터(중앙 1, 권역 14)'를 설치 · 운영
2008년	• 지역아동센터 시범평가 실시('08.8.) • 아동복지교사 지원사업 계속사업으로 확대 · 운영
2009년	• 전국 지역아동센터 평가 진행(총 3,224개소) 및 컨설팅사업 실시 • 종사자 역량강화를 위한 교육 실시(총 7,700명) • 「건축법」 시행령 별표1 개정으로 건축물용도 확대('09.7.) - 1종 근린생활시설 → 1종 근린생활시설, 단독주택, 공동주택
2010년	• 지역아동센터 평가우수시설 운영비 추가지원(916개소, 월30만 원) • 사회복지시설정보시스템 활용 의무화('10.1.)
2011년	• '지역아동센터지원단(중앙 1개소, 시도 15개소)' 통합 설치 · 운영 • 지역아동센터 평가우수시설 인센티브(총 500개소, 월 898천 원)
2012년	• '지역아동센터평가센터' 설치 및 3년 주기 제1기 평가체계 구축 • 평가우수시설 인센티브를 기능강화사업(거점형, 특수목적형)으로 변경 • 학교의 주5일제 전환에 따른 지역아동센터 토요운영 지원 • 「아동복지법」시행령 · 시행규칙 개정을 통한 종사자 자격기준, 시설 설치기준 강화('12.8.) • 방과후 돌봄서비스 관계 부처 간(보건복지부, 교육부, 여성가족부, 한전행정부) 업무 협약 체결('12.10.)
2013년	• 신규시설장의 현장실습 · 컨설팅 참여의무화 • 방과후 돌봄서비스 연계로 종합적 지원 · 관리체계 마련 • 지역아동센터 맞춤형 사회복지시설정보시스템 고도화 구축
2014년	• 지역아동센터 1기('12~'14년) 시설평가 완료 • 표준 프로그램 개발 • 지역아동센터 아동패널 구축 및 구사
2015년	• 지역아동센터 2기('15~'17년) 평가지표 마련 • 지역별 돌봄계획 지표개발 • 사회복지시설정보시스템 전국실태조사 탑재
2016년	• 지역아동센터 신규 및 기존 종사자 교육과정 차별화로 의무교육 강화 • 지역별 돌봄계획 수립 지원을 위한 시도별 컨설팅 실시 • 방과후 돌봄 연계체계 활성화 방안 마련
2017년	• 지역아동센터 2기('15~'17년) 시설평가 완료 • 우수 지역아동센터 지원방안 마련 • 지역아동센터 3기('18~'20년) 평가지표 마련

연도	내용
2018년	• 지역아동센터 이용아동 기준 개선(일반아동 이용비율 확대) • 중앙평가위원회 구성 및 운영
2019년	• 지역아동센터 이용아동 기준 개선(일반아동 이용비율 확대) • 지역아동센터 운영비(3,096백만 원) 및 공기청정기 지원(809백만 원) 추경 편성 • 지역아동센터 환경개선비 신규 지원(9,600백만 원)

출처: 지역아동센터 지원 사업안내(2020).

위와 같이 지역아동센터는 2004년 「아동복지법」 개정으로 지역사회의 공부방이 아동복지시설로 법제화되면서 2011년에는 통합적인 관리와 지원을 효율적으로 수행하기 위하여 '지역아동정보센터'와 '아동복지교사지원센터'를 '지역아동센터지원단(중앙 1개, 시도 15개소)'으로 통합하여 운영하고 있다. 여기서 지역아동센터지원단은 지역아동센터의 종사자들을 위해 체계적이고 전문적인 교육시스템을 구축하여 교육하고 있으며, 다양한 지식과 정보를 수집하여 제공하는 역할을 수행한다. 이렇게 체계화되어 가고 있는 지역아동센터는 2004년 895개소에서 23,347명의 아동이 돌봄서비스를 받기 시작하여 2018년 12월말 기준 4,211개소에서 109,610명의 아동들이 이용하고 있다. 2018년 12월말 기준 시도별 현황은 〈표 8-6〉에 나타냈다(2018년말 기준 전국 지역아동센터 통계조사보고서, 2020).

또한 지역아동센터의 운영주체는 2018년 12월말 기준으로 개인이 운영하는 센터가 2,951개소(70.1%)로 가장 많으며, 법인이 896개소(21.3%), 일반단체(시민, 종교단체)가 288개소(6.8%), 지자체 직영이 25개소(0.6%), 지자체 위탁이 51개소(1.2%)로 순으로 운영하고 있다(2018년말 기준 전국 지역아동센터 통계조사보고서, 2020).

〈표 8-6〉 지역아동센터의 시도별 현황

구분	지역아동센터 신고 현황		2018년 신규 신고 현황	
	센터 수(개소)	비율(%)	센터 수(개소)	비율(%)
서울	454	10.8	16	16.3
부산	212	5.0	7	7.1
대구	200	4.8	3	3.1
인천	178	4.2	1	1.0
광주	308	7.3	8	8.2
대전	144	3.4	-	-
울산	56	1.3	1	1.0
세종	13	0.3	1	1.0
경기	789	18.7	24	24.5
강원	172	4.1	6	6.1
충북	184	4.4	1	1.0
충남	238	5.7	4	4.1
전북	285	6.8	4	4.1
전남	378	9.0	5	5.1
경북	271	6.4	9	9.2
경남	263	6.2	8	8.2
제주	66	1.6	-	-
전체	4,211	100.0	98	100.0

출처: 2018년말 기준 전국 지역아동센터 통계조사보고서(2020).

3) 지역아동센터의 설치

지역아동센터는 공부방이 「아동복지법」개정으로 2004년 7월부터 아동복지시설로 법제화되면서 동법 제50조에 따라 국가 또는 지방자치단체는 아동복지시설을 설치할 수 있으며 국공립시설 사회보장정보시스템(행복e음) 등록 절차에 따라 사회복지시설

대장에 등록하여야 한다. 또한 국가 지방자치단체 외의 자(者, 개인 또는 법인)는 관할 시장 · 군수 · 구청장에게 신고하고 설치할 수 있는데, 설치 · 신고하려는 자는 신고서 제출 전에 관할 시장 · 군수 · 구청장과 사전협의 후 설치 · 신고할 수 있도록 하며, 아동복지시설 설치신고서를 작성하여 제출한다. 사전협의 이유는 소규모 아동 이용시설로 지역 내 돌봄서비스 접근성이 담보될 수 있어야 하며, 아동의 집에서 근거리에 위치하여 이용의 편리성이 제공될 수 있어야 하기 때문이다. 또한 명칭은 00지역아동센터 또는 지역아동센터00로 표기하며, 운영비는 초기 2(24개월)년간은 자비로 운영하고 2년 경과 후 진입평가 및 지자체 평가를 받아 결과에 따라 운영비를 지원받는다(지역아동센터 지원 사업안내, 2020).

지역아동센터의 시설은 사무실 · 조리실 · 식당 및 집단지도실을 각각 갖추되, 해당 시설을 모두 합한 면적이 전용면적 82.5㎡ 이상이고, 아동 1명당 전용면적 3.3㎡ 이상이어야 하고, 집단지도실은 2개실 이상을 갖추어야 한다. 전용면적은 사무실 · 조리실 · 식당 및 집단지도실만 포함되고 화장실은 전용면적에 포함되지 않는다(지역아동센터 지원 사업안내, 2020).

지역아동센터의 종사자 배치기준에서 아동 30명 이상 센터는 시설장 1명, 생활복지사 2명(아동 50명 초과 시 1명 추가), 영양사 1명(아동 50명 이상인 경우만 해당)이고, 아동 30명 미만 10명 이상 센터는 시설장 1명, 생활복지사 1명이다. 또한 아동 10명 미만의 센터는 시설장 1명이 운영하였으나 「아동복지법」 시행령 제52조 및 별표11, 부칙 제4조에 따라 아동 10인 미만 시설 배치기준이 삭제되어 기존 시설은 인정되나 2012년 8월 5일부터 10인 미만 시설은 신규 설치할 수 없으며, 기존 아동 10인 미만 센터는 10인 이상 센터로 변경 가능하다(지역아동센터 지원 사업안내, 2020).

지역아동센터의 종사자 자격기준에서 총괄업무를 담당하는 시설장은 ① 「사회복지사업법」에 따른 사회복지사 2급 이상의 자격 취득 후 아동과 관련된 사회복지사업에 3년 이상 또는 사회복지사업에 5년 이상 종사한 경력이 있는 사람, ② 학대아동보호사업과 관련된 기관에서 3년 이상 근무한 경력이 있는 사람, ③ 7급 이상 공무원으로서 국가나 지방자치단체에서 사회복지사업에 관한 행정업무에 5년 이상 종사한 경력이 있는 사람, ④「의료법」에 따른 의사·한의사 또는 치과의사 면허 취득 후 3년 이상 진료 경력이 있는 사람, ⑤「정신보건법」에 따른 정신보건전문요원 자격 취득 후 사회복지사업에 5년 이상 종사한 경력이 있는 사람, ⑥「영유아보육법」에 따른 보육교사 1급 자격 취득 후 사회복지사업에 5년 이상 종사한 경력이 있는 사람, ⑦ 유치원, 초등학교 또는 중학교 교사 자격증 취득 후 사회복지사업에 5년 이상 종사한 경력이 있는 사람, ⑧ 직업훈련교사, 간호사, 영양사 자격 취득 후 사회복지사업에 5년 이상 종사한 경력이 있는 사람 등이 할 수 있다.

지역아동센터에서 이용 아동의 활동을 전담하는 생활복지사는 ①「사회복지사업법」에 따른 사회복지사 2급 이상 자격이 있는 사람, ② 유치원, 초등학교 또는 중학교 교사 자격이 있는 사람, ③「영유아보육법」에 따른 보육교사 1급 자격이 있는 사람 등이 할 수 있다(지역아동센터 지원 사업안내, 2020). 또한 아동복지교사는 센터를 이용하는 아동의 다양한 활동을 지원하는 교사로서 자치단체에서 세부영역별(아동지도교사, 기초영어교사, 독서지도교사, 예체능 활동교사 등)로 전일제와 시간제로 구분하여 선발해서 파견한다.

4) 지역아동센터의 운영

지역아동센터의 이용 대상자는「아동복지법」에 따른 만 18세 미만의 돌봄취약아동과 일반아동이다. 여기서 돌봄취약아동은 국민기초생활보장 수급권자가정아동, 차상위계층가정아동, 한부모가정아동, 조손가정아동, 다문화가정아동, 장애가정아동, 기타 승인아동(일반아동이나 부모의 가출·행방불명·별거 중인 자녀, 보호자의 질병, 보호자의 실직으로 가정 내 돌봄이 열악한 경우, 귀가 후 장시간 홀로 남겨지는 경우 등)으로 보호가 필요한 아동이다. 또한 일반아동은 3명 이상 다자녀 가족의 아동 및 맞벌이 가정의 아동을 의미한다. 이용 대상자 중 돌봄취약아동은 신고정원의 80% 이상을 일반아동은 20% 범위 내에서 등록이 가능하며 도서 · 벽지 지역은 돌봄취약아동이 신고정원의 60% 이상이어야 한다(지역아동센터 지원 사업안내, 2020). 지역아동센터의 이용절차는 [그림 8-1]에 나타냈다.

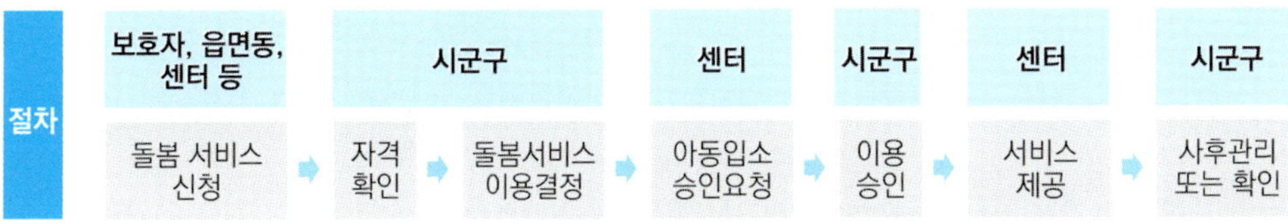

[그림 8-1] 지역아동센터의 이용절차

이용절차에서 보호자, 읍 · 면 · 동장 또는 지역아동센터는 돌봄서비스를 희망하는 아동에 대해 보호자가 작성한 '방과후 돌봄서비스 제공 · 변경 신청서'와 구비서류(건강보험료 납부확인서, 수급자 증명서, 한부모가족 증명서, 차상위계층 확인서 등 상담 후 해당자에게 필요한 서류)를 시 · 군 · 구청에 제출한다. 시 · 군 · 구는 제출 받은 서류를 보호자와 협의하여 희망하는 지역아동센터에 입소할 수 있도록 결정하여 7일 이내(연장불가) '돌봄서비스 결정통지서'를 보호자에게 통보하고, 지역아동센터에 아동 배치를 공문으로 발송한다(지역아동센터 지원 사업안내, 2020).

지역아동센터는 돌봄서비스 이용결정 아동에 대해 보호자에게 '응급처치동의서'의 동의를 받고 시설정보시스템에 해당아동을 등록 · 보고 후 서비스를 진행한다. 지역아동센터의 운영시간은 월~금요일을 포함하여 주 5일, 1일 8시간 이상을 상시 운영하고 있는데, 학교의 학기 중 필수운영 시간(14:00~19:00) 또는 방학기간 중 필수운영 시간(12:00~17:00)으로 운영하고 필수시간을 포함해서 8시간 이상 운영을 원칙으로 한다. 또한 「초 · 중등 교육법」에 따라 재해 등의 긴급한 사유로 초 · 중 · 고등학교 등의 휴업 명령이나 휴교처분이 이루어진 경우에는 센터의 휴무를 원칙으로 하고, 휴무에 대한 사항을 보호자 및 이용아동 등에게 알려야 한다.

5) 지역아동센터의 프로그램

지역아동센터의 운영 프로그램은 보호・교육・문화・정서지원・지역사회 영역으로 구성되는 기본프로그램과 지역사회 특수성 및 주요대상의 특성을 고려한 맞춤형 특화프로그램으로 구성된다(지역아동센터 지원 사업안내, 2020). 기본프로그램은 〈표 8-7〉에 나타냈으며, 특화프로그램은 다음과 같다(지역아동센터중앙지원단, 2020).

① 주말・공휴일 프로그램: 평일에 시간적 여유가 없어 진행할 수 없었던 프로그램과 주말에만 참여 가능한 체험학습 등을 제공한다.

② 가족기능강화 프로그램: 아동양육기술 및 의사소통 증진, 부모집단프로그램 및 자조모임, 가족 성장교실, 좋은 부모교실, 지역주민 결연 및 멘토링 활동 등을 제공한다.

③ 야간보호 프로그램: 저녁 늦은 시간까지 부모가 귀가하지 않아 방임되고 있는 아동을 보호자의 귀가시간까지 센터에서 보호한다.

④ 청소년을 위한 프로그램: 1:1학습 멘토, 동아리활동, 진로탐색 프로그램 등을 제공한다.

〈표 8-7〉 지역아동센터의 기본프로그램

영역 (대분류)	세부영역 (중분류)	세부프로그램 (소분류)	프로그램 예시 (시설별 선택 운영)
보호	생활	일상생활관리	센터생활적응지도, 일상생활지도, 일상예절교육, 부적응아동 지도 등
		위생건강관리	위생지도, 건강지도 등
		급식지도	급식지도, 식사예절교육 등
	안전	생활안전지도	저녁돌봄 등
		안전귀가지도	안전귀가지도, 생활안전지도 등
		5대 안전의무 교육	교통안전, 실종유괴예방, 약물오남용예방, 재난대비, 성폭력 예방 등
교육	학습	숙제지도	숙제지도, 학교생활관리 등
		교과학습지도	수준별 학습지도, 온라인교육(IPTV 학습 등), 학습부진아 특별지도 등
	특기적성	예체능활동	미술, 음악, 체육지도 등
		적성교육	진로지도, 적성교육(독서, 요리, 과학 등) 등
	성장과 권리	인성 · 사회성 교육	인성교육, 사회성교육 등
		자치회의 및 동아리 활동	자치회의, 동아리 활동 등
문화	체험활동	관람 · 견학	공연 및 연극 관람, 박물관 견학 등
		캠프 · 여행	체험활동, 캠프 및 여행 등
	참여활동	공연	공연 등
		행사(문화/체육 등)	전시회, 체육대회 등
정서지원	상담	연고자 상담	부모 및 가족상담, 연고자 상담 등
		아동상담	아동상담 등
		정서지원 프로그램	정서지원 프로그램 등
	가족지원	보호자교육	보호자교육 등
		행사 · 모임	부모소모임, 가정방문 등
지역사회 연계	홍보	기관홍보	기관홍보 등
	연계	인적연계	자원봉사활동, 인적결연후원, 후원자관리 등
		물적연계	지역조사와 탐방, 전문기관 연계, 복지단체 연계 등

출처: 지역아동센터 지원 사업안내(2020).

Community Welfare & Practice | chapter 09

사회복지협의회 및 지역사회보장협의체

사회복지협의회 및 지역사회보장협의체는 직접적인 복지서비스를 실천하는 기관은 아니지만 민간 사회복지조직체의 대표적인 협의기구라 할 수 있다. 사회복지협의회는 「사회복지사업법」 제33조(사회복지협의회)에 따라 사회복지에 관한 조사·연구 및 정책 건의, 사회복지 관련 기관·단체 간의 연계·협력·조정, 사회복지 소외계층 발굴 및 민간 사회복지자원과의 연계·협력, 대통령령으로 정하는 사회복지사업의 조성 등을 위하여 전국단위의 한국사회복지협의회와 시·도 단위의 시·도 사회복지협의회를 두고 있다. 또한 지역사회보장협의체는 「사회보장급여의 이용·제공 및 수급권자 발굴에 의한 법률」 제41조(지역사회보장협의체)에 따라, 시장·군수·구청장이 지역의 사회보장을 증진하고, 사회보장과 관련된 서비스를 제공하는 관계 기관·법인·단체·시설과 연계·협력을 강화하기 위하여 시·군·구에 지역사회보장협의체를 둔다.

이 장에서는 사회복지협의회의 개념, 연혁 및 회원구성, 기능(업무), 운영원칙 등에 대해서 알아보고, 지역사회보장협의체의 개념, 추진배경(필요성), 운영목적, 위원 및 구성, 기본원칙 등에 대해서 알아본다.

9.1 사회복지협의회

1) 사회복지협의회의 개념

사회복지기관 및 시설을 분류하면 1차적 사회복지기관 및 시설(primary setting), 2차적 사회복지기관 및 시설(secondary setting), 3차적 사회복지기관 및 시설(third setting)로 나눌 수 있다. 여기서 1차적 기관 및 시설은 일선에서 지역사회주민을 대상으로 직접적인 서비스를 수행하는 기관을 의미한다. 즉, 지역사회복지기관, 장애인복지기관, 노인복지관, 복지시설(아동, 노인, 장애인, 그룹 홈 등), 아동상담소 등 서비스를 직접 수행하는 기관 및 시설 등이다. 2차적 기관은 각종 협회, 연합회, 단체 등을 의미한다. 또한 3차적 기관은 제1차적 서비스기관과 제2차적 협회나 단체를 총괄하는 협의회를 의미한다(남진열 외, 2010; 김현호 외, 2018).

이러한 의미에서 3차적 기관인 사회복지협의회는 여러 기관, 단체, 시설들로 구성하여 사회복지에 관한 조사연구 및 정책건의, 교육훈련, 자료수집 및 간행물 발간, 계몽 및 홍보, 자원봉사활동의 진흥 등의 업무를 수행하는 직·간접적인 서비스의 지원조직체라 할 수 있다(박용순 외, 2012). 또한 사회복지협의회는 지역사회주민과 사회복지기관 및 여러 조직체들에 의해 구성되며 주민들을 조직화하고 지역사회복지조직체 간의 연락·조정·협의의 역할을 하며, 지역사회 내의 복지욕구 문제해결을 위한 조사연구 및 정책 등을 건의하는 기능을 한다. 던햄(Dunham)에 의하면, 사회복지협의회는 지역사회 내의 각종 사회복지시설, 사회복지에 관심을 갖고 있는 민간단체나 개인의 연합체로서, 지역사회가 요구하는 사회복지의 욕구를 효과적으로 달성하기 위하여 모든 활동에 있어서 상호 협력 및 조정하는 단체라고 하였다(Dunham, 1970; 김현호 외, 2018).

2) 사회복지협의회의 연혁 및 회원구성

(1) 사회복지협의회의 연혁

사회복지협의회는 1869년 영국 런던과 1877년 미국 버펄로 시에서 설립된 자선조직협의회(COS)에서 그 기원을 찾을 수 있다. 그 당시 자선조직협회는 수많은 빈민들로부터의 구호요구에 따른 자선단체들의 이중구호와 누락을 예방하고 구호하는 일을 하였다(이양훈 외, 2013; 김현호 외, 2018). 한국의 사회복지협의회는 한국전쟁으로 구호활동을 펼치던 민간 사회복지기관들이 모여 1952년에 '한국사회사업연합회'라는 명칭으로 최초로 설립되어 1970년에 사회복지법인 '한국사회복지협의회'로 명칭이 변경되었다. 또한 1983년에 「사회복지사업법」의 개정으로 법적단체로 규정되었으며, 1998년에 「사회복지사업법」의 일부 개정으로 현재는 사회복지법인으로 인정됨에 따라 한국사회복지협의회, 시・도 사회복지협의회, 시・군・구 사회복지협의회가 지역단위로 조직되어 지역특성에 맞게 독립적으로 설치・운영되고 있다. 한국사회복지협의회의 연혁은 〈표 9-1〉에 나타냈다.

〈표 9-1〉 한국사회복지협의회의 연혁

연도	내 용
1952. 2. 15.	사단법인 한국사회사업연합회 설립
1959. 7. 31.	국제사회복지협의회(ICSW) 회원가입
1961. 6. 25.	사단법인 한국사회복지사업연합회로 개칭
1970. 5. 22.	사단법인 한국사회복지협의회로 개칭
1983. 5. 21.	「사회복지사업법」 개정으로 법정법인
1985. 12.	시・도 지방사회복지협의회 조직
1998. 7. 16.	「사회복지사업법」 시행령 개정으로 회원조직 확대개편
1998. 12.	시・도 사회복지협의회 독립법인 설립
2003. 7. 30.	「사회복지사업법」 개정으로 시・군・구 협의회 법정 단체화

연도	내 용
2007. 6.	사회공천정보센터 개소
2009. 1.	공공기관 지정
2012. 2. 15	한국사회복지협의회 창립 60주년 기념행사 및 CI 'SSN' 선포

출처: 사회복지협의회(2020).

(2) 사회복지협의회의 회원 구성

사회복지협의회 회원 구성은 법인 정관에 따라 다를 수 있으나 시·군·구의 지역은 「사회복지사업법」 시행령 제13조(중앙협의회 등의 회원)에 따라 ① 해당 지역에 주된 사무소가 있는 사회복지법인 및 사회복지사업과 관련 있는 비영리법인의 임직원, ② 해당 지역에 주된 사무소가 있는 사회복지시설의 종사자, ③ 해당 지역의 경제계·언론계·종교계·법조계·문화계·교육계 및 보건의료계 등에 종사하는 자, ④ 그 밖에 지역사회의 복지발전을 위하여 시·군·구협의회의 장이 추천하는 자 등으로 구성한다.

시·도 지역은 ① 시·군·구협의회의 장, ② 해당 지역에 주된 사무소가 있는 사회복지법인 및 사회복지사업과 관련 있는 비영리법인의 대표자, ③ 해당 지역의 경제계·언론계·종교계·법조계·문화계·교육계 및 보건의료계 등을 대표하는 자, ④ 그 밖에 지역사회의 복지발전을 위하여 시·도협의회의 장이 추천하는 자 등으로 구성한다.

또한 중앙협의회인 한국사회복지협의회는 ① 시·도협의회의 장, ② 사회복지법인 및 사회복지사업과 관련 있는 비영리법인의 대표자, ③ 경제계·언론계· 종교계·법조계·문화계·교육계 및 보건의료계 등을 대표하는 자, ④ 기타 사회복지사업 수행에 필요하다고 인정되어 중앙협의회의 장이 추천하는 자 등으로 구성한다(「사회복지사업법」 시행령, 제13조, 2020).

(3) 사회복지협의회의 임원 및 이사회

사회복지협의회의 임원은 「사회복지사업법」 시행령 제14조(임원)에 따라 중앙협의회, 시・도협의회 및 시・군・구협의회는 대표이사 1인을 포함한 15인 이상 30인 이하(시・군・구협의회의 경우에는 10인 이상 30인 이하)의 이사와 감사 2인으로 구성된다. 이사와 감사의 임기는 3년으로 하되, 각각 연임할 수 있다. 또한 임원의 선출방법과 그 자격요건에 관하여 필요한 사항은 정관으로 정할 수 있다.

사회복지협의회의 이사회는 「사회복지사업법」 시행령 제15조(이사회)에 따라 각 협의회에 이사로 구성되는 이사회를 두고, 이사회는 정관이 정하는 바에 따라 각 협의회의 업무에 관한 중요사항을 심의・의결할 수 있다. 또한 감사는 이사회에 출석하여 의견을 진술할 수 있다. 그리고 이사회의 운영에 관하여 필요한 사항은 정관으로 정할 수 있다(「사회복지사업법」 시행령, 제15조, 2020).

3) 사회복지협의회의 기능(업무)

사회복지협의회는 지역주민의 조직화와 지역사회의 활성화를 위해 지역사회복지기관과의 상호 연계・협력・조정의 기능을 수행한다. 따라서 협의회가 위치하고 있는 지역사회의 여건에 따라 다양하나 일반적으로 사회복지협의회가 수행해야 할 기능 열 가지는 다음과 같다(Dunham, 1970; 이양훈 외, 2013; 김현호 외, 2018).

(1) 사회복지에 관한 조사・연구 및 정책건의 기능

사회복지협의회는 「사회복지사업법」 시행령 제12조 2항에 따라 사회복지에 관한 자료수집 및 간행물 발간 등을 수행한다. 이와 같이 사회복지에 관한 업무를 수행함에 있어 다음과 같은 내용이 포함된다. ① 사회복지기관의 업무에 관련된 각종 통계자료와 기타 사회복지의 기초자료를 수집하고, ② 지역사회가 당면한 근본문제에 대한 장기적 조사・연구를 하고, ③ 사회복지에 관한 전문연구 및 조사활동을 하고, ④

및 보건의료서비스 제공자 간의 연계망을 구성하여, 수요자 중심의 복합적 욕구에 공동으로 대응하려는 노력이 필요하다(김현호 외, 2018; 보건복지부, 2020).

5) 지역사회보장협의체의 위원 및 구성

「사회보장급여의 이용·제공 및 수급권자 발굴에 관한 법률」 제41조(지역사회보장협의체) 제3항에 의하면, 지역사회보장협의체의 위원은 ① 사회보장에 관한 학식과 경험이 풍부한 사람, ② 지역의 사회보장 활동을 수행하거나 서비스를 제공하는 기관·법인·단체·시설의 대표자, ③「비영리민간단체지원법」 제2조의 비영리민간단체에서 추천한 사람, ④ 읍·면·동 단위 지역사회보장협의체의 위원장(공동위원장이 있는 경우에는 민간위원 중에서 선출된 공동위원장을 말한다.), ⑤ 사회보장에 관한 업무를 담당하는 공무원 등에서 시장·군수·구청장이 임명 또는 위촉한다. 다만, 동법 제40조제4항에 해당되는 사람(미성년자, 피성년후견이, 피한정후견인, 파산신고를 받고 복권되지 아니한 사람 등)은 위원이 될 수 없다<개정 2017.3.21.>.

「사회보장급여의 이용·제공 및 수급권자 발굴에 관한 법률」 시행규칙 제5조(지역사회보장협의체의 구성 및 운영)에 의하면, 지역사회보장협의체의 구성은 위원장을 포함한 10인 이상 40명 이하의 위원으로 구성하고, 위원장은 위원 중에서 호선하되, 공무원인 위원과 위촉 위원 각 1명을 공동위원장으로 선출할 수 있다. 그리고 위원의 임기는 2년으로 하되, 위원장은 한 차례만 연임할 수 있다. 다만, 공무원인 위원의 임기는 그 재직기간으로 한다. 또한 회의는 재적위원 3분의 1 이상이 요구하거나 위원장이 필요하다고 인정하는 경우에 소집할 수 있다. 위원장은 회의를 소집하려면 회의의 일시·장소 및 심의 안건을 위원에게 회의 개최 5일 전까지 서면으로 알려야 한다. 다만, 긴급히 개최하여야 하는 경우와 그 밖의 부득이한 사정이 있는 경우에는 그러하지 아니한다. 회의는 재적위원 과반수의 출석으로 개의하고 출석위원 과반수의 찬성으로 의결한다. 이러한 사항에 대하여 위원장은 지역사회보장협의체의 효율적인 심의·자문을 위하여 전문위원회를 구성·운영할 수 있으며, 전문위원회에 필요한 사항은 시·군·구의 조례로 정한다.

「사회보장급여의 이용·제공 및 수급권자 발굴에 관한 법률」 제40조(시·도사회보장위원회) 제3항에 의하면, 시·도사회보장위원회의 위원은 ① 사회보장에 관한 전문적 지식이나 경험을 가진 사람, ② 사회보장 관련 기관 및 단체의 대표자, ③ 사회보장을 필요로 하는 사람의 이익 등을 대표하는 사람, ④ 지역사회보장협의체의 대표자, ⑤「비영리민간단체지원법」 제2조의 비영리민간단체에서 추천한 사람, ⑥「사회복지공동모금회법」 제14조에 따른 사회복지공동모금회에서 추천한 사람, ⑦ 읍·면·동 단위 지역사회보장협의체의 위원장(특별자치시에 한정하며, 공동위원장이 있는 경우에는 민간위원 중에서 선출된 공동위원장을 말한다.), ⑧ 사회보장에 관한 업무를 담당하는 공무원 등에서 시·도지사가 임명 또는 위촉한다. 다만, 동법 제40조제4항에 해당되는 사람(미성년자, 피성년후견이, 피한정후견인, 파산신고를 받고 복권되지 아니한 사람 등)은 위원이 될 수 없다<개정 2017.3.21.>.

「사회보장급여의 이용·제공 및 수급권자 발굴에 관한 법률」 시행규칙 제4조(시·도사회보장협의체의 구성 및 운영)에 의하면, 시·도 사회보장위원회의 구성은 위원장 1명을 포함하여 15명 이상 40명 이하의 위원으로 구성하고, 위원장은 위원 중에서 호선하며, 위원장이 부득이한 사유로 직무를 수행할 수 없을 때는 위원장이 지명하는 사람이 그 직무를 대행한다. 그리고 위원의 임기는 2년으로 하되, 위원장은 한 차례만 연임할 수 있다. 다만, 공무원인 위원의 임기는 그 재임기간으로 한다. 위원장은 재적위원 3분의 1 이상이 요구하거나 위원장이 필요하다고 인정하는 경우에 회의를 소집할 수 있으며, 회의를 소집하려면 회의의 일시·장소 및 심의 안건을 위원에게 회의 개최 5일 전까지 서면으로 알려야 한다. 다만, 긴급히 개최하여야 하는 경우와 그 밖의 부득이한 사정이 있는 경우에는 그러하지 아니한다. 회의는 재적위원 과반수의 출석으로 개의하고 출석위원 과반수의 찬성으로 의결한다. 이러한 사항 외에 시·도사회보장위원회 운영에 관한 세부적인 사항은 시·도의 조례로 정한다.

「사회보장급여의 이용·제공 및 수급권자 발굴에 관한 법률」 시행규칙 제6조(지역사회보장협의체에 두는 실무협의체의 구성 및 운영)에 의하면, 실무협의체의 구성은 위원장 1명을 포함하여 10명 이상 40명 이하의 위원으로 구성하고, 위원장은 위원 중에서 호선하고, 위원은 ① 지역의 사회보장 활동을 수행하거나 서비스를 제공하는 기관·법인·단체·시설 또는 공익단체의 실무자, ② 사회보장에 관한 업무를 담당하는 공무원, ③「비영리민간단체지원법」 제2조에 따른 비영리민간단체에서 추천한 사람, ④ 그 밖에 학계 등 사회보장 관련 분야 종사자 중 지역사회보장협의체의 위원장이 성별을 고려하여 임명하거나 위촉한다. 그리고 위원의 임기는 2년으로 하되, 위원장은 한 차례만 연임할 수 있다. 다만, 공무원인 위원의 임기는 그 재직기간으로 한다. 회의에 관한 사항은 지역사회보장협의회 회의규정을 준용한다. 이러한 사항 외에 실무협의체의 위원장은 지역의 사회보장 관련 기관·법인·단체·시설 간 연계·협력을 강화하기 위하여 실무분과를 구성·운영할 수 있으며, 실무분과의 운영에 관한 세부적인 사항은 시·군·구의 조례로 정할 수 있다.

「사회보장급여의 이용·제공 및 수급권자 발굴에 관한 법률 시행규칙」 제7조(읍·면·동 단위 지역사회보장협의체의 구성 및 운영)에 의하면, 읍·면·동 단위 지역사회보장협의체는 ① 관할 지역의 저소득 주민·아동·노인·장애인·한부모가족·다문화가족 등 사회보장사업에 의한 도움을 필요로 하는 사람 발굴 업무, ② 사회보장 자원 발굴 및 연계 업무, ③ 지역사회보호체계 구축 및 운영 업무, ④ 그 밖에 관할 지역 주민의 사회보장 증진을 위하여 필요한 업무 등을 지원한다. 또한 구성은 읍장·면장·동장을 포함하여 ① 지역의 사회보장 활동을 수행하거나 서비스를 제공하는 기관·법인·단체·시설 또는 공익단체의 실무자, ② 사회보장에 관한 업무를 담당하는 공무원, ③「비영리민간단체지원법」 제2조에 따른 비영리민간단체에서 추천한 사람, ④ 삭제<2017.9.21.> ⑤「지방자치법」 제4조의2제4항에 따른 행정리의 이장 및 같은 조 제5항에 따른 행정동의 하부조직으로 두는 통의 통장, ⑥ 주민자치위원, 자원봉사단체 구성원, ⑦ 그 밖에 관할 지역의 사회보장 증진에 열의가 있는 사람 중

읍장・면장・동장의 추천을 받아 특별자치시장 및 시장・군수・구청장이 성별을 고려하여 읍・면・동별로 10명 이상으로 위촉한다. 위원장은 위원 중에서 호선하되, 읍장・면장・동장과 민간위원 중에서 각 1명을 공동위원장으로 선출할 수 있다. 그리고 위원의 임기는 2년으로 하며 연임할 수 있다. 다만, 공무원인 위원의 임기는 그 재직기간으로 한다. 또한 회의에 관한 사항은 지역사회보장협의회 회의규정을 준용한다(「사회보장급여의 이용・제공 및 수급권자 발굴에 관한 법률」 시행규칙 제7조(읍・면・동 단위 지역사회보장협의체의 구성 및 운영), 2020).

6) 지역사회보장협의체 운영의 기본원칙

지역사회보장협의체가 효과적이고 효율적으로 운영되기 위한 기본원칙은 다음과 같다(이경은 외, 2016; 전해황 외, 2018).

(1) 지역성

지역사회보장협의체는 관한 지역사회 내의 사회복지현안에 집중한다. 지역사회보장협의체의 활동도 지역적 테두리 안에서만 가능한 일이므로 지역적 토양, 즉 지역사회주민, 지역사회욕구, 지역사회 내의 자원 등을 고려하여 지역사회보장협의체의 활동을 해 나간다.

(2) 참여성

네트워크 조직을 표방하는 지역사회보장협의체는 법적 장치나 규제보다는 사람들의 자발성이 일차적인 동력이 된다. 지역사회보장협의체가 관변단체로의 외형을 가지지 않고, 본연의 비전('사회보장 대상자 발굴・연대를 통한 사각지대 해소 및 지역사회보장 증진')을 달성하기 위해서는 공공과 민간의 적극적이고 자발적인 참여가 선행되어야 한다. 지역사회보장협의체의 참여성 확보는 지역사회 내에서 대표성을 가진 참여가 전제되어야 한다.

(3) 협력성

지역사회보장협의체는 네트워크형 조직구조를 통해 당면한 지역사회복지 시스템 구축의 현안을 해결하자는 것이 근본적인 설립 취지이다. 이는 지역사회복지의 기획과 실행 기능을 위해 협의적 의사결정, 상생적 조직관계, 지역사회 공동체, 사회적 자본 등을 주요 개념으로 두고, 네트워크를 방법론으로 하여 합리적 방법으로 운영한다.

(4) 통합성

지역사회보장협의체는 지역사회 내 복지자원 발굴 및 유기적인 연계와 협력을 통하여 지역주민의 다양하고 복잡한 욕구에 부응해서 서비스를 통합적으로 제공해야 한다. 즉, 보건의료와 사회복지 위주의 서비스뿐만 아니라 고용·주거·교육·문화·환경 영역 등을 고려하여 통합적으로 서비스를 제공해야 한다.

(5) 연대성

지역사회보장협의체는 자체적으로 해결이 곤란한 복지문제에 대해서는 복지단체나 지역주민 간 연대를 형성하거나 인근 지역과 연계·협력을 통하여 복지자원을 공유하여 해결해야 한다. 즉, 인근 지역과 연대해서 부족한 자원을 효율적으로 활용하여 복지문제를 해결해야 한다.

(6) 예방성

지역사회보장협의체는 지역주민의 복합적인 욕구나 지역사회복지문제 등을 조사하여 조기에 발견하고 예방해야 한다. 즉, 지역사회보장조사나 지역사회보장계획을 수립해야 한다.

Community Welfare & Practice | chapter 10

사회복지공동모금회

공동모금제도는 사회의 모든 구성원이 서로 사랑과 배려의 정신을 발휘하고 나눔의 문화를 실천하는 제도이다. 또한 모두가 더불어 따뜻하고 인간다운 삶의 질 향상과 지역사회복지 증진을 추구하고 민간복지 발전을 위한 재원을 스스로 마련하고자 하는 제도라 할 수 있다. 한국에서 이러한 제도는 1997년 3월 「사회복지공동모금법」이 제정되었고, 1999년 3월에 다시 「사회복지공동모금회법」으로 개정되어 4월 1일부터 시행됨으로써 더욱 발전하게 되었다. 이러한 제도에 입각하여 현재는 사회복지공동모금회가 중앙(사회복지법인) 및 지역단위(17개 시 · 도, 지회)에서 설치 · 운영되고 있다. 이 장에서는 공동모금운동의 개념 및 의미, 공동모금회의 발전과정, 공동모금운동의 특성 및 기능, 공동모금회 조직의 형태, 공동모금의 모금 및 배분방법 등에 대해서 알아본다.

10.1 공동모금운동의 개념 및 의미

1) 공동모금운동의 개념

공동모금운동은 민주화와 지방자치시대에 있어서 사회복지 재원확보 및 지역 통합을 위한 민간주도의 사회복지활동이라고 할 수 있다(양정하 외, 2017). 또한 공동모금운동은 지역사회복지 협의회의 활동과 더불어 지역사회복지를 증진하는 효과적인 방법 중 하나이다. 이러한 모금운동을 전개하는 공동모금회는 사회 모든 구성원의 자발적 참여를 바탕으로 사회자원을 동원하여 사회복지재원을 모금하고, 사회복지 관련 시설 및 기관에 배분하는 조직이라고 할 수 있다. 「사회복지공동모금회법」 제2조(정의)에 따르면, '사회복지공동모금이란 사회복지사업이나 그 밖의 사회복지활동 지원에 필요한 재원을 조성하기 위하여 이 법에 따라 기부금품을 모집하는 것을 말한다.'로 정의하고 있다. 즉, 모금활동 및 배분활동을 전개하는 곳이 공동모금회라 할 수 있다.

따라서 전국 또는 지역단위로 구성되어 있는 공동모금회는 지역사회의 복지욕구를 충족시키기 위해 노력하는 자원봉사자들에 의해 기부금품이 모금되고 있으며, '모두를 위한 한 번의 기부(One Gift for all)'라는 원리를 적용한 자발적 기금조성 노력을 체계화하고 활동하여, 조성된 기금을 사회복지관련 시설 및 기관에 기금조정 및 배분 기능을 함으로써 주민들과 사회복지 시설 및 기관의 협동적 조직이라고 할 수 있다(김현호 외, 2018). 또한 공동모금회의 목적은 공동모금을 통하여 사회복지에 대한 국민의 이해와 참여를 제고함과 아울러 국민의 자발적인 성금으로 조성된 재원을 효율적이고 공정하게 관리·운용함으로써 사회복지증진에 이바지함에 있다(「사회복지공동모금회법」 제1조, 2020).

2) 공동모금운동의 의미

공동모금운동은 민간의 복지발전에 필요한 재원을 자율적으로 모금하고 이를 복지사업에 배분하는 민간복지운동으로써, 자발적인 기부문화 정착을 통한 삶의 질 향상과 지역사회의 변화를 추구하는 운동이다. 이러한 공동모금운동의 기본이념은 지역사회 내에서 사회복지기관이 지역주민을 대신하여 불우한 이웃들을 돕거나 생활환경 개선에 노력하기 때문에, 소요되는 재원을 지역주민 능력에 따라 분담한다는 사회연대의식의 발로라 할 수 있으며 민주주의에 입각한 운동이라 할 수 있다. 따라서 공동모금운동의 의미는 다음과 같다(김현호 외, 2018).

① 민간복지기관의 재원충당 의미보다는 사회복지에 대한 주민참여, 신뢰성 회복, 수혜경쟁을 통한 시설·기관의 질적 서비스 향상 추구이다.

② 무분별한 자선사업의 난립을 막고 지역주민이 신뢰할 수 있는 민간모금단체의 구성이다.

③ 지역주민의 참여기회를 제공함으로써 자원봉사정신을 함양할 수 있다.

④ 사회복지서비스 프로그램의 전문성 및 질적 향상에 기여할 수 있다.

⑤ 민주화 및 지방자치제에 따른 민간자원 동원과 시민참여를 극대화할 수 있는 지역사회복지운동의 활성화를 지향할 수 있다는 의미가 있다.

10.2 공동모금회의 발전과정

지역공동모금회는 1873년 영국 리버풀 시에서 자선가의 기부금으로 자선단체를 구성했던 것이 최초의 시작이다. 이 당시 영국은 '자선의 시대'였다. 런던자선단체의 총수입이 유럽 여러 나라 정부의 수입을 합친 것보다 많을 정도였고, 상당수의 중산층 가구는 자신의 소득 10%를 자선단체에 기부하였다. 이러한 공동모금회의 역사적 시작이 영국에서 되었음에도 불구하고 현재 지역공동모금회의 주도적인 특성에 영향을 주고 있는 국가는 미국이다. 미국은 오늘날 기금모금캠페인 형태로 지역공동모금회를 발전시킨 나라로서, 1887년 덴버시에서 조직된 자선조직협회(COS)가 1888년 21,700달러를 모금하였는데, 이는 미국 최초로 시행된 지역공동모금이었다(이양훈 외, 2013; 김현호 외, 2018).

그 후 미국은 제1차 세계대전(1914.07.28.~1918.11.11., 4년간)을 계기로 공동모금제도가 발전하게 되었고, 공동모금이 전시모금도 겸하게 되어 크게 확대되는 시기였다. 전쟁이 끝날 무렵에는 전국에 400여 개의 공동모금기구가 설치되었다. 지역공동모금이라는 용어가 사용된 것은 1919년 뉴욕 주의 로체스터(Rochester)이고 초기에는 '커뮤니티 체스트(Community Chest)'라고 하였으며, 1950년대 '유나이티드 펀드(United Fund)'라는 용어로 사용되다가 오늘날에는 '유나이티드 웨이(United Way)'라는 용어를 사용하고 있다(남진열 외, 2010; 김현호 외, 2018). 일본과 한국의 경우 영문표기를 커뮤니티 체스트(Community Chest)를 사용하고 있는데, 의미 속에는 지역주민들이 공동체 의식을 함께한다. 또는 더불어 산다는 뜻이 내포되어 있다.

한국의 경우, 민간복지 분야의 기금조성이 제도화되기 시작한 것은 1970년에 제정된 「사회복지사업법」에서 비롯되었다. 그러나 당시의 사회적 여건 및 복지계의 미성숙으로 인해서 1972년 1차 캠페인으로 모금사업을 시작하였으나 한국사회복지공동모금회가 그 기능을 수행하지 못하고 공동모금제도는 실패로 끝났다. 이후 1975년부터 정부에 의해서 '불우이웃돕기 성금'과 '장애인 성금'을 통합한 사회복지사업기금이 보건복지부에 설립됨으로써 관 주도에 의한 민간성금의 모집 및 배분의 틀이 형성되었다.

1980년 12월 사회복지기금관리위원회가 설치되어 기금모집을 하였으며, 불우이웃돕기 운동은 이웃돕기운동추진협의회의 계획 아래 각 언론사가 중심이 되어 모금활동을 하였다. 이렇게 모금된 중앙모금 재원은 사회복지기금사업으로 활용하였으며, 지방모금 재원은 지방자치단체의 이웃돕기금고에 편입되었다. 1992년부터는 민간의 경제·사회단체에서 '이웃돕기중앙운동추진협의회'를 결성하고 중앙과 지방에 걸쳐 매스컴과도 연계된 모금활동을 함으로서 모금성과가 증대되고 있다(양정하 외, 2017).

1994년에는 사회복지공동모금법안을 국회에 제출하여 1997년 3월 「사회복지공동모금법」이 제정되었다. 이는 지금까지 행정기관 주도로 이웃돕기 성금을 모금하고 관리하던 것을 민간단체가 직접 모금・관리할 수 있도록 함으로써, 이웃돕기운동의 자율성을 보장하고 민간의 사회복지참여를 활성화하는 동기가 되었다. 그러나 시행상의 여러 가지 문제점이 제기되어 동법에 대한 개정안이 1999년 3월 31일 「사회복지공동모금회법」으로 개정되었고, 4월 1일부터 시행되어 여러 번의 개정작업을 거쳐 현재에 이르고 있다.

이 법의 주요내용은 ① 법의 적용범위를 「사회복지사업법」 제2조제1호의 사회복지사업으로 확대했으며(제2조(정의)), ② 사회복지공동모금회를 「사회복지사업법」 제2조제3호에 따라 사회복지법인으로 설립하고(제4조(사회복지공동모금회의 설립)), 지역단위의 사회복지사업을 관장하기 위해 전국 17개 시・도에 시・도 사회복지공동모금회 지회를 두도록 했고(제14조(지회)), ③ 사회복지공동모금회에 기획・홍보・모금・배분업무를 담당하기 위하여 4개의 분과실행위원회(기획분과, 홍보분과, 모금분과, 실행분과)를 두도록 했으며(제13조(분과실행위원회)), ④ 사회복지공동모금회의 모금활동을 활성화하기 위하여 사회복지공동모금회가 모집한 기부금품 중 경비(모집경비, 관리운영비)로 사용할 수 있는 한도는 전 회계연도 모금 총액의 10% 범위에서 이사회의 의결을 거쳐 사용할 수 있다는 점(제25조(재원의 사용 등) 제4항) 등을 들 수 있다. 또한 특이점은 1997년 제정된 「사회복지공동모금법」이 1999년 「사회복지공동모금회법」으로 개정되면서, 지역단위(17개 광역시・도)의 별도 사회복지법인으로 독립・운영할 수 있었던 지역사회복지공동모금회가 중앙공동모금회의 지회로 전환되었다는 점이다(「사회복지공동모금회법」, 2020).

10.3 공동모금운동의 특성 및 기능

1) 공동모금운동의 특성

공동모금운동은 우리 사회에서 관 주도가 아닌 민간 자발적 노력의 형태이며, 상부상조의 미덕을 실천할 수 있는 운동이다. 이러한 운동은 자발적인 자원봉사활동으로 모금되고, 지역주민의 복지욕구에 따라 합리적이고 공정하게 배분하는 특성이 있다. 즉, 지역사회 문제를 지역주민 스스로 해결하려고 하는 공동체의식, 민간의식, 상부상조정신, 사회연대의식 등에 바탕을 둔 운동이라고 할 수 있다. 공동모금운동의 다섯 가지 특성을 알아보면 다음과 같다(이양훈 외, 2013; 양정하 외, 2017; 김현호 외, 2018).

① 공동모금운동은 자원봉사활동을 통한 민간운동이다. 민간사회복지조직은 나름대로 전문성, 창의성, 융통성 등이 있지만 재정의 불안정화라는 문제점을 안고 있다. 따라서 보다 나은 지역사회복지의 발전을 위해서는 지역주민 대다수가 참여하는 사회연대 및 상부상조의 정신을 바탕으로, 지역주민의 자주적 봉사활동으로서 전개되는 민간복지운동이라고 할 수 있다.

② 공동모금운동은 지역사회를 중심기반으로 한다. 지역사회를 단위로 해서 그 지역의 기부자와 수혜자, 민간사회복지기관 등의 협력에 의해서 그 지역의 특성에 맞게 지역사회의 복지증진을 도모할 수 있다.

③ 공동모금운동은 효율성과 일원화의 특성이 있다. 지역사회 내에 있는 많은 사회복지기관들이 경쟁적으로 모금활동에 나서면 혼란과 중복, 그리고 지역주민들로부터 부정적인 영향을 받을 수 있다. 따라서 기부자의 혼란과 중복 기부를 방지하고 모금 통로를 일원화해야 된다는 특성이 있다. 또한 지역사회를 대표하는 공동모금회가 기부자를 대신하여 지역사회 내의 사회복지기관들에 대한 면밀한

조사와 적정한 평가를 통해 배분하는 것이 기부금을 보다 효율적으로 활용할 수 있다. 즉, 공동모금회라는 특정 기관을 통하여 기부금의 모집, 관리, 배분을 일원화함으로써 통합적인 조정 및 관리를 하기 때문에 효율성도 높일 수 있다.

④ 공동모금운동은 공개성·투명성을 원칙으로 한다. 모금한 기부금의 관리 및 배분이 공정하고 투명하게 이루어져야 된다는 것을 의미한다. 즉, 공동모금회는 모금 실시에 앞서 각 시설 및 기관들로부터 신청서를 받아 배분계획을 세우고 모금 목표금액을 정한다. 또한 필요한 목표금액 및 사용용도에 대해서 주민들의 이해를 구해서 모금하고 배분된 후에 그 결과를 투명하게 공개해야 한다.

⑤ 공동모금운동은 전 국민의 참여로 전국적으로 동시에 전개하는 특성이 있다. 지역공동모금운동 자체가 지역사회의 욕구에 대한 지역성을 특성으로 하고 있지만, 공동모금회 각 지회가 전국적인 협조관계를 유지하면서 같은 기간 동안 전국 일제히 공동모금운동을 전개하게 되면 공동모금운동에 대한 홍보 및 국민의 식고취 등에 큰 효과가 있을 수 있다.

2) 공동모금운동의 기능

공동모금운동은 합리적인 기부금 모금을 통한 사회복지재원 조성, 전 국민 상부상조정신 고양, 사회복지에 관한 이해 증진과 여론형성, 그리고 민주시민으로서 권리와 책무 수행이라는 기능 등이 있다. 이러한 네 가지 기능에 대해서 알아보면 다음과 같다(김현호 외, 2018).

(1) 합리적 기부금 모금을 통한 사회복지재원 조성의 기능

공동모금운동은 각 지역을 단위로 전국적으로 동시에 실시하는 재원 모집활동으로, 지역주민이 주체가 되어 조직적이고 합리적으로 기부금을 모집하는 활동이다. 즉, 모금활동의 일원화를 통해 시간, 노력, 경비를 절약하고 여러 가지 낭비와 불편을 최소화함으로써 합리성을 확보하는 것이다. 따라서 공동모금회는 지역성과 효율성 및 일원화의 특성을 바탕으로 합리적인 기부금 모금을 통한 사회복지재원 조성이라는 사회적 기능을 수행한다.

(2) 전 국민 상부상조정신 고양의 기능

공동모금운동은 전 국민 상부상조정신이 바탕이 되며 시대와 사상을 초월한 합리적인 운동이다. 시대와 사상을 초월한 형태는 시대에 따라 다르게 나타나고 있는데 이타주의(altruism), 인도주의(humanitarianism), 사회적 연대(social solidarity) 등의 개념과 관련하여 나타나고 있다. 이타주의는 다른 사람을 도와야 한다는 신념, 태도 혹은 이념 등의 개인적인 성격으로 외부의 보상 없이 다른 사람을 돕는 행동이라고 할 수 있는데, 이러한 이타주의가 사회 전체적으로 확산될 때 일반적으로 인도주의로 지칭될 수 있다. 사회적 연대는 이러한 이타주의와 인도주의를 바탕으로, 타인을 돕는 활동을 통해 형성될 수 있는 구성원 상호 간의 연대의식과 공동체의식이 되고 지역사회 결속의 바탕이 되는 사상이라 할 수 있다.

따라서 공동모금운동은 홍보활동을 통해 이러한 이타주의, 인도주의, 사회적 연대의식 등을 발전시키고 이를 결집시켜 상부상조정신을 고양시키고 더 나아가 지역사회를 강화하는 수단으로서의 기능을 수행한다.

(3) 사회복지에 관한 이해의 보급과 여론형성의 기능

공동모금운동은 공개성・투명성의 특성을 토대로 전개되는 운동이다. 이러한 특성을 토대로 공동모금회는 모금 및 배분에 있어서 모든 것을 공개하고 투명하게 함으로써, 사회복지에 관한 이해의 보급과 여론형성의 기능을 한다. 즉, 사회 구성원이 지역사회복지에 대한 관심을 가지고 이해를 할 수 있는 사회적 기능을 한다. 이러한 기능을 통하여 기부자가 거주하는 지역사회의 다양한 문제점에 대해서 구체적이고 투명한 이해를 구하여 지역사회복지에 관심을 갖게 한다.

(4) 민주시민으로서 권리와 책무수행의 기능

공동모금운동은 자발적으로 사회복지에 참여하려는 자원봉사자의 조직적인 활동에 의해서 추진된다. 이러한 자원봉사자의 활동은 공동모금운동에 본질적인 것이며 공동모금활동의 성공적인 열쇠이다. 따라서 자원봉사활동은 민주시민으로서 도덕적인 권리의 수행임과 동시에 책무수행이라 할 수 있다. 즉, 공동모금운동조직은 지역사회복지활동에 있어서 지도자 역할을 통해 사회복지증진을 위한 시민들의 적극적인 참여를 수반하기 때문에 민주시민으로서의 권리와 책무를 수행하는 사회적 기능이라 할 수 있다.

위와 같은 사회적 기능을 포함해서 공동모금회는 다음과 같은 사업을 수행한다. ① 사회복지공동모금사업, ② 공동모금재원의 배분, ③ 공동모금재원의 운용 및 관리, ④ 사회복지공동모금에 관한 조사·연구·홍보 및 교육·훈련, ⑤ 지회의 운영, ⑥ 사회복지공동모금과 관련된 국제교류 및 협력증진사업, ⑦ 다른 기부금품 모집자와의 협력사업, ⑧ 그 밖에 모금회의 목적달성에 필요한 사업 등이다(「사회복지공동모금회법」, 제5조(사업), 2020).

10.4 공동모금회 조직의 형태

공동모금회 조직은 나라마다 상이한 형태를 보이고 있으나, 크게 자체구조 측면, 정부관계 측면, 사회복지협의회와의 관계 측면으로 분류해서 알아볼 수 있다(이양훈 외, 2013; 양정하 외, 2017; 김현호 외, 2018).

1) 자체구조 측면

공동모금회의 형태는 각 지역의 독자성이 인정되면서 한 국가의 모든 공동모금회가 하나로 연합한 연맹형과 공동모금회가 중앙회로부터 각 지회를 분산시킨 중앙 집중형, 그리고 연맹형이나 중앙 집중형과 달리 한 국가에서 일부 지역에만 존재하는 일부 지역형으로 분류할 수 있다. 조직형태에 따른 국가별 분류는 〈표 10-1〉에 나타냈다. 각각에 대해서 알아보면 다음과 같다.

〈표 10-1〉 조직형태에 따른 국가별 분류

전국조직 유무	전국조직이 있는 국가(전국조직형)		일부 지역형
	연맹형	중앙 집중형	
국가명	미국, 일본, 오스트레일리아, 캐나다, 필리핀, 남아프리카, 영국, 요르단	홍콩, 싱가포르, 벨기에, 자메이카, 푸에르토리코, 태국, 대만, 이스라엘, 한국	뉴질랜드, 베네수엘라, 버진군도, 인도

출처: 류기형(1991).

(1) 연맹형

연맹형은 자율성 및 독자성을 최대한 보장하고 전국연맹이 지역공동모금회들의 상호연락, 업무조정, 그리고 전국적인 차원에서 필요한 프로그램을 제공하는 형태이다. 지역공동모금회가 지역사회를 중심으로 운영되어야 하고 전국적인 공동보조를 취해 공동모금 캠페인에 유리한 분위기를 조성하는 장점이 있다. 그러나 각 지역공동모금회가 독자성에 대해 지나치게 강조할 시 지역 이기주의화가 될 수 있다는 단점을 가지고 있다.

(2) 중앙 집중형

중앙 집중형은 위계구조에 입각한 조직구조로 중앙에서 사업, 인사, 행정 등 모든 것을 총괄 운영 및 관리·감독하게 된다. 또한 지역공동모금회는 중앙공동모금회의 지침에 따라 획일적인 활동을 전개하게 된다. 이러한 중앙 집중형은 전국적인 협조 및 효율성과 일원화의 특성을 잘 살릴 수 있지만, 지나친 전국 일원화와 효율성을 강조하게 됨으로써, 지역의 특성을 살리기가 힘들고 기부자가 기부의 결과를 직접 느낄 수 있는 기회가 적기 때문에 참여도가 낮아질 가능성이 있다.

(3) 일부 지역형

전국 조직이 없이 일부 지역에서만 공동모금회가 조직되어 공동모금활동이 이루어지고 있는 형태이다. 이러한 형태는 공동모금회가 일부 운영되고 있어 발전 가능성을 지니고 있다는 장점이 있으나, 전국적으로 확산되기 위해서는 많은 어려움이 따르는 형태이다.

2) 정부관계 측면

정부와의 관계를 기준으로 공동모금회의 유형을 나눌 경우 자율형과 정부 주도형으로 나눌 수 있다. 정부와 공동모금회의 관계유형은 〈표 10-2〉에 나타냈다. 각각에 대해서 알아보면 다음과 같다.

〈표 10-2〉 정부와 공동모금회의 관계 유형

구분	자율형	정부 주도형
정부의 기능	• 공동모금회의 설립 및 등록에 관한 관련법 제정 • 기부금에 대한 세제상의 혜택	• 재정적 지원 • 세제상의 혜택 • 모금활동의 승인 및 허가 • 모금회 운영 감독
공동모금회의 기능	• 모금, 운영, 배분	• 공공복지의 보완적 기능
장점	• 최대한의 자율성 확보	• 능률적 효과 기대
단점	• 광범위하고 대규모적인 프로그램 지원 불가	• 민간활동의 위축 • 주민의 자발적 참여 저하
채택 국가	• 미국, 호주, 싱가포르, 홍콩, 영국, 캐나다, 인도, 벨기에, 한국	• 일본, 대만, 필리핀, 자메이카

출처: 정기원 외(1994).

(1) 자율형

자율형은 정해진 법률 내에서 모든 활동에 대해 국가의 통제를 배제할 수 있어 최대한의 자율성이 보장된다. 그러나 국가의 적극적인 후원과 지지를 받을 수 없기 때문에 대규모 프로그램의 실시가 어렵고, 국가의 정책에 의해 부정적인 영향을 받을 가능성이 높다는 단점이 있다. 대표적인 국가는 미국, 호주, 싱가포르, 벨기에, 캐나다, 영국, 홍콩, 인도 등이 있다.

(2) 정부 주도형

정부 주도형은 정부의 적극적 후원 및 지지를 통해 법적·재정적 지원을 받을 수 있기 때문에 대규모 프로그램을 실시함으로써 보다 효율적이고 능률적으로 운영할 수 있다. 그러나 정부의 지나친 간섭 및 통제로 활동이 위축될 수 있으며 주민들의 자발적이고 적극적인 참여를 저해할 가능성이 높다. 대표적인 국가는 일본, 자메이카, 필리핀, 대만 등이 있다.

3) 사회복지협의회와의 관계 측면

공동모금회와 사회복지협의회는 지역사회의 복지 욕구에 대한 계획, 서비스 조정 등 유사한 목적으로 설립되어 두 기관이 긴밀한 관계를 맺어 오고 있다. 따라서 공동모금회의 기능을 사회복지협의회의 한 부서로 기능을 하는 협의회형, 두 기관이 상호 협조하는 공존형, 그리고 자체적인 모금 및 분배하는 독립형으로 분류할 수 있다. 공동모금회의 사회복지협의회와의 관계 유형은 〈표 10-3〉에 나타냈다. 각각에 대해서 알아보면 다음과 같다.

〈표 10-3〉 공동모금회의 사회복지협의회와의 관계 유형

구분	협의회형	공존형	독립형
협의회의 기능	• 복지수요 파악 • 민간복지 계획 및 실천	• 전문적 정보 제공	• 독자적 기능
공동모금회의 기능	• 협의회의 부서로 기능	• 민간재원 모금 • 협의회의 정보를 바탕으로 모금 배분	• 모금 • 자체활동 및 민간재원 배분
장점	• 전문집단에 의한 정보수집 • 전문적, 조직적 활동	• 협의회형과 독립형의 단점 보완	• 운영의 신속성 및 용이성
단점	• 적극적인 참여동기 유발의 기회가 제한됨	• 운영의 묘미를 살리지 못하면 혼선을 초래할 경우가 있음	• 전문인력 확보의 어려움 • 행정비용의 증가
채택 국가	• 싱가포르, 대만, 태국	• 일본, 캐나다	• 미국, 영국, 호주, 홍콩, 인도, 필리핀, 한국

출처: 정기원 외(1994).

(1) 협의회형

협의회형은 공동모금회가 별도로 존재하지 않고 사회복지협의회가 모금 및 배분을 직접 주관하는 형태와 공동모금회가 모금기능을 하면서 사회복지협의회의 기능까지 포함하는 경우가 있을 수 있다. 사회복지협의회가 모금 및 배분을 직접하는 경우는 자원봉사자들의 직접 참여를 제한하게 되고, 이는 재정능력이 있는 기업인들의 참여를 제한하는 경우가 된다. 따라서 모금액이 적고 주민의 참여와 공동모금에 대한 인식을 확장시키는 데 한계가 있다. 그러나 사회복지협의회는 전문가집단에 의한 지역사회의 욕구파악 및 정보수집 등 보다 전문적이고 조직적인 활동을 통해 계획, 모금, 배분 등의 활동을 효율적으로 할 수 있다.

(2) 공존형

공존형은 공동모금회와 사회복지협의회가 긴밀한 상호협력 관계를 유지해 가며 역할을 분담하는 형태로, 사회복지협의회의 전문적인 정보 제공이라는 측면과 공동모

금회의 모금 제공이라는 측면이 상호보완됨으로써 바람직한 형태라 할 수 있다. 그러나 두 기관 간에 협력관계가 없는 경우는 공존의 의미가 상실될 수 있다.

(3) 독립형

독립형은 사회복지협의회와는 관계없이 공동모금회가 자체적으로 모든 활동을 수행하는 유형이다. 이러한 유형은 자체적으로 인적 · 물적 측면에서 모든 것을 갖추어야 한다는 어려움이 있다. 그러나 조직 자체에 모든 것을 갖추고 있기 때문에 쉽게 모든 것을 활용할 수 있다는 용이성이 있다.

4) 한국 공동모금회의 조직

한국 공동모금회 조직의 형태는 전국 조직이 있는 유형으로, 자체구조 측면에서 볼 때, 중앙의 '사회복지공동모금회'를 중심으로 각 지회들로 구성되는 중앙집중형이다. 즉, 중앙의 사회복지공동모금회와 시 · 도의 17개 지회로 구성되어 있다. 또한 대정부관계 측면에서 볼 때, 자율형이며, 사회복지협의회와의 관계 측면에서 볼 때는 독립형이다.

한국의 중앙사회복지공동모금회의 조직은 임원과 사무조직 및 분과 실행위원으로 구성된다. 임원은 회장(1인) 및 부회장(3인), 이사(회장 · 부회장 및 사무총장 포함, 15~20명 이하)와 감사(2인), 17개 시 · 도지회, 사무국, 4개의 실행위원회를 두고 있다. 임원의 임기는 3년으로 하며, 한 차례만 연임할 수 있다(「사회복지공동모금회법」, 제7조(임원), 2020). 또한 공동모금사업의 중요사항을 심의 · 의결하기 위한 이사회는 ① 경제계 · 언론계 · 법조계 · 의료계에 종사하는 사람 중 4인 이상, ② 노동계 · 종교계 · 시민단체에 종사하는 사람 중 4인 이상, ③ 사회복지 관련 학계에 종사하는 사람 등 사회복지전문가 중 4인 이상, ④ 그 밖에 학식과 덕망이 있는 사람으로 구성한다. 임원의 선임방법 및 자격요건에 필요한 사항은 모금회의 정관으로 정한다(「사회복지공동모금회법」, 제9조(임원의 선임), 2020). 사무처는 사무총장 1인과 필요한 직원 및 기구를 둔다. 또한 17개 시·도지회는 지회장(1인), 부지회장(3인 이내), 감사(2인)를 두고, 운영위원(지회장, 부지회장 포함 10인 이상 15인 이하)을 두며 필요한 조직을 둘 수 있다(사회복지공동모금회 정관 제43조(지회의 운영위원회 및 감사), 2020).

10.5 공동모금의 모금 및 배분방법

공동모금회는 여러 가지 기능과 업무를 수행하지만(「사회복지공동모금회법」 제5조(사업)) 그중에서 재원조성과 배분기능이 가장 중요하다고 할 수 있다. 따라서 전 국민적으로 모금된 재원을 배분원칙에 따라 투명하고 효율적인 배분기능을 수행하여야 한다.

1) 모금방법

공동모금회의 모금방법은 연중 모금사업이 가능하나 대부분 연말연시에 전국적으로 언론기관 및 각종 언론매체를 통한 홍보캠페인으로 모금활동이 이루어지고 있다. 기부금품을 모집·접수한 경우 기부금품 접수 사실을 기록하고, 그 기부자에게 영수증을 내주어야 한다. 기부자가 성명을 밝히지 아니한 경우 등 기부자를 알 수 없는 경우에는 모금회에 영수증을 보관하여야 한다(「사회복지공동모금회법」, 제18조(기부금품의 모집), 2020). 이러한 모금 방법은 모금대상자에 따라 개별형, 기업중심형, 단체형, 특별사업형 등 네 가지 유형으로 분류할 수 있다. 모금유형에 따른 비교는 〈표 10-4〉에 나타냈다. 각각에 대해서 알아보면 다음과 같다.

(1) 개별형

개별형은 개인이나 가정의 헌금을 통해 모금하는 형태이다. 개별형은 모든 주민들로 하여금 사회복지사업에 관심을 갖고 참여를 높일 수 있다. 그러나 이러한 형태는 많은 금액을 단시간에 모금하는 것이 어렵고, 개인에게 직접 접근하거나 가가호호 일일이 방문해야 되기 때문에 많은 인력과 시간이 필요하고, 노력에 비해 성과가 크지 않다.

(2) 기업중심형

기업중심형은 기업체와 그 기업체에 근무하는 근로자를 대상으로 모금하는 형태이다. 이러한 유형은 적은 노력과 시간을 통해 일시에 많은 금액을 모금할 수 있다. 그러나 공동모금의 자발적인 참여라는 점에서 강제적인 측면이 있을 수 있고, 전 국민이 참여하도록 하는 모금활동의 특성에 배치되기 때문에 바람직하지 않을 수 있다.

(3) 단체형

단체형은 재단 및 협회 등을 대상으로 해서 모금하는 형태이다. 기업중심형처럼 재단이나 협회로부터 기부금을 받음으로써 손쉽게 많은 액수를 모금할 수 있지만, 많은 주민을 참여시키기는 어렵다. 이러한 유형은 개별형과 기업 중심형보다 대상이 한정되어 자주 사용하는 방법은 아니다.

(4) 특별사업형

특별사업형은 백만인 걷기 대회, 카니발, 오페라, 자선 골프대회, 카드 발매 등 특별한 프로그램이나 다양한 사업을 중심으로 모금하는 형태이다. 이러한 유형은 기부자에게 흥미 및 오락성 등을 제공한다는 점에서 호응도가 높을 수 있고, 또한 여론의 형성과 분위기 조성 등 최대의 홍보효과를 가져올 수 있다. 그러나 모금의 안정성을 확보하기 어렵고, 사치성과 낭비성에 대한 비판을 면하기 어렵고, 반복된 사업의 경우 주민의 관심을 끌기가 어려울 수도 있다.

〈표 10-4〉 모금유형에 따른 비교

구분	개별형	기업 중심형	단체형	특별 사업형
특징	• 개인 및 가정을 통하여 모금	• 기업체와 그 기업의 근로자 중심의 모금	• 재단 및 협회 등의 단체 대상모금	• 특별한 프로그램이나 사업, 행사 등을 통해 모금
장점	• 모든 주민의 관심과 참여	• 적은 노력과 시간으로 일시에 많은 금액을 모금	• 손쉽게 많은 금액을 모금	• 기부자의 흥미를 제공하고 호응도가 높음
단점	• 많은 경비와 시간소모 • 많은 금액의 단기간 모금에 제한적	• 다소 강제적이라는 부정적인 측면	• 많은 주민의 참여는 어려움	• 안정적 모금확보의 어려움 • 사치성 및 낭비성의 문제 제기
채택 국가	• 일본, 필리핀	• 호주, 영국, 캐나다, 미국, 홍콩, 싱가포르, 뉴질랜드, 대만	• 일본	• 인도, 요르단, 홍콩, 필리핀

* 중복된 국가는 중복으로 모금하고 있는 경우임.
출처: 이태희 외(2014).

2) 배분원칙

사회복지공동모금회의 정관 제26조(배분원칙)에 언급된 배분원칙은 다음과 같다. ① 공동모금회는 배분을 통해 지역사회 복지증진과 사회복지서비스의 활성화를 기하여야 한다. ② 배분은 사회복지사업 및 사회복지활동 사회복지 프로그램을 행하는 자를 넓게 포괄하여야 한다. ③ 배분은 지역·단체·대상자 및 프로그램별로 복지수요가 공정하게 충족되도록 하여야 한다. ④ 배분은 과정과 결과가 투명하여야 한다. ⑤ 배분은 평가를 바탕으로 효과적이고 효율적으로 실시되어야 한다(사회복지공동모금회 정관 제26조(배분원칙), 2020). 이러한 배분원칙에 따라 배분된 결과는 각 회계연도의 공동모금재원의 배분을 종료한 날부터 3개월 이내에 전국적으로 배포되는 1개 이상의 일간신문에 그 배분결과를 공고하여야 한다(「사회복지공동모금회법」 제24조(배분결과의 공고 등), 2020).

3) 배분방법

공동모금의 배분방법은 크게 네 가지로, 시설 및 기관 배분형, 문제 및 프로그램 배분형, 혼합형, 지역 배분형으로 나눌 수 있다.

시설 및 기관 배분형은 사회복지시설이나 기관을 대상으로 모금액을 배분하는 방법이다. 이러한 방법은 사회적 취약계층에게 집중적으로 배분된다는 측면에서 긍정적이나, 기관의 지역별 분포가 고르지 않아서 지역의 격차를 초래할 수 있다. 문제 및 프로그램 배분형은 지역사회의 보건 및 사회문제를 해결하기 위한 프로그램을 대상으로 배분하는 방법이다. 이러한 방법은 복지의 사각지대에 대한 문제해결을 할 수 있고, 사회복지기관이 새로운 문제에 접근할 수 있는 기회가 많을 수 있다.

혼합형은 시설 및 기관 배분형과 문제 및 프로그램 배분형을 혼합한 방법이다. 이러한 방법은 두 방법의 장점을 극대화할 수 있으나 배분기준이 명확하지 않을 경우 배분의 효과성이 취약해질 수 있다. 한국의 경우 공동모금회 정관 27조에 따라 지회에서 배분하고 있으며, 지회의 배분 성격은 혼합형을 띠고 있다. 또한 지역단위의 지회로 배분하고 있어 지역 배분형의 방법도 사용한다고 볼 수 있다. 지역 배분형은 지역을 단위로 해서 배분하는 방법이다. 이러한 방법은 낙후된 지역을 중심으로 배분하여 지역별 특성에 맞는 복지문제를 해결하고 지역복지를 증진시킬 수 있다. 배분유형에 따른 비교는 〈표 10-5〉에 나타냈다.

〈표 10-5〉 배분유형에 따른 비교

구분	시설 및 기관 배분형	문제 및 프로그램 배분형	혼합형	지역 배분형
특징	• 사회복지시설 및 기관을 대상으로 배분	• 특정문제해결을 위한 프로그램 수행에 배분	• 시설 및 기관 배분형과 문제 및 프로그램 배분형을 혼합	• 지역사회복지증진을 위한 사업에 배분
장점	• 특정 대상에 대한 지속적 배분	• 새로운 문제에 대한 탄력적 대응	• 양자의 장점을 극대화	• 지역사회복지 증진 및 지역 간 균형유지

구분	시설 및 기관 배분형	문제 및 프로그램 배분형	혼합형	지역 배분형
단점	• 지역적 불균형 초래	• 지속적 소외계층 간과	• 배분기준이 명확하지 않으면 효과성이 떨어질 수 있음	• 전국적 대규모 사업수행 불가
채택국가	• 호주, 벨기에, 인도	• 필리핀, 대만, 자메이카	• 미국, 캐나다, 뉴질랜드, 싱가포르, 태국, 한국	• 일본

4) 배분체계

사회복지공동모금회는 「사회복지공동모금회법」 제20조(배분기준)에 따라 공동모금재원의 배분대상, 배분신청기간 및 배분신청서 제출 장소, 배분심사기준, 배분신청 시 제출할 서류 등을 공고하고 신청기간에 신청서를 제출 받아 심사기준에 따라 지원하게 된다.

(1) 배분대상 및 제외대상

배분대상자는 사회복지사업 기타 사회복지활동을 행하는 법인·기관·단체 및 시설(개인신고 시설 포함), 사회복지서비스를 필요로 하는 개인 등이다. 배분제외대상자는 동일한 사업으로 국가·지방자치단체 또는 다른 기관으로부터 지원을 받았거나 받기로 확정된 사업(다만, 모금회 배분분과실행위원회의 심의결과 지원이 필요하다고 인정되는 경우에는 예외로 함), 법령상 금지된 행위에 사용되는 비용, 정치·종교적 목적에 이용될 수 있는 경우, 수익을 주된 목적으로 하는 사업, 공직선거법에 위반되는 경우, 모금회의 제재조치에 따른 배분대상 제외기간에 배분 신청한 경우, 모금회 배분분과실행위원회의 심의결과 배분대상 제외 필요성이 인정되는 사업 또는 비용 등이다(사회복지공동모금회 배분사업안내, 2020).

(2) 배분사업의 종류

사회복지공동모금회의 배분사업에는 신청사업, 기획사업, 긴급지원사업, 지정기탁

사업 등이 있다. 신청사업은 사회복지 증진을 위하여 사회복지지관・단체・시설 등에서 사업내용을 정해 자유주제 공모형태로 복지 사업을 신청받아 배분하는 사업이다. 기획사업은 공동모금회가 그 주제를 정하여 배분하거나 배분대상자로부터 제안받은 내용 중에서 선정하여 배분하는 시범적이고 전문적인 사업이다. 긴급지원사업은 재난구호 및 긴급구호, 저소득층 응급지원 등 긴급히 지원해야 할 필요가 있는 경우에 배분하는 사업이다. 지정기탁사업은 사회복지 증진을 위하여 기부자가 기부금품의 배분지역・배분대상자 또는 사용용도를 지정한 경우 그 지정취지에 따라 배분하는 사업이다. 이러한 배분사업의 종류는 〈표 10-6〉에 나타냈다(사회복지공동모금회 배분사업안내, 2020). 각각의 사업별 세부사항은 사회복지공동모금회 2020년도 배분사업안내를 참조하면 된다.

〈표 10-6〉 배분사업 종류

구분	사업내용	배분한도	신청시기	배분신청서 제출서
신청사업	사회복지 증진을 위하여 자유주제 공모형태로 복지 사업을 신청받아 배분하는 사업 [프로그램사업 및 기능보강사업]	3,000만 원 이하 (지회별로 배분한도 내에서 조정 가능)	2019년 7월	지회
기획사업	모금회가 그 주제를 정하여 배분하거나 배분대상자로부터 제안받은 내용 중에서 선정하여 배분하는 시범적이고 전문적인 사업	별도지정	별도공고	중앙회/지회
긴급지원 사업	재난구호 및 긴급구호, 저소득층 응급지원 등 긴급히 지원해야 할 필요가 있는 경우에 배분하는 사업	별도지정	별도공고	
지정기탁 사업	사회복지 증진을 위하여 기부자가 기부금품의 배분지역・배분대상자 또는 사용용도를 지정한 경우 그 지정취지에 따라 배분하는 사업	별도지정	수시	

* 신청사업 중 기능보강사업과 신청사업 및 기획사업의 경우, 지역별로 분리 시행 및 별도 공지할 수 있음.
* 기획사업과 긴급지원사업의 경우, 세부사업 시행 공지는 사업의 성격과 내용에 따라 생략할 수 있음.
* 긴급지원사업의 경우, 개인 대상 배분사업이라도 사회복지사업 기타 사회복지활동을 행하는 법인・기관・단체・시설 및 공공기관을 통해 신청할 수 있음.

출처: 사회복지공동모금회 배분사업안내(2020).

(3) 배분신청

매년 배분기준에 따라 지원을 희망하는 시설이나 기관 등은 배분사업별로 배분신청기간 공고된 기일 내에 배분신청서 제출 장소에 모금회가 정한 배분신청 서류를 제출하여야 한다. 동일 연도에 시행되는 신청사업, 기획사업 등을 각각 신청할 수 있다(단, 동일 또는 유사사업은 중복하여 제출할 수 없음). 또한 동일 법인에서 운영하는 기관의 경우, 사업장의 위치가 다르고 독립회계를 하는 기관이나 시설은 개별적으로 배분신청이 가능하다. 배분신청 시 배분사업별로 정한 배분한도액을 초과하여 신청할 수 없으며, 배분사업별로 자부담 원칙을 별도로 정하는 경우 이를 준수하여야 한다. 그리고 제출된 사업계획서 및 예산의 조정을 요청할 수 있으며, 이 경우 배분신청한 자는 조정된 사업계획과 예산을 반영한 조정사업계획서를 제출하여야 한다. 각각의 배분사업별 신청서 양식과 온라인 접수는 인터넷 사이트 홈페이지(www.chest.or.kr) 또는 온라인 배분신청 사이트(http://proposal.chest.or.kr)를 활용하면 된다.

배분신청을 할 때 신청사업의 신청유형은 프로그램, 기능보강 2가지로 구분되며, 프로그램은 성과중심형, 성과확산형, 산출중심형 3가지 유형으로 분류된다. 신청사업의 신청유형은 〈표 10-7〉에 나타냈다(사회복지공동모금회 배분사업안내, 2020). 또한 자세한 신청서 및 사업계획서 예는 온라인 배분신청 사이트(http://proposal.chest.or.kr)를 참조하면 된다.

〈표 10-7〉 신청사업의 신청유형

사업 유형		내용	표준 신청 양식
프로그램 사업	성과 중심형	• 성과 목표 달성을 통해 사업 참여자의 의미 있는 변화를 꾀하고 나아가 지역사회 변화의 기초를 다지는 사업 • 주로 단년도 형태를 띠며, 사업 참여자의 역량강화 또는 소규모의 지역사회 네트워크 구축 등의 사업을 포함	• 배분신청서 • 신청기관 현황 • 사업계획서
	성과 확산형	• 2년 이상 계획하는 다년도 사업으로 사업 참여자의 의미 있는 변화뿐만 아니라 지역사회, 나아가 우리 사회에 파급력을 미치는 것을 지향하는 사업	• 배분신청서 • 신청기관 현황 • 3개년 사업계획서 • 1차년도 사업계획서

사업 유형		내용	표준 신청 양식
	산출 중심형	• 현재 당면한 지역사회 이슈 및 개인(또는 가족)의 문제해결을 위한 지원 사업으로 성과목표 달성보다는 사업수행 과정에 중점을 두는 사업	• 배분신청서 • 신청기관 현황 • 사업계획서
기능보강사업		• 기능보강을 통해 현재의 문제를 해소하거나 보다 의미 있는 사업을 향후 수행하고자 하는 사업 • 장비보강, 개보수, 자동차 구입 등이 해당	• 배분신청서 • 신청기관 현황 • 사업계획서

(4) 배분심사 기준 및 과정

배분심사 기준은 신청기관 및 신청사업에 대해서 기관평가, 사업평가, 기타평가가 있다.

기관평가는 기관의 신뢰성과 사업수행능력 등을 평가한다. 신뢰성을 평가할 때는 비영리기관이 확실한지, 일정 기간 동안 신뢰할 만한 활동을 했는지, 이사회, 운영위원회 등 주요 임원의 구성이 적절한지, 다른 기관 또는 지원기관으로부터의 실적은 있는지, 과거 기관의 신뢰성에 문제가 있는 집단인지 등을 평가한다. 사업수행능력을 평가할 때는 사회복지사업을 주 활동으로 하는 조직인지, 지원신청한 분야의 전문성을 입증할 만한 자격이 있는지, 과거 다른 기관의 지원사업을 수행한 적이 있는지, 기관의 목적 및 목표가 신청사업에 부합하는지 등을 평가한다.

사업평가는 사업의 적합성 및 필요성, 적절성 등을 평가한다. 사업의 적합성 및 필요성, 적절성 등을 평가할 때는 사업의 적합성과 필요성, 적절성과 관련해 사전 욕구조사를 시행했는지, 사업의 목적, 과정, 결과에 대하여 적절하게 언급하는지, 대상자 선정이나 사업선정이 적절한지, 통계적 근거를 제시하는지, 적합성과 필요성, 적절성을 입증하는 전문가의 연구 또는 자료를 포함하는지, 지원자가 아니라 클라이언트 입장에서 욕구를 분석했는지, 사례를 제공하고 있는지 등을 평가한다.

기타평가는 기관 및 사업의 일관성, 사업의 실현가능성 등을 평가한다. 기관 및 사업의 일관성을 평가할 때는 다른 기관이나 단체에서 수행하고 있지 않은 사업인지, 신청기관에서 일상적으로 수행하는 사업은 아닌지, 시범 수행할 만한 사업이라는 타

당한 근거를 제시하는지, 향후 다른 기관에 파급효과가 예상되는지 등을 평가한다. 사업의 실현가능성을 평가할 때는 월별, 단계별 추진일정을 합리적으로 구성했는지, 무리한 인적・물적자원 동원을 계획하는지, 근거 없는 가정을 하고 있지 않은지, 서비스 대상집단을 분명히 파악하고 있는지, 목표의 달성시기를 분명히 밝히고 있는지 등을 평가한다.

배분심사과정은 예비심사, 서류심사, 면접심사, 현장심사 등 4단계의 심사과정을 거친다.

1단계는 예비(적격)심사로 중앙은 현장전문가로 구성된 평가지원단에서, 지회는 사무국에서 실시한다. 배분규정 및 배분기준에 부합되지 않은 경우 탈락(법령상 금지된 행위, 수익사업, 특정 이해집단의 목적에 이용되는 사업 등)시킨다.

2단계는 서류심사로 각 심사자별로 심사기준에 의거하여 점수를 준다. 평가자의 점수를 평균하고 평가자 전원의 합의하에 면접대상사업을 선정한다.

3단계는 면접심사로 면접 시 모호한 점을 집중 규명하며, 필요시 추가보완자료를 요구하여 면접과정에 이용한다. 지원의 필요성을 확신하는 사업에 대해서 예산의 조정 가능 여부 등에 대한 의견을 구하여 계수조정에 대비한다. 면접을 끝낸 뒤 지원의 우선순위에 대한 조정을 하고 다시 현장방문 대상사업을 정한다. 신뢰도를 위해 시설장 또는 간부급 직원의 참여가 바람직하다.

4단계는 현장심사로 현장방문은 우선순위에 영향을 미치기보다는 적격・부적격 여부를 가리는 것에 중점을 둔다.

5단계는 계수조정・결정으로 4단계에 걸친 심사결과를 토대로 지원사업순위를 결정한다. 각 사업마다 계수조정을 하여 적정지원액을 정한다.

6단계는 심사결과 통보로 배분분과위와 이사회를 거쳐 최종 결과를 승인받고, 해당 시설에 결과를 통보한다. 이러한 심사과정은 사업의 특성에 따라 일부 과정을 추가 또는 생략할 수 있다.

(5) 배분사업의 진행

배분심사과정을 통해 배분이 결정된 법인·기관·단체 및 시설은 모금회와 사업계약을 체결(다만, 배분금이 1천만 이하인 사업 중 모금회가 필요하다고 인정한 경우에는 사업계약 체결을 생략할 수 있음)하고 그 내용을 준수해야 한다. 모금회는 공동모금재원의 과부족, 사업의 성격 등을 고려하여 배분금을 일시전액 또는 분할 지급할 수 있다.

또한 배분금이 지급되고 사업기간이 종료되면 사업종류 후 30일 이내에 법인·기관·단체 및 시설은 사업결과보고서를 모금회 또는 모금회가 지정하는 기관에 제출해야 한다(다만, 모금회가 특별한 사유가 있다고 인정하여 제출기일을 연장하도록 한 때에는 그렇지 않음). 모금회는 제출된 사업결과보고서에 대한 평가를 실시할 수 있고, 미비한 사항에 대해서 보완서류 제출 또는 조사를 요구할 수 있다. 제출된 사업결과보고서에 대한 평가 결과가 부정적인 경우, 관련 회규에 정한 바에 따라 기지급한 배분금 환수, 일정기간 배분대상 제외 등의 제재조치를 할 수 있다. 사업결과보고서에는 회계정산보고에 관한 내용이 포함되며, 사업 종결 후 배분금 잔액은 모금회에 반납해야 한다(다만, 잔액 총액이 2,000원 미만인 경우에는 배분 받은 기관에서 잡수입으로 처리할 수 있음).

10.6 공동모금회의 신청서 작성 예시

일반적으로 공동모금회의 신청서는 ① 신청표지(배분신청서), ② 신청기관 현황, ③ 사업계획서 등으로 구성되는데, 각각에 대해서 알아본다. 또한 프로포절 공모기관에 대해서도 알아본다.

1) 신청표지(배분신청서)

신청표지(배분신청서)는 정해진 양식이 제공되는데, 기관명, 사업명, 사업기본 정보, 사업 참여자, 사업구분, 성과목표, 주요사업 내용, 사업비, 담당자 등을 작성한다. 사업명은 대상, 목적, 사업내용을 포함할 수 있도록 작성하며, 부제 사용이 가능하다. 사업기본 정보의 연차는 신규로 신청하는 사업인 경우 ① 1년 차에 체크하고, 전년도에 모금회에의 지원을 받은 사업으로 사업수행자, 핵심 참여자, 사업내용이 동일한 경우에는 사업 연차에 따라 ② 2년 차, ③ 3년 차, ④ 기타를 선택한다. 예를 들면, 2019년에 지원을 받은 사업수행 중에 있으며 2020년도에도 동일사업을 수행하기 위해 신청한을 하는 경우에는 ② 2년 차에 V표시를 한다. 또한 2017년도부터 3년 간 지원 받아 사업을 수행하고 2020년에도 동일한 사업을 신청하는 경우에는 ④ 기타에 V표시 후 (4년 차)를 기입한다. 사업수행 인력은 본 사업을 실질적으로 수행하는 실무자의 수를 기입한다(기관장, 슈퍼바이저는 제외). 사업기간은 사업수행 기간을 의미하며 사업신청 안내 시 별도의 사업기간이 공지되므로 해당 사업기간을 확인하고 작성한다.

사업구분은 목록 중 1개를 선택하고, 성과목표는 사업의 결과로 나타나는 효과나 변화를 기입(해당 사항이 없을 경우 미기입)하는데, 3개 이하로 기입한다. 주요사업 내용은 세부 사업명을 3개 이하로 기입하고 내용은 세부 사업별 수행방법, 추진내용을 간략하게 기입한다. 특히 사업명과 주요사업 내용에는 전체내용을 함축적으로 담고 있는 중요한 부분으로 핵심적 메시지를 전달할 수 있어야 한다. 모금회의 배분신청서의 작성 예시는 〈표 10-8〉에 나타냈다(사회복지공동모금회 배분사업안내, 2020).

〈표 10-8〉 배분신청서의 작성 예시

〈배분신청서〉

<table>
<tr><td>1) 기 관 명</td><td colspan="3">열매종합사회복지관</td><td colspan="2">2) 고유번호
(사업자등록번호)</td><td colspan="3">100-82-1000</td></tr>
<tr><td>3) 사 업 명</td><td colspan="8">저소득층 방임아동의 보호·학습지원을 위한 야간보호사업 "꿈나무 교실"</td></tr>
<tr><td rowspan="3">4) 사업
기본 정보</td><td>연차</td><td colspan="7">___① 1년 차 ___② 2년 차 ___③ 3년 차 ___④ 기타(　)</td></tr>
<tr><td>대상 지역</td><td colspan="3">서울시 중구</td><td colspan="2">사업수행 인력</td><td colspan="2">2명</td></tr>
<tr><td>사업 기간</td><td colspan="7">20XX년 1월 1일 ~ 20XX년 12월 31일 (총 12개월)</td></tr>
<tr><td rowspan="2">5) 사업
참여자</td><td>참여자 구분</td><td colspan="7">___① 아동/청소년 ___② 노인 ___③ 장애인 ___④ 여성/다문화
___⑤ 위기가정 ___⑥ 지역사회 ___⑦ 북한/해외/기타</td></tr>
<tr><td>핵심 참여자</td><td colspan="3">저녁 10시까지 보호자가 없는 초등학생</td><td colspan="2">인원수</td><td colspan="2">20명</td></tr>
<tr><td colspan="2">6) 사업구분</td><td colspan="7">모금회 지속가능발전목표(C-SDGs)</td></tr>
<tr><td colspan="2">☐ 기초생계 지원</td><td colspan="7">☐ 경제적 빈곤 퇴치 ☐ 영양 및 급식지원/기아종식</td></tr>
<tr><td colspan="2">☐ 교육/자립 지원</td><td colspan="7">☐ 교육 및 자립역량 강화 ☐ 양질의 일자리 만들기 ☐ 적정기술과 정보기술격차 해소 지원</td></tr>
<tr><td colspan="2">☐ 주거/환경 개선</td><td colspan="7">☐ 모두를 위한 깨끗한 에너지 ☐ 지속가능한 지역사회 인프라 구축
☐ 지속가능한 생산과 소비 ☐ 기후변화와 대응 ☐ 해양생태계 보존 ☐ 육상생태계 보호</td></tr>
<tr><td colspan="2">☐ 보건/의료 지원</td><td colspan="7">☐ 신체·정서적 건강과 회복 ☐ 깨끗한 물과 위생</td></tr>
<tr><td colspan="2">☐ 심리/정서 지원</td><td colspan="7">☐ 신체·정서적 건강과 회복</td></tr>
<tr><td colspan="2">☑ 사회적 돌봄 강화</td><td colspan="7">☑ 사회적 배제 감소와 불평등 완화</td></tr>
<tr><td colspan="2">☐ 소통과 참여 확대</td><td colspan="7">☐ 성평등 ☐ 지속가능한 지역사회 인프라 구축 ☐ 사회적 약자의 권리증진</td></tr>
<tr><td colspan="2">☐ 문화 격차 해소</td><td colspan="7">☐ 사회적 배제 감소와 불평등 완화</td></tr>
<tr><td>7) 성과목표</td><td colspan="8">① 보호 아동의 야간 안전사고율 감소
② 기초 학습능력 향상
③ 보호 아동의 가족 유대감 증대</td></tr>
<tr><td rowspan="4">8) 주요 사업
내용</td><td>세부 사업명</td><td colspan="7">주요 내용</td></tr>
<tr><td>야간아동
보호</td><td colspan="7">복지관 방과후교실 운영, 아동보호자 귀가 시간 따라 귀가일정 조정, 보호자가 동행귀가를 하지 못하는 경우 복지관 차량을 통한 귀가 서비스 제공</td></tr>
<tr><td>기초학습
지도</td><td colspan="7">자체 자원봉사대학생을 활용한 기초학습(국어, 영어, 수학) 지도, 자체 자원봉사대학생을 활용한 숙제지도, 매일 숙제 알림장 점검</td></tr>
<tr><td>가족관계 개선
프로그램</td><td colspan="7">가족관계개선프로그램시행
(가족음식 만들기, 가족나들이, 가족체육대회, 영화보기 등)</td></tr>
<tr><td>9) 사 업 비</td><td>총 사업비</td><td colspan="2">16,000,000원</td><td>신청금액</td><td colspan="4">13,100,000원</td></tr>
<tr><td rowspan="2">10) 신청금액
세부내역</td><td rowspan="2">사업비</td><td>7,400,000원</td><td rowspan="2">인건비</td><td>4,800,000원</td><td rowspan="2">관리
운영비</td><td colspan="3">900,000원</td></tr>
<tr><td>56.5%</td><td>36.6%</td><td colspan="3">6.9%</td></tr>
<tr><td rowspan="2">11) 담 당 자</td><td>성명</td><td>김열매</td><td>직통전화</td><td>02-123-4567</td><td>E-mail</td><td colspan="3">fruit03@fruit.or.kr</td></tr>
<tr><td>직위</td><td>대리</td><td>휴대폰</td><td>010-1234-5678</td><td>FAX</td><td colspan="3">02-123-4568</td></tr>
</table>

위와 같이 2020년도 사업을 신청합니다.

2019년 8월 30일

기관대표자 : 이 사 랑 (인)

사회복지공동모금회장 귀하

2) 신청기관 현황

신청기관 현황에는 기관명, 연락처, 주소, 직원 현황, 기관주요 사업, 결산, 예산, 운영법인 등을 작성한다. 기관의 주요사업은 신청기관의 고유목적사업에 해당하는 항목을 3개 이내로 선택하고 신청기관의 특화사업 등 주요사업에 해당하는 내용 중심으로 간략하게 기술한다. 결산・예산은 작성시점 기준해서 전년도 결산금액 및 당해년도 예산금액을 기재한다. 신청기관 현황의 작성 예시는 〈표 10-9〉에 나타냈다(사회복지공동모금회 배분사업안내, 2020).

〈표 10-9〉 신청기관 현황의 작성 예시

〈신청기관 현황〉

<table>
<tr><td colspan="2">1) 기 관 명</td><td colspan="3">열매종합사회복지관</td><td>2) 대 표 자</td><td colspan="2">이 사 랑</td></tr>
<tr><td colspan="2">3) 고유번호
(사업자등록번호)</td><td colspan="3">100-82-1000</td><td>4) 전화번호</td><td colspan="2">02-6262-3000</td></tr>
<tr><td colspan="2">5) E-mail</td><td colspan="3">fruit@fruit.or.kr</td><td>6) FAX</td><td colspan="2">02-6262-3100</td></tr>
<tr><td colspan="2">7) 홈페이지</td><td colspan="3">www.fruit.or.kr</td><td>8) 설립연월일</td><td colspan="2">2002년 10월 24일</td></tr>
<tr><td colspan="2">9) 주 소</td><td colspan="6">04519
서울시 중구 ○○대로 24길 사랑의열매회관 1층</td></tr>
<tr><td colspan="2" rowspan="2">10) 직원 현황</td><td rowspan="2">총 12 명
(①+②)</td><td colspan="2">상근 (①)</td><td colspan="3">비상근 (②)</td></tr>
<tr><td colspan="2">10 명</td><td colspan="3">2 명</td></tr>
<tr><td rowspan="2">11) 기관 주요 사업</td><td>구분</td><td colspan="6">___① 노인복지 ___② 영유아/아동복지 ___③ 장애인복지 ___④ 노숙인복지
_V_⑤ 지역복지 ___⑥ 정신보건 ___⑦ 여성복지 ___⑧ 가족복지
___⑨ 청소년복지 ___⑩ 다문화지원 ___⑪ 북한/해외지원 ___⑫ 기타(   )</td></tr>
<tr><td>내용</td><td colspan="6">• 통합사례관리: 사례발굴, 사례개입, 서비스연계
• 서비스제공: 가족기능강화, 지역사회보호, 아동청소년 교육 및 문화 지원
• 지역조직화: 주민조직화, 복지네트워크 구축, 자원개발 및 관리
• 자활자립지원: 노인일자리사업, 자활공동체 창업지원</td></tr>
<tr><td rowspan="4">12) 결산</td><td rowspan="2">세입</td><td>총 계</td><td>보조금수입</td><td>전입금</td><td>후원금수입</td><td>사업수입</td><td>기타수입</td></tr>
<tr><td>658,001,000원</td><td>100,628,000원</td><td>162,000,000원</td><td>238,235,000원</td><td>103,948,000원</td><td>53,190,000원</td></tr>
<tr><td rowspan="2">세출</td><td>총 계</td><td>인건비</td><td>관리운영비</td><td>사업비</td><td>재산조성비</td><td>기타지출</td></tr>
<tr><td>658,001,000원</td><td>375,617,000원</td><td>93,905,000원</td><td>102,934,000원</td><td>7,573,000원</td><td>77,972,000원</td></tr>
<tr><td rowspan="4">12) 예산</td><td rowspan="2">세입</td><td>총 계</td><td>보조금수입</td><td>전입금</td><td>후원금수입</td><td>사업수입</td><td>기타수입</td></tr>
<tr><td>804,592,000원</td><td>236,709,000원</td><td>241,000,000원</td><td>113,600,000원</td><td>97,760,000원</td><td>115,523,000원</td></tr>
<tr><td rowspan="2">세출</td><td>총 계</td><td>인건비</td><td>관리운영비</td><td>사업비</td><td>재산조성비</td><td>기타지출</td></tr>
<tr><td>804,592,000원</td><td>434,556,000원</td><td>121,390,000원</td><td>225,174,000원</td><td>15,480,000원</td><td>7,992,000원</td></tr>
<tr><td rowspan="5">13) 운영 법인 또는 단체</td><td>운영주체 성격</td><td colspan="6">_V_① 사회복지법인 ___② 사단법인 ___③ 종교법인 ___④ 학교법인
___⑤ 재단법인 ___⑥ 국가지방자치단체 ___⑦ 임의단체 ___⑧ 개인(신고)
___⑨ 법인(기타) ___⑩ 단체(기타)( ) ___⑪ 개인(기타) ( )</td></tr>
<tr><td>법인
(단체)명</td><td colspan="3">사랑의열매</td><td>대 표 명</td><td colspan="2">박모금</td></tr>
<tr><td>고유번호
(사업자번호)</td><td colspan="3">100-82-1007</td><td>전화번호</td><td colspan="2">02-626-3100</td></tr>
<tr><td>홈페이지</td><td colspan="3">www.chest.or.kr</td><td>설립연월일</td><td colspan="2">2000년 11월 13일</td></tr>
<tr><td>주소</td><td colspan="6">04519
서울시 중구 ○○대로 24길 사랑의열매회관 5층</td></tr>
</table>

※ 신청기관 조직도, 운영위원회 및 운영법인 이사회 명단은 별첨자료로 첨부 요망

※ 조직도, 운영위원회 및 운영법인 이사회 명단은 별도 첨부

3) 온라인 배분신청 시 온라인배분신청사이트(http://proposal.chest.or.kr)에서 작성

4) 온라인배분신청사이트(http://proposal.chest.or.kr) 내 최신 기관정보 업데이트 요망

3) 사업계획서

사업계획서는 〈표 10-7〉 신청사업의 신청유형에 따라 <성과중심형>사업계획서, <성과확산형>3개년 사업계획서, <산출중심형>사업계획서, <기능보강>사업계획서 등으로 분류하고 있다. 사업계획서에는 사업명, 사업 내용 및 추진전략(사업 참여자 모집전략, 사업내용 및 사업진행 일정), 예산편성, 문제의식(사업 필요성), 목표 및 평가 등의 내용이 포함된다(사회복지공동모금회 배분사업안내, 2020).

(1) 사업명

사업명에는 사업의 대상, 목적, 방법이 제시되어야 한다(예: 성인 지적장애인의 자립기능강화를 위한 집단 프로그램, '우리함께 가요'). 대상에는 그동안 사회복지서비스의 사각지대에 있었던 사람들이 포함될 필요가 있고, 목적을 통해서는 서비스의 필요성이 강조되어야 하며, 방법에는 사업의 적절성과 전문성이 제시되어야 한다. 실제로 많은 심사위원들이 사업명을 통해 프로포절에 대한 감을 잡은 만큼, 작성자는 사업명을 어떻게 제시할 것인가를 신사숙고해야 한다. 사업명에서 프로그램의 성격을 알 수 있도록 명확하고 함축적으로 규정해야 하고 부제를 활용할 수도 있다.

(2) 사업의 목적, 목표, 세부목표

목적(goal)은 사업이 궁극적으로 달성하고자 하는 것으로 포괄적이고 추상적이다. 목표(objectives)는 사업을 통해 달성하고자 하는 것으로 사업이 잘 진행되면 결과적으로 그 목표가 달성된다. 목표는 실현 가능하도록 구체적이고 현실적인 언어로 표현되어야 한다. 사업시행 후 목표달성 여부를 평가할 수 있도록 측정 가능한 언어로 표현해야 한다. 세부목표는 각 결과목표들이 달성되기 위해 수행되여야 하는 구체적 과업이며, 그 과업을 수행하는 데 필요한 내용이 사업의 내용이다.

사업의 목적, 목표, 세부목표가 문제와 연관되기 위해서 목적은 문제의 정의, 목표는 문제의 원인, 세부목표는 세분화된 원인과 연결되어야 한다. 세부목표에는 다음과 같은 요소가 포함되어야 한다. ㉠ 형태 및 구조: 사업이 시행되어야 하는 기간, 소요시간, 간격, 사업의 크기, 장소 등, ㉡ 사업의 매개체(시범, 강의, 토의, 질문지, 지침서, 역할놀이, 시청각기재 등), ㉢ 사회복지사의 역할 및 과업: 사업을 위한 사회복지사의 역할과 과업, ㉣ 클라이언트의 역할 및 과업: 사업에 참여하는 클라이언트가 변화를 위해서 스스로 어떤 노력을 기울여야 하는지, 그리고 변화를 위한 구체적 과업이 무엇인지 등을 기술한다.

(3) 사업의 중요성 및 필요성

사업의 중요성에는 문제분석(원인)과 그 문제의 심각성에 관한 내용이 포함되어 있어야 한다. 왜 그런 사업이 실시되어야 하는가? 즉, 문제 또는 욕구의 심각성을 객관적으로 기술한다. 욕구 및 사회문제의 확인, 개인적·사회적 심각성을 객관적 자료를 인용한 기술, 센서스 조사, 사회욕구조사 자료, 기존 서비스 시설 자료, 지역유지 면담 등의 자료를 활용하되 막연한 서술은 피해야 한다. 또한 사업의 필요성에는 문제분석에 따른 사업의 필요성이 포함되어야 한다.

(4) 사업대상 선정기준 및 인원수

문제규모를 정확하게 보여 주기 위해서는 일반집단, 위험집단, 표적집단, 클라이언트 집단의 수를 명시하여야 한다. 서비스 대상 선정에 대한 산출근거는 〈표 10-10〉에 나타냈다.

〈표 10-10〉 사업대상 선정

구분	산출근거	인구 수
일반집단	대상집단이 속한 커다란 일반적 인구 집단	
위험집단	문제에 노출된 인구집단	
표적집단	문제, 욕구에 노출되어 프로그램이 해결 대상으로 삼는 인구집단	
클라이언트 수	프로그램의 서비스 대상으로 삼는 인구 수	

사업대상의 선정에서 '표적대상'은 기관이나 시설에서 서비스를 제공할 수 있는 범위 내에 있는 사람으로 한정되어야 하며, '클라이언트'는 공동모금회 사업으로 서비스를 받게 될 인원을 의미한다. 생활시설의 경우는 표적대상과 클라이언트 수가 동일할 수 있으나, 시설의 여건상 표적집단 모두에게 서비스를 제공하는 것이 불가능한 경우에는 클라이언트의 수가 표적집단 수보다 작게 선정되어야 한다.

(5) 사업내용 및 사업진행 일정(표)

사업내용에는 본 사업이 구체적으로 수행해야 할 내용들을 기재한다. 사업의 목적, 목표, 세부목표에 부합되는 내용을 구체적으로 기술한다. '아동학대 고위험 가정의 재학대 예방을 위한 심리정서지원 프로그램'의 사업내용의 예시는 〈표 10-11〉에 나타냈다(사회복지공동모금회 배분사업안내, 2020).

사업진행 일정(표)에는 사업의 기간, 간격, 소요시간 등을 사업의 형태나 구조를 파악할 수 있도록 정확히 기재한다. 진행일정표에 따라 사업의 내용과 수행방법에서 제시된 내용을 재구성한다. 진행일정표에 따라 사업의 매개체, 사회복지사, 클라이언트의 역할까지도 구체적으로 명시할 수 있다면 사업 담당자가 원활하게 프로그램을 진행시킬 수 있다. '아동학대 고위험 가정의 재학대 예방을 위한 심리정서지원 프로그램'의 사업진행 일의 예시는 〈표 10-12〉에 나타냈다(사회복지공동모금회 배분사업안내, 2020).

〈표 10-11〉 사업내용의 예시

세부 사업명	활동(수행방법)
맞춤형 서비스 지원	• 상담/심리치료: 담당자의 가정 방문을 통한 문제 파악 및 해결방안 모색/가정별 5회 전문 심리검사/가정별 1회, 심리치료/가정별 6회 • 일상생활 지원: 주거환경 개선, 긴급생계지원, 학습지원 등 서비스 연계/가정별 1회 • 사례 회의: 참여자 및 사업 담당자 대상 사례별 진행상황 점검 및 상호 피드백 실시/1회 • 정신 건강 지원: 정신의학 전문가 진단에 따라 치료 정신과 진료 지원/10가정 선정, 가정별 1회
양육교육 프로그램	• 담당자 상담을 통해 양육교육이 필요한 10가정 선정 • 전문기관 연계를 통한 양육기술 상담 교육 - 행위자 초기 상담, 종합심리평가, 양육태도검사 각 1회 실시 - 양육태도 및 감정코칭 등 전문가를 통한 교육 2회 실시

〈표 10-12〉 사업진행 일의 예시

주요내용 \ 기간		1월	2월	3월	4월	5월	6월	7월	8월	9월	10월	11월	12월
참여자 선정		■	■	■									
맞춤형 서비스지원	상담/심리치료			■	■	■	■	■	■	■	■	■	
	일상/정신건강 지원				■	■	■	■	■	■	■	■	■
	사례회의					■		■		■		■	
양육 교육 프로그램	초기상담/검사					■	■						
	교육 진행						■	■	■	■	■	■	

(6) 예산편성

사업의 총예산을 인건비, 사업비, 관리운영비, 기자재 및 집기 구입비, 수용비 등의 항목으로 나누어 각 항목의 산출근거를 구체적으로 제시한다. 직접경비는 신규시설, 신규인력 등 신청 프로그램을 위해 직접 현금으로 새롭게 지출되는 경비이다. 간접경비는 자원봉사자나 기부금 중 신청 프로그램을 위해 쓰일 부분이며, 기존 시설(예, 사무실, 집기 등)이나 인원(관장, 기존 사회복지사 등)을 활용하는 경우는 이들이 신청 프로그램에 할당되는 비율을 근거로 간접경비를 계산한다.

신청사업의 담당인력은 무급 자원봉사자를 제외하고는 예산에 반영되어야 하는데, 직원의 경우는 연봉 대비 할당시간을 계산하여 포함시킨다. 유급 자원봉사자나 시간강사의 경우는 시간당 또는 일당을 계산하는 것을 원칙으로 한다. 인건비는 가능한 한 배분신청금액의 20% 이내로 하고 자부담으로 처리할 수 있다. 자부담에서 인건비 비율이 지나치게 높을 경우(예: 60% 이상), 총사업비가 높아져 결과적으로 비용효율성이 낮은 프로그램으로 평가될 수 있음에 유의해야 한다. '아동학대 고위험 가정의 재학대 예방을 위한 심리정서지원 프로그램'의 예산편성의 예시는 〈표 10-13〉에 나타냈다(사회복지공동모금회 배분사업안내, 2020).

〈표 10-13〉 예산편성의 예시

(단위 : 원)

목	세목	세세목	계	산출근거	예산조달 계획				
					신청금액	비율(%)	자부담	비율(%)	자부담 재원
총 계			52,150,000		48,900,000	100	3,250,000	100	
인건비	전담인력	급여	16,000,000	1,600,000원×10월×1명	16,000,000				
		사회보험	1,750,000	175,000원×10월×1명			1,750,000		자체예산
	소 계		17,750,000		16,000,000	32.7	1,750,000	53.8	
사업비	맞춤형 서비스 지원	상담/심리	17,500,000	가정 방문 다과 10,000원×20가정×5회			1,000,000		자체예산
				심리 검사 200,000원×20가정×1회	4,000,000				
				심리 치료비 100,000원×20가정×6회	12,000,000				
				사례회의 자문 및 진행비 100,000원×5회			500,000		자체예산
		심화 프로그램	4,000,000	전문상담 100,000원×10가정×1회	1,000,000				
				정신과 진료 지원 300,000원×10가정×1회	3,000,000				
	양육교육 프로그램	양육기술 상담교육	12,000,000	강사비(특별강사,2시간) 400,000원×20회	8,000,000				
				교재, 교구 200,000원×10회	2,000,000				
				교육진행비 100,000원×20회	2,000,000				
	소 계		33,500,000		32,000,000	65.4	1,500,000	46.2	
관리운영비	관리 운영비	교통비	600,000	50,000원×12월×1명	600,000				
		사무용품비	300,000	100,000원×3회	300,000				
	소 계		900,000		900,000	1.9			

(7) 평가계획

평가는 과정평가와 효과성평가를 구분해서 평가할 수 있는데, 과정평가는 사업의 원활한 진행을 위해 진행과업의 달성 여부를 평가하는 것으로 이 항목은 사업일정(표)에서 설정된 진행과업(예: 클라이언트 참여확보, 홍보 등)의 시기별 공정표를 작성한다. 즉, 출석률, 성원의 활동태도, 소감문 분석 등에 관한 기록을 통해 집단활동과정 중에 이루어진다. 수행시기는 각 진행과업별로 분기별, 월별 등 어느 구분이나 가능하며 또한 진행과업의 달성 여부를 평가할 수 있는 평가방법을 제시하다(월별 클라이언트 인테이크 대상, 사회복지사의 업무일지 등). 중간보고서는 앞서 제시한 진행과업의 수행시기별 목표달성 정도를 평가하고 이를 기재하여야 하며, 목표가 미달성되었을 경우 그 사유와 이에 대한 대처방안 등을 기술한다.

효과성평가는 효과성과 관련된 평가로서 만족도를 표준화된 설문지를 이용하여 평가한다. 평가의 기준은 ㉠ 목표 대비 달성수준, ㉡ 기대하는 변화의 정도, ㉢ 변화 또는 성과를 나타내는 점수, ㉣ 의도한 서비스 효과가 표현되는 맥락이나 상황의 수준, ㉤ 원하는 가치가 산출되는 정도나 범위, ㉥ 이용자의 만족도를 나타내는 특정 지표, ㉦ 특정 행동 또는 태도의 변화 등이다. 일반적으로 효과성평가를 하지 않거나 하더라도 평가지표, 측정도구, 평가방법이 적절하지 않은 경우 사업의 효과성평가 결과가 사업수행에서 기인한 성과인지를 정확히 반영할 수 없기 때문에 유효하지 않다.

장래 예산계획(사업이 종료된 후 자구 실천방안으로 지역사회의 자발적인 '발전기금'모금, 지역복지네트워크 활용을 통한 지역의 자원동원 등)이나 추천서(다른 전문시설, 클라이언트, 지역사회지도자 등으로부터의 추천서) 등이 정립되어 있으면 좋은 인상을 받을 수 있다. '아동학대 고위험 가정의 재학대 예방을 위한 심리정서지원 프로그램'의 성과목표 및 평가방법의 예시는 〈표 10-14〉에 나타냈다(사회복지공동모금회 배분사업안내, 2020).

〈표 10-14〉 성과목표 및 평가방법의 예시

성과목표	평가 도구 및 방법	측정 시기
아동학대 행위자의 학대 위험요인 감소	• 성과지표: 학대 위험 20% 감소 • 평가도구: 학대위험도 평가척도 • 평가방법: 학대행위자 20가정 대상 사전 사후 설문조사	사전(2월), 사후(12월)
아동학대 행위자의 부모양육태도 향상	• 성과지표: 부모 양육 태도 20% 향상 • 평가도구: 부모양육태도검사(PAT) 척도 • 평가방법: 부모,가족구성원 사전 사후 설문조사	사전(4월), 사후(12월)
아동학대 피해가정 가족 기능 강화	• 평가주체: 본 기관 담당자 • 평가방법: 참여자 20가정 대상으로 구조화된 질문지를 통해 인터뷰 실시	사전(4월), 사후(12월)

(8) 민간단체 및 기업(재단) 프로포절 공모기관

민간단체 및 기업의 프로포절 공모기관은 다음과 같으며, 그 외 다수의 기업 사회봉사단, 사회공헌 팀에서 독자적으로 또는 NPO와의 파트너십으로 다양한 지원사업을 전개하고 있다. 프로포절을 공모하는 민간단체 및 기업(재단)은 각각 〈표 10-15〉와 〈표 10-16〉에 나타냈다.

〈표 10-15〉 프로포절을 공모하는 민간단체

단체	주요 지원분야
사랑의 친구들	결식아동 지원(공모), 실직 여성가장 돕기 등
사랑과 사람	포털사이트를 통한 개인지원: 의료비·생계비 지원, 장애아동행사등
아이들과 미래	아동·청소년(50%) 및 일반사회복지사업: 아동· 청소년 대상 정보화 사업, 사회복지실무자 지원, 우리 동포 자원사업, 사회복지네트워크 형성사업 등
아름다운 재단	분야별 문화, 공익 관련 사업: 청소년 환경운동, 소외 청소년 문화경험사업, 퇴소청소년 등록금/자립비용, 탁아기금 등
한국여성재단	여성 대상 개인 및 사업 지원: 남녀평등의식확산운동, 공동체운동캠페인, 저소득 여성 노동자 대상 사업, 정신대 할머니 지원 등

〈표 10-16〉 프로포절을 공모하는 기업(재단)

단체	주요 지원분야
삼성 복지재단	작은 나눔 큰 사랑: 각종 사회복지 프로그램 지원, 장애인 생활시설· 직업재활시설· 복지관 및 단체 필요 기자재, 아동복지시설 기자재, 미취학 결식아동 급식 프로그램 운영사업, 모자보호시설 사회적응 및 직업교육 필요 기자재, 양로시설 보건의료 및 생활편의 기자재, 외상· 치매노인 단기보호사업 필요 기자재, 노인 공동작업장 설치· 운영에 필요한 기자재, 미신고 시설 개축비 등
아산 복지재단	장애인 직업재활사업에 필요한 기자재, 미취학 장애아동의 주간보호· 보육에 필요한 기자재, 노인주간보호사업에 필요한 기자재, 가정폭력치료 · 예방 프로그램, 신고시설전환에 필요한 개 · 보수, 외국인 노동자의 사회적응 및 교육 프로그램, 복지대상자의 보호 · 교육 · 재활에 필요한 기자재 등
LG 복지재단	종합사회복지관 건립사업, 건전가치관 확립을 위한 청소년 복지사업과 불우아동 및 청소년의 자립기반조성을 위한 복지사업, 소외된 노인복지사업, 장애인 재활지원사업, 선행의 주인공 지원사업, 해외복지사업 등
이랜드 복지재단	복지시설 운영 및 종사자 지원, 무의탁노인 지원, 외국인 근로자 및 긴급 의료환자 의료비 지원, 대학생 사회봉사단 지원, 북한을 포함한 국내외 복지기관에 의류 물품 지원, 아동· 장애인 단체복 의류 지원 등
롯데 복지재단	외국인 근로자 무료병원· 상담소 지원, 장애인 자활시설 기자재, 북한이탈 주민 보호 및 교육, 사회복지시설 지원 등
KT & G 복지재단	아프가니스탄 이재민 구호물품 지원, 출소자를 위한 한밭생활관 건립, 사랑의 집짓기 운동 지원, 농아인 컴퓨터 교육장 설치, 장애인을 위한 사랑의 PC 나누기, 장애어린이 사랑의 교정수술, 중증장애인 이동목욕차량 지원, 무료법률구조사업, 장애인 가정 내 편의시설 설치, IMF 실직자 돕기 기금, 해외동포 생계비 지원, TV 한글자막 수신기 지원, 골수의 집 '나누는 사람들' 개설, 각막은행 설립 지원, 뇌성마비 장애인 재활기기 지원, 영세장애인 휠체어 보내기, 정신대 할머니 돕기, 백혈병 소아암 어린이 치료비 지원, 소아암 완치기원 어린이날 생명사랑 축제 지원, 백혈병 소아암 어린이 쉼터 지원 등
태평양 복지재단	복지시설 기자재, 시설 개· 보수 지원, 안면기형수술비, 노인체험행사, 희소질환 치료비 지원, 사회복지시설 차량지원 등
파라다이스 복지재단	장애인 인식개선, 중증장애인 재활용구지원, 캠프 등
한국마사회	농어촌 복지증진을 위한 다양한 지원사업

Community Welfare & Practice | chapter 11

자원봉사센터 및 지역자활센터

자원봉사활동은 지역사회주민이 지역사회복지의 주체로서 참여할 수 있는 보편적인 방법이다. 이러한 활동은 지역주민의 적극적인 참여를 통해 지역공동체 형성을 활성화할 수 있고, 지역사회의 문제해결 및 복지 증진에 기여할 수 있다. 따라서 자원봉사센터는 지역사회주민의 자원봉사활동을 체계적으로 통합하고, 활성화하고, 효율적으로 하기 위해서 설치·운영되는 기관이라 할 수 있다. 현재 자원봉사센터는 「자원봉사활동 기본법」에 따라 2020년 초 중앙(1개소), 특별시·광역시·도(17개소), 시·군·구(228개소)에서 총 246개소의 자원봉사센터가 설치·운영되고 있다(한국자원봉사협회, 2020). 또한 지역자활사업은 「국민기초생활보장법」상 근로능력이 있는 수급자 및 저소득층에게 경제적 안정을 추구하기 위하여 일자리 제공 및 자활능력을 배양하고자 추진하는 사업을 의미한다. 이러한 사업은 2000년 10월부터 시행되는 「국민기초생활보장법」에 의해서 제도화되었다. 자활사업을 진행하는 자활센터는 2020년 초 전국에 광역자활센터 15개소(제주, 세종 미설치)와 시·군·구의 지역자활센터(1

개소 또는 2~3개소)가 설치·운영되고 있다(한국자활복지개발원, 2020).

이 장에서는 자원봉사센터의 개념, 필요성, 특성, 기능, 역할, 분류와 현황 등에 대해서 알아본다. 또한 지역자활센터의 개념, 의미, 연혁, 운영원칙, 자활사업의 대상자 선정, 내용, 자활기관협의체, 자활복지개발원 등에 대해서 알아본다.

11.1 자원봉사센터

1) 자원봉사센터의 개념

자원봉사(Voluntarism)의 어원은 인간의 자발적 의지(will)와 요구(desire)를 나타내는 라틴어인 자유의지(voluntas)에서 유래되었다. 사전적 의미에서 자원봉사는 자발적 활동에 근거하고 있고, 국가권력이나 외부압력에 의해 지배되지 않는 자유로운 활동이라 할 수 있다(이태희 외, 2014; 김현호 외, 2018).

미국의 맨서와 카스(Manser & Cass)는 그들의 저서 『Voluntarism at the crossroad』에서 자원봉사는 개인이 스스로 선택한 자원봉사기관을 통하여 활동하고, 창조하고, 실천하면서 새로운 목표를 달성하려고 노력하는 과정이라고 하였다. 또한 자유와 민주주의 과정 속에서 독특한 역할을 하고, 어떠한 공익의 요소를 증진 혹은 촉진하기 위한 자발적 노력에 의해 나타나는 활동이라고 하였다(Manser & Cass, 1976). 반면 발독(Baldock)은 민간기관, 공공기관, 사회행동, 그리고 사회복지 문제에 관련된 자조집단 등에 규칙적이면서 무상으로 자신의 시간과 노력을 기여하는 사람이라고 하였다(Baldock, 1990; 박용순 외, 2012; 김현호 외, 2018).

이러한 자원봉사의 개념에 따라 활동하는 것을 자원봉사활동이라 할 수 있는데, 한국사회복지협의회는 자원봉사활동을 사회문제의 예방 및 해결 또는 국가의 공익사업을 수행하는 공사조직에 자발적으로 참여하여, 반대급부를 받지 않고 인간존중의 정신과 민주주의 원칙에 입각하여 필요한 서비스를 제공하고, 이타심의 실현과 자기실현을 성취하고자 하는 활동이라고 하였다(한국사회복지협의회, 2020). 또한 자원봉사활동이란 개인 또는 단체가 지역사회 · 국가 및 인류사회를 위하여 대가 없이 자발적으로 시간과 노력을 제공하는 행위를 말한다(「자원봉사활동 기본법」 제3조(정의), 2020).

자원봉사센터는 자원봉사활동의 수요와 공급의 상호 조정역할을 수행하고 자원봉사자들이 효율적으로 활동할 수 있도록 지원하기 위해 운영 · 설치된 기관이다. 즉, 자원봉사센터란 자원봉사활동의 개발 · 장려 · 연계 · 협력 등의 사업을 수행하기 위하여 법령과 조례 등에 따라 설치된 기관 · 법인 · 단체 등을 말한다(「자원봉사활동 기본법」 제3조(정의), 2020).

2) 자원봉사센터의 필요성

자원봉사활동은 개인적인 측면에서 자원봉사자 개개인을 활동적이고 유용하게 성장하도록 새로운 삶의 목적을 제시할 수 있는 기회를 제공하고, 신체적 · 정신적 · 정서적 건강을 지켜 준다. 또한 사회적 측면에서는 지역사회복지 증진과 지역사회문제의 예방에 도움이 될 수 있고, 사회복지시설 및 기관의 부족한 재원(인적, 물적)에 대한 서비스를 제공하는 필요성이 확대되고 있다.

개인 및 사회적으로 이러한 자원봉사활동의 필요성에 따라 자원봉사활동을 적절히 통합하고, 운영하고, 효과적으로 활용하기 위한 자원봉사센터의 필요성이 대두되었다. 또한 자원봉사의 전문화, 체계화, 활성화에 기여할 수 있도록, 자원봉사자의 모집, 교육, 배치 등의 업무를 담당할 수 있는 업무부서의 필요성에 따라 자원봉사센터가 설치 · 운영되고 있다. 따라서 자원봉사센터는 지역주민의 자발적인 참여를 통하여 봉사자가 어디서, 무엇을, 어떻게, 할 것인지에 대한 지역사회의 정보와 자원이 신속하게 소통될 수 있도록 매개체 역할을 수행해야 한다.

3) 자원봉사활동의 특성

개인 및 사회적으로 활성화되고 있는 자원봉사활동의 특성 열 가지를 알아보면 다음과 같다(Ilseley, 1990; 양정하 외, 2017; 김현호 외, 2018).

① 자발성(free will): 자신의 판단 아래 스스로 보고, 듣고, 생각하고, 판단해서 실천하는 것을 의미한다. 또한 다른 집단, 개인, 그리고 조직에 의해서 강요받지 않고 봉사자 스스로가 자발적으로 봉사활동에 참여하는 것이다.

② 이타성: 이타주의(altruism)와 같은 의미로 생명을 존중하며 남을 돕고 싶어 하는 정신을 의미한다. 어려운 환경에 처해 있는 사람을 돕고 싶어 하는 인간 본연의 마음을 의미한다고 할 수 있다.

③ 무급성(non-paid): 자원봉사활동이 금전적 보수나 대가를 바라지 않고 순순한 마음으로 실천한다는 것을 의미한다. 즉, 자원봉사활동을 하면서 일어나는 여러 가지 소요경비를 봉사자 스스로가 책임지는 것이다. 그러나 현재의 자원봉사활동에서 최소한의 경비(교통비, 보험료, 식대 등)는 일부 지원해 주고 있는 경우도 있다.

④ 지속성: 자원봉사활동에서 일회성이나 일시적・충동적 행동에 의한 것이 아니라 계획적이고 의도적으로 지속되어야 된다는 것을 의미한다. 사회복지 분야의 일회성 자원봉사는 대상자의 인간관계를 악화시킬 수도 있고, 시설 및 기관의 운영 측면에서도 어려움이 있을 수 있다.

⑤ 자아실현성(self-realization): 봉사자 스스로의 만족감, 성취감, 새로운 경험, 그리고 인간관계를 형성할 수 있는 동기유발로 인한 심리적 보상을 의미한다. 자원봉사활동 및 새로운 경험을 통해 봉사자 스스로의 심리적・정서적 안정감을 얻을 수 있고 긍정적인 삶을 지향할 수 있다.

⑥ 학습성: 자원봉사에 관한 내용과 지식에 대한 교육을 통하여 학습해야 된다는 것을 의미한다. 자원봉사활동을 통해 타인에게 도움을 준다는 것도 중요하지만

자원봉사 참여 및 과정 중에 학습되는 지식이나 정보 등 교육적인 효과도 얻을 수 있다.

⑦ 헌신성: 자원봉사활동 자체가 자신의 시간과 비용 등을 투입해야 되기 때문에 희생정신을 통해 노력해야 된다는 것을 의미한다. 자원봉사자 스스로의 헌신적인 노력이 가능할 때 자원봉사활동은 활성화될 것이다.

⑧ 공공성: 자원봉사활동이 특정한 개인이나 직장, 단체의 이익, 그리고 종교와 정당의 입장을 초월하여 공적으로 이웃 및 지역사회문제를 해결하는 것을 의미한다.

⑨ 협동성: 자원봉사활동이 개인적인 활동이 아니고 대상자, 봉사자, 조정자 등 여러 사람이 함께 공동체의식을 갖고 활동하는 것을 의미한다. 즉, 자원봉사활동을 할 때 상호 간 서로 협력하여 주어진 역할에 충실해야 된다는 것이다.

⑩ 전문성: 자원봉사활동을 할 때 대상과 영역에 따라 봉사자 자신의 전문성을 활용하여 활동에 참여하는 것을 의미한다. 이렇게 전문성을 고려하여 활동하면 봉사자의 역량도 확대될 것이고 효과성도 증대될 것이다.

4) 자원봉사센터의 기능

자원봉사센터의 기능은 학자들의 관점에 따라서 다양하게 제시되고 있으나, 자원봉사센터의 기능 또는 자원봉사관리자의 기능은 ① 수급조절(모집과 배치), ② 기록 및 등록, ③ 자원봉사활동의 지원, ④ 양성 및 연수, ⑤ 홍보 및 자료 계발, ⑥ 네트워크화, ⑦ 조사 및 연구(프로그램 개발) 등 일곱 가지로 언급할 수 있다. 각각의 기능에 대해서 알아보면 다음과 같다(김현호 외, 2018; 김범수 외, 2019).

(1) 수급조절(모집과 배치)

수급조절은 자원봉사관리자의 주 업무로 자원봉사활동을 희망하는 봉사자에게 활동을 소개하고, 자원봉사자가 도와주었으면 하는 사람(시설, 단체 등)에게 자원봉사를 소개하는 것이다. 수급조절을 위한 자원봉사관리자의 역할은 다양할 수 있으며 각각의 대상 및 영역에 따른 적절한 대응이 요구된다.

(2) 기록 및 등록

기록·등록은 원활한 수급조절을 위하여 면담 및 조사방법으로 자원봉사자나 자원봉사활동 요청 시설 및 기관에 관한 내용, 대상자에 대한 희망 내용, 그리고 사회자원 등을 파악하여 문제해결을 위한 방법을 찾기 위한 자료로 활용된다. 이러한 기록·등록된 자료는 자원봉사활성화를 위한 중요한 자료가 될 수 있으므로, 자원봉사관리자의 업무 인수·인계에서 필수적이다.

(3) 자원봉사활동의 지원

자원봉사활동의 지원은 자원봉사자나 자원봉사활동 요청 시설 및 기관이 효과적으로 활동할 수 있도록, 자원봉사활동 과정에서 발생하는 고민 상담, 쌍방의 문제점, 기자재나 자료의 대여, 정보제공, 그리고 더 나아가 자원봉사자 보험의 가입 추진 등 다양한 지원을 하는 자원봉사관리자의 업무이다.

(4) 양성 및 연수

양성 및 연수는 자원봉사활동을 원활히 수행하기 위해 자원봉사자의 의식과 인간성을 높이고 기술을 연마할 수 있도록 하는 기능이다. 양성·연수 기능이 적절히 제공되기 위해서는 자원봉사센터가 직접 직무연수를 실시하는 것뿐만 아니라 타 기관 단체에서 실시하고 우수한 프로그램을 활용할 수도 있다.

(5) 홍보 및 자료 개발

홍보 및 자료 개발은 자원봉사자의 활동을 확인·정리하여 자원봉사활동의 방향성을 제시하는 자료로 활용하고, 자료를 근거로 보다 많은 사람들에게 자원봉사활동을 이해시키기 위한 기능이다. 홍보 및 신뢰성을 강화하여 많은 사람들이 동참할 수 있도록 독려해야 한다.

(6) 네트워크화

네트워크화는 수급조정을 하는 가운데에서 파악한 욕구를 토대로 자원봉사자, 자원봉사활동 요청 시설 및 기관, 자원봉사센터, 그리고 지역사회의 다양한 기관 및 단체 등과 자원봉사활동을 네트워크화 해 나가는 기능이다. 또한 다양화 교류를 통하여 자원봉사활동이 효과적이고 활성화되도록 협동체제를 만들어 가는 기능도 포함된다고 할 수 있다.

(7) 조사 및 연구(프로그램 개발)

조사 및 연구는 지역사회에서 자원봉사활동을 더욱 원활하고 효과적으로 추진하기 위하여, 노출되지 않은 욕구나 자원봉사활동을 하려는 자원봉사자를 발굴하고, 활동 내용을 발전시키기 위한 프로그램 개발 등의 기능이다. 이러한 기능은 자원봉사센터만의 일이 아니므로 지역사회 내의 사회복지협의회의 전문가, 지역사회의 자원봉사자, 그리고 관계기관과 협력 및 분담으로 추진할 필요가 있다.

5) 자원봉사센터의 역할

자원봉사센터의 역할(사업)은 위에서 언급한 기능에서 알 수 있듯이 자원봉사자의 모집 및 연계, 자원봉사에 관련된 각종 연구 및 조사, 정보제공, 교육 및 훈련, 기술지원, 자원봉사 프로그램 개발 및 실시 등이 있을 수 있다. 이러한 역할에 대해서 「자원봉사활동 기본법」 시행령 제15조(자원봉사센터의 조직 및 운영 등) 4항과 5항에 따르면, 지역 내 자원봉사 활성화를 위하여 〈표 11-1〉과 같은 역할(사업)을 수행한다(「자원봉사활동 기본법」 시행령 제15조, 2020).

〈표 11-1〉 자원봉사센터의 역할(사업)

센터	역할(사업)
중앙자원봉사센터	• 특별시 · 광역시 · 도 및 시 · 군 · 구 자원봉사센터에 대한 지원 • 특별시 · 광역시 · 도와 시 · 군 · 구의 자원봉사센터 관리자에 대한 교육훈련 • 지역 자원봉사와 관련한 프로그램의 개발 · 보급 및 조사 · 연구 • 지역 자원봉사센터 및 자원봉사단체 등과 협력 및 정보교류 • 자원봉사 정책 지원 및 협조 • 자원봉사 통합포털시스템 홈페이지(www.1365.go.kr) 운영 • 그 밖에 국가의 자원봉사 진흥에 기여할 수 있는 사업
특별시 · 광역시 · 도 자원봉사센터	• 특별시 · 광역시 · 도 지역의 기관 · 단체들과의 상시 협력체계 구축 • 자원봉사관리자 및 지도자의 교육훈련 • 자원봉사 프로그램의 개발 및 보급 • 자원봉사 조사 및 연구 • 자원봉사 정보자료실 운영 • 시 · 군 · 구 자원봉사센터 간의 정보 및 사업의 협력 · 조정 · 지원 • 그 밖에 광역시 · 도 지역의 자원봉사 진행에 기여할 수 있는 사업
시 · 군 · 구 자원봉사센터	• 시 · 군 · 구 지역의 기관 · 단체들과의 상시 협력체계 구축 • 자원봉사자의 모집 및 교육 · 홍보 • 자원봉사 수요기관 및 단체에 자원봉사자 배치 • 자원봉사 프로그램의 개발 · 보급 및 시범운영 • 자원봉사자 관련 정보의 수집 및 제공 • 그 밖에 시 · 군 · 구 지역의 자원봉사 진행에 기여할 수 있는 사업

출처: 한국자원봉사협회(2020).

자원봉사센터의 기능 및 역할에 대해서 정리한 것은 〈표 11-2〉에 나타냈다.

〈표 11-2〉 자원봉사센터의 기능 및 역할

기능	역할	업무
수급 및 조정	수급	모집, 상담, 연결, 관리배치
	안내(상담)	자원봉사활동(프로그램)에 대한 상담
기록 및 등록	기록 및 등록	활동의 기록 작성(활동카드, 상담카드 작성) 등록카드 작성(등록카드, 욕구카드 작성)

기능	역할	업무
자원봉사활동의 지원	기자재 · 장소대여	회의장 · 기자재 제공 자원봉사활동에 대한 각종 지원금 소개 · 절차의 안내 자원봉사활동을 위한 기금조성
	인정 및 보상	자원봉사자 보험가입 자원봉사활동 인정서 · 수첩 발급, 자원봉사자 표창
	상담 · 조언	자원봉사활동에 관한 상담 · 정보 제공 자원봉사활동에 관한 자료의 안내 · 제공 · 대출
	육성 · 조직	자원봉사자 소그룹 활동의 지원, 전산 프로그램 설치
양성 및 연수	교육 · 훈련	봉사자 오리엔테이션 및 재교육 자원봉사자 학교, 워크숍
	연수	자원봉사 담당자 교육 및 훈련
홍보 및 자료계발	홍보	홍보지 · 포스터 발행, 자원봉사신문 발행, 사례집 발간
	계발	자원봉사캠페인 실시, 자원봉사체험학교
네트워크화	연계망 구축	자원봉사단체 간의 협의체 구성
	교류	자원봉사자, 자원봉사활동그룹, 관계기관 · 단체 담당자 간 교류 지역연대사업(지역 내 공동의 자원봉사자 대회 참가)
조사 및 연구	조사 · 연구	욕구, 지역 조사 등
	프로그램 개발	조사 · 연구를 통한 프로그램 개발

출처: 김현호 외(2018).

6) 자원봉사센터의 분류와 현황

자원봉사센터는 설립 주체, 목적, 운영 형태에 따라 차이가 있을 수 있으며, 자원봉사활동의 수요와 공급의 측면에서 수요자 중심의 자원봉사센터, 공급자 중심의 자원봉사센터, 그리고 이 수요와 공급을 적절히 조정하고 자원봉사센터 간의 효율적인 연계 역할을 수행하는 조정자 중심의 자원봉사센터로 구분해 볼 수 있다(김현호 외, 2018).

수요자 중심의 자원봉사센터는 자원봉사를 직접 활용하고 있는 사회복지서비스기관으로 종합사회복지관, 재가복지센터, 사회복지관련 시설, 병원 의료사회사업센터, 상담기관, 시민사회단체(NGO: Non-Governmental Organization), 환경단체 등을 들 수 있다. 공급자 중심의 자원봉사센터는 민간형태의 비사회사업적 영역에서 기관 본연의 목적을 수행하기 위해 자원봉사를 활용하고 있는 기관이다. 종류로는 교육기관(대학, 중, 고교 사회봉사단), 기업, 종교사회봉사 등이 있다.

조정자 중심의 자원봉사센터는 공공형태의 자원봉사센터가 해당되며 3개 정부 중앙부처(행정자치부, 보건복지부, 국가청소년위원회) 관할의 자원봉사센터를 예로 들 수 있다. 1992년 이후부터 광역자치단체에는 소관 부처별로 1개씩 이상의 자원봉사센터가 설치·운영되고 있다. 일반적으로 자원봉사센터를 지칭할 때는 조정자 중심의 자원봉사센터를 의미하고 있는데, 이를 중심으로 분류해서 현황을 알아보면 다음과 같다(김현호 외, 2018).

(1) 지역자원봉사센터

지역자원봉사센터는 '○○시·군·구 자원봉사센터'란 명칭으로 행정자치부가 설치·운영하고 있다. 이러한 센터는 「자원봉사활동 기본법」 및 지방자치단체 조례에 따라 각 지역 자원봉사자들의 수요와 공급을 조정하기 위해 2020년에 중앙(1개소), 서울(26개), 부산(17개소), 대구(9개소), 인천(11개소), 광주(6개소), 대전(6개소), 울산(6개소), 세종(1개소), 경기(32개소), 강원(19개소), 충북(12개소), 충남(16개소), 전북(15개소), 전남(23개소), 경북(24개소), 경남(19개소), 제주(3개소)로 총 246개소의 자원봉사센터가 설치·운영되고 있다(한국자원봉사협회, 2020). 이러한 자원봉사센터는 1996년부터 전국 자치단체마다 1개소 설치를 목표로 추진되어 7년에 걸쳐 전국의 시·군·구에 설치가 완료되었다. 각 지역 자원봉사센터들은 자원봉사자 상담, 모집, 훈련, 프로그램 개발, 감독, 평가에 이르기까지 지역자원봉사활동의 모든 부분에 관여하면서 지역사회시민단체와 자원봉사자들의 유기적인 관계를 형성한다. 전문인력은 대도시가 5~7명, 농촌지역이 1~2명 정도로 센터당 평균 3명 정도의 인력이 배치되어 있으나, 실제로 한 센터가 얼마나 많은 업무를 수행하는지는 자치단체의 지원정도와 직원들의 자질 및 노력에 따라 차이를 보이고 있다.

2018년 자원봉사센터의 운영 형태를 살펴보면, 지방자치단체가 직접 운영하는 센터가 127개소(52.8%), 비영리법인에 위탁하여 운영하는 센터가 45개소(18.4%), 법인에서 운영하는 센터가 73개소(29.8%)이며, 이곳에 근무하고 있는 전체 상근직원 수는 1,416명으로 이 가운데 20대가 197명(13.9%), 30대가 435명(30.7%), 40대가 493(34.8%), 50대가 224(15.8%), 60대가 67명(4.7%)으로 나타났다. 또한 운영예산은 국비 7,515, 시・도비 33,605, 시・군・구비 73,053, 기타 6,904로 총 121,078백만 원이다(행정자치부, 2019).

(2) 사회복지정보센터

사회복지정보센터는 보건복지부가 설치・운영하고 있는 자원봉사센터로 한국사회복지협의회 부설로 만들어졌다. 이 센터는 1978년 5개 지역의 사회봉사안내소로 시작하였으며, 이 시기는 도움의 전화를 통한 자원봉사활동 정보제공의 기능을 하였다(한국여성개발원, 1999). 이후 1991년 가정봉사원 사업의 정착을 위한 기초사업으로 지역복지봉사센터로 설치・운영되어 지역사회복지관 내 재가봉사복지센터 설립의 기초를 이루었으며, 1994년에 자원봉사정보안내센터로 명칭을 변경하여 광역시・도에 17개의 센터를 두어 사회복지분야 자원봉사활동을 통합관리 운영하게 되었다. 그리고 2001년에 와서는 사회복지정보센터로 명칭과 기능이 변경・전환되어 자원봉사분야 뿐만 아니라 사회복지분야의 통합된 정보제공 기능도 담당하고 있으며, 11월부터 자원봉사인증관리사업(VMS)을 시작하였다(김현호 외, 2018).

사회복지봉사활동 자원봉사인증관리사업은 보건복지부 위탁으로 한국사회복지협의회 및 17개 시・도 사회복지협의회가 자원봉사자 개인별 자원봉사활동실적을 인증관리하고, 누적된 실적에 대한 인센티브를 제공하여 지속적인 자원봉사활동 참여를 유도함으로써, 자원봉사활동의 활성화를 도모하려는 취지에서 시작된 정부의 정책사업이다(한국사회복지협의회 사회복지정보센터, 2020).

이러한 사업은 자원봉사자가 인증센터를 통해 자원봉사자의 봉사활동 실적정보를 인증관리 DB에 등록하며 자원봉사자가 요구하는 경우 사회복지봉사활동 실적인증서를 발급한다. 전국 인증센터에서 등록된 정보는 중앙인증관리 DB서버로 전달, 취합되며 인증관리 DB본부는 전국에서 전달된 사회복지 자원봉사활동 정보를 총괄・관리하고, 이를 바탕으로 자원봉사자에게 각종 인센티브를 부여하거나 자원봉사활동 활성화를 위한 연구 분석 및 정책건의와 함께 정책개발에 필요한 정보 등을 제공하는 기능을 수행한다. 2019년 12월 기준 전국 17개 사회복지정보센터가 설치・운영되고 있으며, 일부 시・군・구 지자체별로 별도로 운영하는 곳도 있다.

또한 사회복지정보센터는 국민 누구나 자원봉사활동에 쉽게 참여할 수 있도록 자원봉사자 중심의 원스톱서비스를 제공하고, 자원봉사자와 봉사활동 정보를 통합관리하는 체계를 구축하기 위하여 자원봉사 통합 포털사이트와 연계하여 운영하고 있다. 즉, 자원봉사 통합 포털사이트(http://www.1365.go.kr)에서 자원봉사 관련 자료와 정보, 자원봉사자 등록, 자원봉사자 모집, 자원봉사 신청, 봉사활동처 조회 등 자원봉사활동에 대한 정보들을 얻을 수 있다.

(3) 한국청소년활동진흥원

1995년 5월 31일 정부의 교육개혁방안에 의해 초・중・고등학교 학생의 자원봉사활동이 의무화됨에 따라, 청소년의 인성과 덕성 및 공동체의식 함양의 목적으로 청소년 자원봉사활동을 조직적・체계적으로 지원하고자 문화체육관광부의 청소년자원봉사센터가 설치되었다. 이후 2006년 7월 사회 환경변화와 청소년의 욕구에 발맞추어 기존의 청소년 자원봉사활동뿐만 아니라 체험, 문화, 수련활동 및 수련활동인증제, 종합적인 청소년활동 정보 제공 등 청소년활동에 대한 원스톱 서비스(One-stop Service)를 제공하기 위해 국가청소년위원회 소속의 청소년활동진흥센터로 확대・개편되었다. 이러한 센터는 여성가족부로 이관되어 「청소년활동진흥법」 제7조(지방청소년활동진흥센터의 설치 등)에 근거하여 16개 특별시・광역시・도(세종 미설치)의 청소년활동진흥센터로 운영되고 있으며 일부 시・군・구에서도 운영되고 있다(여성가족부,

2020). 이후 중앙청소년활동진흥센터는 2010년 8월에 한국청소년활동진흥원으로 명칭이 변경되어 사업이 확대되었다.

한국청소년활동진흥원은 ① 청소년활동, 청소년복지(「청소년기본법」 제3조 제4호), 청소년보호(「청소년기본법」 제3조 제5호)에 관한 종합적 안내 및 서비스 제공, ② 청소년육성에 필요한 정보 등의 종합적 관리 및 제공, ③ 청소년수련활동 인증위원회 등 청소년활동 인증제도의 운영, ④ 청소년 자원봉사활동의 활성화, ⑤ 청소년활동 프로그램의 개발과 보급, ⑥ 국가가 설치하는 수련시설의 유지・관리 및 운영업무의 수탁, ⑦ 국가 및 지방자치단체가 개발한 주요 청소년수련거리의 시범운영, ⑧ 청소년활동시설이 실시하는 국제교류 및 협력사업에 대한 지원, ⑨ 청소년지도자의 연수, ⑨의2 제9조의2에 따른 숙박형 등 청소년수련활동 계획의 신고 지원에 대한 컨설팅 및 교육, ⑩ 제18조의3에 따른 수련시설 종합 안전・위생 점검에 대한 지원, ⑪ 수련시설의 안전에 관한 컨설팅 및 홍보, ⑪의2 제18조의2에 따른 안전교육의 지원, ⑫ 그 밖에 여성가족부장관이 지정하거나 활동진흥원의 목적을 수행하기 위하여 필요한 사업 등의 업무를 수행한다(「청소년활동진흥법」 제6조(한국청소년활동진흥원의 설치), 2020).

또한 지방청소년진흥센터는 ① 지역청소년활동의 욕구에 관한 조사, ② 지역청소년자원봉사활동의 활성화, ③ 청소년수련활동인증제도의 지원, ④ 인증받은 청소년수련활동의 홍보와 지원, ⑤ 청소년활동 프로그램의 개발과 보급, ⑥ 청소년활동에 대한 교육과 홍보, ⑦ 제9조의2에 따른 숙박형 등 청소년수련활동 계획의 신고에 대한 지원, ⑧ 제9조의4에 따른 정보공개에 대한 지원, ⑨ 그 밖에 청소년활동을 위하여 필요한 사업 등의 업무를 수행한다(「청소년활동진흥법」 제7조(지방청소년활동진흥센터의 설치 등), 2020).

11.2 지역자활센터

1) 지역자활센터의 개념

자활사업은 수급자 및 저소득층의 경제적 안정을 위한 탈빈곤 사회복지제도이다. 이러한 사업은 과거 일방적인 급여제공방식의 빈곤 프로그램과는 달리 지역사회 차원에서 공동으로 빈곤문제해결을 모색하고, 자활의지를 고취시킴으로써 지역사회의 통합과 사회적 연대를 강화하고자 하는 사업이다. 자활사업은 1995년 3월 한국보건복지연구원에서 연구한 '저소득층의 실태변화와 정책과제'에 의해서 필요성이 제기되어, 1996년 6월 자활사업을 진행하는 자활지원센터가 시범적으로 5개소가 설치·운영되었다. 이후 2000년 10월부터 시행되는 「국민기초생활보장법」에 의해서 자활후견기관으로 명칭이 변경되어, 2004년에는 인천, 대구, 경기 광역자활후견기관 3개소가 지정되었다. 이러한 자활후견기관은 2006년 12월 「국민기초생활보장법」의 일부 개정으로 지역자활센터로 사용되고 있다. 2012년 이후부터 자활사업을 진행하는 자활센터는 2020년 초 전국에 광역자활센터 15개소(제주, 세종 미설치)와 시·군·구의 지역자활센터(1개소 또는 2~3개소)가 설치·운영되고 있다. 또한 자활센터에서 운영하는 지역자활기업을 포함하여 센터 및 기업이 전국 1478개소가 운영된다(한국자활복지개발원, 2020).

지역자활센터는 「국민기초생활보장법」에 의하여 보건복지부가 주관하는 기관으로서, 수급자 및 저소득층의 경제적 안정 및 자활을 돕기 위하여 자활 의욕 고취 및 자립능력 배양을 체계적으로 지원함으로서, 소득을 얻거나 창업을 할 수 있도록 종합적인 지원을 하는 기관이라 할 수 있다. 이러한 센터는 절대빈곤층의 기초생활을 보장하면서 종합적 자립자활서비스를 제공하여 생산적 복지를 구현하는 데 목적이 있다고 할 수 있다(전해황 외, 2018).

2) 지역자활센터의 의미

지역사회의 수급자 및 저소득층의 자활사업을 추진하는 지역자활센터는 지역사회복지실천의 장으로서 다음과 같은 의미를 갖는다(김범수 외, 2019).

① 지역자활센터의 지역자활사업은 지역사회복지실천을 제도화하는 데 기여할 수 있다. 지역자활사업은 지역사회 내의 수급자 및 저소득층을 대상으로 경제적 안정을 추구하고 빈곤의 세습을 방지할 수 있는 정책이라 할 수 있다. 또한 자활공동체를 추진하면서 참여자의 조직화, 자활실천 계획의 수립, 지역사회의 사회행동을 강화함으로서 지역사회복지실천의 제도화를 촉진시킬 수 있다는 의미가 있다.

② 지역자활센터의 자활사업은 지역사회의 자원동원에 의미가 있다. 지역자활사업은 저소득층의 빈곤문제를 해결하기 위한 지역자활센터를 통해 지역사회에 있는 물적・인적자원의 활용과 관련이 있다. 예를 들어, 자활사업의 활성화를 위해 지역사회 내의 일자리 창출에 관한 기업체 및 기업체 대표나 전문가를 활용할 수 있다는 것이다.

③ 지역자활센터의 지역자활사업은 지역사회조직화를 통하여 지역사회의 역량강화 및 변화를 추구할 수 있다. 지역자활사업은 지역사회 내의 자활을 통하여 빈곤문제 해결을 위해 투입되는 지역사회 재원 및 사회적 위험 요소가 줄어들고, 지역사회 문제해결을 위한 네트워크를 형성함으로써 사회적 연대감이 강화될 수 있다는 의미이다.

3) 지역자활센터의 연혁

지역사회의 수급자 및 저소득층의 경제적 안정을 추구하기 위한 자활지원센터는 1995년 한국보건사회연구원의 저소득층의 실태변화와 정책과제에 관한 연구에서 필요성이 제기되어 설립하게 되었다. 한국의 지역자활센터의 연혁은 〈표 11-3〉에 나타냈다.

〈표 11-3〉 지역자활센터의 연혁

연도	내 용
1995. 3.	• 한국보건사회연구원의 '저소득층의 실태변화와 정책과제' 연구에서 자활지원센터의 필요성 제기 • 국민복지기획단 자활지원센터 설립 제안
1996. 6.	• 자활지원센터가 시범적으로 5개소가 설치 · 운영
1997. 6.	• 청소년자활지원관 10개소 설치 · 운영
2000. 10.	• 「국민기초생활보장법」 제정 및 자활후견기관 명칭 변경 • 자활후견기관 46개소 추가 지정(64개) • 청소년자활지원관 10개소 추가 지정
2004. 12.	• 전국 242개소 설치 · 운영
2007. 7.	• 「국민기초생활보장법」 개정으로 지역자활센터로 명칭 변경
2009.	• 전국 242개소 설치 · 운영 중이며 점차확대 예정
2010. 12.	• 희망키움통장(저소득층개인자산형성계좌)사업 실시 • 지역자활센터 5개소 신규 지정(2011년부터 운영)
2011.	• 자활사례조정회의 시범사업 실시(48개 시 · 군 · 구)
2012. 7. 11.	• 지역자활센터 사례관리사업 실시(60개소), 명칭변경('자활공동체' → '자활기업', 2012. 7. 시행) • 제1회 자활복지국제포럼 개최(탈빈곤 자활지원 정책)
2014. 10.	• 제1회 복지 · 고용 · 금융 자활사례관리 우수사례컨퍼런스 개최
2015. 4.	• 한국자활연수원 개원
2016. 1. 11.	• 자활정보시스템 운영시작 • 제3회 자활복지국제포럼 개최(주제: 빈곤정책의 미래를 만나다)
2017. 12.	• 한국자활연수원 국유재산 사용허가 신청 및 위탁체계 • 광역자활센터(부산, 강원, 충남, 대전, 경북, 전남) 위탁운영 계약
2018. 12.	• 광역자활센터(경남, 전북) 위탁운영 계약
2019. 1. 7.	• 「국민기초생활보장법」 개정(한국자활복지개발원 설립근거 마련) • 한국자활복지개발원 설립-법인, 초대원장 취임

출처: 한국자활복지개발원(2020).

4) 지역자활센터의 운영원칙

지역자활센터의 운영에 관한 기본사항은 보건복지부의 '자활사업 운영 지침'에 의해 운영되고 있으며, 운영원칙은 근로능력이 있는 기초생활수급자 및 저소득층에게 빈곤의 세습방지 및 경제적 안정을 추구하기 위하여 자활서비스를 제공함으로서, 자활의욕 고취 및 자립능력 향상에 목적이 있다. 이러한 목적을 달성하기 위하여 운영원칙을 알아보면 다음과 같다(보건복지부, 2020).

① 참여주민의 고유성과 존엄성의 원칙: 인도주의적 원칙하에 주민들의 개별적 고유성과 존엄성이 최대한 보장되도록 수행해야 한다.

② 주민자발성의 원칙: 저소득층 주민의 자발적 참여와 자조 자립할 수 있도록 지원하여 주민의 역할과 책임을 강조하여 자발적으로 참여하도록 한다.

③ 독립성의 원칙: 독립된 행정체계를 가져야 하며 기존 복지관이나 시설의 프로그램 일부로 편입되어 운영되어서는 안 된다.

④ 기준시설확보의 원칙: 주민들과의 상담, 교육, 훈련 및 경영지도 등의 자활자립을 도모하는 종합적인 서비스를 제공하기 위하여 일정한 규모의 기준시설을 확보해야 한다.

⑤ 전문가에 의한 사업수행의 원칙: 지역사회복지, 지역사회조직 및 개발 관련 분야의 전문지식과 함께 지역조직활동에 전념하여 지역현장 경험을 갖춘 전문적이고 헌신적인 인력에 의해 수행한다.

⑥ 지역사회 재원활용의 원칙: 주민의 자활 자립을 위하여 지역 내 다양한 물적・인적자원을 필요로 하며 이를 위해 지역의 제반자원을 조직・동원하여 가용자원으로 활용한다.

⑦ 사업실행평가의 원칙: 주민들의 생활향상과 변화의 효과, 재정투자의 효과, 사업내용 및 방법의 적합성 등이 지속적으로 평가되어야 하며, 평가결과가 새로운 사업수행에 환류하여 활용되도록 한다.

5) 자활사업의 대상자 선정

자활사업의 대상자 선정은 「국민기초생활보장법」 제9조제5항 및 동법 시행령 제3조, 제7조, 제8조에 따라 수급권자를 자활사업에 참여하기 위한 사전조치로서 근로능력의 유・무를 판정해야 한다. 근로능력평가 대상자는 생계・의료급여 수급권자에 한정되며, 주거・교육급여 수급권자는 근로능력평가의 대상이 아니다. 근로능력이 있는 수급자에 대해서는 조건부과 및 유예를 결정하고, 확인조사 등 자활사업 대상자의 선정과 관리에 필요한 조치를 안내해야 한다. 자활사업대상자 선정 및 관리절차는 [그림 11-1]에 나타냈다(2019년 자활사업안내, 2019).

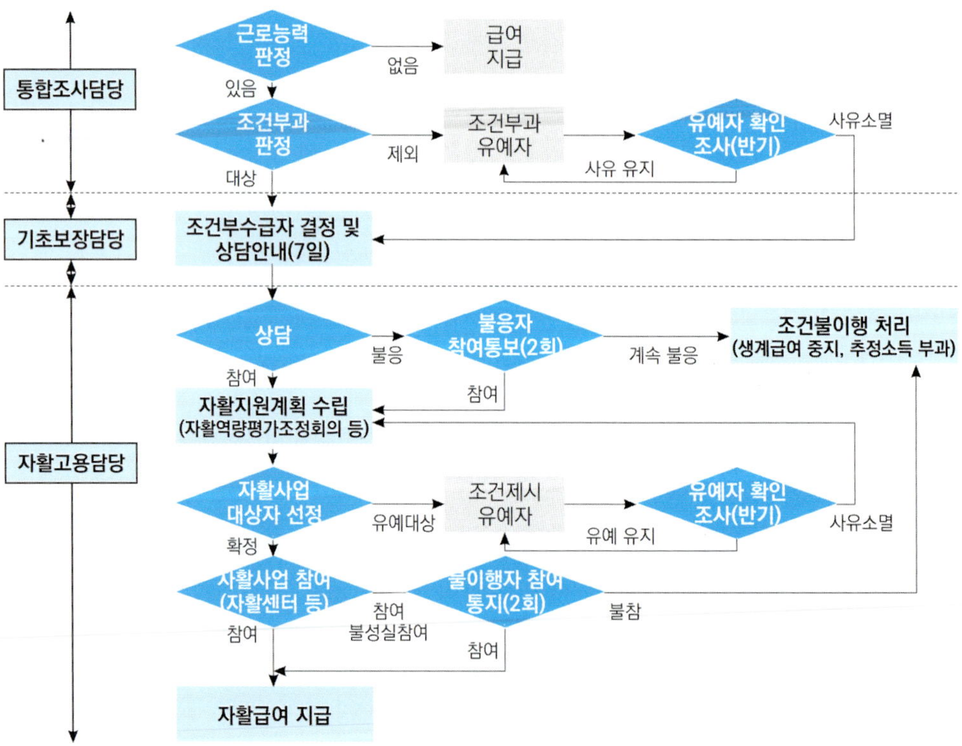

[그림 11-1] 자활사업대상자의 선정 및 관리절차

위와 같은 과정에 따라 자활사업에 참여 자격이 있는 대상자는 조건부수급자, 자활급여특례자, 일반수급자, 급여특례가구원, 차상위자, 시설수급자 계층으로 여섯 가지 유형이 있다. 이 중 조건부수급자와 자활급여특례자는 우선순위 대상자이다. 이러한 여섯 가지 유형은 [그림 11-2]에 나타냈으며 각각에 대해서 알아보면 다음과 같다(2019년 자활사업안내, 2019).

자활사업 대상자 = ① 조건부수급자 + ② 자활급여특례자 + ③ 일반수급자 ④ 급여특례가구원 ⑤ 차상위자 ⑥ 시설수급자

- **의무참여:** ①, **희망참여 :** ②~⑥
- **수급자:** ①, ②, ③
- **참여우선순위:** ① → ② → ③④⑤⑥

[그림 11-2] 자활사업대상자의 여섯 가지 유형

① 조건부수급자: 자활사업 참여를 조건으로 생계급여를 지급받는 수급자(생계급여 수급권자만 해당)

- 조건부수급자는 자활에 참여하지 않으면 생계급여가 지급되기 않기 때문에 의무적으로 자활사업에 참여해야 한다. 또한 조건제시 유예자는 조건부수급자이나 일시적인 질병・부상이나 가구여건 등을 고려하여 사업시행여건이 개선될 때까지 자활사업 참여를 한시적으로 유예한 자이다.

② 자활급여특례자: 생계・의료급여 수급자가 자활근로, 자활기업 등 자활사업 및 취업성공패키지(고용노동부)에 참가하여 발생한 소득으로 인하여 소득인정액이 기준 중위소득의 40%를 초과한 자(국민기초생활보장사업안내 참조)

- 자활급여특례자는 생계급여를 지급하지 않는다. 대신 참여 우선순위로 할 수 있으나 의무적으로 참여해야 하는 것은 아니기 때문에 참여 희망자라고도 한다.

③ 일반수급자: 만 18세(만 20세 미만의 중・고교 재학생 제외) 이상 만 64세 이하

의 참여 희망자(만 65세 이상 등 근로능력자도 희망 시 참여 가능)

- 단, 정신질환·알코올질환자 등은 시·군·구의 자치단체장 판단하에 참여 제한이 가능하며 일반수급자는 근로능력이 없는 생계급여수급권자 및 조건부 과유예자, 의료·주거·교육급여수급권자이다. 의료·주거·교육급여수급권자는 별도 차상위 책정 절차 없이 수급권 자격을 받는 동시에 바로 자활사업에 참여가 가능하다.

④ 특례수급가구의 가구원: 의료급여특례, 교육급여특례가구의 근로능력이 있는 가구원 중 자활사업 참여를 희망하는 자

⑤ 차상위자: 근로능력이 있고, 소득인정액이 기준 중위소득 50% 이하인 사람 중 비수급권자

- 소득인정액이 기준 중위소득 50% 이하인 자로서 한국 국적의 미성년 자녀를 양육하고 있는 국적 미취득의 결혼이민자 포함
- 만 65세 이상 등 근로능력이 없는 차상위자가 자활사업 참여를 원할 경우 시·군·구의 자활사업 및 지원예산·자원의 여건을 감안하여 시·군·구의 자치단체장 결정에 따라 참여가 가능

⑥ 근로능력이 있는 시설수급자

- 시설수급자 중 생계·의료급여 수급자: 행복e음 보장결정 필수(조건부수급자 전환 불필요)
- 일반시설생활자(주거·교육급여 수급자 및 기타): 차상위자 참여절차 준용

이렇게 선정된 자활사업 대상자들은 연령(10점), 건강상태(20점), 직업이력(20점), 구직욕구(20점), 가구여건(20점), 재량점수(10점) 등 자활역량평가표를 고려하여 대상자 특성에 맞는 자활사업에 참여하도록 하고 있다. 자활역량평가표는 〈표 11-4〉에 나타냈다.

〈표 11-4〉 자활역량평가표

평가항목	등급	점수	세부 기준
연령 (10)	18~35세	10	18~35세(실질적으로 취업가능한 연령)
	36~49세	8	36~49세(취업 및 자활능력유지가 가능한 연령)
	50~55세	6	50~55세(취업 및 자활능력유지가 약화된 연령)
	56세 이상	4	56세 이상(취업가능성이 약화된 연령)
건강상태 (20)	양호	20	건강상태가 양호한 사람
	보통	10	신체적 경질환은 있으나 정신건강상태가 양호하며, 근로활동에 지장이 없는 사람
	보통이하	5	경증 장애인, 비등록장애인, 중증 정신질환 이력자 등
직업 이력 (20)	상	20	• 최근 3년내 6월 이상 지속적으로 취업 또는 자영업 경험이 있는 사람(공공근로 또는 단순근로형 정부일자리사업 제외) • 최근 1년 이내 시장진입형 · 인턴도우미형 자활사업에 3년 이상 참여자 • 최근 3년 이내 취득한 자격증(국가기술자격법상)을 소지하고 있는 사람 ※ 실제 종사하는 직종과 직접 관련이 있는 경우이어야 함.
	중	10	• 최근 4~5년내 6월 이상 지속적으로 노동시장 취업 또는 자영업 운영경험이 있는 사람(공공근로 · 취로사업제외) • 자격증을 소지하고 있으나 실제 종사하는 직종과 직접 관련이 없는 경우 • 문해력 중(글을 읽고, 쓰고 이해하는 수준)
	하	5	• 기타 위 기준에 해당하지 않는 사람 • 문해력 하(글을 읽고, 쓰고 이해하는 수준)
구직 욕구 (20)	상	20	• 취업 의사가 높고 적극적으로 구직활동을 하려는 사람 ※ (예시) 노는 것보다 일하는 것이 낫다고 생각하고, 일자리를 구하기 위해 전력을 다하고 있다고 말하는 사람
	중	10	• 취업의사가 있으나 구체적인 취업계획이 없는 사람
	하	5	• 취업 의사가 낮거나 없고 구직활동을 하지 않으려는 사람
가구 여건 (20)	상	20	• 취업장애요인 없어 근로가 용이한 사람 • 1일 8시간 전일제 근로가 가능한 자 ※ (취업장애요인) 가구원의 질병 · 부상, 양육 · 부양 등으로 보육 · 돌봄 서비스가 필요한 경우, 채무 과다 · 신용불량, 근로활동과 치료 · 통원의 병행이 필요한 경우 등
	중	10	• 취업장애요인이 1가지 이상으로 가구여건 개선이 필요한 사람 • 1일 8시간 이하 근로가 가능한 자
	하	5	• 취업장애요인이 3가지 이상으로 근로가 곤란한 사람
재량 점수 (10)	10		• 향정신성 약물이나 알코올 중독 등 정신질환 보유 · 치료 이력, 우울증 · 감정조절장애 · 편집증 등 정신적 장애요소, 범죄전과 등 근로활동에 영향을 미칠 수 있는 정도를 종합적으로 고려하여 10점내에서 부여

6) 자활사업의 내용

자활근로사업은 「국민기초생활보장법」에 따라 저소득층에게 자활을 위한 근로의 기회를 제공하여 자활기반을 조성하는 사업이다. 즉, 공공근로사업처럼 한시적인 일자리 제공이 아닌 저소득층의 자활촉진을 위한 자활기업 창업 등을 위한 기초능력배양에 중점을 두고 있다. 이러한 자활사업의 내용은 「국민기초생활보장법」 제16조(지역자활센터 등)에 따라 지역자활센터가 다음과 같은 사업을 진행하고 있다(2019년 자활사업안내, 2019; 「국민기초생활보장법」 제16조(지역자활센터 등), 2020).

① 자활의욕 고취를 위한 교육: 근로능력 있는 저소득층의 자활의욕 고취 및 기초능력 배양을 위한 교육 프로그램을 개발・운영하고 전문교육은 광역자활센터 및 자활연수원과 연계

② 자활을 위한 정보제공, 상담, 직업교육 및 취업알선

③ 생업을 위한 자금융자 알선: 생업을 위한 저금리의 융자 알선

④ 자영창업 지원 및 기술・경영지도: 창업을 통해 자활할 수 있도록 기술・경영지원을 하고, 창업 후에도 적극적인 사후관리를 통해 완전 자립할 수 있도록 지원

⑤ 자활기업의 설립・운영 지원: 기초수급자 등 저소득층이 모여 경제적으로 자립할 수 있는 자활기업을 설립해 자립・자활할 수 있도록 체계적인 지원

⑥ 사회서비스지원 사업: 장애인, 산모・신생아, 노인돌보미 바우처사업 등 사회서비스사업 위탁 수행

⑦ 수급자나 차상위자의 자활사업 참여나 취업・창업으로 인하여 지원이 필요하게 된 가구에 대하여 사회복지서비스 등 필요한 서비스 연계

⑧ 통장 사례관리: 희망키움통장I, 희망키움통장II, 내일키움통장 등 복지부 시행 근로빈곤층 대상 자산형성지원사업 참여자에 대한 사례관리 및 자립역량교육 지원 등

7) 그 밖에 자활을 위한 각종 사업

자활사업은 보건복지부 자활사업과 고용노동부 자활사업으로 분류할 수 있다. 고용노동부 자활사업은 고용센터에서 근로능력과 욕구가 높은 대상자를 경쟁이 높은 노동시장에서 취업할 수 있도록 지원한다. 보건복지부 자활사업은 지역자활센터를 비롯하여 자활기업, 지방자치단체, 사회복지관, 민간단체, 사회복지 시설 및 기관 등이 참여하여 자활근로를 하고 있다. 여기서 자활기업은 '자활공동체'의 명칭이 2012년 7월에 변경된 것으로 수급자 및 차상위자가 상호 협력하여 조합 또는 「부가가치세법」 상의 사업체를 의미한다(「국민기초생활보장법」 제18조(자활기업)). 〈표 11-5〉의 실시기관 구분에서 민간위탁기관에 포함된다. 자활기업은 그 구성원 중 수급자가 1/5이상이면서 수급자 또는 차상위자가 1/3이상이면(「국민기초생활보장법」 시행규칙 제31조(지원 대상 자활기업) 보장기관(광역 시・도지사, 지역 시장・군수・구청장, 교육급여 교육감)으로부터 직접 또는 자활복지개발원, 광역자활센터, 지역자활센터를 통하여 ① 자활을 위한 사업자금 융자, ② 국유지・공유지 우선 임대, ③ 국가나 지방자치단체가 실시하는 사업의 우선 위탁, ④ 국가나 지방자치단체의 조달구매 시 자활기업 생산품의 우선 구매, ⑤ 그 밖에 수급자의 자활촉진을 위한 각종 사업과 같은 사항을 지원받을 수 있다(「국민기초생활보장법」 제18조(자활기업), 2020).

이러한 고용노동부 자활사업과 보건복지부 자활사업의 종류(유형), 실시기관, 대상자 및 기준은 〈표 11-5〉에 나타냈다(2019년 자활사업안내, 2019).

〈표 11-5〉 자활사업의 종류, 실시기관, 대상자 및 기준

<table>
<tr><th colspan="3">자활사업종류</th><th>실시기관구분</th><th>기준</th><th>판정 대상자</th></tr>
<tr><td colspan="3">고용노동부자활사업</td><td>고용센터</td><td>• 근로능력과 욕구가 높아 노동시장에서의 취업이 가능한 자</td><td>집중취업지원 대상자
(80점 이상)</td></tr>
<tr><td rowspan="4">보건복지부자활사업</td><td rowspan="4">자활근로</td><td>시장진입형</td><td rowspan="3">지역자활센터,
민간위탁기관</td><td rowspan="3">• 자활근로프로그램 참여욕구가 높은 자
• 일용 · 임시직으로 직업경험이 있는 자</td><td rowspan="3">근로능력강화 대상자
(80점 미만)</td></tr>
<tr><td>인턴 · 도우미형</td></tr>
<tr><td>사회서비스형</td></tr>
<tr><td>근로유지형</td><td>시 · 군 · 구
지역자활센터</td><td>• 노동강도가 낮은 사업에 참여 가능한 자
• 간병 · 양육 등 가구여건상 관내 사업만 참여 가능한 자</td><td>근로의욕증진 대상자
(45점 미만)</td></tr>
</table>

출처: 보건복지부(2020).

자활근로사업은 저소득층에게 자활을 위한 근로 기회를 제공하여 경제적 안정 및 자활기반을 조성하는 사업이다. 사업은 5대 전국표준화 사업(간병, 집수리, 청소, 폐자원 재활용, 음식물 재활용사업 등)을 중점사업으로 추진하면서, 정부재정사업(예: 정부양곡배송사업, 영양플러스, 장애통합교육보조원, 사회취약계층 주택개보수사업, 저소득층 에너지효율개선사업 등)의 자활사업 연계 활성화 및 영농 · 도시락 · 세차 · 환경정비 등 지역실정에 맞는 특화된 사업을 적극 개발하여 추진하고 있다. 세부적인 자활근로의 대상사업은 ① 주택의 점검 또는 수선을 위한 집수리도우미 사업, ② 환경정비사업, ③ 재활용품 선별 등 환경 관련 사업, ④ 사회복지시설 · 학교 등의 시설물 정비사업, ⑤ 노인 · 장애인 · 아동의 간병 · 보육 · 보호 등 사회복지사업, ⑥ 숲가꾸기 등 산림사업, ⑦ 그 밖에 보건복지부장관, 특별시장 · 광역시장 · 도지사 및 시장 · 군수 · 구청장이 정하는 사업 등이다(「국민기초생활보장법」 시행규칙 제25조(자활근로의 대상사업), 2020). 이러한 사업은 자활참여자의 자활 촉진 및 자활근로사업 참여에 안주하는 것을 방지하기 위하여 자활근로 참여기간을 최대 60개월(5년)로 제한하고 있다(단, 근로유지형 자활근로는 연속 참여기간에 제한이 없음).

자활근로사업은 참여자의 자활능력과 사업유형에 따라, 근로유지형, 사회서비스형, 인턴·도우미형, 시장진입형 등 네 가지로 구분한다. 유형별 사업규모는 근로유지형이 전체자활근로 참여인원의 25%미만으로 하며, 나머지 사회서비스형, 인턴·도우미형, 시장진입형은 75%이상으로 실시하도록 하고 있다. 유형별 사업비 지출한도와 사업규모는 〈표 11-6〉에 나타냈다(2019년 자활사업안내, 2019). 유형별 사업에 대해서 알아보면 다음과 같다.

〈표 11-6〉 유형별 지출한도와 사업규모

구분		사업비 지출한도	사업규모(전체자활근로 참여인원의)	
① 근로유지형		5% 이하	25% 미만	시·군·구 직접시행, 민간위탁
업그레이드형	② 사회서비스형	20% 이하	75% 이상	
	③ 인턴·도우미형	0~10% 이하		
	④ 시장진입형	30% 이하		

(1) 근로유지형

근로유지형은 전체자활근로 참여인원의 25%미만으로 운영하며 현재의 근로능력 및 자활의지를 유지하면서 향후 상위 자활사업 참여를 준비하는 형태의 사업이다. 이 사업의 참여자는 노동 강도가 낮은 사업에 참여하는 노인 대상자나 간병·양육 등 가구 여건상 관내 사업이 가능한 대상자이다. 이러한 사업은 저소득층의 경제적 안정을 위하여 근로의욕 고취 및 자활능력을 향상시킬 수 있는 사업으로 추진되고 있다. 예를 들어, 노인·장애인 등에 대한 가사도우미, 지역환경정비, 공공시설물 관리보조 등 노동 강도가 약하나 지역사회의 필수적인 공공서비스 제공사업 중심으로 추진되고 있다.

(2) 사회서비스형

사회서비스형은 지역사회에 기반을 둔 고용정책사업으로 정부의 재정과 민간의 자원을 결합하여 취업 취약계층에게 일자리를 제공하는 사업이다. 이러한 사업은 사회적으로 필요한 일자리를 제공함으로써 유용성은 있으나 수익성이 떨어지기 때문에 시장에 진입하지는 못하지만 취업 취약계층의 경제적 안정을 추구할 수 있다. 또한 참여자의 자활능력 개발과 의지를 고취시켜 시장진입을 준비할 수도 있다. 예를 들어, 무료간병, 무료집수리사업 등이 해당된다.

사회서비스형 사업단을 운영할 때는 지원대상 자활기업을 제외한 일반 영리업체에 인력파견 형태의 용역사업은 불가하다. 또한 지원대상 자활기업에 참여자의 기술습득 지원 등을 위한 인력파견 시에는 파견 목적, 대상자, 파견업무 분야, 파견 기간 등을 명시한 인력파견 계획서를 보장기관에 제출하여 사전 승인을 득하고, 보장기관에 사후 결과보고서를 제출(파견 기간 종료 후 15일 이내)해야 한다. 보장기관은 지원대상 자활기업 확인서 및 파견 업무분야 및 파견 기간의 적정성 등을 확인하여 파견계획 승인 및 지도・점검을 실시한다(2019년 자활사업안내, 2019).

(3) 인턴・도우미형

인턴형은 일반 기업체에서 자활대상자가 자활인턴사원으로 근로를 하면서 기술・경력을 쌓은 후 고용노동부 자활사업에 참여할 수 있는 집중취업지원 대상자(자활역량 평가점수 80점 이상)로 진입하기 위한 취업유도형 자활근로사업이다. 이러한 사업은 단순 노무지원 형태를 탈피하고, 수급자의 자활유도가 용이한 기술(전기, 용접, 이・미용, 요리, 정비, 운전, 제과・제빵 등) 습득이 가능한 업체에 인턴이나 도우미로 참여하도록 하는 사업이다. 인턴기간(참여기간)의 급여는 자활근로예산에서 지급하며, 주 5일(1일 8시간) 이외의 근무에 대해서는 업체에서 추가로 급여를 지급하는 것이 가능하다.

(4) 시장진입형

시장진입형은 시장진입을 지향(志向, 어떤 목적으로 뜻이 쏠리어 향함)하는 사업으로 시장진입 가능성이 높고 저소득층의 자활을 촉진할 수 있는 사업이다. 5대 전국표준화사업(간병, 집수리, 청소, 폐자원재활용, 음식물재활용사업)을 중점사업으로 추진하여 수익성을 보장하도록 지원하며, 정부재정사업(예: 정부양곡배송사업, 영양플러스, 장애통합교육보조원, 사회취약계층 주택개보수사업, 저소득층 에너지효율개선사업 등)의 자활사업 연계 활성화 및 영농・도시락・세차・환경정비 등 지역특성에 맞는 특화된 사업을 적극 개발하여 추진한다.

시장진입형도 사회서비스형과 같이 사업단 운영 시 지원대상 자활기업을 제외한 일반 영리업체에 인력파견 형태의 용역사업은 불가하다. 또한 지원대상 자활기업에 참여자의 기술습득 지원 등을 위한 인력파견 시, 파견 목적, 대상자, 파견업무 분야, 파견 기간 등을 명시한 인력파견 계획서를 제출하여 보장기관의 사전 승인을 득하고, 사후 결과보고서를 제출(파견 기간 종료 후 15일 이내)해야 하며, 보장기관은 지원대상 자활기업 확인서 및 파견 업무분야 및 파견 기간의 적정성 등을 확인하여 파견 계획 승인 및 지도・점검을 실시한다(2019년 자활사업안내, 2019).

8) 자활기관협의체

자활기관협의체는 기초자치단체장(시장・군수・구청장)이 지역자활사업의 효율적인 추진을 위하여 지역자활센터, 「직업안정법」에 따른 직업안정기관, 「사회복지사업법」에 따른 사회복지시설 등의 대표자와 상시적인 협의체계를 구성하기 위한 것이다(「국민기초생활보장법」 제17조(자활기관협의체), 2020). 이러한 협의체의 구성은 시장・군수・구청장이 운영위원장이 되고 다음과 같은 사람이 운영위원이 될 수 있다. ① 지역자활센터의 장, ②「직업안정법」에 따른 직업안정기과의 대표자, ③「상공회의소법」에 따른 상공회의소 및 「소기업 및 소상공인 지원을 위한 특별조치법」에 따른 소상공인지원센터의 대표자, ④「사회복지사업법」에 따른 사회복지시설의 시설장, ⑤「사회적기업 육성법」에 따른 사회적기업의 대표자, ⑥「협동조합 기본법」에 따른 사회적협동조합의 대표자, ⑦「도시재생 활성화 및 지원에 관한 특별법」에 따른 마을기업 대표자, ⑧ 그 밖에 자활사업을 실시하는 기관으로서 시장・군수・구청장이 인정하는 기관의 대표자 등으로 구성한다(「국민기초생활보장법」 시행규칙 제30조의2, 2020).

이렇게 구성된 자활기관협의체는 ① 지역자활사업 추진실적 및 개선필요사항의 점검, ② 조건부수급자의 사업별 적정 대상자의 선정, ③ 자활대상자의 사전・사후관리, ④ 자활지원계획의 내용 검토 및 이행사항 점검, ⑤ 그 밖에 자활기관협의체의 구성 기관이 협의의 필요성을 제기하는 사항 등에 대한 업무를 효율적으로 수행하기 위하여 실무자회의를 구성・운영할 수 있다(「국민기초생활보장법」 시행규칙 제30조의2, 2020). 이러한 업무수행에 대하여 시장・군수・구청장은 자활기관협의체의 운영실적을 매년 보건복지부장관에게 보고해야 하는데, 자활기관협의체의 조직 및 운영 등에 필요한 사항은 해당 특별자치시・특별자치도・시・군・구 조례로 정할 수 있다(세종 및 제주는 광역 미설치).

9) 자활복지개발원

자활복지개발원은 「국민기초생활보장법」 개정으로 중앙자활센터(2008년 8월 개소)의 명칭 변경 및 조직 확대로 2019년 7월에 설립된 법인의 기관이다(「국민기초생활보장법」 제15조의2(한국자활복지개발원), 2019.1.15. 개정, 2020). 자활복지개발원은 수급자 및 차상위자의 자활촉진에 필요한 사업을 수행하기 위하여 다음과 같은 사업을 수행한다. ① 자활지원을 위한 사업의 개발 및 평가, ② 자활지원을 위한 조사・연구 및 홍보, ③ 광역자활센터, 지역자활센터 및 자활기업의 기술・경영지도 및 평가, ④ 자활관련 기관 간의 협력체계 구축・운영, ⑤ 자활관련 기관 간의 정보네트워크 구축・운영, ⑥ 취업・창업을 위한 자활촉진 프로그램 개발 및 지원, ⑦ 고용지원서비스의 연계 및 사회복지서비스의 지원 대상자 관리, ⑧ 수급자 및 차상위자의 자활촉진을 위한 교육 · 훈련, 광역자활센터 등 자활관련 기관의 종사자 및 참여자에 대한 교육 · 훈련 및 지원, ⑨ 국가 또는 지방자치단체로부터 위탁받은 자활관련 사업, ⑩ 그 밖에 자활촉진에 필요한 사업으로서 보건복지부장관이 정하는 사업 등의 업무를 수행한다. 여기서 ⑤와 ⑦호에 따른 정보네트워크와 사회복지관련 정보는 「사회복지사업법」이나 「사회보장기본법」의 사회복지정보시스템이나 사회보장정보시스템과 연계하여 활용한다. 또한 자활복지개발원장은 자활연수원을 두어 필요한 교육 · 훈련을 실시한다(「국민기초생활보장법」 제15조의3(자활복지개발원의 업무), 2019.1.15. 신설, 2020).

자활복지개발원의 구성에서 임원은 원장 1명을 포함한 11명 이내의 이사와 감사 1명을 두며, 원장을 제외한 이사와 감사는 비상임으로 규정하고 있다. 원장과 감사는 정관이 정하는 바에 따라 구성된 임원추천위원회가 복수로 추천한 사람 중에서 보건복지부장관이 임명한다. 원장의 임기는 3년으로 하되, 1년을 단위로 연임할 수 있다. 이사는 ① 자활지원사업 · 사회복지 분야에 학식과 경험이 풍부한 사람, ② 정보통신 · 교육훈련 · 경영 · 경제 · 금융 분야 중 어느 하나 이상의 분야에 학식과 경험이 풍부한 사람 중에서 임원추천위원회의 추천을 받아 보건복지부장관이 임명한다. ③ 보건복지부의 자활사업을 담당하는 공무원 또는 지방자치단체의 공무원 중 보건복지부장관이 임명한다. 원장을 제외한 임원의 임기는 2년으로 하되, 1년을 단위로 연임할 수 있다. 이사 중 ③호에 해당하는 공무원은 그 재임기간으로 한다. 그 밖에 임원의 자격, 선임, 직무에 관하여 필요한 사항은 정관으로 정한다(「국민기초생활보장법」 제15조4(임원), 2019.1.15. 신설, 2020). 이렇게 구성된 이사회는 자활복지개발원의 ① 사업계획 및 예산 · 결산, ② 주요 재산의 취득 · 관리 및 처분, ③ 임원 및 직원의 임면, ④ 정관의 변경, ⑤ 내부 규정의 제정 · 개정 및 폐지, ⑥ 그 밖에 자활복지발원 운영에 관하여 심의 · 의결이 필요하다고 판단되는 사항 등을 심의 · 의결한다. 이러한 이사회의 이사장은 원장을 제외한 이사 중에서 호선하고, 이사회를 소집하고 그 의장이 된다(「국민기초생활보장법」 시행령 제21조의5(자활복지개발원의 이사회), 2019.7.16. 개정, 2020).

자활복지개발원의 조직은 이사회, 경영본부, 일자리 사업본부, 자산형성지원센터와 부설 자활연수원을 두고 있다. 이러한 조직도는 [그림 11-3]에 나타냈다.

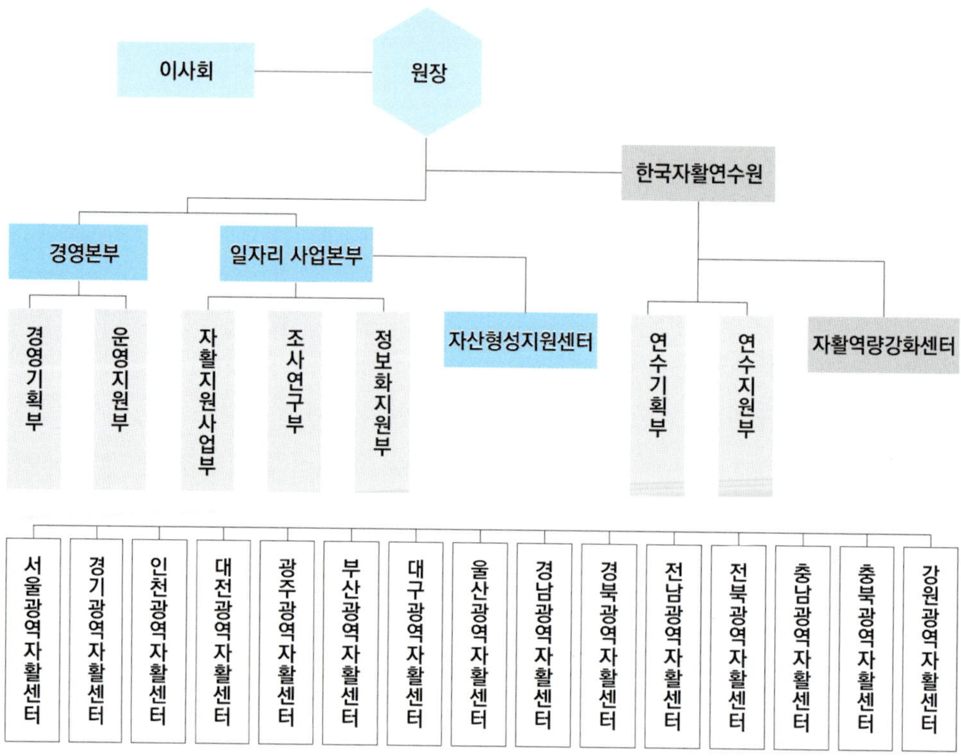

[그림 11-3] 한국자활복지개발원의 조직도

출처: 한국자활복지개발원(2020).

Community Welfare & Practice | chapter 12

지방자치와 사회복지전달체계 및 주민참여

우리나라의 지방자치는 1960년 11월 1일 「지방자치법」이 개정되면서 시작되었으나 5.16군사 혁명 직후인 1961년 9월 1일 재정된 「지방자치에 관한 임시조치법」에 의거 전면 중단되었다. 그 후 1991년에 지방자치가 부활되어 지방선거를 통한 지방의회가 구성되었고 1995년에 전국적으로 지역주민이 직접 선거를 통해 지방자치단체장을 선출하여 7월 1일부터 지방자치시대로 정착되었다. 지방자치에 따라 사회복지전달체계도 변화가 시작되었으며 이러한 지방자치시대로 인해 주민참여가 증대하기 시작하였다. 이 장에서는 지방자치의 개념, 가치, 지방자치와 지역사회복지의 관계, 지방자치단체의 지역사회복지기능 등에 대해서 알아보고, 사회복지전달체계의 의미, 기능, 변화과정 등에 대해서 알아본다. 또한 주민참여의 개념 및 의미, 단계 및 방법에 대해서도 알아본다.

12.1 지방자치

1) 지방자치의 개념

지방자치(地方自治)는 지방에서 이루어지는 자치라는 의미로 일정한 지역을 기초로 한 지방자치단체가 국가의 일정한 감독 아래 구성원인 지역주민들의 자유의사에 따라 자체 권한과 책임으로 지역사회의 공공사무를 자치적으로 처리하는 것을 의미한다(김광희, 2015). 즉, 민주주의와 지방분권을 기반으로 하는 행정형태로 일정한 지역을 기초로 하는 단체나 일정한 지역의 주민 자신이 선출한 기관을 통해서 그 지방의 행정을 처리하는 제도로 지방정치, 지방행정, 지방경제 등의 내용을 포함한다. 이를 구체적으로 알아보면 다음과 같다(김광희, 2015).

① 지방자치는 일정한 지역 또는 관할구역을 대상으로 이루어진다. 지방자치단체는 일정 지역으로 한정하기 때문에 지방문제에 대해서는 자치권을 행사할 수 있지만 국가문제에 대해서는 의견을 제시하거나 건의만 할 수 있다.

② 지방자치는 지역주민이 대표자를 통해 또는 스스로 참여를 통해 이루어진다. 지역문제에 대해 지역주민이 직접 참여하여 결정하거나 주민의 직접투표에 의해 선출된 대표자들을 통해 처리한다.

③ 지방자치는 국가의 통치 영역이 미치는 범위 안에서 국가 또는 중앙정부와의 관계 속에서 이루어진다. 그러므로 지역에 대한 자치권을 가지면서도 국가의 유지와 통치라는 차원에서 일정한 제약과 간섭을 받을 수 있다.

2) 지방자치의 가치

지방자치는 일정한 지역을 기초로 한 지방자치단체(자치단체장, 지방의회로 구성)가 자체의 권한과 능력, 책임성 등을 갖고 공공사무를 자치적으로 처리하는 것을 의미한다. 지방자치는 국가통치기구의 하나로서 중앙정부와 더불어 지역사회복지구현이라는 공통의 목적을 추구하는 것이다. 또한 지역사회실정에 적합한 행정집행을 추구하여 지역주민의 복지증진에 기여할 수 있어야 한다. 이러한 관점에 따라 지방자치가 추구하는 가치는 민주성과 자율성을 바탕으로 모든 지역주민들의 책임과 역할분담을 강조하는 것이라고 할 수 있다. 지방자치의 가치를 정치적, 행정적, 경제적, 사회적 측면에서 알아보면 다음과 같다(박용순 외, 2012).

① 정치적 측면: 지역주민의 주체적인 활동을 토대로 지방행정의 민주화를 보장하고 민주정치의 기초가 될 수 있다. 지역주민의 자치능력과 민주주의적 양식을 배우고 훈련하는 민주주의 학교역할을 할 수 있다. 지방자치를 통하여 지방정부가 독자적인 조직과 기능을 가지고 있으면 중앙정부의 권력개편에 따른 정치적 혼란의 지방 확대를 방지할 수 있다.

② 행정적 측면: 지역사회의 특수성에 적합한 행정집행을 가능하게 하여 지역주민의 욕구를 만족시키는 동시에 선의의 경쟁을 통한 지역발전에 기여할 수 있다. 중앙정부와 지방정부가 행정기능을 적절히 분담함으로써 행정의 효율성과 효과성이 향상될 수 있다. 지역주민과 밀접한 관계 속에서 지방행정을 수행하므로 담당자들은 최선을 다하여 인력과 경비의 절감을 기대할 수 있다.

③ 경제적 측면: 중앙정부의 획일적 개발전략에 의존하지 않고 지역현황에 맞는 지역개발을 촉진할 수 있다. 지역주민의 욕구에 맞는 재화와 서비스를 지방정부가 우선순위에 따라 탄력적으로 운영하여 자원의 최적분배를 할 수 있다.

④ 사회적 측면: 지역사회의 유기적 강화를 통하여 지역 간 경쟁과 균형발전을 도모할 수 있다. 지역사회 공공의 문제를 지방정부와 주민들의 협력을 통하여 처리하는 과정에서 주민상호 간의 이해가 촉진되고 동질감이 형성될 수 있다. 지리적 또는 사회·경제·문화적 환경을 배경으로 생활하는 주민들은 지역 특유의 고유문화를 계승·발전시키는 데 큰 역할을 할 수 있다.

3) 지방자치와 지역사회복지의 관계

한국의 지방자치제는 1995년 7월 1일부터 현재까지 실시되면서 중앙집권화가 지방분권화로 이양되는 동시에 지역주민들의 일상적인 생활의식 속에서 정치적 · 행정적 의식이 자연스럽게 내면화되어 시행되고 있다. 지방자치제가 시행되는 과정에서 지역사회복지는 지역사회와 지역주민의 의견이 중요시되고 자율성이 증가하는 등의 긍정적인 측면도 있을 수 있지만 현실적으로는 사회복지서비스에 대한 중앙정부의 재정투자를 축소시키고 지역 간의 서비스 불균형을 초래할 수 있다는 부정적인 측면도 있을 수 있다. 이러한 관점에 따라 차이가 있을 수 있지만 지방자치와 지역사회복지의 관계는 상호보완적 관계를 유지하는 것이 바람직하다. 지방자치제가 지역사회복지에 미치는 긍정적인 측면과 부정적인 측면에 대해 알아보면 다음과 같다(김광희, 2015).

① 지방자치제가 지역사회복지에 긍정적인 측면: 지방자치단체와 지역주민들은 자신들이 거주하는 지방의 복지에 대한 책임의식을 갖게 하고 주체적으로 참여할 수 있는 기회를 제공할 수 있다는 것이다. 주민들의 투표로 선출되는 지방의회와 지방자치단체장 후보들은 당선을 위하여 지역주민들의 욕구에 부응하는 복지정책의 실현 가능성이 중앙집권화체제보다 증가할 수 있다. 지역사회의 다양한 공식적 · 비공식적 자원을 활용하여 주민밀착형(재가복지, 커뮤니티케어 등) 복지서비스 제공으로 주민들의 욕구를 충분히 반영하고 복지행정서비스의 접근성을 용이하게 할 수 있다.

② 지방자치제가 지역사회복지에 부정적인 측면: 중앙정부의 사회복지 재정 확보에 대한 어려움에 따른 사회복지 업무를 지방자치단체에 강제로 떠맡김으로써 재정능력이 취약한 지방자치단체는 주민들의 욕구를 충분히 반영하지 못할 수도 있다. 지방자치제는 지역 간의 이기주의적 갈등, 사회복지 재원부족에 따른 자원배분을 둘러싼 갈등, 사회적 형평성의 문제 등의 부정적인 양상이 나타날 수도 있다.

4) 지방자치단체의 지역사회복지기능

현재 지방자치제를 실시함에 따라 지방자치단체의 재량권이 확대되면서 과거 중앙집권화체제보다 지역의 사회학적 · 인구학적 특성을 반영하는 복지정책이 지역주민의 실제적인 욕구에 부응하여 수립 · 적용(지역사회보장계획)하고 있다. 또한 지방자치단체의 재정편성권이나 기타 행정적 권한이 증가함에 따라 지방자치단체장이나 지방의회의 의지가 충분히 반영된 독자적인 지역사회보장계획의 수립 및 실행이 가능하게 되어 중앙집권화체제의 획일적인 복지정책보다 다양화되고 서비스의 질도 향상될 수 있는 긍정적인 효과가 있다.

지방자치단체는 중앙정부와 지방자치단체 간의 기능배분을 「지방자치법」에 따라 지역사회복지기능을 수행하고 있다. 동법 제9조(지방자치단체의 사무범위) ②항 2. 주민의 복지증진에 관한 사무와 동법 시행령 제8조(지방자치단체의 종류별 사무)의 내용 중 시 · 도의 사무는 언급하지 않고 시 · 군 · 구에 대한 내용만 알아본다. 주민의 복지증진에 관한 내용의 시 · 군 · 자치구 사무는 〈표 12-1〉에 나타냈다.

〈표 12-1〉 주민의 복지증진에 관한 사무(시 · 군 · 자치구)

구분	시 · 군 · 자치구 사무
1. 주민복지에 관한 사업	1) 주민복지 증진사업계획의 수립 · 시행 2) 시 · 군 · 자치구 단위 주민복지시설의 운영 · 지원 3) 주민복지 상담 4) 환경위생 증진 등 주민보건 향상을 위한 사업 실시
2. 사회복지시설의 설치 · 운영 및 관리	1) 사회복지시설의 설치 · 운영 2) 사회복지시설 수혜자에게 비용수납 3) 사회복지법인에 대한 보조 및 지도 4) 사회복지법인 등의 시설 설치허가 및 그 시설의 운영 지도
3. 생활이 어려운 자의 보호 및 지원	1) 생활보호대상자 조사 · 선정 2) 생활보호대상자의 보호 · 관리 3) 생활보호의 실시(생업자금대여, 직업훈련, 취로사업, 수업료 지급, 장제보호비 지급 등) 4) 생활보호비용의 일정액 지원

구분	시 · 군 · 자치구 사무	
	5) 생활보호대상자의 부양의무자에게 보호비용 징수 6) 생활보호기금의 적립 및 운용관리 7) 생활보호의 변경과 중지 8) 의료보호대상자 관리 및 의료보호의 실시(진료증 발급 등) 9) 의료보호기금의 설치 · 운용	
4. 노인 · 아동 · 장애인 · 청소년 및 여성의 보호와 복지증진	노인복지사업	1) 노인복지사업계획 수립 · 시행 2) 노인복지사업의 시행 3) 경로행사 등 경로사업의 실시 · 지원 4) 노인복지시설의 설치 · 운영 및 지원
	아동복지사업	1) 아동복지사업계획 수립 · 시행 2) 아동상담소의 설치 · 운영 3) 아동전용시설의 운용 4) 아동보호조치 5) 아동복지시설의 운영 · 지원 6) 아동복지단체의 지도 · 육성 7) 보호시설에 있는 고아의 후견인 지정
	장애인복지사업	1) 장애인복지에 관한 계획수립 및 시행 2) 장애인의 파악 · 관리 3) 장애인의 검진, 재활상담 및 시설에의 입소 4) 장애인의 고용 촉진 5) 장애인 편의시설의 설치 · 지도 6) 장애인복지시설 운영 · 지원
	청소년복지사업	1) 청소년 선도대책 수립 · 추진 2) 보호할 필요가 있는 청소년의 선도 · 계몽 3) 불우청소년 보호 4) 청소년시설의 설치 · 운영 5) 지방청소년위원회 운영(시 · 군 · 구 단위) 6) 청소년지도위원 위촉 7) 청소년의 달 행사 추진
	여성복지사업	1) 여성복지에 관한 계획 수립 · 시행 2) 모자보건사업의 세부계획 수립 · 시행 3) 모자보건기구의 설치 · 운영 4) 모자보건대상자의 선정(수첩의 발급 등) 5) 임산부 및 영 · 유아의 건강관리 6) 여성교실 운영 및 여성 교육 7) 여성단체 육성 · 지원

구분	시 · 군 · 자치구 사무
	8) 여성복지시설의 운영 · 지원 9) 성매매피해자 등의 선도 및 직업교육 · 지원
5. 국민건강증진사업	1) 주민건강증진업무 세부계획수립 2) 주민건강실천운동 지원 3) 건강생활실천협의회 구성 · 운영 4) 보건교육의 실시 및 지도 · 감독 5) 영양개선업무 수행 및 조사 6) 구강건강사업의 수행
6. 보건진료기관의 설치 · 운영	1) 보건소 및 지소의 설치 · 운영 2) 무의촌(無醫村) 및 오지 주민에 대한 순회 진료 3) 보건진료소의 설치 · 운영
7. 전염병 및 그 밖의 질병의 예방과 방역	1) 전염병 예방을 위한 주민홍보 · 계몽 2) 전염병 예방접종 실시 3) 전염병 예방대용시설 지정 및 운영 4) 전염병 예방조치와 소독실시 5) 전염병 환자의 격리수용 및 진료조치 6) 기타 질병의 예방과 방역
8. 묘지 · 화장장 및 봉안당의 운영 · 관리	1) 공설묘지 · 공설화장장 및 공설봉안당의 설치 · 운영(자치구의 경우는 제외한다) 2) 매장 · 화장 및 개장신고와 묘적부관리 3) 종중 · 문중 또는 자연인이 설치하는 묘지 · 화장장 및 봉안당의 허가 4) 종중 · 문중 또는 자연인이 설치한 묘지 · 화장장 · 봉안당의 구역 및 시설변경과 폐지 허가 5) 종중 · 문중 또는 자연인이 설치한 묘지 등의 이전명령, 시설개수 또는 허가취소 6) 무연분묘(無緣墳墓)의 정리 7) 분묘의 개장명령 8) 무연분묘의 개장허가
9. 공중접객업소의 위생개선을 위한 지도	1) 공중접객업소의 위생개선을 위한 종합지도계획 수립 · 시행 … … 13) 공중이용시설 관리상태의 검사 및 시정지시
10. 청소 · 오물의 수거 및 처리	1) 일반폐기물 처리 기본계획 수립 … 16) 공중변소, 공중용 쓰레기용기 및 쓰레기 적환장(積換場)의 설치 · 유지 관리

12.2 사회복지전달체계

1) 사회복지전달체계의 의미

사회복지의 목적은 경제적・사회적・문화적 욕구를 지닌 요보호대상자뿐만 아니라 개인이나 가정, 집단이나 지역주민에게 그들의 사회적 욕구에 상응하는 서비스를 제공함으로써 보다 만족하고 자립적인 일상생활을 영위할 수 있도록 하여 삶의 질을 향상시키는 것이다. 이러한 과정에서 주민들의 복지수요를 수용하기 위해서는 합리적인 사회복지정책의 수립도 중요하지만 사회복지대상자가 어떠한 내용의 서비스를 어떤 경로를 통해 전달하는 것이 더 효과적인가 하는 사회복지서비스 전달체계의 확립도 중요하다고 할 수 있다. 즉, 사회복지정책의 내용, 대상자의 선정이나 수혜자격요건의 설정, 수혜내용 등에 관한 정책의 실질적 집행은 사회복지전달체계를 통해서 이루어지기 때문이다. 이러한 의미에서 사회복지전달체계는 사회복지대상자에게 적합한 서비스를 가장 효율적으로 제공하기 위해 각 조직에 속한 인력이 사회복지대상자에게 제공하는 서비스의 중복과 누락을 방지하거나 자원의 낭비를 예방하는 성격과 밀접한 관련이 있으므로 사회복지전달체계의 확립이 중요시된다.

여기서 사회복지전달체계는 사회복지정책에서 제공하는 급여 또는 서비스를 제공하기 위한 대상자의 선정이나 수혜자격요건의 설정, 수혜내용 등을 결정하고 제공하는 모든 과정을 처리하는 것이라고 할 수 있다. 즉, 사회복지서비스를 산출하는 공공(정부나 지방자치단체)기관이나 민간단체의 상호 간의 관계와 사회복지대상자에게 효율적으로 전달하기 위해 필요한 공적・사적의 사회복지조직의 연결망을 의미한다.

2) 사회복지전달체계의 기능

사회복지서비스의 효율성을 극대화하기 위해서는 사회복지전달체계를 구성하는 각 단위의 사회복지기관 및 조직들이 적절한 기능을 수행해야 되는데, 펄만(Perlman)은 사회복지전달체계의 기능을 다음과 같이 언급하고 있다(전해황 외, 2018).

① 초입(初入, 처음으로 들어감)기능: 사회복지전달체계가 처음으로 사회복지서비스를 제공하는 것으로 사회복지기관은 완전한 기능 및 과업수행을 위하여 대상자에게 이용 가능한 서비스에 대한 홍보와 교육, 대상자의 문제해결을 위하여 지역사회에 있는 다른 복지기관과 협력하는 기능이다.

② 책임기능: 사회복지기관은 대상자의 문제를 사정하고 이용 가능한 자원을 발굴하여 대상자가 이를 활용할 수 있도록 도와주거나 필요한 경우 타 기관에 의뢰하여 서비스를 받을 수 있도록 대상자의 권리를 보호하고 대변하는 책임자로써의 기능이다.

③ 서비스 제공기능: 사회복지기관은 대상자에게 제공하는 직·간접서비스나 재활서비스 등의 특정한 형태의 서비스를 제공하는 기능이다.

④ 계획 및 통제기능: 사회복지기관은 대상자의 욕구 및 문제를 파악하여 그 대상자에게 욕구 및 문제를 해결할 수 있는 능력을 계획하거나 통제하는 기능이다. 문제해결을 위해 지역사회의 타 기관과 공동협력하거나 가능한 한 문제해결에 부합될 수 있도록 자체 서비스를 조정하는 기능도 포함된다.

3) 사회복지전달체계의 변화과정

사회복지전달체계는 사회복지정책이 설정한 목적이나 목표를 효율적으로 달성하기 위하여 한정된 재원으로 가능한 한 주민들의 복지증진을 극대화하기 위해 지역사회 내에 있는 복지서비스 공급자 간에 또는 복지서비스 공급자와 대상자 사이를 연결하기 위해 만들어진 조직적 연결망이다. 우리나라의 공적인 사회복지전달체계를 보면 사회복지정책은 보건복지부나 여성가족부(「아이돌봄 지원법」, 「건강가정기본법」, 「다문화가족지원법」)에서 주로 결정하고 집행기능은 행정안전부 산하의 광역시·도

→ 시 · 군 · 구 → 읍 · 면 · 동으로 이루어져 복지대상자에게 최종적으로 전달되는 상의하달(上意下達) 수직적 구조로 되어 있다. 이러한 공적인 사회복지전달체계가 실효성을 갖기 위해서는 다양한 형태로 존재하는 지역사회의 민간 복지기관 및 시설의 역할이 중요하다. 민간 사회복지전달체계를 통해 복지서비스의 중복과 누락을 방지하거나 자원의 낭비를 예방하여 보다 효율성을 높여야 한다. 이러한 과정에서 사회복지전달체계의 발전과정을 알아보면 다음과 같다(전해황 외, 2018; 조추용 외, 2019).

(1) 보건복지사무소 및 사회복지사무소 시범운영(1990년대~2005년)

사회복지전달체계는 사회복지사무의 지방이양 및 재정분권화, 지역사회복지수요의 확대, 가족구조의 변화(저출산, 고령화), 수요자 중심의 사회복지서비스 강화 등의 요인으로 많은 변화가 요구되고 있다. 이러한 과정에서 1995년 「사회보장기본법」 제정으로 '사회보장 전달체계' 구축의 원칙을 명시하면서 1995년 7월부터 1999년 12월까지 4년 6개월간 서울(관악구), 대구(달성구), 경기(안산시), 강원(홍천군), 전북(완주군) 등 5개 지역에서 보건과 복지를 통합하는 '보건복지사무소' 시범운영 실시하였으나 전달체계 개편에 있어서 성과를 얻지 못하고 종료되었다.

이후 2004년 7월부터 2006년 6월까지 2년간 한시적으로 서울(서초구), 부산(부산진구, 사하구), 광주(남구) 등 대도시 4개소, 강원(춘천시), 충남(공주시), 경북(안동시) 등 중소도시 3개소, 충북(옥천군), 울산(울주군) 등 농어촌 2개소 등 총 9개 지역에서 '사회복지사무소'를 시범운영하였다. 그러나 인력 및 재정지원의 부족, 전면적 확대를 위한 정책적 의지 부족, 읍 · 면 · 동사무소와의 연계 미흡 등으로 인해 확산되지 못하고 종료되었다. 그러나 보건복지사무소와 사회복지사무소의 시범운영의 의의(意義, 말이나 글의 속뜻)는 지방자치단체에서 사회복지공무원을 핵심으로 운영하여 효율적 사회복지전달체계 운영기반을 구축하는 계기가 되었다는 것이다(조추용 외, 2019).

(2) 주민생활지원 통합서비스전달체계(2006년~2008년)

주민생활지원 통합서비스전달체계는 사회복지사무소의 시범운영을 토대로 사회복지전달체계를 2006년 7월부터 개편한 전달체계이다. 이것은 취약계층에게 제공되는 복지・보건서비스 이외에 주민생활의 질 향상을 위해 제공되는 고용・주거・평생교육・생활체육・문화・여가 등 8대 서비스 전반에 대한 통합적인 연계시스템과 종합적인 정보제공체계를 구축하여 주민들의 편익을 증진하고자 하는 전달체계이다. 즉, 찾아가는 서비스 실현, 서비스 접근성 및 신뢰성 확보, 체감도 형성 등을 제고하기 위해 사회복지전달체계와 행정서비스들을 통합하여 시・군・구에 주민생활전담부서를 설치하고 읍・면・동사무소에 주민생활지원팀을 설치하는 행정조직으로, 역할분담에 따른 업무의 재배치를 통해 업무의 효율성을 제고하였다. 이러한 과정에서 행정안전부는 동사무소의 명칭을 '주민센터'로 변경하였다.

이러한 주민생활지원 통합서비스전달체계 개편의 의의는 복지환경변화 및 복지수요에 대한 대응, 지방자치단체의 자율성 및 책임성 강화, 지역사회자원 활용을 통한 서비스연계체계 구축, 복지업무의 질적 개선 등에 효과가 있을 수 있다. 따라서 주민생활지원 통합서비스전달체계는 지역주민들의 삶의 질 향상을 위한 서비스 충족에 있다고 할 수 있음으로 주민생활지원서비스를 강화하기 위한 조직 개편, 복지인력의 의식 및 행태 변화, 서비스 연계를 위한 민간협력체계 조성 및 지역자원의 역량강화에 주안점을 두고 있었다(전해황 외, 2018).

(3) 희망복지지원단 설치(2009년~2012년)

주민생활지원 통합서비스전달체계로 개편되었음에도 기대한 효과에 비해 실효성이 떨어져 여전히 복지체감도 낮고, 인력재배치 결과 읍・면・동사무소의 인력이 부족하고, 업무부담의 증대 등으로 현장지원서비스의 부재 및 신속성이 저하되는 문제점이 나타났다(전해황 외, 2018). 이러한 주민생활지원 통합서비스전달체계의 문제점으로 인해 보건복지부는 2009년 1월부터 희망복지전달체계로 개편하여 시・군・구에 '희망복지지원단'을 설치하여 운영하였다. 이러한 희망복지전달체계를 지원하기 위하여 행정안부는 2009년 5월에 지방자치단체의 사회복지인력 및 조직개편 방안을 수립하도록 해서 읍·면·동주민센터에 팀제를 신설하여 밀착형 생활복지체제로 조직을 재편하도록 하였다.

희망복지지원단은 복지·보건·고용 등 다양한 문제를 가진 저소득주민에게 필요한 서비스를 최대한 통합·연계하도록 하는 것을 목적으로 하며 지역주민에게 원스톱(One stop)서비스를 제공하기 위하여 지역사회에서 활동하는 다양한 서비스 공급기관과의 연계·협력을 추진하고 있다. 이후 '복지전달체계 개선대책 및 복지인력 증원계획'에 따라 2012년 4월부터 전국 시·군·구의 희망복지지원단은 사회보장정보시스템(행복e음), 복지자원관리시스템 등을 구축하여 업무수행체계가 확립되었고 통합사례관리사업을 추진하였다. 또한 읍·면·동주민센터와 방문형서비스체계화 등을 통한 사후관리지원체계의 연계협력이 이루어지면서 지역사회보장협의체를 중심으로 공공 및 민간 협력 강화를 통한 지역단위의 통합서비스 제공체계를 구축하였다(전해황 외, 2018). 희망복지지원단의 주요 업무는 통합사례관리사업, 지역사회보장협의체를 통한 자원관리, 지역보호체계로의 운영, 읍·면·동 복지업무의 지원 및 관리 등을 수행한다.

(4) 국민중심의 맞춤형 복지전달체계(2013년~2016년)

시·군·구에 '희망복지지원단'을 설치·운영하여 통합사례관리사업, 지역사회보장협의체를 통한 자원관리, 지역보호체계로의 운영, 읍·면·동 복지업무의 지원 및 관리 등을 수행하였으나 여전히 원스톱(One stop)서비스가 용이하지 않고 사회보장급여 제공기관별 협업체계의 미흡으로 서비스연계 부족, 일선 사회복지전담공무원의 업무과부하 등의 문제점이 해결되지 않았다. 이러한 문제점을 개선하기 위해 2013년 7월 '국민중심 맞춤형 복지전달체계 개편안'을 확정하여 2014년부터 단계적으로 확대 추진하였다.

국민중심의 맞춤형 복지전달체계는 읍・면・동 복지업무의 병목현상을 해소하고, 원스톱통합서비스 제공, 찾아가는 서비스의 활성화, 공공과 민간의 연계협력 활성화 등을 목적으로 한다. 전달체계의 개편방안은 필요한 인력을 확충해서 2014년 4월부터 시범(도시형: 인구규모를 감안하여 2~3개의 동주민센터를 1개의 통합센터로 또는 일반 민원행정기능을 유지하고 복지기능만을 전담하는 별도의 거점복지행정센터 설치로, 농촌형: 희망복지지원단의 강화)으로 실시하여 '읍・면・동 복지허브화'를 위한 읍・면・동주민센터의 복지기능의 보강 및 개편을 추진하는 것이다(조추용 외, 2019).

여기서 도시형은 동주민센터의 복지허브화를 통해 동주민센터를 지역차원의 사회보장허브기관으로 그 기능을 대폭 강화해서 복지제도의 집행 및 지역복지운영의 기초단위인 지방자치단체가 복지 책임성을 새롭게 인식하고 주도적으로 복지행정서비스 수행여건을 마련하는 데 주안점이 있다. 또한 농촌형은 도시보다 넓은 지역적 특성, 상대적으로 인구의 수는 적고 서비스의 대상자는 많으며 보건복지의 인적 및 물적자원이 부족한 것을 고려하여 희망복지지원단의 강화, 보건서비스(보건소)와의 연계 강화를 통해 접근성 및 서비스제공기능 향상에 주안점을 두고 있다(전해황 외, 2018). 동복지센터의 허브화 추진경과를 보면 업무조정 및 인력배치를 통해 2014년에 기능보강형(읍・면・동 복지업무 확대 및 강화, 담당인력 대폭적 충원, 사회복지팀(복지민원담당과 사례관리담당으로 분리)과 민원행정팀으로 구분)을 우선적으로 추진하였다(전해황 외, 2018).

(5) 읍・면・동 복지허브화 및 찾아가는 복지서비스 실현(2017년 이후)

읍・면・동 복지허브화는 민관협력을 강화하고 국민들의 복지체감도를 높이기 위하여 사회복지공무원을 확충하고 전국의 읍・면・동을 복지허브 기관으로 2018년까지 단계적으로 추진하였다. 이러한 추진을 통해 시・군・구 희망복지지원단은 자원조사 및 발굴 총괄, 자원관리, 시・군・구 단위 민관협력 등의 고유업무와 복지상담

지원, 사례관리 지원, 읍・면・동 단위의 민관협력체계 마련 등의 업무에 집중할 수 있을 것이다. 또한 읍・면・동주민센터는 복지허브화 및 찾아가는 복지서비스 실현을 통해 지역주민들의 협력에 의한 통합사례관리를 제공하고, 민간자원 연계를 통한 맞춤형 통합서비스를 추진하고 있다(조추용 외, 2019).

여기서 통합사례관리는 지역사회의 공공・민간자원에 대한 체계적인 관리・지원체계를 바탕으로 복합적이고 다양한 욕구 및 문제를 가진 대상자에게 복지・보건・고용・주거・교육・신용・법률 등이 필요한 서비스를 통합적으로 연계・제공하고, 이를 지속적으로 상담・모니터링해 나가는 것을 의미한다. 즉, 통합사례관리를 통해 탈빈곤 지원이 가능한 국민기초생활 수급가구, 차상위 빈곤가구, 긴급지원 대상가구 및 국민기초생활 수급자 탈락가구 등의 대상자를 지원하고 있다.

12.3 주민참여

1) 주민참여의 개념 및 의미

주민참여는 참여의 주체가 주민이고 공적인 정부의 정책 또는 계획의 작성, 결정, 집행에 참여하는 행위이며, 주민들의 욕구나 문제를 정책이나 계획에 반영되도록 하기 위한 노력을 의미한다(이경은 외, 2016). 또한 주민참여는 정부의 정책과 계획의 결정과정에 참여하여 의견을 제시함으로써 주민들이 바라는 방향으로 의사결정이 이루어지도록 하며 정부의 주민에 대한 서비스인지도를 제고시키기 위한 방안이라고 할 수 있다(김광희, 2015). 이러한 의미에서 지역사회복지와 관련시켜 정의한다면, 주민참여는 지역주민들이 복지와 관련된 공적인 의사결정 과정에 참여하여 그들의 복지욕구나 문제를 복지정책이나 계획에 반영될 수 있도록 노력하는 것이라고 할 수 있다.

이러한 주민참여는 지역사회복지를 실현하는 데 있어서 다음과 같은 의미를 갖는다(전해황 외, 2018).

① 지역사회복지의 민주화를 실현할 수 있다는 의미가 있다. 주민참여를 통해서 지역사회복지정책을 결정하고 실천하는 데 있어서 주민들의 의사를 반영하고 주민들이 통제할 수 있도록 함으로써 자발적인 회의를 통한 의사결정에 민주화를 실현할 수 있다.

② 지역사회의 공통된 문제를 주민들이 공유하고 문제해결을 위한 참여를 통한 지역사회복지운동의 의미가 있다.

③ 적극적인 주민참여는 지역사회복지를 실천하는 데 필요한 인적자원(자원봉사자 등)을 확보할 수 있다는 의미 있다.

2) 주민참여의 단계 및 방법

주민참여는 정책결정 또는 계획의 작성, 결정, 집행과정에 미치는 영향과 효과의 정도에 따라 다르게 나타날 수 있다. 즉, 실질적인 효과가 있도록 강력하게 참여할 수도 있고, 미약한 효과를 얻는 형식적인 참여를 할 수도 있고, 그리고 참여하지 않을 수도 있다. 아른슈타인(Arnstein)은 참여 정도에 따라 3개의 범주로 나누고 특성과 내용에 따라 8단계로 제시하였다(Arnstein, 1969; 이경은 외, 2016). 주민참여의 단계 및 내용은 〈표 12-2〉에 나타냈다.

〈표 12-2〉 주민참여의 단계 및 내용

단계		내용	범주
1	조작 (Manipulation)	행정업무와 주민들이 서로 관계를 확인하는 것으로 공무원이 일방적으로 교육 및 설득시키며 주민들은 단순히 참석하는 수준 단계	비참여
2	치료 (Therapy)	주민들의 욕구불만을 일정한 사업에 분출시켜서 치료하는 단계로 행정업무의 일방적인 지도에 그치는 단계	

단계		내용	범주
3	정보제공 (Informing)	행정업무가 주민들에게 일방적으로 정보를 제공하며 환류는 잘 일어나지 않는 단계	형식적(명목상) 참여 등급
4	상담 (Consultation)	공청회나 포럼 등의 방법으로 행정업무에 참여하기를 유도하고 있으나 형식적인 참여에 그치는 단계	
5	회유 (Placation)	위원회 등을 통해 주민의 참여범위가 확대되지만 최종적인 판단은 행정기관이 하는 제한적인 단계	
6	협동관계 (Delegated power)	행정기관이 최종결정권을 가지고 있지만 주민들이 필요한 경우 그들의 주장을 협상으로 유도할 수 있는 단계	주민권력 등급
7	권한위임 (Citizen control)	주민들이 특정한 계획에 관해서 우월한 결정권을 행사하고 집행단계에 있어서도 강력한 권한을 행사하는 단계	
8	주민통제	주민들 스스로 입안하고 결정 및 집행하며 평가 단계까지 주민들이 통제하는 단계	

〈표 12-2〉에서 주민참여는 주민권력 등급에 해당하는 3번째 범주(6단계의 협동관계, 7단계의 권한위임, 8단계의 주민통제)에 도달했을 때 진정한 주민참여라고 할 수 있다.

이러한 주민참여 단계를 통한 주민참여 방법에는 일반적인 주민참여 방법과 주민의견 수렴 방법 등이 있다. 여기서 일반적인 주민참여 방법에는 설문조사, 전시회, 공청회 및 지역사회포럼, 대중매체 활용 등이 있을 수 있다. 또한 주민의견 수렴 방법에는 초점집단기법, 델파이기법, 명목집단 방법, 샤레트 방법, 브레인스토밍 등이 있을 수 있는데, 지역사회의 자료수집 방법에서 알아보았다.

Community Welfare & Practice | chapter 13

지역사회복지운동 및 지역사회복지의 발전방안

지역사회복지운동은 1990년대 이후 민주화와 지방자치제도(1995.07.01.~현재)가 실시되면서 사람이 태어나고 삶을 마감할 수 있는 지역사회복지(커뮤니티케어)에 대한 관심을 갖고 사회적 약자에 대한 인권보장이 중요시되면서 활성화되었다. 이러한 차원에서 지역사회복지운동은 지역사회문제들을 해결하기 위해 지역주민들이 참여하여 지역사회복지의 목표달성을 의도적으로 추진하고 지역주민의 삶의 질을 향상시키는 과정이라고 할 수 있다. 이 장에서는 지역사회복지운동의 개념, 의의, 원칙, 특성, 주체, 유형, 활동내용, NGO단체(시민단체), 활성화 방안 등 전반적인 내용에 대해서 알아본다. 또한 지역사회복지의 발전방안에 대해서도 알아본다.

13.1 지역사회복지운동

1) 지역사회복지운동의 개념 및 의의

(1) 지역사회복지운동의 개념

지역사회복지운동은 사회운동, 사회복지운동, 지역사회운동 등의 개념에서 파생된 하위개념으로 지역사회의 복지문제들을 해결하기 위해 지역사회의 변화 또는 지역사회의 역량강화를 통해 지역주민의 욕구충족, 지역사회연대의식 고취, 지역공동체 형성 등의 목표를 달성하기 위한 조직적인 운동을 의미한다. 즉, 지역사회 주민의 삶의 질을 높이기 위하여 복지대상자(빈곤, 취약계층 등)뿐만 아니라 사회복지실무자, 전문가, 지역사회주민 등이 주체적인 참여와 행동을 통하여 지역사회복지의 목표달성을 위해 의도적으로 추진해 나가는 조직적인 지역사회복지실천운동이라고 할 수 있다(전남련 외, 2013).

여기서 사회운동(Social movement)은 국가의 사회구조적 모순에서 기인하는 문제를 해결하고자 기존의 사회구조와 제도를 변화・개선시키기 위하여 시민들이 자발적으로 참여하는 조직적이고 집합적이며 연속적인 다양한 행동을 의미한다(이경은 외, 2016). 지역사회운동은 사회운동의 하위개념으로 지역성(지리적 지역사회와 기능적 지역사회를 포함)을 근거로 일어나는 사회운동의 부분운동의 성격을 띠고 있다. 즉, 지역사회의 사회적 상황에 따라 다양하게 나타나며 삶의 문제에 중심을 둔 지역사회주민운동으로 교육, 환경, 복지, 노동문제 등 여러 가지 유형으로 전개될 수 있다. 사회복지운동은 사회전체에 해당하는 전국규모의 복지향상을 위한 운동을 의미하고, 지역사회복지운동은 지역성을 고려하여 지역주민의 복지와 관련된 주민참여 복지운동을 의미한다고 할 수 있다.

한국의 경우 지역사회복지운동은 지방자치제도(1995.07.01.~현재)가 실시되면서 관심을 갖기 시작하였다. 기존의 사회복지사업은 정부 주도형이었기 때문에 지역주민의 자발적 참여를 통해 지역사회의 강점을 발전시키고 지역사회자원을 조직적으로 동원하지 못하여 지역사회의 다양하고 복잡한 문제에 어려움이 있었다. 이러한 관점에서 사회복지운동은 국가개입의 최소화와 더불어 민간자원의 동원과 시민참여를 극대화하여 지역사회주민의 복지욕구를 해결하려는 지역사회복지운동을 전개하였다. 특히, 1970년대부터 도시빈민지역 철거반대운동을 시작으로 1997년 IMF의 경제적·사회적 위기 상황으로 인한 대량실업, 빈곤범람, 노숙인 폭증, 결식, 가족해체, 사회불안감 등의 사회복지문제가 심각해졌다. 이러한 시대적 상황으로 인해 주민들의 문제해결 역량을 강화하여 그들의 당면문제를 자주적으로 해결하려는 과정에서 지역사회복지운동이 적극적으로 전개되었다. 지역사회복지관련 운동에는 지역개발 반대운동, 공해피해 보상운동, 소비자 보호운동, 환경 보전운동 등이 있을 수 있다(이경은 외, 2016).

(2) 지역사회복지운동의 의의

지역사회복지운동은 지역주민, 사회복지실무자 및 전문가, 복지대상자 등이 적극적이고 능동적인 참여를 통해 지역사회복지를 향상시키는 것이라고 할 수 있다. 이러한 관점에서 지역사회복지운동은 복지대상자뿐만 아니라 개인이나 가족의 변화를 돕는 미시적 실천보다는 집단 활동을 통한 지역사회의 복지환경변화를 추구하는 거시적 실천이라고 할 수 있다. 이러한 의미에서 지역사회복지운동이 갖는 의의는 다음과 같다(김광희, 2015; 이경은 외, 2016).

① 지역사회복지운동은 지역주민의 역량을 강화하고 지역사회의 변화를 주도하는 조직적인 복지운동이다. 즉, 지역사회문제해결의 주체로서 지역사회의 역할을 강조하며 지역공동체형성을 통해 지역주민 간의 연대의식을 높일 수 있다.

② 지역사회복지운동은 주민참여의 활성화를 통해 지역주민의 복지권리의식과 시민의식을 함양하는 사회권 확립운동이다. 즉, 지역주민의 복지권리의식 및 시민

의식의 함양을 통해 사회적 약자의 인권 및 생존권을 보장할 수 있다.

③ 지역사회복지운동은 지역주민의 삶의 질 향상에 기여할 수 있다. 단순히 지역사회의 요보호대상자의 복지욕구뿐만 아니라 지역주민의 삶의 질을 향상시킬 수 있는 생활운동이며 주민운동이라 할 수 있다.

④ 지역사회복지운동은 지역사회의 다양한 자원 활용 및 관련조직 간의 네트워크를 통한 자원 동원운동이다. 즉, 지역사회의 조직 간에 네트워크를 통한 협력관계를 구축하여 자원의 효율성과 효과성을 추구할 수 있다.

2) 지역사회복지운동의 원칙 및 특성

(1) 지역사회복지운동의 원칙

지역사회복지운동은 지역사회주민에 대한 생활상의 문제와 복지욕구를 해결하기 위해 지역사회 내의 공공기관과 민간조직이 협력하여 지역사회자원을 조직화함으로써 지역사회의 환경을 개선하는 운동이다. 지역사회 차원에서 이루어지는 지역사회복지운동이 지역사회운동으로 지켜야 할 원칙은 다음과 같다(이경은 외, 2016).

① 지역사회복지제도를 운영하고 관리하는 사회복지행정에 지역주민의 참여를 제도적으로 가능하도록 해야 한다. 지역사회복지의 목적이 지역주민의 삶의 질 향상이라는 점에서 지역주민의 참여를 제도화해야 한다는 것이다.

② 지역사회복지가 지역사회와 민간조직의 역량을 강화하면서 정책 및 예산을 주관하는 공공기관과 협력하여 추진해야 한다. 공공기관과 민간조직이 협력하여 지역사회의 인적·물적자원을 조직화하여 불균형으로 인한 차등을 예방해야 한다는 것이다.

③ 국가복지가 공공부조 대상자를 중심으로 최저생계를 보장하는 선택적 복지를 지향(志向, 어떤 목적으로 뜻이 쏠리어 향하는 것)한다면 지역사회복지는 요보호대상자를 비롯한 지역주민 다수를 위한 보편적 복지를 지향하는 운동으로 전

개해야 한다는 것이다.

④ 지역사회 내의 민간 사회복지시설과 의료시설의 사회화를 지향하고 지역주민이 저렴한 비용부담으로 이용할 수 있도록 접근성을 높여한 한다는 것이다.

(2) 지역사회복지운동의 특성

지역사회복지운동은 다른 유사운동(사회운동, 지역사회운동, 사회복지운동 등)에 비해 비교적 역사적으로 짧고 운동의 내용과 조직에 있어서도 미약하지만 시민사회의 성장과 지방자치제도(1995.07.01.~현재)의 도입에 따른 사회변화와 함께 사회적 관심의 초점으로 부각되고 있다(김광희, 2015). 이러한 지역사회복지운동은 지역사회를 거점으로 지역사회 활동가나 사회복지실무자가 사회복지의 전문적 가치지향을 지역사회 변화에 두고 실천 활동을 전개해야 하는 운동이다. 즉, 사회적 약자를 우선시하는 가치를 지향하되 개인이나 집단의 이해관계를 우선하는 것이 아니라 지역사회 전체의 발전에 기여하고 지역사회의 현실에 적합한 서비스를 제공하는 가치지향 운동이라는 것이다. 따라서 지역사회복지운동은 다음과 같은 특성이 있다. 지역사회복지운동의 분석에 대한 시각과 특성은 <표 13-1>에 나타냈다(이경은 외, 2016).

① 지역사회복지운동은 목적 지향적이며 조직적인 운동이다. 지역사회주민의 삶의 질을 높이기 위한 목적을 갖고 요보호 대상자(빈곤, 취약계층 등)뿐만 아니라 사회복지실무자, 전문가, 지역사회활동가, 지역사회주민 등이 주체적인 참여와 행동을 통하여 조직적으로 추진해 나가는 사회운동의 성격을 지니고 있다.

② 지역사회복지운동은 시민운동과 같은 맥락이 있다. 지역사회복지운동의 요지는 정치적 권력 추구의 목적이 아니라 사회복지증진이라는 시민운동의 성격을 띠고 있다고 할 수 있다. 즉, 지역사회복지운동 역시 사회복지운동과 같은 맥락에서 시민사회의 성장 및 사회변화와 함께 사회적 관심으로 부각되고 있다.

③ 지역사회복지운동은 지역사회주민 전체를 대상으로 하는 운동이다. 지역사회복

지운동이 지역사회에서 요보호 대상자(빈곤, 취약계층 등)의 복지욕구해결에 우선순위를 부여하더라도 노동운동이나 민중운동과 같은 계층을 기반으로 하는 운동이 아니라 지역사회주민 전체를 기반으로 하는 포괄적인 운동이다(이경은 외, 2016).

〈표 13-1〉 지역사회복지운동의 분석에 대한 시각과 특성

구분		특성
분석에 대한 시각	방법론	실용주의와 이념지향이 혼재
	분석의 초점	자원동원과 가치지향
	분석의 단위	지역사회주민과 조직
특성	주체	지역사회주민, 전문가, 클라이언트
	계층적 기반의 범위	포괄적
	이슈의 특성	사회복지문제에 대한 이슈의 다양성
	가치지향성	시민사회의 영역확장
	행위의 특성	표출적 행위, 가치지향적 행위
	정부와의 관계	작위요구적, 작위저지적 *작위: 사실은 그렇지 않은데 그렇게 보이려고 의식적으로 취하는 행위
	내적 구조	조직 네트워크 중시

출처: 이경은 외(2016).

3) 지역사회복지운동의 주체

지역주민의 삶의 질 향상을 위한 지역사회복지운동의 주체는 지역주민의 자발적인 참여를 바탕으로 하지만 실제 운동을 주도하는 관점에서 보면 지역사회활동가, 사회복지전문가, 사회복지실무자, 지역주민 및 복지이용자 등이 주체가 될 수 있다. 각각에 대해서 알아본다.

(1) 지역사회활동가

지역사회복지운동의 실천 활동은 대부분 단체를 구성하고 있는 지역사회활동가들의 리더십(지도력, 통솔력)에 의존하는 경우가 많다. 지역사회복지활동가들은 사회복지실천의 전문성이 사회복지전문가에 비해 상대적으로 부족하지만 복지운동의 경험이 풍부함으로 실제적으로 지역사회복지운동을 주도하는 경우가 많다. 지역사회활동가가 주체가 될 경우 사회복지전문가와의 정보 공유와 네트워크화가 필요하다.

(2) 사회복지전문가

지역사회복지운동의 주체로서 사회복지를 연구하는 사회복지전문가들은 지역사회복지실천에 앞장서는 것이 당연한 일이지만 복지운동의 주된 동력으로는 미약한 부분이 많다. 우리나라의 경우 상당수의 사회복지전문가들은 직・간접적으로 지역사회복지운동에 참여하고 있지만 일차적 주체로서의 활동은 미약할 수 있음으로 지역사회활동가와 함께 지역사회복지운동을 주도하는 것이 필요하다.

(3) 사회복지실무자

사회복지를 이해하고 실천하는 사회복지실무자들은 누구보다 지역사회복지운동의 필요성이나 참여의지가 높기 때문에 중요한 주체가 될 수 있을 것이다. 그러나 우리나라의 경우 사회복지실무자들은 개인적 성향보다는 조직의 환경적 요인(보조금 지급에 따른 이해관계) 때문에 지역사회복지운동에 적극적으로 동참하지 못하는 경우가 많다. 사회복지실무자들은 지역사회복지운동을 통해 나도 대상자가 될 수 있다는 개인적 인식의 전환과 함께 지역사회복지운동에 적극적으로 참여할 수 있도록 조직의 환경적 변화를 추구하는 것이 필요하다.

(4) 지역주민 및 복지이용자

지역사회복지운동은 지역주민들의 적극적인 주체적 참여가 필요하다. 그러나 지역사회복지에 대한 관심이 부족하므로 지역사회복지운동의 리더 및 단체는 지역주민들의 참여를 이끌어 내는 것이 필요하다. 지역주민들을 실천 활동에 참여시킴으로써 지역사회문제해결의 주체로 전환시킬 필요성이 있다. 또한 복지이용자들은 그들의 역량을 강화시켜 단순한 대상이 아닌 주체로 활동할 수 있도록 하는 것이 필요하다(이경은 외, 2016).

4) 지역사회복지운동의 유형

지역사회복지운동은 지역사회복지문제나 지역주민의 욕구충족 등 운동이 전개되는 내용에 따라 지역사회를 중심으로 하는 사회복지운동과 사회적 문제나 이슈 중심의 사회복지운동으로 분류할 수 있다. 이러한 구분은 사회적 내용 및 환경에 따라 지속적으로 변모(變貌, 모습이 달라지거나 바뀜)하기 때문에 실제로는 상호 결합된 형태로 전개될 수도 있는데, 각각에 대해서 알아본다.

(1) 지역사회중심의 사회복지운동(주민운동)

지역사회복지운동과 같은 맥락의 운동은 지역사회의 주민운동이 있을 수 있다. 주민운동은 일반적으로 지역사회 내에서 생활근거지를 중심으로 지역주민들이 주체가 되어 일상생활상의 욕구 및 문제해결을 위한 내용으로 전개하는 대중운동을 의미한다. 주민운동의 내용적인 맥락에 따라 지역사회복지운동의 형태를 주민조직화 관점에서 알아보면 외부자극을 통한 조직화, 프로그램 중심의 일상 활동, 일상적인 주민모임(공동체 형성과 마을 만들기), 제도 변화를 위한 노력 등으로 구분할 수 있다. 각각에 대해서 알아본다(김광희, 2015).

① 외부자극을 통한 조직화: 지역사회주민들의 이익을 현저히 침해하는 정부정책 등에 대해 주민들이 자신의 권리를 주장하는 조직운동을 의미한다. 예를 들면, 빈민지역의 강제철거에 저항하는 철거민들의 조직화, 핵 폐기장 설치 반대운동이

나 쓰레기 소각장 등 혐오시설의 입지를 반대하는 주민조직화 등이 있을 수 있다. 이러한 방식은 지역주민들의 대중적 참여가 이루어지고 정치적 영향력이 강하게 발휘되기도 하지만 지역주민들의 요구가 과연 공공성을 확보하고 있고 지역사회발전에 기여할 수 있는지 명확히 해야 된다.

② 프로그램 중심의 일상 활동: 프로그램을 중심으로 해서 일상 활동을 하는 조직화를 의미한다. 예를 들면, 빈곤저소득층의 아동을 대상으로 하는 지역아동센터, 주부들을 대상으로 하는 시민대학, 복지학교 등이 있을 수 있다. 이러한 활동은 주민들의 문화적 · 사회복지 욕구를 충족시켜 주는 등의 활동을 위주로 하고 있어 주민들이 큰 부담 없이 조직의 활동에 참여할 수 있다. 그러나 이러한 방식의 단점은 지역사회의 각종 이슈들에 대해 주민들이 주체적으로 대응하기는 어렵다는 것이다.

③ 일상적인 주민모임(공동체 형성과 마을 만들기): 작은 그린지역의 주민들이 모여 상호 간의 친목을 도모하고 이를 통해 복지실천을 수행하는 것을 의미한다. 예를 들면, 살기 좋은 아파트 만들기 모임, 마을문고 만들기 모임 등이 있을 수 있다. 이러한 방식은 일상적인 주민모임을 통해 지역공동체를 형성하거나 나눔과 보살핌운동을 통해 지역복지실천 활동을 전개하고 있다.

④ 제도 변화를 위한 노력: 지역주민들이 직접 참여하여 지역사회복지정책이나 제도를 변화시키기 위한 조직화 활동을 의미한다. 지역주민들이 조례제정운동을 통하여 지역사회 제도의 변화과정이나 지역사회복지정책에 직접 참여함으로써 영향력을 미칠 수 있다.

(2) 사회적 문제나 이슈 중심의 사회복지운동

사회적 문제나 이슈 중심의 사회복지운동은 지역사회를 근거지로 하기보다는 특정 사회복지문제나 사회복지와 관련된 이슈를 중심으로 시민운동 차원에서 전개하는 운동을 의미한다. 이러한 유형의 사회복지운동은 시민운동과 사회복지운동의 협력형태를 띠면서 복지이슈의 제기와 대안 마련, 관련 법제정운동 등 사회복지운동단체들의 활동영역이 확장되고 있다. 운동의 내용은 사회복지 분야별 요구운동, 복지예산 확대 등의 정책 변화를 요구하고 복지입법을 재정 및 개정하거나 복지실현을 구체적으로 요구하고 있다는 것이다. 예를 들어, 장애인, 노인, 산재 노동자 등 분야별 복지대상자들의 주체적인 투쟁을 조직화하고 활동범위도 넓어지면서 '경제정의실천시민연합'이나 '참여민주사회와 인권을 위한 시민연대'와 같은 시민운동단체들이 사회복지운동에 조직적으로 참여하고 있다(김광희, 2015). 이슈별 지역사회운동의 유형은 〈표 13-2〉에 나타냈다.

〈표 13-2〉 이슈별 지역사회운동의 유형

구분	지역사회운동	지역노동운동	지역환경운동
가시적 이슈	생활수단의 부족 및 열악성	저임금, 열악한 작업조건, 경영에서의 소외	자원의 고갈 및 부족, 생활환경의 파괴, 오염
구조적 배경	생활수단의 한계 및 불평등한 배분	자본에 의한 생산수단의 독점, 노동력 착취	지역적으로 한정된 자연환경의 파괴, 오염
운동의 주체	저소득층	산업 노동자	피해지역 주민, 직·간접 피해주민
운동의 장소	일상 주거생활 공간	사업체 내 작업공간	피해지역 및 시민생활공간
운동의 이념	생활수단 확보, 개선, 국가정책의 변화	경제적 권리의 쟁취 및 사회경제체제 전환	생존권보장, 생활환경 보장
운동의 대상	국가	자본	기업, 국가, 시민
운동의 조직성격	비정형화된 조직체계, 준계급적 운동	정형화되고 지속적인 조직체계, 계급적 운동	정형화·비정형화된 조직체계의 혼재, 범계급적 운동

출처: 조추용 외(2019).

5) 지역사회복지운동의 활동내용 및 NGO단체(시민단체)

(1) 지역사회복지운동의 활동내용

지역사회복지운동이 전개되는 내용은 유형에서 알 수 있듯이 주민조직화 관점에 따라 외부자극을 통한 조직화, 프로그램 중심의 일상 활동, 일상적인 주민모임(공동체 형성과 마을 만들기), 제도 변화를 위한 노력 등의 활동이 있을 수 있다. 여기서 외부자극을 통한 조직화 유형의 내용은 빈민지역의 강제철거에 저항하는 철거민들의 조직화, 핵 폐기장 설치 반대운동이나 쓰레기 소각장 등 혐오시설의 입지를 반대하는 주민조직화 등이 있다. 프로그램 중심의 일상 활동 유형의 내용은 빈곤저소득층의 아동을 대상으로 하는 지역아동센터, 주부들을 대상으로 하는 시민대학, 복지학교 등이 있다. 일상적인 주민모임(공동체 형성과 마을 만들기) 유형의 내용은 살기 좋은 아파트 만들기 모임, 마을문고 만들기 모임 등이 있다. 그리고 제도 변화를 위한 노력 유형의 내용은 지역사회복지정책이나 제도를 변화시키기 위한 조례제정운동 등이 있다. 이러한 지역사회복지운동은 내용에 따라 전개되는 조직화의 힘을 극대화하기 위하여 운동단체(시민단체(NGO단체))들과 협력을 통하여 전개하고 있다.

지역사회복지운동단체는 우리나라의 경우 '우리복지시민연합', '복지세상을 열어가는 시민모임', '경기복지시민연대' 등이 2005년 7월 '지역사회복지운동단체 네트워크' 발족식을 갖고 공식적으로 출범하게 되었다(조추용 외, 2019). 이러한 지역사회복지단체는 대다수가 시민단체의 주도에 의해 이루어지는데 활동내용에 대해서 알아본다.

① 서비스 제공 활동: 사회적 약자에게 직접적서비스를 제공하거나 각종 교육훈련 프로그램을 제공하는 등의 활동을 의미한다. 예를 들어, 실직자생계비 지원, 음식 나눔사업, 푸드뱅크사업, 의료서비스, 방과 후 교육사업, 지적・발달장애인 주간보호사업 등이 있다(조추용 외, 2019).

② 사회복지교육 프로그램 운영: 지역주민이나 지역의 사회복지실천가를 대상으로

다양한 사회복지교육(사회복지사보수교육, 자원봉자교육 등)을 운영하는 것을 의미한다. 이러한 교육의 내용은 지방화시대의 사회복지과제, 사회복지관련 법 및 조례, 인권 등의 교육이 있을 수 있다.

③ 옹호 및 대변 활동: 지역사회주민의 이익을 옹호(Advocacy)하고 대변하는 활동을 의미한다. 즉, 지역사회의 대상자가 정당한 처우나 서비스를 받지 못하는 경우에 활동하며, 표적 집단에 대하여 강력한 영향력이나 압력을 행사하는 데 사용한다. 이러한 옹호는 개인이나 가족을 옹호하는 개별옹호, 특정 대상의 집단이나 제도의 문제점과 관련해서 옹호하는 집단옹호, 그리고 정치와 정책 영역을 대상으로 하는 정치적 옹호가 있다.

(2) NGO단체(시민단체)

NGO(Non-Government Organization)는 권력이나 이윤을 추구하지 않고 인간의 가치를 옹호하며, 시민사회의 공공성을 지향하면서 시민들의 자발적 참여와 연대로 활동하는 시민단체로서 비영리단체이며 비정부단체를 의미한다. 여기서 비영리단체는 비당파적·비종교적·공익적·자발적·자율적 성격을 가진 단체를 의미하며, 시장이나 기업에 대응하는 성격이 강한 비영리단체(NPO, Non-Profit Organization)와 정부에 대응하는 성격이 강한 비정부단체(NGO)로 구분할 수 있다. 이러한 단체는 정부조직은 아니지만 정부로부터 보조금을 받을 수 있지만 운영자에게 이윤을 배분해서는 안 되며 운영에 있어서도 자발적으로 운영해야 한다.

시민단체로써 NGO가 갖추어야 할 조건은 ① 단체의 소유자나 운영자에게 이익을 배분하지 않고 혹 이윤이 발생하여도 단체를 활성화하기 위해 재투자해야 하고, ② 정부조직이 아니어야 하며 공익성을 띠어야 하고, ③ 다른 단체에 지배당하지 않는 자주성을 띠어야 하고, ④ 외부에 영향을 받지 않고 자발적이어야 하고, 그리고 ⑤ 특정 정치단체나 종교단체를 위한 것이 아니어야 된다는 것 등이 있을 수 있다(조추용 외, 2019).

NGO의 기능은 ① 국가와 시장이 지닌 권력을 비판하고 감시하는 견제기능, ② 정부가 제공할 수 없거나 무관심한 분야에 사회적 서비스를 제공하는 복지기능, ③ 사회적 약자를 위하여 그들의 권익을 추고하고 그들의 요구를 옹호 및 대변기능, ④ 정부와 기업, 기업과 기업 간의 분쟁 발생 시 갈등을 조정 및 해소시키는 조정기능, ⑤ 시민들의 조직화과정의 리더십을 훈련하고 공동체의식을 배양하여 참여민주주의를 함양(涵養, 능력이나 성품을 기르고 닦음)할 수 있도록 하는 교육기능 등이 있을 수 있다.

NGO의 기능을 포함한 NGO의 역할은 다음과 같은 것들이 있을 수 있다(이경은 외, 2016).

① 정책과정에서의 파트너 역할: 정부가 충족시키지 못하는 시민들의 요구 및 문제에 대해 정부를 대신하여 충족 및 해결하려는 역할을 의미한다. 예를 들어, 오존층 파괴나 지구온난화, 엘니뇨현상과 같은 환경문제를 정부와 연대하여 노력하는 활동을 들 수 있다.

② 정책제언자 역할: 사회문제의 원인과 실태를 파악하여 시정을 호소하는 역할을 의미한다. 지역사회의 문제점이나 관심분야의 문제점을 발견하고 그 문제점을 사회에 알려 공유하며 해결주체로서 정책에 반영 될 수 있도록 하는 역할이다.

③ 국제적인 협조자 역할: 국제적으로 중요한 문제가 있는 경우 국가를 초월한 직접적인 연대를 통해 각국 국민 간의 문제해결방안을 명확히 하여 수행하려는 역할을 의미한다. 예를 들어, 환경보전 등의 기술 분야에 관한 상호정보 교환을 통한 전문지식 습득, 개발도상국에 대한 문화 보존, 국제회의에서 논의된 문제의 초점을 자국민에게 전달하는 등의 역할이 있을 수 있다.

6) 지역사회복지운동의 활성화 방안

지역사회복지운동은 지역성을 고려한 지역사회를 바탕으로 이루어지는 사회복지운동으로 사회적 약자의 권리를 보장하며 지역사회변화를 주도하고 지역주민의 역량을 강화하여 지역공동체를 형성하는 운동이라고 할 수 있다. 이러한 지역사회복지운동의 활성화는 전국 차원의 사회운동, 시민운동과 지역사회 차원의 주민운동, 주민조직화 등과 밀접한 관련성이 있다. 이러한 관련성에 따라 활성화 방안을 알아보면 다음과 같다(전남련 외, 2013).

(1) 지역사회복지운동에 주민참여 유도 및 주체의 조직화

지역주민들이 지역사회문제에 관심을 갖도록 촉구하고 참여할 수 있도록 해서 이들을 조직화하기 위해서는 무엇보다도 사회복지전문가 및 실무자의 활동이 중요하다. 지역사회에서 복지 이슈가 제기될 때 사회복지전문가 및 실무자들은 주도적인 활동을 바탕으로 운동의 성과를 높이기 위해 주민조직화 과정에서 지역주민의 참여를 유도할 수 있는 다양한 프로그램과 전략을 개발하고 지역사회활동가와 연계활동을 강화해야 한다. 또한 능동적인 활동과 조직화를 통해 힘을 결집하고 극대화될 수 있도록 추진회나 선도 조직을 결성하면 더욱 효과적일 것이다.

(2) 지역사회운동단체 간의 네트워크 형성 및 강화

지역사회복지운동을 활성화하기 위해서는 지역사회 내의 사회복지체계와 주민운동단체 간의 연계 및 협력, 인적·물적자원을 동원할 수 있는 지역사회단체 간의 네트워크 형성 및 강화가 필요하다. 즉, 지역사회 내의 사회복지실천가 단체, 종교단체, 전문가 단체, 교육기관, 시민운동단체, 기업조직 단체 등과 협력하여 운동을 전개하면 더욱 활성화될 것이다.

(3) 대중적 지지기반 확보 및 전문역량 강화

지역사회복지문제의 해결과정은 지역주민 모두의 삶의 질 향상이라는 인식전환과 대중적 지지기반 및 전문성을 확보하는 것이 중요하다. 복지 이슈의 가치와 비전을 추상적 개념을 넘어 구체적으로 제사함으로써 지역주민의 복지 체감도를 향상시키고, 지역주민 스스로 전문역량을 강화할 수 있도록 홍보 및 교육을 통해 활성화할 수 있을 것이다.

(4) 제도적 여건 마련 및 조례제정의 활성화

지역사회 내의 복지수요자 중심의 자조집단 등을 조직화하고 활성화할 수 있는 제도적 여건을 마련해 주는 것이 중요하다. 이러한 자조집단을 활성화해서 지역사회복지정책 결정 및 실행에 견제와 감시 기능을 강화할 수 있도록 조례제정을 통해 기반을 구축하면 효과적일 것이다.

13.2 지역사회복지의 동향과 발전방안

1) 지역사회복지의 동향

지역사회복지는 지역주민 참여를 바탕으로 공동체 의식을 강화하여 사회통합을 달성하기 위한 목표를 강조하고 있다. 지역주민의 일상생활에는 많은 지역사회문제(범죄, 비행, 정신질환, 약물중독, 알코올중독, 성매매, 저출산, 불평등, 고령화, 인종문제, 가족해체, 도시문제, 노동문제, 빈곤, 집단폭력 등)가 존재하고 있는데, 이러한 문제들은 지역사회 환경변화에 따라 중복해서 나타날 수도 있고 다양하게 나타날 수 있다. 이러한 지역사회문제는 사회통합을 저해하고 있는데, 사회통합에 장애가 되는 무관심, 소외, 갈등, 불평등 등을 의도적으로 해결하기 위해 지역주민의 적극적인 참여로 공동체 의식을 형성하고 건강한 지역사회를 조성하는 것이 필요하다. 지역사회 환경

변화로 인하여 지역사회문제도 변화함에 따라 대응할 수 있는 지역사회복지도 변화하고 있다. 이러한 지역사회복지 동향에 대해서 알아본다(박현식 외, 2018; 전해황 외, 2018; 조추용 외, 2019).

(1) 세계화에 따른 다문화사회로 진입

현대사회는 급속한 산업사회로 전환하면서 직업의 다양성, 교통의 발달, 경제적 창출, 유학생 증가 등 사회의 복잡성 때문에 한곳에서 정착하지 못하고 때로는 지구촌을 무대로 생활하는 시대가 되었다. 한국의 경우는 저출산에 따른 생산노동 인구의 부족, 외국인 유학생의 증가, 북한이탈주민 입국, 결혼 연령의 증가 및 결혼관의 변화에 따른 다문화가족 증가 등으로 외국인이 증가하고 있다.

이러한 지역사회의 인구사회학적(성별, 나이, 직업 등) 특성변화는 지역사회복지실천의 변화를 요구하고 있다. 특히 국제결혼에 따른 다문화가정과 외국인 노동자는 새로운 환경, 새로운 문화 등에서 원만한 상호작용이 이루어지지 않거나 심리적으로 불안정한 상태에서 사회적응 과정을 거치고 있다. 이러한 상황에 대처할 수 있는 지역사회복지는 다문화가족의 특성과 외국인 노동자의 정주 여건, 유학생의 정주 여건 등을 고려하여 지역사회의 특성을 적절하게 통합시킬 수 있는 방법(ex: 외국인 노동자 쉼터, 외국인 노동자 한마음 잔치, 북한이탈주민 쉼터, 외국인주민 지원 전담부서 설치, 외국인주민의 지역사회 참여를 활성화하기 위한 지역리더 양성 등)이 필요하다.

다문화가족의 조기 정착을 위해서는 2008년에 「다문화가족지원법」을 제정하여 제도적으로 시・군・구 다문화가족지원센터에서 지원하고 있으며, 외국인 노동자나 유학생의 경우는 2007년에 「재한외국인처우기본」이 제정되어 지원하고 있다. 그리고 북한이탈주민의 경우는 「북한이탈주민의 보호 및 정착지원에 관한 법률」에 의해서 지원하고 있는데, 북한이탈주민정착지원사무소인 '하나원'이 있으며, '하나원' 퇴소 후 지방자치단체 내 지역사회 적응을 지원하는 하나센터가 운영되고 있다(조추용 외, 2019).

(2) 복지정책의 새로운 패러다임 수립

세계의 많은 국가들은 복지국가를 염원하면서 사회복지에 대한 정책과 실천을 위해 노력하고 있다. 노력하는 과정에서 지역사회복지 환경이 빠르게 변화하면서 지역주민의 욕구에 맞는 새로운 인식전환이 요구된다(박현식 외, 2018). 한국의 경우는 빈곤문제 해결을 위해 단순히 현금을 지급하여 해결하였으나 2000년대 이후에는 사회양극화와 저출산 · 고령화 등 사회문제를 해결하기 위해 사회복지정책이 사회투자 목적의 현물이나 서비스 양상(일자리 창출 등)으로 변화하고 있다. 이러한 과정에서 최근의 사회복지는 시대적 흐름에 따라 사회복지정책을 '커뮤니티케어(community care)'로 추진하고 있다.

커뮤니티케어는 돌봄(care)을 필요로 하는 사람들이 자신이 살던 자택이나 그룹홈 등 지역사회(community)에 거주하면서 개개인의 욕구에 맞는 복지급여와 서비스를 누리고, 지역사회와 함께 어울려 살아가며 자아실현과 활동을 할 수 있도록 하려는 사회서비스 체계를 의미한다(보건복지부 보도자료, 2018). 즉, '모두가 어울려 살기 위한 지역사회 포용확대' 정책으로 사람중심 · 지역사회중심의 보건 · 의료 · 복지서비스 제공으로 요양, 돌봄, 주거, 고용 등 지역사회생활을 위해 다양한 분야를 포괄하는 서비스라고 할 수 있다.

문재인 정부(제19대, 2017.05.~현재)는 2019년 업무계획 중 사회보장 기본계획의 국정과제에 살던 곳에서 건강한 노후보장을 위한 지역사회 통합 돌봄 도입 5개의 핵심과제를 추진하고 있다. 즉, ① 주거지원 인프라 확충, ② 찾아가는 방문의료 확대 신설, ③ 병원 · 시설 지역 연계, ④ 재가 장기요양 및 돌봄서비스 확충, ⑤ 지역사회 통합 돌봄 모델 마련 등이다. 이러한 차원에서 현대적 사회복지사업의 특징은 대상자를 빈곤층(요보호대상자)부터 일반주민과 국민으로 확대해 가고 있는 실정이다.

(3) 지역주민 참여와 민 · 관 거버넌스의 강화

지역사회복지는 지역사회의 특성과 지역주민의 욕구가 반영되어 지역주민에게 필요한 서비스를 중심으로 제공되는 것이 바람직하다. 따라서 지역사회복지나 지역주민의 역량을 강화하여 보편적 서비스와 선택적 서비스가 다양하게 제공되어야 한다. 지역사회복지의 역량강화는 지역사회복지의 흐름을 반영하는 것으로 일자리 창출을 통한 지역사회 중심의 자활사업, 노인 및 장애인 대상 사업, 지역사회보호 사업, 아이돌봄 사업, 재가복지사업 등의 필요성이 부각될 때 지역주민의 적극적인 참여와 민관거버넌스를 통한 지역사회자원의 활용이 요구된다(김만호, 2010).

주민참여는 참여의 주체가 주민이고 공적인 정부의 정책 또는 계획의 작성, 결정, 집행에 참여하는 행위이며, 주민들의 욕구나 문제를 정책이나 계획에 반영되도록 하기 위한 노력을 의미한다(이경은 외, 2016). 또한 거버넌스(governance)는 국가경영, 공공경영이라고 번역되며, 국가 해당분야의 여러 업무를 관리하기 위해 정치・경제 및 행정적 권한을 행사하는 국정관리 체계를 의미하는 이론으로 통지・지배라는 의미보다 경영의 의미를 두고 있다. 즉, 중앙정부・지방정부를 비롯하여 반관반민(半官半民, 정부와 민간이 공동으로 출자하여 경영하는 사업형태)・비영리・자원봉사 등의 조직들이 공공서비스의 공급체계를 구성하는 다원적 조직체계 또는 조직 네트워크의 상호작용으로 공공활동을 수행하는 인간의 집단적 활동이라고 할 수 있다.

따라서 최근의 지역사회복지는 사회복지시설을 비롯한 기관의 협력과 연계는 필수적이며 지역사회의 공동체를 형성하고 강화하기 위하여 주민참여는 물론 거버넌스를 강화하고 있다.

2) 지역사회복지의 발전방안

한국의 지역사회복지는 1995년 7월 1일부터 지방자치가 도입되면서 지리적・환경적 요인에 따라 많은 변화가 있었다. 중앙집권화가 지방분권화로 이양되는 동시에 지역주민들의 일상생활의식 속에서 정치적・행정적 의식이 자연스럽게 내면화되어 시행되고 있다. 따라서 지역사회복지는 지역사회와 지역주민의 의견이 중요시되고 자율성이 증가하는 등의 긍정적인 측면도 있을 수 있지만 현실적으로는 사회복지서비스에 대한 중앙정부의 재정투자를 축소시키고 지역 간의 서비스 불균형을 초래할 수 있다는 부정적인 측면도 있을 수 있다.

또한 현대사회는 제4차 산업혁명과 인공지능(AI: Artificial Intelligence) 시대를 맞이하여 지역사회 복지영역이 지리적 지역사회를 넘어 가상의 커뮤니티에 의한 가상의 네트워크 공동체를 형성하는 경우가 많아지고 있다. 이러한 인적・물적 네트워크 공동체를 활성화하여 지역사회중심의 복지거버넌스, 지역주민 참여를 통한 민・관 협력, 다문화 복지, 지역사회보장계획수립 등의 지역사회복지를 실현하고 있다. 지역사회복지는 더 낳아가 「국민기초생활보장법」에 따른 자활사업 및 자활기업, 「사회적 기업 육성법」에 따른 사회적 기업, 「협동조합 기본법」에 따른 사회적 협동조합, 「도시재생 활성화 및 지원에 관한 특별법」에 따른 마을기업 등 생산적 복지 차원의 지역사회 일자리 창출을 통한 경제적 공동체를 활성화하고 있다. 이러한 과정에서 지역사회복지의 발전방안에 대해서 알아본다(박현식 외, 2018; 전해황 외, 2018; 조추용 외, 2019).

(1) 지역주민 참여를 통한 민・관 네트워크 활성화

지역사회복지실천은 공공기관의 지원도 필요하지만 더욱 중요한 것은 민간기관 및 시설, 지역주민의 참여를 통한 자조 및 협동정신에 바탕을 둔 민간단체들의 활동에 있다고 할 수 있다. 지역사회 내의 복지욕구를 충족시키기 위해서는 각종 서비스를 제공하는 민간기관 및 시설, 봉사단체(새마을회, 자유총연맹, 바르게살기운동본부, 대한적십자사봉사회, 라이온스클럽, 로타리클럽, 해병전우회, 여성단체 등) 및 복지전문단체(지역사회보장협의체, 지역사회복지협의회, 지역사회복지사협회, 지역사회복지관협의회 등) 등의 역할이 중요하다. 지방자치제가 실시되면서 봉사단체는 적극적으로 활동하고 있으나 아직도 사회복지단체의 역할이 기대됨에도 불구하고 지역사회복지실천을 위한 제 기능적 역할이 미흡한 실정이다.

따라서 지역사회복지문제를 여러 전문단체들과 상호 간 네트워크를 통해 상호협력하고 조정기능을 통하여 활성화해서 전개한다면 더욱 효과적일 것이다. 또한 인구 고령화와 복지수요의 증가로 거동이 불편한 요보호대상자(만성질환 노인, 장애인, 정신질환자 등)의 가정과 지역사회에 생활하면서 다양한 복지 및 보건서비스(지역보건소)를 필요로 하는 인구가 증가하고 있으므로 지역보건소와의 네트워크 구축을 통한 활성화도 필요하다(전해황 외, 2018).

(2) 지역밀착형 지역사회복지정책수립의 활성화

지역사회에서 전개되는 지역사회복지의 목적은 지역주민의 삶의 질 향상에 있다. 지역사회복지는 사회문제로서의 지역문제, 즉 지역주민의 지역생활문제에 대응한 사회정책의 한 부분으로 인식해서 해결해야 한다. 따라서 지역사회복지는 지역주민에 대한 욕구문제가 기본적으로 고려되어 공동의식 추구와 연대성 강화에 초점을 맞추면서 지역문화를 바탕으로 지역사회복지운동을 통해 이루어져야 한다(박현식 외, 2018). 여기서 지역사회복지운동은 지역사회의 복지문제들을 해결하기 위해 지역사회의 변화 또는 지역사회의 역량강화를 통해 지역주민의 욕구충족, 지역사회연대의식 고취, 지역공동체 형성 등의 목표를 달성하기 위한 조직적인 운동을 의미한다.

따라서 지역사회복지는 지역사회복지운동을 통해 지역사회의 문화 및 특성에 따른 지역밀착형 지역사회의 복지정책을 수립하는 것이 중요하다. 즉, 지역사회문제를 지역주민 스스로의 과제로 제기시켜 지역사회 공동체운동으로 다루고, 생활밀착형 지역사회욕구를 파악하고 이슈화하여 지역사회복지문제로 인식시키고 그것에 따른 해결방안의 구심점을 지역사회의 공동체를 바탕으로 확보해서 복지정책을 활성화한다. 예를 들어, 지역사회보장협의체의 주관으로 생활밀착형 지역사회욕구를 파악하여 수립한 지역사회보장계획수립이 대표적인 정책이라고 할 수 있다.

(3) 지역사회복지 일자리 창출을 통한 경제공동체 활성화

현대사회의 지역사회복지는 경제적 개념이 도입되는 생산적 복지를 지향하고 있다. 특히 저소득층의 빈곤 탈피를 위한 「국민기초생활보장법」에 따른 지역사회의 자활센터 운영이나 지역사회의 특성에 맞는 일자리를 창출하기 위해 자활기업을 운영하고 있다(제11장 자활센터 참조). 또한 「사회적기업 육성법」에 따른 사회적기업을 활성화해야 한다. 여기서 사회적기업은 취약계층에게 사회서비스 또는 일자리를 제공하거나 지역사회에 공헌함으로써 지역주민의 삶의 질을 높이는 등의 사회적 목적을 추구하면서 재화 및 서비스의 생산판매 등 활동을 하려고 고용노동부장관의 인증을 받은 기업이다. 사회적서비스는 교육, 보건, 사회복지, 환경 및 문화 분야의 서비스로 보육, 예술·관광 및 운동, 산림보전 및 관리, 간병 및 가사지원, 문화재 보존 또는 활용관련, 청소 등 사업시설 관리, 「직업안정법」 제2조의2제9호에 따른 고용, 그 밖에 고용노동부장관이 정책심의회의 심의를 거쳐 인정하는 서비스 등이다(「사회적기업 육성법」, 제2조(정의), 2020).

또한 「협동조합 기본법」에 따른 사회적협동조합과 「도시재생 활성화 및 지원에 관한 특별법」에 따른 마을기업 등을 활성화해야 한다. 여기서 사회적협동조합(비영리법인 으로 힘)은 지역주민들의 권익·복리 증진과 관련된 사업을 수행하거나 취약계층에게 사회서비스 또는 일자리를 제공하는 등 영리를 목적으로 하지 아니하는 협동조합을 의미한다(「협동조합 기본법」, 제2조(정의), 2020). 협동조합(법인으로 함)은 재화 또는 용역의 구매·생산·판매·제공 등을 협동적으로 영위함으로써 조합원의 권익을 향상하고 지역사회에 공헌하고자 하는 사업조직을 의미한다. 그리고 마을기업은 지역주민 또는 단체가 해당 지역의 인력, 향토, 문화, 자연자원 등 각종 자원을 활용하여 생활환경을 개선하고 지역공동체를 활성화하여 소득 및 일자리를 창출하기 위하여 운영하는 기업을 의미한다(「도시재생 활성화 및 지원에 관한 특별법」 제2조(정의), 2020). 참고로 도시재생은 인구의 감소, 산업구조의 변화, 도시의 무분별한 확장, 주거환경의 노후화 등으로 쇠퇴하는 도시를 지역역량의 강화, 새로운 기능의 도입·

창출 및 지역자원의 활용을 통하여 경제적·사회적·물리적·환경적으로 활성화시키는 것을 의미한다(「도시재생 활성화 및 지원에 관한 특별법」 제2조(정의), 2020).

따라서 지역사회복지 일자리 창출을 위해 제도적으로 지원하고 있는 자활기업, 사회적기업, 사회적협동조합, 마을기업 등을 활성화해서 경제적으로 취약한 계층에 대한 복지서비스 활동을 통해 경제공동체를 활성화해야 한다.

참고문헌

김광희(2015). 지역사회복지론. 경기: 공동체.

김만호(2010). 지역사회복지론. 경기: 양서원.

김범수, 신원우(2019). 지역사회복지론. 경기: 공동체.

강병로(2008). 사회복지 욕구 조사와 프로그램 평가. 서울: 나눔의 집.

김병, 김용준, 박무열, 염동문, 이은정, 이인순, 임성혜(2014). 사회문제론. 경기: 양서원.

김선심(1972). 지역사회복지관. 한국사회복지연감. 한국사회복지협의회.

김영모 편(2000). 현대사회문제론. 서울: 고헌출판사.

김영화, 신원식, 임성옥, 손지아(2013). 현장에서 본 사회문제. 경기: 양서원.

김창기(2005). 지역사회복지협의체 형성 과정에서 로컬 거버넌스 연구 - 제천시 지역사회복지협의체를 중심으로. 숭실대학교 박사학위 논문.

김향선, 황희숙, 김봉순, 김현호, 박영국, 오정옥, 이금순, 이연복(2015). 사회복지실천론. 서울: 창지사.

김현호, 곽미정, 박연희, 박은주, 정윤희(2019). 영유아발달. 경기: 정민사.

김현호, 소재진, 오미희, 유주희, 이영희, 이용환, 정명희, 조영선(2018). 지역사회복지론. 경기: 양서원.

김현훈(2011). 사회복지실천론. 경기: 공동체.

김형명(2010). 만간 및 공공 부분 고객 관계 관리(CRM)의 성과에 관한 연구. 강원대학교 박사학위 논문.

남경현(1978). 사회복지관의 역사적 배경과 유형 사회복지관개요. 한국사회복지관협회.

남재일, 문영주(2019). 지역사회복지론. 경기: 양서원.

남진열, 강세현, 전영록, 유용식(2010). 지역사회복지론. 경기: 공동체.

네이버 지식백과(2020).

류기형(1991). 지역공동모금제도에 관한 연구. 서울대학교 대학원 사회복지과 박사학위 논문.

박용순, 송진영(2012). 지역사회복지론. 서울: 학지사.

박원우(2002). 리더십 임파워먼트. 경희대학교 대학원 박사학위 논문.

박현식, 김준경, 구재관, 박지현, 정지웅(2018). 지역사회복지론. 경기: 양서원.

서인해, 공계순(2004). 욕구 조사의 이론과 실제. 경기: 나남출판.

송근원(2003). 사회복지 정책론. 경기: 나남출판.

송정부, 류만희(1995). 신・사회복지협의회 기본요강. 사회복지 통권 126호. 한국사회복지협의회.

안태숙(2012). 국민 건강 영양 조사 제5기 2차 년도(2011) 가구원 확인 및 만족도 조사. 질병관리본부.

양정하, 황인옥, 김정희, 배의식, 박미정, 김남숙, 윤성호(2017). 지역사회복지론. 경기: 공동체.

엄명용, 김성천, 오혜경, 윤혜미(2013). 사회복지실천의 이해. 서울: 학지사.

엄미선, 최종복, 전동일(2009). 사회복지 자원 개발론. 서울: 대왕사.

오정수, 류진석(2016). 지역사회복지론. 서울: 학지사.

원석조(2014). 사회문제론. 경기: 양서원.

이양훈, 김준환, 김혜정, 신창원, 오호진, 이동우(2013). 지역사회복지론. 서울: 창지사.

이영실, 나임실, 임원균, 신준옥, 조명희, 홍성희(2016). 사회복지실천론. 경기: 양서원.

이경은, 장덕희, 김휘연, 문도원, 이마리아(2016). 지역사회복지론. 서울: 학지사.

이종복, 전남련, 나혜원, 김경희, 강장미(2015). 사회복지실천론. 경기: 정민사.

이태희, 전태숙, 승금희(2014). 지역사회복지론. 서울: 창지사.

이택룡, 노무지, 권정호, 조현순(2007). 지역사회복지론. 경기: 양서원.

전해황, 이성윤, 송낙길, 정주석, 염일열, 김정호(2018). 지역사회복지론. 경기: 양서원.

전남련, 이재선, 박정란, 김정애, 박청용, 이유선, 유인애, 이정이, 최홍성, 김제남, 강양훈, 유희선 (2013). 지역사회복지론. 서울: 창지사.

정기원, 한혜경, 장현섭(1994). 사회복지사업기금 운영개선을 위한 공동모금제도의 도입방안. 한국보건사회연구원.

정대연(1998). 사회 통계학. 서울: 백산서당.

정은주(2011). 지역사회 네트워크 조직의 형성 과정별 요인 도출에 관한 사례 연구 - 강남 지역 청소년복지협의회를 중심으로. 숭실대학교 사회사업학과 석사학위 논문.

조추용, 김양이, 황미경(2019). 지역사회복지론. 경기: 양서원.

최경화, 김재열, 유인애, 석재은, 황성식, 안성의, 이형진(2010). 사회복지실천기술론. 서울: 도서출판 신정.

최민재, 양승찬(2009). 인터넷 소셜 미디어와 저널리즘. 서울: 한국언론재단.

최선화, 박광준, 황성철, 안홍순, 홍봉선(2014). 사회문제와 사회복지. 경기: 양서원.

최옥채(2012). 사회복지조사를 위한 조직화 기술. 경기: 양서원.

최일섭, 이현주(2006). 지역사회복지론. 서울: 서울대학교 출판부.

최종혁, 이연(2008). 지역사회 청소년 보호 체계 구축을 위한 사례 연구. 한국사회복지학, 27, pp. 211-234.

한국주민운동정보교육원(2012). 주민 운동의 힘, 조직화–방법론. 경기: 공동체.

한재랑(2000). 지역사회조직화의 실천사례에 관한 연구-관악사회복지의 네트워크와 소집단 활동을 중심으로. 서강대학교 공공정책대학원 석사학위 논문.

행정자치부(2019). 2019 자원봉사센터 현황자료집.

황성철(1995). 사례관리 실천을 위한 모형개발과 한국적 적용에 관한 연구. 한국사회복지학, 27. 275-304.

황성철(1997). 지역사회복지와 전문적 사회복지실천. 한국사회복지학회, 제29호.

홍선미, 하경희(2009). 지역사회 네트워크 중심 통합 사례관리에 대한 탐색적 연구. 한국사회복지행정학, 11(1). 29-61.

홍현미라, 김가율, 민소영, 이은정, 심선경, 이민영, 윤민화(2010). 지역사회복지론. 서울: 학지사.

Alinsky, S. (1969). *Reveille for radicals.* New York: Basic Books.

Arnstein, S. R. (1969). A ladder of citizen participation. *Journal of the American Planning Association. 35*(4).

Baldock, P. K. (1974). *Community Work and Social Work.* London: R. K. P.

Baldock, G. (1990). *Volunteers in Welfare.* Sydney: Allen and Unwin.

Beatric, D. F. (1990). Inter-Agency Coordination: A Practitioner' Guide to a Strategy for Effective Social Policy. *Administration in Social Work, 14*(4).

Beeghtley, L. (1999). *Angels of Vision: How to Understand Social Problems.* Colorado: Westview Press.

Bertalanffy, L. (1968). *General system theory and human relations.* New York: Braziller.

Dillick, S. (1995). The Functions of Neighborhood Organization, In Ernest B. Harper and Arthur Dunham(Eds.), *Community Organization in Action: Basic Literature and Critical Comments.* New York: Association Press.

Dunham, A. (1958). *Community Welfare Organization.* New York: Thoma Y. Crowell Co.

Dunham, A. (1970). *The New Community Organization.* New York: Thomas Y. Crowell Co.

Dunn, D. & D. V. Waller(2000). *Analyzing Social Problems: Essays and Exercises(2nd ed).* New Jersey: Prentice-Hall, Weinberg.

Eitzen, D. S. & Zinn, M. B. (2000). *Social Problem(8th ed).* Boston: Allyn and Bacon.

Ferdinand Tönnies(1963). 공동사회와 이익사회. [Gemeinschaft and Gesellschaft] (변시민, 김대환 역). 서울: 문교부(원저출판: 1887년).

Friedlander, W. A. & Apte, R. Z. (1974). *Introduction to Social Welfare(4th ed.).* New Jersey: Prentice-Hall.

Gamble, D, N. & Weil, M. (2008). Community: Practice interventions. In T. Mizrahi & L. E. Davis(Editors), *Encyclopedia of social work.* Washington, DC: NASW Press.

Germain, C. B. & Gitterman, A. (1980). The Life Model of Social Work Practice. New York: Columbia University Press.

Gilbert, N. & Specht, H. (1974). *Dimensions of Social Welfare Policy.* Englewood Cliffs, New Jersey: Prentice-Hall.

Grosser, C. F. (1969). Community Development Program Serving the Urban Poor. In R. M. Kramer & H. Specht(Eds.). *Readings in Community Organization Practice.* Englewood Cliffs, New Jersey: Prentice-Hall.

Hardcastle, D. S. Wenocur, & P. Powers(1997). *Community Practice: Theories and Skills for Social Workers.* New York: Oxford University Press.

Hardina, D. (2002). *Analytical Skills for Community Organization Practice.* New York: Columbia University Press.

Ilseley, P. J. (1990). *Enhancing the Volunteer Experience.* San Francisco: Jessey-Bass Publishers.

Johns, R. & Demarche, D. F. (1951). *Community Organization and Agency Responsibility.* New York: Association Press.

Kirst-Ashman, K. K. & Hull, G. J. Jr. (2001). *Generalist Practice with Organization & Communities.* Belmont, CA: Brooks/Cole.

Lindeman, E. Co. (1921). *The Community.* New York: Association Press.

MacIver, R. M. (1928). *Community: A Sociological Study.* London: MacMillan & Company.

Manser, G. & Cass, R. H. (1976). *Voluntarism at the Crossroads.* New York: Family Service Association of America.

McMillen, W. (1965). *Community Organization for Social Welfare.* Chicago: The Univ. of Chicago Press.

McNeil. C. (1954). *Community Organization for Social Welfare.* Social Work: Year Book. New York: American Association of Social Workers.

Merton, R. & Nisbet, R. Ed. (1976). *Contemporary Social Problem(4th ed).* New York: Harcourt: Brace Jovanovich.

Miley, K. K., O'Melia, M. & DuBois, B. L. (1995). *Generalist Social Work Practice: An Empowering Approach.* Boston: Allyn & Bacon.

Mooney, L. A., D. Knox & C. Schacht(2002). *Understanding Social Problems(3rd ed).* Belmont: Wadsworth.

Murphy, C. G. (1954). *Community Organization Practice.* Boston: Houghton, Mifflin Company.

Netting, F. E., Kettner, P. M. & McMurtry, S. (1998). *Social Work macro Practice(2nd ed.).* New York: Longman.

Parrillo, V. N., J. Stimson & A. Stimson(1999). *Contemporary Social Problems(4th ed).* Boston: Allyn and Bacon.

Perlman, H. H. (1957). Social Casework: A Problem-Solving Process. Chicago: The Univ. of

Chicago Press.

Perlman, R. & Gurin, A. (1972). *Community Organization on Social Planning.* New York: John Wiley & Sons.

Pincus, Allen & Minaha(1973). *Anne: Social Work Practice: Model and Method.* Itasca, IL: F. E. Peacock Publishers.

Popple, K. (1996). Community Work: British Models. *Journal of Community Practice, 3.*(3/4).

Powell, W. W. (1990). Neither Market nor Hierachy: Network Forms of Organization. Research in Organizational Behavior, 12.

Rothman, J. (1995). Approaches to Community Intervention, In Jack Rothman, J. L. Erlick, & J. E. Tropman, *Strategies of Community Intervention.* Itasca, IL: F. E. Peacock Publishers.

Ross, M. G. (1967). *Community Organization: Theory, Principles, and Practice(2nd ed.).* New York: Harper & Brothers.

Rubin, H. & Rubin, I. (2001). *Community Organization and Development(3rd ed.).* Boston: Allyn and Bacon.

Rubington, E. & Weinberg, M. S. (1985). 사회문제의 연구. [Study of social problems: five perspectives] (이장현, 김영이 역). 서울: 경문사(원저출판: 1981년).

Sanders, I. T. (1969). Professional Roles in Planned Change, In R. M.

Schneider, L., Stephan C. W., Zurcher, L. A. & Ekland-Olson, S. R. (1981). *Human Response to Social Problems.* Homewood, Illinois: The Drosey Press.

Sullivan, T. J. (2000). *Introduction to Social Problem(5th ed).* Boston: Allyn and Bacon.

Taylor, S. H. & R. W. Roberts(1985). *Theory and Practice of Community Social Work.* New York: Columbia University Press.

Trecker, H. B. (1971). *Social Work Administration: Principles and Practices.* New York: Association Press.

Warren, R. (1978). The Community in America(3rd ed.). Chicago: Rand McNally.

Weil, M. O. (1996). Model Development in Community Practice: An Historical Perspective. *Journal of Community Practice, 3*(3/4).

Weil, M. O. (2005). *The Handbook of Community Practice.* Thousand Oaks: Sage.

Weil, M. O. & Gamble, D. N. (1995). Community Practice Models. *In Edwards, Richard(Ed.). Encyclopedia of Social Work.* Washington, DC: NASW Press.

Weinberg, S. (1970). *Social Problems in Modern Urban Society.* Englewood Cliffs, New Jersey: Prentice-Hall.

Weinberg, M. S. & E. Rubington. eds. (1973). *The Solution of Social Problems.* New York: Oxford Univ. Press.

Zastrow, C. (2000). *Social Problems: Issues and Solutions(5th ed).* Belmont: Wadsworth.

찾아보기

(ㄴ)

(ㄷ)

(ㄹ)

(ㅁ)

저자소개

❙김 현 호
충북도립대학교 사회복지과 교수

❙소 재 진
두원공과대학교 보건의료행정과 교수

❙오 미 희
유원대학교 사회복지학과 교수

❙유 주 희
경복대학교 복지행정학과 교수

❙이 영 희
대전과학기술대학교 보건복지상담과 교수

❙이 용 환
혜전대학교 사회복지과 교수

❙이 장 희
강동대학교 사회복지과 교수

❙정 명 희
중원대학교 사회복지학과 교수

❙조 영 선
신한대학교 평생교육원 외래교수

❙주 민 경
호서대학교 평생교육원 사회복지학과 교수

[개정판]

지역사회복지론

1판 1쇄 발행 — 2020년 9월 4일
2판 1쇄 발행 — 2023년 2월 10일
2판 2쇄 발행 — 2025년 1월 31일

저 자 – 김현호 소재진 오미희 유주희 이영희
이용환 이장희 정명희 조영선 주민경
발 행 인 – 강철원
발 행 처 – 양성원
주 소 – 경기도 파주시 검산로 173번길 29-12
전 화 – 031-946-3861(代)
팩 스 – 031-946-3864
이 메 일 – tnwpub@naver.com
홈페이지 – tnwpub.co.kr
출판등록 – 2015년 8월 31일 제 2015-000211 호

ISBN 979-11-6126-511-7

정가 23,000원